GARDASEE
MIT VERONA UND BRESCIA

Vorwort

Der Gardasee. Unendliche Vielfalt. Eine Liebe fürs Leben. Das harmonische Miteinander von traditionsreicher Historie, genussreichem Dolce Vita, freundlichen Menschen, Natur in Hülle und Fülle und reizvollen Outdoor-Aktivitäten begeisterte mich schon bei meinem ersten Rendezvous mit dem größten italienischen See vor mehr als 20 Jahren. Viele weitere Besuche zogen mich endgültig in den Bann dieser grandiosen Region. Mal war es ein entspannter Campingurlaub mit der Familie in Lazise, der in schöner Erinnerung blieb, später eine herausfordernde und unvergessliche Klettersteigtour mit einem guten Freund hinauf zum Cima SAT bei Riva del Garda. Wunderschön waren auch Momente der Ruhe bei einem abendlichen Picknick am Strand von Limone, die erfrischende Abkühlung im Freibad nach einer Wein-

Am Hafen von Bardolino

Wanderung rund um Custoza bei heißen 30 Grad im Schatten oder der perfekt gemischte Aperol Spritz mit meiner Frau in einer kleinen Bar in Gargnano.

Selbst wenn man glaubt, schon nahezu alles gesehen zu haben, überrascht der Lago di Garda den Besucher immer wieder aufs Neue. Sei es mit Schnee und Einsamkeit am Ledrosee im März oder mit einem fast nur von Einheimischen besuchten Olivenfest bei Malcesine im Oktober. Jede Jahreszeit bietet exklusive Kostbarkeiten und spezielle Vorzüge. Warum nicht einmal die Adventszeit in

garda-02 ts

Riva del Garda oder in Sirmione verbringen und über stimmungsvolle Weihnachtsmärkte bummeln? Und wer unbedingt mal dem See den Rücken zukehren möchte, fährt ins nahe Verona, der Stadt von *Romeo* und *Julia*, oder wohnt dem Start der Oldtimer-Rallye „Mille Miglia" in Brescia bei.

Kein Wunder, dass weltberühmte Literaten, Künstler und Menschen aus Politik und Kultur, darunter *Goethe, Kafka, Nietzsche, Klimt, Max Ernst, Winston Churchill* oder Prinz *Charles*, schon früh den Reiz dieser Region erkannten, zur Inspiration nutzten und manche Auszeit hier verbrachten.

Der vorliegende Reiseführer zeigt Sehenswertes auf, macht Bekanntes und weniger Bekanntes sichtbar und gibt Tipps für ein selbstbestimmtes Reisen vor Ort mit Auto, Bus, Schiff oder Bahn. Ausführlich und anschaulich werden die Orte, ihre Attraktionen, besuchenswerte Restaurants, Hotels und Geschäfte vorgestellt, angereichert mit Informationen über Märkte, Feste, Events und Strände. Dazu erfährt man einiges über die Möglichkeiten, den Gardasee und sein Hinterland unter freiem Himmel beispielsweise beim Mountainbiken, Surfen oder Wandern zu erkunden. Detaillierte Beschreibungen von acht Wandertouren durch unterschiedliche attraktive Landschaften ergänzen das umfangreiche Portfolio dieses Gardasee-Führers für Individualreisende.

Ich wünsche Ihnen eine gute Anreise und wundervolle Tage am Gardasee.

Thilo Scheu

Inhalt

In der Altstadt von Limone

garda-022 ts

GPS-Tracks

Für die im Buch vorgestellten **Wanderungen** stehen auf www.reise-know-how.de die GPS-Tracks im Format gpx zum kostenlosen Download bereit. Sie finden die Daten auf der Produktseite dieses Titels.

Karten

Hinweise zur Benutzung

Nicht verpassen!

In jedem Kapitel sind einige **(touristische) Highlights** hervorgehoben – man erkennt sie an der **gelben Markierung.**

MEIN TIPP: **Besonders zu empfehlende Unterkünfte, Restaurants und sonstige Favoriten des Autors** sind als Tipp gekennzeichnet.

Der Schmetterling zeigt an, wo man **besonders gut Natur erleben** oder **Angebote im Bereich des nachhaltigen Tourismus** finden kann.

Kinder-Tipps

Das Symbol kennzeichnet Sehenswürdigkeiten, Unterkünfte und Aktivitäten, die **kleine Gardasee-Urlauber** ansprechen.

Verweise auf die Stadtpläne

4 Die **Ziffern** in den farbigen Kästchen in den „Praktischen Tipps“ der Ortsbeschreibungen verweisen auf den jeweiligen Eintrag im entsprechenden Stadtplan.

Preiskategorien der Unterkünfte

Die Preise gelten jeweils für ein **Doppelzimmer, teils mit Frühstück** (in der Hauptsaison).

① untere Preisklasse: bis 80 €
② mittlere Preisklasse: 80–120 €
③ obere Preisklasse: 120–200 €
④ gehobene Preisklasse/Luxus: über 200 €

Updates nach Redaktionsschluss

Auf der Produktseite dieses Reiseführers im Internetshop des Verlages finden sich zusätzliche Informationen und wichtige Änderungen.

Die Regionen im Überblick

1 Der Norden | 23

Die herrliche Vielfalt dieser von Hügeln und Bergen geprägten Region hat sich längst herumgesprochen. Das reizende **Riva del Garda** (S. 25) mit seinem attraktiven kulturellen und kulinarischen Angebot und der bis **Torbole sul Garda** (S. 61) reichende kilometerlange Strand samt Promenade begeistern Jung und Alt. Aktive Menschen kommen beim Biken, Wandern, Klettern oder Windsurfen auf ihre Kosten. Und im Hinterland verstecken sich historische Dörfchen wie **Drena** (S. 79) und naturnahe Badeseen wie der **Lago di Tenno** (S. 83).

2 Der Osten | 91

Am Fuße des 2000 m hohe Monte Baldo bezaubert der malerische Ort **Malcesine** (S. 93). Bekannt für seinen Wein ist **Bardolino** (S. 140). Der Osten des Gardasees ist eine perfekte Region für Erkundungstouren vorbei an Olivenhainen, Kastanienbäumen und trutzigen Burgen aus vergangenen Zeiten. Großflächige Sandstrände – eine Seltenheit am Gardasee –, malerische Altstädte und Vergnügungsparks versüßen zusätzlich den Aufenthalt.

3 Der Süden | 161

Der Süden ist eine gelungene Symbiose aus ländlicher Idylle und städtischen Schönheiten. Im Hinterland genießt man die Weite und Weine, die auf Weingütern verkostet werden können. Quirliger und voller wird es in **Sirmione** (S. 178) mit seiner malerischen Halbinsel, dem ganzjährigen Touristenziel im Süden. Mehr italienisches Alltagsleben verspürt man dagegen in den Orten **Peschiera del Garda** (S. 163) und **Desenzano del Garda** (S. 190).

4 Der Westen | 205

Der Nordwesten bezaubert vor allem auf den **Hochebenen von Tremosine sul Garda** (S. 218) **und Tignale** (S. 227) mit fantastischer Natur zum Wandern und Biken sowie ruhigen Dörfern mit atemberaubenden Aussichten. Am Seeufer breitet sich das beliebte Städtchen **Limone sul Garda** (S. 207) aus. Weiter im Süden sollte man der charaktervollen Stadt **Salò** (S. 262) nicht nur für einen Bummel über die Promenade Zeit widmen. Romantikern sei der entspannte Ort **Gargnano** (S. 231) ans Herz gelegt. Vom einst sehr mondänen **Gardone Riviera** (S. 254) empfiehlt sich ein Besuch der bezaubernden **Isola del Garda** (S. 272), um eine weitere Facette des Westufers kennenzulernen.

5 Wanderungen | 285

Wandern liegt hoch im Kurs bei Urlaubern und Einheimischen. Rund um den Gardasee existieren Dutzende ausgeschilderte und bestens **gepflegte Wanderwege.** Insbesondere die Bergregionen des Nordens, der Monte Baldo im Osten und die Hochebenen von Tignale und Tremosine im Westen sind ein Eldorado für aktive Menschen. Noch eher unbekannt ist das Terrain im Süden, das mit Weinanbaugebieten und kaum Steigungen punktet. Die in diesem Reiseführer vorgestellten Wanderungen sind durchweg Halbtagestouren von einfacher bis mittlerer Schwierigkeit.

6 Verona | 315

Seit Jahrhunderten schon wird Verona von Dichtern, Künstlern und Reisenden immer wieder aufs Höchste gepriesen. Im Jahr 2000 erhob die UNESCO die komplette **Altstadt mit**

der weltberühmten Arena (S. 321) zum Weltkulturerbe. Schon ein Tagesausflug bietet viele Eindrücke, doch wirklich entdecken lässt sich diese großartige Stadt nur in mehreren Tagen.

7 Brescia | 341

Brescia ist eine oft verkannte Stadt, die mit Industrieanlagen und Gewerbegebieten in Verbindung gebracht wird. Das gilt jedoch nicht für das hübsche und an kulturellen Sehenswürdigkeiten reiche **Zentrum rund um die Piazza Paolo VI** (S. 346). Eine Attraktion sind auch die Zeugnisse aus der römischen Epoche und die legendäre Oldtimer-Rallye „Mille Miglia".

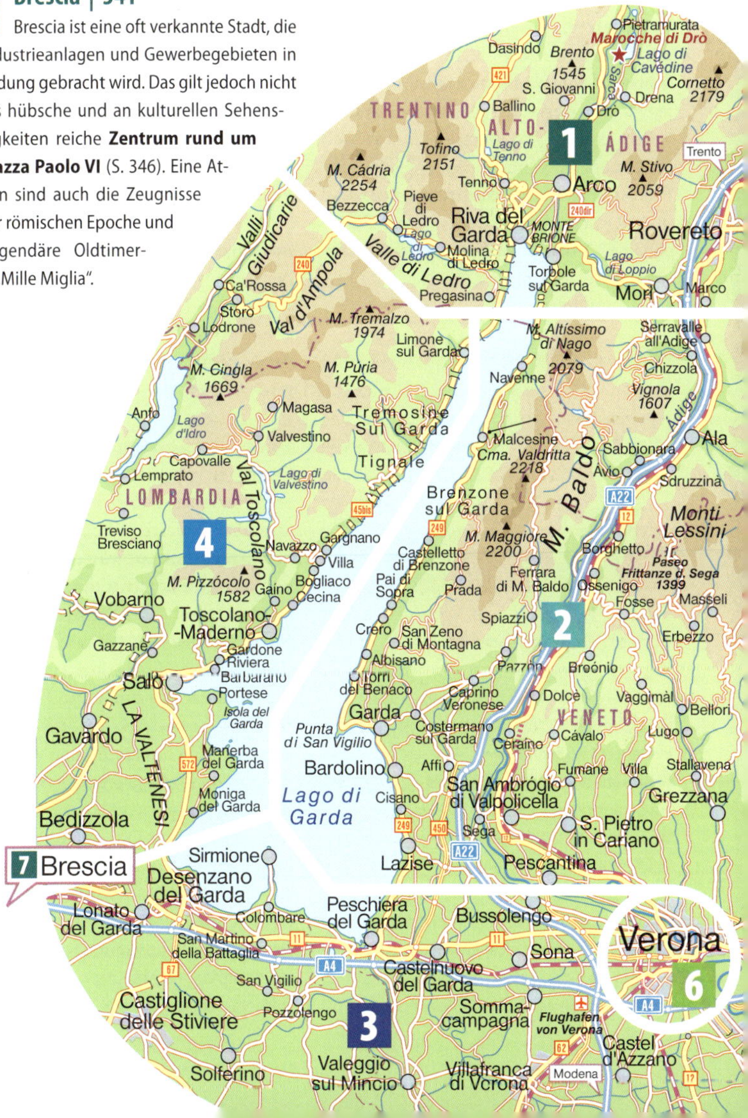

Routen und Standorte

Welche Routen oder festen Standorte man für die Erkundung des Gardasees wählt, hängt von vielen **verschiedenen Faktoren** ab, die man bei der Planung der Reise an den größten See Italiens beachten und gegeneinander abwägen sollte. Zu den Variablen gehören beispielsweise Aspekte wie Jahreszeit, sportliche Vorlieben, persönliche Wünsche bei der Freizeitgestaltung, kulturelles Interesse oder Urlaub mit Kindern. Von daher sollen die nachfolgenden Vorschläge nur eine **Hilfestellung** bei der Reiseorganisation darstellen.

Steckbrief Gardasee

- **Lage:** zwischen den Alpen im Norden und der Po-Ebene im Süden
- **Höhe:** 65 Meter über dem Meeresspiegel
- **Fläche:** knapp 370 Quadratkilometer
- **Länge:** 51,6 Kilometer
- **Breite:** im Süden 17,2 Kilometer, am Nordufer 4 Kilometer
- **Tiefe:** maximal 346 Meter
- **Uferstrecke:** rund 158 Kilometer
- **Zufluss:** der größte ist der Sarca bei Torbole
- **Abfluss:** der Mincio in Peschiera del Garda ist der einzige Abfluss

Wer länger unterwegs ist, für den kann es interessant sein, **den gesamten Gardasee** zu **umrunden** bzw. in Etappen von Standort zu Standort zu tingeln. Da die gesamte Strecke entlang der am See verlaufenden Hauptstraße **Gardesana** „nur" etwa 150 km beträgt und der öffentliche Busverkehr gut funktioniert, lässt sich die Fahrt auch problemlos mit dem Bus bewältigen. Wer auch das Hinterland mit all seinen winzigen Dörfern in Augenschein nehmen möchte, ist mit dem eigenen Auto unabhängiger und agiler.

Grundsätzlich sollte erwähnt werden, dass gerade in der **Hochsaison im Juli und August** die Gardesana oft derart frequentiert ist, dass kilometerlange **Staus oder stockender Verkehr** keine Seltenheit sind. Auch in den meisten Städten kann es in den Gassen und am Strand eng werden. Sollte man also einen Aufenthalt an nur einem Ort planen, um von dort aus die gesamte Region abzufahren, aber nicht allzu viel Zeit im Gepäck haben, empfiehlt sich die Anreise im Frühjahr oder Herbst.

Die **Reisestandorte** sind von Nord nach Ost und weiter von Süd nach West aufgezählt, in Anlehnung an die Gliederung des Reiseführers. Vorrangig wurden Orte ausgesucht, deren kulturelles und gastronomisches Portfolio auch bei längerem Aufenthalt keine Langeweile aufkommen lässt. Selbstverständlich gibt es unzählige weitere Orte, die sich ganz nach individuellem Gusto als wunderbare Ausgangspunkte bzw. Domizile für mehrere Tage eignen.

Riva del Garda im Norden und das bergige Hinterland

Wer den Norden des Gardasees als Reiseziel wählt, dem sei als Standort **Riva del Garda** direkt am See ans Herz gelegt. Warum? Die lebendige Stadt mit ihrem **attraktiven kulturellen und kulinarischen Angebot** und der autofreien Altstadt ist das perfekte Domizil für mehrere Tage oder Wochen. Die **abwechslungsreiche Umgebung** und das nahe Hinterland sorgen für jede Menge Ausflugsmöglichkeiten. Vor allem **aktive und sportbegeisterte Urlauber** kommen auf ihre Kosten: Wanderer und Mountainbiker erkunden die teils steil in den Himmel ragenden Berge, Surfer und Segler verbringen den Tag auf dem Wasser. Wer lieber Felswände erklimmt, fährt nach Norden ins rund 6 km entfernte **Arco,** das unzählige **Kletterrouten und Klettersteige** bereithält. In Riva del Garda selbst verbringt man freie Zeit mit einem geruhsamen Bummel vorbei an wunderschönen historischen Gebäuden wie dem Palazzo Pretorio oder mit dem Besuch des sehenswerten **Museo Alto Garda,** das in einer imposanten Wasserburg aus dem 12. Jahrhundert residiert. Entspannend ist auch ein Spaziergang in den Nachbarort **Torbole sul Garda** über die kilometerlange Uferpromenade.

Als eigenständige Tagestour eignet sich hervorragend die gut 10 km weiter südlich am Westufer gelegene Stadt **Limone sul Garda** mit dem romantischen Hafen und der großzügig gestalteten und mit Restaurants gepflasterten Uferpromenade. In der „Stadt der Zitronen" sollte man keinesfalls den Besuch der Limonaia del Castel aus dem 18. Jahrhundert verpassen.

Ebenfalls jeweils mindestens einen Tag benötigt man, um die ruhige und waldreiche Landschaft rund um den **Ledrosee** (12 km von Riva del Garda) und den in herrlicher Natur liegenden **Tennosee** (11 km) zu erforschen. Baden ist übrigens in beiden bestens möglich.

Malcesine und Bardolino am Ostufer

Für die Erkundung des Ostufers des Gardasees empfehlen sich zwei Standorte für jeweils mehrere Tage. Als erste Station von Riva del Garda kommend bietet sich **Malcesine** an. Kaum ein Ort gibt ein derart malerisches Bild ab: Die außergewöhnliche Lage auf einem Felsen, die imposante Scaliger-Burg, die urigen Gassen in der hübschen Altstadt – ein Traum! Nur einen Steinwurf vom Zentrum entfernt bringt einen die Gondelbahn hinauf auf den **Monte Baldo.** Hier, auf über 2000 m Höhe, lässt es sich wandern, klettern, mountainbiken, paragliden und im Winter skifahren und snowboarden.

Fährt man weiter nach Süden, sollte man vor dem 30 km entfernten Bardolino einen längeren Stopp in **Torri del Benaco** einlegen. Schon zu früheren Zeiten waren der Maler *Max Ernst* und der Schauspieler *Laurence Olivier* dem Charme dieses Ortes mit seiner Scaliger-Burg erlegen.

Im direkt am Seeufer liegenden **Bardolino** kann man sehr gut einige Tage verbringen und den Ort und die Umgebung erfahren. Die zentrale Lage zwischen den sehenswerten und nur wenige Kilometer entfernten Orten **Garda** im Norden und **Lazise** im Süden gestaltet sich optimal für entspannte Ausflugstouren dorthin. Hier im südlichen Bereich des Ostufers treten sportliche Aktivitäten wie Wandern und Biken eher in den Hintergrund, dafür freuen sich Familien und Wasserratten über die breiten **Strände** bei Lazise und die **Freizeitparks** Movieland-Hollywood-Park und Caneva-Aquapark.

Sirmione am Südufer

Um die südliche Gardaseeregion von einem ansprechenden Standort aus erkunden zu können, sei **Sirmione** empfohlen. Die im Sommer sehr stark besuchte Stadt liegt teilweise auf einer malerischen Halbinsel mit einer bezaubernden Altstadt samt einzigartigem Scaligeri-Castello und den „Grotten" des römischen Poeten *Catullus*. Von hier ist es nicht weit in die Nachbarorte **Peschiera del Garda** (ca. 11 km östlich) und **Desenzano del Garda** (ca. 10 km westlich). Beide Orte werden deutlich weniger von Besuchern frequentiert und bieten mehr italienisches Alltagsleben. Aber auch historisch Interessantes wie die Festungsanlage und die Kanäle in Peschiera del Garda oder die Villa Romana und der Palazzo Todeschini in Desenzano del Garda sind eine Besichtigung wert.

Das flache, oft noch eher unbekannte Hinterland **südlich von Sirmione** strahlt eine wohlige Ruhe aus. Die Region eignet sich hervorragend für ausgedehnte Spaziergänge durch die weite Landschaft mit ihren Weinbergen, z.B. rund um **Custoza.** Unbedingt einen Abstecher wert ist das Örtchen **Valeggio sul Mincio** rund 12 km südlich von Peschiera del Garda mit dem romantischen Ortsteil Borghetto, den urigen mittelalterlichen Häusern und der mehrere hundert Meter langen historischen Visconti-Brücke.

Viel weniger Touristen besuchen dagegen die ca. 5 km von Desenzano del Garda entfernte Stadt **Lonato del Garda,** ruhig im Grünen gelegen und mit viel ursprünglichem italienischem Kolorit. Sehr sehenswert ist die im Zentrum gelegene, unübersehbare, im Barockstil erbaute Basilika San Giovanni Battista.

☑ Nicht nur von Bardolino aus lohnt sich eine Bootstour über den Gardasee

garda-020 ts

Ein Domizil am Südufer eignet sich außerdem bestens für einen ausgedehnten **Tagesausflug nach Verona und Brescia,** wobei das üppige Angebot an Sehenswürdigkeiten in beiden Städten eigentlich mehr Zeit voraussetzt. Verona (ca. 40 km östlich von Sirmione) glänzt mit einer von der UNESCO zum Weltkulturerbe geadelten Altstadt mit der weltberühmten Casa di Giulietta, dem Haus von *Romeos Julia,* und der römischen Arena mit ihren kolossalen Ausmaßen. Brescia (ca. 45 km westlich von Sirmione) begeistert durch einen imposanten Domplatz mit prachtvollen Bauwerken und etlichen römischen Bauten wie dem Capitolium.

Salò und Gargnano am Westufer

Das Westufer zeigt wie das Ostufer eine breite Palette an **unterschiedlichen Landschaften.** Im Norden dominieren Berge, entlegene Hochebenen und steil zum See hin abfallende Felswände, während der Süden ein leicht hügeliges und mit vielen grünen Wiesen durchsetztes Terrain aufweist – und zahlreiche **Strände,** die sich gut zum Baden eignen. Von daher ist es durchaus sinnvoll, für den Aufenthalt am Westufer mindestens zwei Orte als Übernachtungsplätze zu wählen. Empfohlen seien die charaktervolle und quirlige Stadt Salò im Süden und der malerische Ort Gargnano ca. 17 km weiter nördlich.

Salò, in einer lang gezogenen Bucht gelegen, wird oft ins Spiel gebracht, wenn es um die schönste Stadt am Westufer des Sees geht. Kein Wunder, lässt es sich doch formidabel an der schön gestalteten, kilometerlangen Seepromenade an Cafés und Restaurants entlangflanieren oder in den Altstadtgassen Historisches entdecken, etwa die Porta dell'Orologia oder den Duomo Santa Maria Annunziata.

Als Tagesausflug von Salò aus lässt sich die wenige Kilometer südlich gelegene **Region Valtenesi** mit ihren Olivenhainen und Weinbergen leicht erkunden. Angebaut wird unter anderem der fruchtige und duftende Chiaretto del Garda, einer der ersten italienischen Weine mit kontrollierter Ursprungsbezeichnung. An urbanen Attraktionen sei das in die hügelige Landschaft eingebettete friedvolle **San Felice del Benaco** mit seiner Schlossruine und dem 2 km entfernten Hafen mit guter Bademöglichkeit genannt. Einplanen sollte man zudem eine organisierte Tour auf die **Isola del Garda** mit der prachtvollen, im neugotischen venezianischen Stil erbauten Villa der Familie *Borghese Cavazza.*

Als zweiter Standort für einen mehrtägigen Stopp am Westufer eignet sich das charmante **Gargnano,** ein altes Fischerdorf mit romantischem Hafen und netten Cafés und Restaurants. In dem überschaubaren Ort selbst gibt es zwar nicht allzu viel Spektakuläres zu sehen, dafür kann man hier – jedenfalls außerhalb der Hochsaison – zur Ruhe kommen und sich am Blick auf den Gardasee erfreuen.

Für Liebhaber kurviger Straßen, winziger Dörfer und schöner Natur empfiehlt sich die Fahrt zur **Hochebene von Tignale;** die Abzweigung von der Gardesana in diese Region (u.a. mit den Orten Gardola, Piovere und Prabione) befindet sich rund 3 km nördlich von Gargnano. Sehr schön ist beispielsweise die auf einer Höhe von 683 m erbaute Wallfahrtskirche Santuario di Monte Castello, von deren Vorplatz man einen atemberaubenden Panoramablick über weite Teile des Gardasees hat. Fährt man weiter nach Prabione, gelangt man zur **Hochebene von Tremosine sul Garda.** Berühmt ist der Ort **Pieve di Tremosine** an einem Felsvorsprung in 423 m Höhe mit dem als „Schauderterrasse" bekannten Aussichtspunkt. Von Pieve führt die berühmt-berüchtigte Strada della Forra in Serpentinen und durch schmale Tunnel wieder hinunter zum Gardasee. Von hier aus sind Limone sul Garda und Riva del Garda nicht mehr weit, oder man fährt ca. 15 km am Seeufer entlang zurück nach Gargnano.

LEGENDE

Winter
Frühjahr / Herbst
Sommer

Die kältesten Monate: Im Januar/Februar sind es jedoch selten unter 0 Grad

Feiertag am 25. April: Tag der Befreiung Italiens – Anniversario della Liberazione

Feiertag am 2. Juni: Tag der Republik – Festa della Repubblica

JAN | FEB | MÄR | APR | MAI | JUN

Karneval: Der farbenfrohe Karneval von Arco im Februar/März ist in ganz Italien bekannt

Sbigolada Torbolana: Alljährlich seit weit über 100 Jahren feiert man an einem Sonntag im Februar das traditionelle Spaghetti-Fest in Torbole.

„Mille Miglia“: Im Mai findet die berühmte Oldtimer-Rallye in Brescia statt

Tortellini-Fest: Im Juni zelebriert man auf der Visconti-Brücke in Valeggio sul Mincio die traditionsreiche Festa del Nodo d'Amore

Gourmetfestival „Garda Con Gusto“: Im November in Riva del Garda stattfindendes mehrtägiges Food-Event ganz im Zeichen von Genuss und regionalen Spezialitäten.

Feiertag am 8. Dez.: Mariä Empfängnis – Immacolata Concezione

Madonna della Bruna: Fest der Patronin von Matera am 2. Juli

La Notte di Fiaba: Das viertägige Märchenfest findet immer am letzten Wochenende im August in Riva del Garda statt

Festa del Tartufo del Baldo: Alljährlich im September feiert man in Caprino Veronese drei Tage lang das Trüffel-Festival.

Festa dell’Uva e del Vino: Ende Sept./Anfang Okt. kommen rund 100.000 Besucher zum traditionellen Trauben- und Weinfest in Bardolino

Natale tra gli Olivi: Ende November/Anfang Dezember feiert man in Garda Weihnachten unter Olivenbäumen

JUL | AUG | SEP | OKT | NOV | DEZ

Baden: Im Juli/August optimale Bedingungen mit Lufttemperaturen teils über 30 Grad und einer Wassertemperatur über 20 Grad

Blues Festival: Mehrtägige Musikveranstaltung im August in der Altstadt von Malcesine

Centomiglia: Anfang September startet in Gargnano die wohl berühmteste auf einem See abgehaltene Segelregatta der Welt

Choco Malcesine: Mitte September dreht sich in Malcesine für einige Tage alles um die süße Köstlichkeit namens Schokolade.

Festa delle Castagne und Festa del Marrone: Ende Oktober/Anfang November stehen die Kastanie und die Marone in San Zeno di Montagna im Mittelpunkt der Feierlichkeiten

Fünf großartige Aussichtspunkte

garda-001 ts

Der Burgfelsen von Arco | 50

Seit vielen Jahrhunderten prägt der 278 m hohe Burgfelsen mit dem Castello di Arco die Silhouette der Stadt. Der steile, aber einfache Aufstieg führt wunderschön durch auf Terrassen angelegte Olivenhaine und ermöglicht unterwegs von einem gläsernen Aussichtsplateau uneingeschränkte und Adrenalin fördernde Sichtweisen den Felsen hinunter auf die Stadt.

garda-002 ts

„Schauderterrasse" in Pieve di Tremosine | 220

Die Lage von Pieve ist einzigartig: Der Ort liegt auf einer Höhe von 423 m unmittelbar an einem Felsvorsprung. Ein Aussichtspunkt im Zentrum, liebevoll „Schauderterrasse" (Terrazza del Brivido) genannt, eröffnet einen grandiosen, nahezu senkrechten Blick hinunter auf den Gardasee und die Gardesana. Kein Ort für Menschen mit Höhenangst, alle anderen jedoch werden begeistert sein.

garda-003 ts

Panorama-Weg bei Torbole | 305

Der oberhalb von Torbole angelegte, für die ganze Familie geeignete Panorama-Weg bietet auf langen Streckenabschnitten einzigartige, unvergessliche Ausblicke auf den Gardasee, den Monte Brione und die Orte Riva del Garda und Torbole. Absoluter Höhepunkt der Tour sind die teils am senkrechten Fels an der Bergflanke des Ostufers errichteten stählernen Treppenkonstruktionen mit mehreren hundert Stufen.

garda-004 ts

Castello Scaligero im Malcesine | 94

Die schon seit Jahrhunderten bestehende Burg kam erst Ende des 13. Jahrhunderts für gut 100 Jahre in den Besitz des Adelsgeschlechts der Scaliger und wurde in dieser Phase stark umgebaut. Am höchsten Punkt des Castello erhebt sich der 31 m hohe, in drei Phasen erbaute Wehrturm, der zum Ältesten der gesamten Anlage zählt. Der Turm-Aufstieg über die steilen Treppen wird mit einem traumhaften Blick über Malcesine belohnt.

garda-005 ts

Denkmalkomplex in San Martino della Battaglia | 197

Einige Kilometer von Desenzano entfernt liegt dieses Mahnmal, das an eine hier in der Nähe am 24. Juni 1859 stattgefundene Schlacht im Rahmen der italienischen Unabhängigkeitskriege erinnert. Vom dazugehörigen 64 m hohen Turm mit seiner Aussichtsplattform hat man einen famosen Blick über die weite Landschaft des südlichen Gardasees bis nach Sirmione.

Fünf Museen zum Staunen

garda-006 ts

MAG (Museo Alto Garda) in Riva del Garda | 32

Zu sehen gibt es faszinierende Landschaftsgemälde aus dem 19. Jahrhundert, prähistorische Fundstücke der Region aus der Jungsteinzeit, dem Mesolithikum und der Kupferzeit und Informatives über die Geschichte von Riva del Garda. Ganz auf Kinder und Familien zugeschnitten ist der sogenannte INvento-Bereich mit seinen Stationen, die zum kreativen Spielen und Ausprobieren einladen.

garda-007 ts

Burg der Scaliger und Museum in Torri del Benaco | 115

An der zentralen Piazza Calderini erhebt sich die gut erhaltene Burg der Scaliger, 1383 im Auftrag von Antonio della Scala errichtet. Das Museum im Inneren zeigt Exponate zum Thema Fischerei und informiert über die Olivenbearbeitung und Felszeichnungen in der Region. Sehr schön präsentiert sich vom oberen Wehrgang und den Türmen der Panoramablick über Torri del Benaco und den Gardasee.

garda-008 ts

Museo delle Palafitte am Lago di Ledro | 87

Die Ende der 1930er Jahre entdeckten Reste einer rund 4000 Jahre alten, aus der Bronzezeit stammenden Pfahlbausiedlung gehören seit dem Jahr 2012 zum UNESCO-Weltkulturerbe. In den originalgetreu rekonstruierten Hütten sind zahlreiche Exponate ausgestellt, die man hier am See fand, darunter Holzgegenstände, Werkzeuge, Waffen und auch ein aus einer riesigen Kiefer geschnitztes Kanu. Im Juli und August werden Workshops für Familien angeboten.

garda-009 ts

Grotten des Catull in Sirmione | 181

Die am Ende der Landzunge gefundene und von Archäologen freigelegte Villa hat die gigantischen Ausmaße von 167 x 105 m. Ihre mehr als irreführende Bezeichnung „Grotten des Catull" erhielt die größte römische Villa Norditaliens erst im 15. Jahrhundert. Das über 20.000 m^2 große, teils parkähnliche museale Gelände mit den Resten dieser herrschaftlichen Residenz kann auf einem Rundgang besichtigt werden.

garda-010 ts

Stadtmuseum Santa Giulia in Brescia | 352

Für dieses exzellente Museum muss man eigentlich einen ganzen Tag einplanen. Auf einer Fläche von rund 14.000 m^2 werden insgesamt 12.000 Exponate aus drei Jahrtausenden gezeigt, von der vorgeschichtlichen Zeit bis zum Zeitalter der Stadtrepubliken. Untergebracht ist das Museum in einem ehemaligen Klosterkomplex, der seit 2011 zum Weltkulturerbe der UNESCO gehört.

Fünf tolle Naturerlebnisse

garda-011 ts

Lago di Ledro | 84

Der türkisblaue Ledrosee und ein anmutiges Panorama mit teils über 2000 m hohen Bergen sind das eindrucksvolle „Empfangskomitee" bei der Ankunft im Ledrotal auf rund 700 m Höhe. Das Gebiet ist ein Eldorado für Naturliebhaber, die in der waldreichen Landschaft wandern oder mountainbiken wollen. Wassersportler nutzen den See mit seinem kristallklaren Wasser für eine aktive Auszeit.

garda-012 ts

Rocca di Manerba in Manerba del Garda | 277

Aus der Ebene erhebt sich in Seenähe der 216 m hohe und bei einem Spaziergang erlebbare Felsblock Rocca di Manerba. Von seinem leicht zu erreichenden Gipfel schweift der Blick über ausgedehnte Teile des südlichen Gardasees. Das hügelige und naturnahe Areal mit unterschiedlichster Fauna und Flora gehört zum rund 100 Hektar umfassenden Parco Archeologico Naturalistico.

garda-03 ts

Lago di Tenno | 83

Am Ende der kurvenreichen Fahrt hinauf in die Berge erwartet den Besucher der wundervoll in die Natur eingebettete Tennosee. Der kleine, von Wäldern umrahmte Badesee entstand vor rund 1000 Jahren, als durch einen Erdrutsch der Rio Secco blockiert wurde. Der See ist vom nahen Parkplatz und den Hotels gut zu Fuß zu erreichen. Die Umrundung ist in etwa einer Stunde zu schaffen.

garda-014 ts

Weinberge von Custoza | 290

Im Südosten von Peschiera beim Ort Custoza trifft man auf Felder, kleine Waldinseln und zahlreiche Weingüter. Von hier stammt der beliebte Custoza-Weißwein. Am Wegesrand wachsen je nach Jahreszeit roter Klatschmohn oder duftender Jasmin, und die Apfelbäume blühen, während man einen dahinplätschernden Bach überquert. Aufgrund der hügeligen Landschaft sind außerdem schöne und weite Ausblicke möglich.

garda-015 ts

Botanischer Garten in Arco | 52

Diese wundervolle Grünanlage mit teils sehr seltenen und alten Pflanzen aus aller Welt ist ein ruhiger Rückzugsort. 1872 ließ Herzog Albert von Habsburg rund um seinen Palast an der Via Fossa Grande einen etwa 5 Hektar großen Park mit Zypressen, Zedern und Steineichen anlegen; der heutige Garten ist Teil der alten Parkanlage. Bei einem Rundgang trifft man außerdem auf eine Palmenoase, einen „Bambusdschungel" und subtropische Nutzpflanzen.

Fünf außergewöhnliche Orte

Canale di Tenno – eine mittelalterliche Perle | 82

Ein authentisches Schmuckstück aus mittelalterlicher Zeit stellt dieser Ortsteil von Tenno dar. Es bedarf eines ausgiebigen Spaziergangs durch die verwinkelten, autofreien Gassen, vorbei an schiefen Bruchsteinhäusern und über grob gepflasterte, lichte Plätze, um den einzigartigen Reiz und die Stimmung zu spüren. Zwischendurch finden sich urige Herbergen, Restaurants und Kunsthandwerksläden.

garda-016 ts

Strada della Forra bei Pieve di Tremosine | 224

Manche nennen diese Straße die schönste des gesamten Gardasees. Die Fahrt entlang des Wildbaches vom Seeufer nach Pieve de Tremosine durch enge Schluchten und felsige Tunnel ist ein kurviges Abenteuer. Nicht umsonst wurde hier die Anfangsszene bzw. Verfolgungsjagd zwischen einem Aston Martin und einem Alfa Romeo für den James-Bond-Film „Ein Quantum Trost" gedreht.

garda069 ts

Punta di San Vigilio bei Torri del Benaco | 120

Südlich von Torri del Benaco versteckt sich dieses Kleinod zwischen Gardesana und Seeufer. Die überschaubare Landzunge ist ein herrliches Konglomerat aus Natur und Architektur. Nach einem kurzen Spaziergang durch eine eindrucksvolle Zypressenallee gelangt man zu historischen Gebäuden, einer romantisch am See gelegenen Taverne und einem Hafenbecken aus dem 14. Jahrhundert.

garda-017 ts

Die Kanäle von Peschiera del Garda | 163

Einen wunderbaren Überblick und ungewöhnliche Einblicke in die einzigartige Fluss- und Seelage der Stadt ergeben sich bei einer geruhsamen Bootsfahrt über die Wasserwege, die sich vom Hafen aus rund um die teilweise verfallene und baumbewachsene Festung ausbreiten. Peschiera del Garda ist ein schon von den Römern geschätztes und charmantes, von Kanälen umflossenes Städtchen mit einer netten Altstadt und einer imposanten Burganlage.

garda-018 ts

Borghetto und Visconti-Brücke in Valeggio sul Mincio | 173

Am Westufer des Mincio verteilen sich auf überschaubarem Terrain ein paar teils aus dem Mittelalter stammende Häuser und schmale Straßen zwischen zwei Flussarmen. Hier etablierte sich vor vielen Jahrhunderten ein Mühlenviertel. Die alten Wasserräder, die Chiesa San Marco aus dem 18. Jahrhundert, zahlreiche Restaurants und natürlich die 1393 erbaute Ponte Visconteo sorgen für eine charmante Stimmung und sind der Grund für die Beliebtheit des Viertels.

garda-019 ts

garda001 ts

1 Der Norden

»Steile Felswände, einsame Wälder
und Bergseen vom Feinsten
dominieren das nördliche Hinterland.
Am Ufer zeigen sich stolz historische Paläste,
eine autofreie lebendige Altstadt
und jede Menge Strand
zum Baden und Surfen.
Dazwischen thront der Monte Brione
als felsiger Aussichtspunkt.

‹ Blick auf Riva del Garda

DAS NORDUFER UND SEIN HINTERLAND

Die herrliche Vielfalt dieser von Hügeln und Bergen geprägten Region hat sich bei Urlaubern längst herumgesprochen. Das reizende, lebendige Riva del Garda mit seinem attraktiven kulturellen und kulinarischen Angebot und der bis Torbole reichende kilometerlange Strand samt Promenade begeistern Jung und Alt. Man entspannt und lässt sich von der Sonne verwöhnen. Aktive Menschen kommen bei den schier unendlichen Outdoor-Möglichkeiten wie Biken, Wandern, Klettern oder Windsurfen garantiert auf ihre Kosten. Und im Hinterland versteckt sich dort ein historisches Dörfchen und hinter der nächsten Ecke ein naturnaher Badesee.

Riva del Garda

Riva del Garda am Nordufer des Gardasees imponiert durch eine **großzügige, autofreie und charmante Altstadt** mit beeindruckenden historischen Bauten aus den vergangenen Jahrhunderten, durch römische Ausgrabungsstätten und weitläufige Plätze mit herrlichen Ausblicken auf das glitzernde, klare Wasser des Sees und die steil aufragenden Felswände des Monte Rocchetta am Westufer. Riva ist ein Ort mit unterschiedlichsten Facetten, die nahezu jeden Gast begeistern und wiederkommen lassen. Sportler jeden Alters toben sich im Bereich des Seeufers in nahezu allen Disziplinen des **Wassersports** aus. Jeder auf seine Weise, rasant schnell bis gemütlich langsam. Mit dem Surfbrett unter den Füßen, paddelnd im Kajak, im Verband segelnd oder einfach planschend am Strand. **Kulturbeflissene** schlendern durch die Geschichten erzählenden Gassen oder besuchen das interessante Museo Alto Garda. Dazu kommen nette Cafés, Restaurants und bis weit nach Mitternacht geöffnete Bars mit einem ausgewogenen Portfolio der hochprozentigen Art. Und wer bei seinen Aktivitäten lieber festen Boden unter den Füßen haben möchte, schwingt sich auf das Mountainbike, schnappt sich seine Kletterutensilien oder erkundet per Pedes die eindrucksvolle und abwechslungsreiche Umgebung von Riva del Garda.

NICHT VERPASSEN!

- **Riva del Garda:** Spaziergang durch die geschichtsträchtige Altstadt | 26
- **Parco Grotta Cascata Varone:** ein grandioses Naturschauspiel nahe Riva del Garda | 36
- **Castello di Arco:** herrlicher Ausblick über die schöne Stadt Arco | 50
- **Adventure Park Busatte bei Torbole:** Abenteuerpark für die ganze Familie | 67
- **Canale di Tenno:** ein schmucker Ort mit mittelalterlichem Charme | 82

Diese Tipps erkennt man an der gelben Markierung.

Geschichte

Die **Besiedlung** von Riva del Garda und der Region **reicht weit zurück.** In der Umgebung fand man prähistorische Funde aus der Steinzeit und der Kupferzeit, in Riva selbst stieß man auf eine römische Therme, die heute an der Via Roma besichtigt werden kann. Offizielle Erwähnung findet Riva in einem Dokument von **983,** als der römisch-deutsche Kaiser *Otto II.* den Ort unter die Befehlsherrschaft der Bischöfe von Verona stellte. Später hatten dann die Bischöfe von Trentino in Riva das Sagen, und Ende des 13. Jahrhunderts übernahmen die Scaliger die Macht und errichteten manch imposantes Bauwerk wie den Palazzo Pretoria. Durch seinen Hafen und seine bevorzugte Lage am nördlichen Seeufer war dieses Stückchen Land als **Handelsposten** jahrhundertelang bei den verschiedensten Herrschern sehr begehrt. Nach den Scaligern kämpften unter anderem die *Visconti* von Mailand und die Venezianer um die Vorherrschaft, Letztere regierten Riva von 1441 bis 1509 zur Zeit der Republik Venedig. 1703 kam es dann, wie in vielen Orten am Gardasee, durch die Truppen des französischen Generals *Vendôme* zu verheerenden Verwüstungen, und Ende des 18. Jahrhunderts waren es die Soldaten *Napoleons,* die die Stadt besetzten. Seit Ende des Ersten Weltkriegs zählt Riva zu Italien.

Während *Johann Wolfgang von Goethe* im Verlauf seiner Italienreise im Nachbarort Torbole schrieb und nächtigte, statteten kaum weniger **berühmte Menschen** der jüngeren Vergangenheit Riva del Garda einen Besuch ab. Der 1875 in Prag geborene Dichter *Rainer Maria Rilke* genoss die Tage im Norden des Gardasees zur Inspiration, genauso wie der 1923 verstorbene Schriftsteller *Franz Kafka,* der in der Erzählung „Der Jäger Gracchus" seine Erlebnisse während des Aufenthaltes in Riva stimmungsvoll literarisch umsetzte und viele historische Orte zu Schauplätzen seiner Geschichte machte.

Sehenswertes

Vorbemerkung: Ein Großteil der **Altstadtgassen** ist verkehrsberuhigt und **Fußgängerzone.** So ist es notwendig, das Auto auf einem der zahlreichen **kostenpflichtigen Parkplätze** abzustellen. Diese liegen beispielsweise an der Touristeninformation, an der Terme Romane oder an der Durchgangsstraße Viale Rovereto Richtung Torbole. Eine der wenigen kostenlosen und doch noch nahe des Seeufers und der Altstadt gelegene Parkmöglichkeit findet man ebenfalls an der Viale Rovereto, auf der linken Seite Richtung Ostufer fahrend an der Papierfabrik „Cartiere del Garda". Von hier gelangt man zu Fuß direkt durch den gegenüberliegenden Parco Miralago zum Seeufer und weiter zur Altstadt. Ein guter Ausgangspunkt für eine Entdeckungstour durch Riva ist die zentrale Piazza 3. Novembre.

Piazza 3. Novembre

Der schöne Platz ist das **pulsierende Herz der Stadt** und steckt dank Cafés, Restaurants, dem Palazzo Pretorio und dem Torre Apponale voller Leben, spannender Geschichte und bietet gleichzeitig einen herrlichen Blick auf den See.

⊡ Piazza 3. Novembre mit dem Stadtturm

Oder man spaziert durch Arkaden, die in der Scaliger-Epoche erbaut wurden und einst ein buntes Markttreiben überspannten. Geht man über die Freifläche auf dem Platz, fühlt man unter den Sohlen zeitweise einen anderen Untergrund. Auch optisch fällt dieser Bereich auf. Diese aus besonderen Steinen bestehende **Pflasterung,** die ein großes Rechteck umfasst, weist auf die ehemalige Größe des Hafenbeckens hin.

Stadtturm Torre Apponale

Schon im 13. Jahrhundert stand hier ein Turm, der später im Jahr 1555 erhöht wurde. Heute ist das über 165 Stufen erklimmbare Gebäude 34 Meter hoch, das **Wahrzeichen von Riva del Garda** und eröffnet auf der Aussichtsplattform einen wunderbaren Blick über die Stadt und den See. Ein paar Meter höher auf der Turmspitze dreht sich ein musizierender Engel mit Posaunen aus Stahlblech namens „Anzolim de la tor" nach dem Wind. Der Name des Turms mit der aus dem Jahre 1532 stammenden Glocke *(Renga)* verweist darauf, dass er in dem Teil des Hafens liegt, der in Richtung des Ortes Ponale weist. Westlich des Turmes stehen mehrere prachtvolle **Stadtpaläste,** die durch einen Rundbogengang verbunden sind.

■ **Infos:** März bis November tägl. 10–18 Uhr, Mo geschlossen, Juni, Juli, August und September täglich geöffnet. Eintritt 2 €. www.museoaltogarda.it.

Palazzo Pretorio und Palazzo Municipale

Den imposanten, mit Arkaden versehenen Palazzo Pretorio erbauten die Scaliger im 14. Jahrhundert. In dem angrenzenden Palazzo Municipale aus dem 15. Jahrhundert versammeln sich seit Jahrhunderten die Stadtobersten. Das teils

garda002 ts

Kino,
Tenno, Varone, Campi, Pregasina
Parco Grotta Cascata Varone,
Hallenschwimmbad
Piscina Enrico Meroni,
Arco, S. Tomaso
45
45bis
Galleria Monte Englo
Via Ardaro
Viale dei Tigli
Viale Trento
Viale 28 Giugno
Via Riccamboni
Via Galas
V. L. Storck
V. F. Guella
Barrufaldi
Chiesa di Santa Maria Inviolata
Viale Cannella
Madruzzo
Viale C.A. Pilati
Terme Romane
Viale Roma
V. Monte Oro
Viale G. Prati
Via N. Pernici
Viale Alberti-Lutti
Viale Martiri
Riva del Garda
San Michele
Porta San Michele
Porta San Marco
Viale D. Chiesa
Viale C. Vannetti
Via Boschetto
Farmacia Divinità
Viale Dante Alighieri
Marocco-Viertel
V. Marocco
Via Florida
Piazza Cavour
Giardini Verdi
Zahnarztpraxis Alto Lago
Viale G. Caducci
V. S. Francesco
V. F. Filzi
Piazza San Rocco
Palazzo Pretorio und Palazzo Municipale
Via Fiume
V. Concordia
V. Lipella
Piazza delle Erbe
Chiesa di Santa Maria Assunta
Piazza Stazione
Garda Trentino
V. Maffei
Reptiland
V. Liberazione
Alter Bahnhof
Bastione
Piazza 3.Nov.
Piazza Battista
Giardini Porta Orientale
Ascensore panoramico Bastione (Panorama-Aufzug)
Porta Bruciata
Stadtturm Torre Apponale
Piazza Garibaldi
Via Maroni
Torrente di Varone
Circonvallazione
Piazza Catena (Kettenplatz)
Schiff
Tretbootfahren
Rocca, MAG Museum
Sala Civica „G. Craffonara“
Centrale Idroelettrica di Riva del Garda (Wasserkraftwerk)
Spiaggia degli Olivi
Fraglia Vela
Via G. Cis
Parco Miralago
Punta Lido
Spiaggia Sabbioni
Gardasee
La Punta, Loc. Gola, Brescia
Übernachtung
1 Agriturismo Girardelli
6 Ostello Benacus / Jugendherberge
8 Albergo Alle Porte
13 Hotel Antico Borgo
22 Hotel Bellavista Deluxe Apartments
24 Hotel Luise
25 Hotel du Lac et du Parc
27 Kristal Palace Hotel
29 Camping Bavaria
30 Campingplatz und Hotel Al Lago
34 Campingplatz Brione
35 Ecohotel Primavera
Nachtleben
9 Pub all'Oca
23 Riva Bar Cocktail Club & Music
Essen und Trinken
2 Ristorante Agritur Eden Marone
10 Ristorante Pizzeria Maffei
11 Ristorante Pizzeria Bella Napoli
14 Ristorante Al Volt
15 Ristorante Leon d'Oro
17 Osteria de l'Anzolim
18 Café Cristallo
19 Casa del Caffè
20 Ristorante L'Appetito
21 Nuovo 900, Ristorante & Wine Bar
28 Eisdiele und Bar Flora
32 Ristorante Pizzeria l'Ora

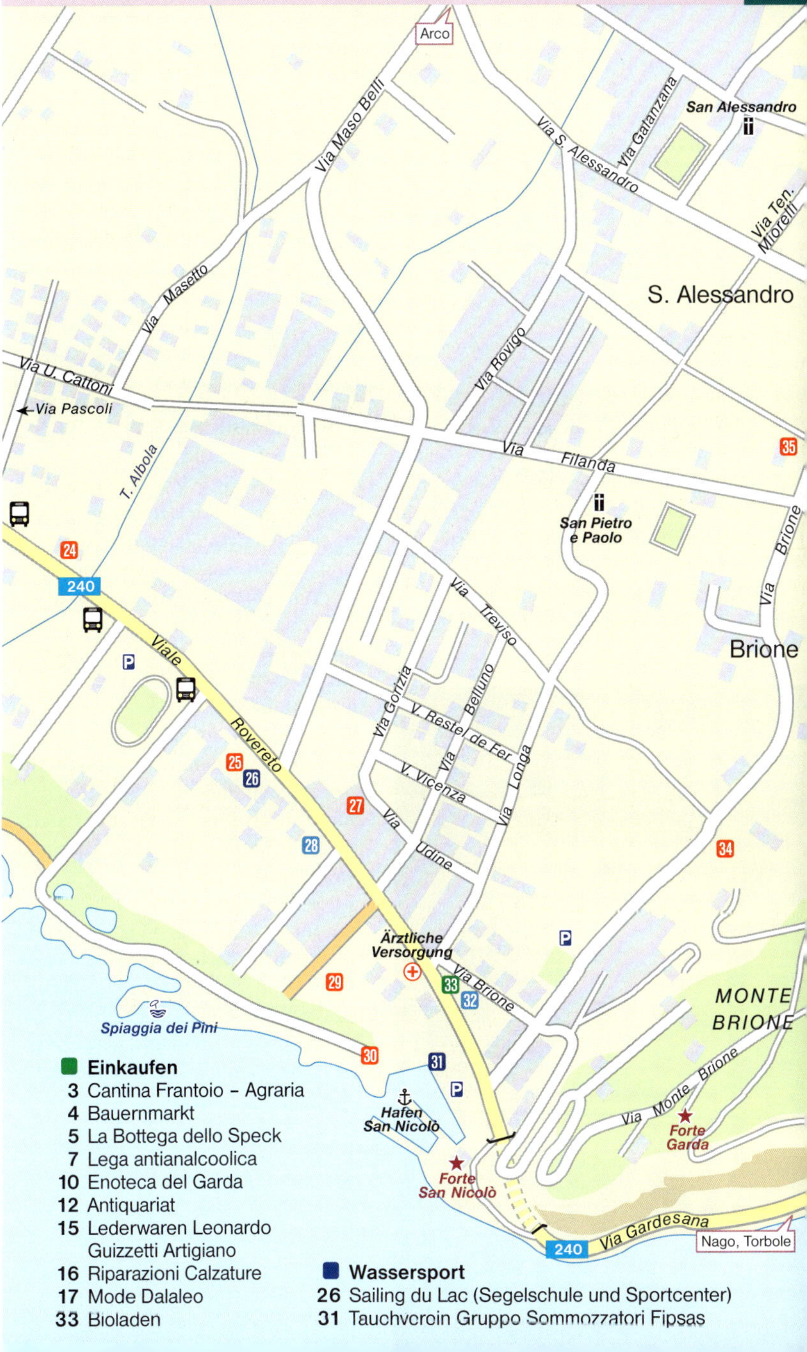
Arco
Via Maso Belli
Via S. Alessandro
Via Galanzana
San Alessandro
Via Ten. Miorelli
S. Alessandro
Via Masetto
Via U. Cattoni
Via Pascoli
Via Rovigo
Via Filanda
T. Albola
35
San Pietro e Paolo
Via Brione
24
240
Via Treviso
Brione
Viale Rovereto
Via Gorizia
V. Restel de Fer
Via Belluno
Via Longa
25
26
V. Vicenza
27
Via Udine
28
34
Ärztliche Versorgung
29
33
32
Via Briione
MONTE BRIONE
Spiaggia dei Pini
30
31
Hafen San Nicolò
Forte San Nicolò
Via Monte Brione
Forte Garda
Via Gardesana
Nago, Torbole
240
Einkaufen
3 Cantina Frantoio - Agraria
4 Bauernmarkt
5 La Bottega dello Speck
7 Lega antianalcoolica
10 Enoteca del Garda
12 Antiquariat
15 Lederwaren Leonardo Guizzetti Artigiano
16 Riparazioni Calzature
17 Mode Dalaleo
33 Bioladen
Wassersport
26 Sailing du Lac (Segelschule und Sportcenter)
31 Tauchverein Gruppo Sommozzatori Fipsas

aus örtlichem Naturstein erbaute **Rathaus** wird geschmückt von Bischofswappen und erhielt im 19. Jahrhundert eine architektonische Vergrößerung und Verbindung zum Palast Pretorio. Der quer verlaufende Bau nennt sich **Palazzo del Provveditore** und wurde im 14. Jahrhundert fertiggestellt.

Piazza San Rocco

Weiter nach Westen gelangt man zum **Stadttor Porta Bruciata** („Verbranntes Tor“), 1406 von den Visconti-Soldaten in Brand geschossen, und zur Piazza San Rocco mit den Büsten für die gefallenen Soldaten und die Märtyrer aus Riva. Angrenzend findet sich die **Capella di San Rocco.** Die winzige, 1512 erbaute Kapelle am gleichnamigen Platz sollte Schutz gegen die Pest erwirken. Im Inneren angebrachte Tafeln informieren mit Bildern und italienischem Text über dieses leicht zu übersehende sakrale Gebäude, in dem nur noch die Altarnische erhalten ist. Zu sehen ist die schwarze Figur des heiligen *Rochus*, der Schutzheilige gegen die Pest.

Marocco-Viertel

Von der Piazza San Rocco kommt man in der nordwestlichen Ecke des Platzes, links der Kapelle, auf die schmale Kopfsteinpflaster-Gasse **Via Marocco.** Der Ursprung des Viertelnamens geht nicht auf das gleichnamige nordafrikanische Land zurück, sondern leitet sich von dem Wort „Marocche“ (Felsbrocken) ab. Blickt man auf die Häuserwände dieser von Touristen eher unbeachteten, jedoch sehr charmanten Gegend, fallen überall **in die Mauern integrierte Felsen** auf, die von einem Erdrutsch stammen sollen. Früher wurden diese mittelalterlichen Wege als Burgviertel bezeichnet, zu einer Zeit, als Riva als **„Quadra Castello“** in vier Areale (Kirche, See, Mitte und Burg) eingeteilt war.

Der Via Marocco folgend, gelangt man auf die betriebsame **Via Fiume** und zum **Stadttor Porta San Marco.** Dieser erstmalig im Mittelalter, im 11. Jahrhundert, erbaute Durchgang erhielt sein heutiges Erscheinungsbild während einer Umgestaltung, die Mitte des 19. Jahrhunderts erfolgte.

garda004 ts

Sonne tanken am Seeufer in der Altstadt

Piazza delle Erbe

Der an der **Via Andrea Maffei** gelegene Platz hat zwei durch eine Treppe verbundene Ebenen, auf denen nach dem Ersten Weltkrieg regelmäßig Markt abgehalten wurde, daher wohl auch sein Name **„Platz der Kräuter“.**

Piazza Catena

Geht man von der Piazza 3. Novembre am Hafenbecken entlang Richtung Westen, erreicht man den **„Kettenplatz“.** Der Platz, an dem auch die Gardasee-Schiffe an- und ablegen, erhielt seinen Namen wegen der enormen Ketten, die in der Vergangenheit über das Wasser gespannt wurden, um den Hafen zu schützen. Bis 1929 befand sich hier das kaiserliche Zollhaus, ein Anhaltspunkt für die Grenze, die den nördlichen Teil des Sees vom südlichen trennte. Hier steht die Barockstatue von *San Giovanni Nepomuceno,* dem Schutzheiligen der Gewässer.

Centrale Idroelettrica di Riva del Garda (Wasserkraftwerk)

Nur wenige Meter entfernt, an der Straße nach Limone am Westufer (Via Giacomo Cis), erhebt sich das riesige Wasserkraftwerk Riva del Garda. Das **eindrucksvolle Gebäude** entwarf der Architekt *Giancarlo Maroni,* auf dessen kreatives Konto einige Bauwerke in Riva del Garda gehen (siehe Spiaggia degli Olivi und Fraglia Vela). An der Außenfassade fällt die mehrere Meter hohe **Skulptur „Numen Aquarum“** einer Wassergottheit mit Dreizack und Stromblitzen auf. Dieses opulente Werk wurde von dem aus Riva stammenden Künstler *Silvio Zaniboni* (1896–1980) im Jahre 1931 fertiggestellt. Den lateinischen Schriftzug über der Skulptur ersann der Dichter *Gabriele D'Annunzio* zur Einweihung des Werkes im Jahre 1926; er bezieht sich auf die „göttliche“ Kraft des Wassers in diesem Haus. Seit dem Sommer 2016 steht das Bauwerk Besuchern offen.

■ **Infos:** Führungen (2 Std.) für Einzelpersonen Mo bis Fr, Beginn 15 Uhr, Sa/So 10 und 15 Uhr. Eintritt Erw. 15 €, ermäßigt (7–18 Jahre, ab 65 Jahre und Studierende bis 26 Jahre) 8 €. Die Führungen am Mo um 15 und Sa um 10 Uhr werden auf Deutsch angeboten, diejenigen am Di um 15 und So um 10 Uhr auf English. Reservierungen: Tel. (0461) 032 486, tägl. 9–17 Uhr. www.hydrotourdolomiti.it.

Ascensore panoramico Bastione

Seit dem Sommer 2020 befördert dieser **Schrägaufzug** mit seiner **Panoramakabine ganz aus Glas** Fahrgäste in rund drei Minuten **hinauf zur Bastione,** einem exponiert stehenden Turm einer venezianischen Festungsanlage vom Anfang des 16. Jahrhunderts. Bis heute bietet sich von hier oben ein fantastischer Ausblick auf den See und die Stadt. Der spektakuläre Aufzug überwindet eine Strecke von 208 Metern und einen Höhenunterschied von 130 Metern. Wer lieber mehr Kalorien verbrennen möchte, gelangt auch **zu Fuß** zur Bastione. Ob nun per pedes oder mit dem Aufzug, oben angelangt, empfängt die Besucher bei Hunger oder Durst ein **Restaurant** mit herrlicher Außenterrasse.

Infos: Einzelfahrt 4 €, Hin- und Rückfahrt ab 6 €, Via Monte Oro; Bastione Lounge & Restaurant, www.bastione.eu.

Wasserburg Rocca

Am Ufer Richtung Torbole führt der Weg zur eindrucksvollen Wasserburg Rocca mit dem Museo Alto Garda (MAG). Die aus dem 12. Jahrhundert stammende Festung ist vollständig von einem **Wassergraben** umgeben und liegt direkt am Ufer des Gardasees. Im Laufe der Jahrhunderte kam es zu etlichen Umstrukturierungen und Umbauten der Burg. Früher besaß die Burg an der Piazza Battista und an der Piazza Garibaldi eine hölzerne Brücke, die bei Gefahr mit schweren Eisenketten hochgezogen werden konnte. Die heutige **Steinbrücke** ist unter dem Namen **„Pont dei strachi“** bekannt, die „Brücke der Müden“, da sich in den 1970er und 1980er Jahren hier gerne Jugendliche versammelten, um „abzuhängen“. In der Rocca residierten Scaliger, Mailänder, Venezianer sowie Grafen und Bischöfe. Mitte des 19. Jahrhunderts funktionierte man das massive Bauwerk in eine **österreichisch-ungarische Kaserne** um, und so erhielt die Rocca ihr heutiges Aussehen.

> In der Wasserburg ist das MAG (Museo Alto Garda) untergebracht

MAG (Museo Alto Garda)

Mein Tipp: Die zahlreichen Räumlichkeiten der Wasserburg beherbergen heute das MAG (Museo Alto Garda) mit drei Dauerausstellungen. Die Besucher treffen auf ihrem Rundweg auf die **Pinakothek** mit faszinierenden Landschaftsgemälden aus dem 19. Jahrhundert, die die Schönheit des Gardasees zeigen und unter anderem von dem 1882 in Mailand gestorbenen Maler *Francesco Hayez* stammen.

An anderer Stelle begeistern anthropomorphe prähistorische Fundstücke des Alto Garda aus der Jungsteinzeit, dem Mesolithikum und der Kupferzeit wie die Statuenmenhire von Arco. **Statuenmenhire** sind durch den Menschen erschaffene, aufrecht stehende, geglättete Steine mit klar erkennbar herausgearbeiteten menschlichen Attributen wie Gesicht, Hände, Füße oder Geschlechtsmerkmal.

Nicht fehlen im Museum darf natürlich eine **Exkursion in die Vergangenheit** von Riva del Garda. In diesem Bereich der Ausstellung taucht man ein in die Zeit der Scaliger, der Visconti und Venezianer und erfährt Interessantes über die Besuche von *Franz Kafka* und anderen weltberühmten Literaten. Die Ereignisse des Ersten Weltkrieges werden ebenfalls thematisiert.

Ganz auf Kinder und Familien zugeschnitten ist der **INvento-Bereich** mit seinen Stationen, die zum kreativen Spielen und Ausprobieren einladen.

Infos: März bis November tägl. 10–18 Uhr, Mo geschlossen, Juni, Juli, August und September täglich 10–18 Uhr. Eintritt 5 €, ermäßigt 2,50 €. Piazza C. Battisti, 3/A, Tel. (0464) 573869, www.museoaltogarda.it.

Reptiland

Wenige Meter von der Rocca entfernt dreht sich alles um **Reptilien,** aber nicht nur. Zu sehen gibt es unzählige Giftschlangen wie die Kobra oder die Klapperschlange. Riesige Tigerpythons oder Boas tummeln sich in den Terrarien, ferner Vogelspinnen und Riesenskorpione. Weit ungefährlicher sind die vielen Insekten- und Schmetterlingsarten.

Infos: Tägl. 11–20 Uhr. Eintritt: Erw. 9 €, Kinder bis 8 Jahre frei. Piazza Garibaldi, 1, Tel. (348) 7948 389, www.reptiland.it.

Chiesa di Santa Maria Assunta

Über die Piazza Garibaldi und die Via Giuseppe Mazzini läuft man in kürzester Zeit zur Kirche Santa Maria Assunta an der **Piazza Cavour.** Die **einschiffige Barockkirche** von 1728 bezaubert durch neun Altäre aus der Barockzeit und die Seitenkapelle del Suffragio mit glanzvollen Stuckarbeiten und einer aus dem 15. Jahrhundert stammenden hölzernen Madonnenfigur. Dank historischer Aufzeichnungen weiß man, dass hier Anfang des 12. Jahrhunderts schon einmal eine Kirche gestanden haben muss. Das Gotteshaus und seine kostbare Ausstattung sind ein Hinweis darauf, dass Riva del Garda im 18. Jahrhundert eine reiche Stadt war. Hinter dem Hochaltar zeigt sich ein Marienbild des im September 1790 in Riva del Garda geborenen und 1837 ebenda gestorbenen Malers *Giuseppe Craffonara.* Ebenfalls von diesem bedeutenden Künstler stammt das sehenswerte Gemälde der „Schmerzensmutter" auf der linken Seite am hinteren vierten Altar. Das Relief-Porträt rechts

garda005 ts

neben dem Eingangsportal stammt von *Francesco Trentini* und stellt *Giuseppe Craffonara* dar.

Alter Bahnhof und Viale Liberazione

Nördlich der Wasserburg führt der Weg ostwärts zum Alten Bahnhof. Das **schön restaurierte Gebäude** mit alten Bildern und Fotos im ehemaligen Wartebereich und einem Gleis am Bahnsteig markiert den Endpunkt der ehemaligen, in elf Monaten fertiggestellten Eisenbahnstrecke von **M**ori über **A**rco nach **R**iva. Die **als „MAR" bekannte Strecke** wurde am 28. Januar 1891 eröffnet. Für die 24 km lange Fahrt benötigte man rund 1½ Stunden. 1936 fuhr der letzte Zug.

Angrenzend an den Bahnhof findet sich die **Tourismusinformation** von Riva del Garda. Geht man vom Vordereingang des Bahnhofs auf der mit Magnolien geschmückten **Allee Viale Liberazione** zur Piazza Garibaldi, kann man nach wenigen Dutzend Metern in ein auf der rechten Seite gelegenes Gebäude, den **Palazzo San Francesco** – heute von der Justizbehörde genutzt, früher ein Franziskaner-Kloster – eintreten und zum frei zugänglichen Innenhof durchgehen. Dort unter den Arkaden befinden sich einige steinerne Zeugnisse der Vergangenheit wie beispielsweise ein massiger Sarkophag – ein eher unbekanntes „Open-Air-Museum".

Spiaggia degli Olivi

Nach Süden auf der vor dem Bahnhof zum See verlaufenden Viale G. Maroni erreicht man den Spiaggia degli Olivi. Der **strahlend weiße Strandkomplex** samt Mini-Leuchtturm wurde zwischen 1932 und 1934 von *Giancarlo Maroni* angelegt, demselben Architekten, der für den Bau des „Vittoriale di D'Annunzio" verantwortlich war. *Maroni*, der 1893 in Arco das Licht der Welt erblickte, gilt als einer der bedeutendsten Stadtplaner für den Wiederaufbau von Riva nach dem Ersten Weltkrieg; nicht nur dieser Gebäudekomplex trägt seine Handschrift. Nach dem Zweiten Weltkrieg etablierte sich dieser Ort als Treffpunkt der Schönen und Reichen und beherbergte lange Jahre die berühmteste Diskothek der Stadt. Angrenzend befindet sich der alte **Segelclub „Fraglia Vela"**, der heute noch seine ursprüngliche Aufgabe erfüllt.

Galleria Civica „Giuseppe Craffonara"

Unweit des Spiaggia degli Olivi können nahezu monatlich wechselnde **Einzel- und Gruppenausstellungen** sehr unterschiedlicher Künstler besucht werden, darunter manchmal auch Werke von Kunstschaffenden aus Riva del Garda.

■ **Infos:** Eintritt frei. Via Giardini di Porta Orientale, Tel. (0464) 573917, www.amicidellarteriva.it.

Terme Romane

Die an der Viale Roma stadtauswärts liegende **überdachte Ausgrabungsstätte** zeigt eine **Therme** aus dem 1. Jahrhundert nach Christus. Den gesamten Komplex nutzten die Römer bis ins 3. Jahrhundert. Man sieht einen zentralen Hof mit einigen angegliederten Räumen, darunter das Frigidarium, ein eventuell mit einem Kaltwasserbecken ausgestatteter Bereich zum Abkühlen nach dem Aufenthalt im Warmbereich. Das Tepidarium stellt den auf bis zu 40°C erwärmten Teil der römischen Therme dar, in dem sich trockene Luft befand. Eine sehr hohe Luftfeuchtigkeit und Temperaturen bis etwa 50°C herrschten dagegen im Calidarium.

Aus der Altstadt erreicht man die alte Therme durch das im 13. Jahrhundert errichtete **Stadttor Porta San Michele,** das Mitte des 19. Jahrhunderts nahezu vollständig neu aufgebaut wurde.

Chiesa di Santa Maria Inviolata

Als ein **Glanzstück der Barockkunst und des späten Renaissance-Stils** gilt die auf Wunsch von *Guadenzio Mandruzzo,* damaliger Statthalter von Riva und Arco, errichtete Kirche Inviolata. Das direkt an der belebten Durchgangsstraße Richtung Westufer, Tenno und Arco zu findende Gotteshaus am Ende der Viale Roma entwarf ein unbekannter portugiesischer Architekt. Die Kirche mit ihrem achteckigen Grundriss wurde Anfang des 17. Jahrhunderts fertiggestellt und 1636 geweiht. Äußerlich eher unspektakulär, zeigt sich im Inneren ihre wahre Pracht. Wunderschöne und **aufwendige Stuckarbeiten** von *Davide Reti* und eindrucksvolle Ölmalereien im Bereich der Kuppel und an den Wänden von *Teofilo Polacco* und *Pietro Ricchi* schmücken das Bauwerk. Ebenfalls sehenswert sind die **Altarbilder** des Malers und Zeichners *Palma il Giovane,* auch bekannt unter dem Namen *Jacopo Negretti,* dessen Werke schon zu Lebzeiten – er starb 1628 in Venedig – geschätzt wurden.

Forte San Nicolò

Die kurz vor dem Tunnel nach Torbole **am Monte Brione** zwischen 1860 und 1862 erbaute **Befestigungsanlage** diente der Überwachung des Sees und der Aktivitäten zwischen Riva del Garda und Torbole. Das zunächst aus Stein und Kalk errichtete Bauwerk wurde 1911/1912 mit Stahlbeton modernisiert und erhielt vier 8-Zentimeter-Schnellfeuerkanonen. Das auffällige Fort steht unübersehbar am Hafen San Nicolò.

Monte Brione

Schaut man vom Süden auf das Nordufer, präsentiert sich zwischen Riva del Garda und Torbole eine mächtige Erhebung: der Monte Brione. Flankiert wird der knapp **380 Meter** hohe Berg von der Schwellenlandebene des Flusses Sarca. Während die Westseite zu Riva del Garda hin leicht ansteigt, zeigt sich die Ostseite mit fast senkrechten Felswänden. Teile des Monte Brione stehen unter **Naturschutz,** da in diesem besonderen Habitat eine **eindrucksvolle Diversität** im Bereich der Flora besteht; mancher Wissenschaftler spricht von über 500 verschiedenen Pflanzenarten. Außerdem befinden sich verstreut auf der gesamten Fläche **Bunkeranlagen und Geschützstellungen,** die Ende des 19. Jahrhunderts bzw. Anfang des 20. Jahrhunderts zur Verteidigung errichtet wurden. Bei einer Wanderung (siehe im Kapitel „Wanderungen") hinauf auf den Monte

garda006 ts

Brione kann man die Flora und die historischen Zeugnisse militärischer Art bestens erkunden.

Parco Grotta Cascata Varone

Rund 3 km von Riva del Garda entfernt, im Ortsteil Varone, an der Nationalstraße 421, lohnt sich ein längerer Stopp. Der spektakuläre **Naturpark,** 1874 von König *Johann von Sachsen* und Prinz *Nikola von Montenegro* eingeweiht, weist zwei Höhepunkte auf: den aus dem Tennosee gespeisten und rund 100 Meter in die Tiefe stürzenden **Wasserfall** und die durch das Wasser im Laufe von ca. 20.000 Jahren entstandene **Schlucht** mit der **Grotta Inferiore** und der **Grotta Superiore.** Wärmende Kleidung und Regenschutz sind Voraussetzung für einen Besuch. Zum Park gehören außerdem ein Botanischer Garten und ein Picknick-Areal.

Infos: Januar, Februar, November und Dezember tägl. 10–17 Uhr, März und Oktober tägl. 9–17 Uhr, April und September tägl. 9–18 Uhr, Mai bis August tägl. 9–19 Uhr. Eintritt: 6 €. Via Cascata, 12, Tel. (0464) 521421, www.cascata-varone.com.

Baden

An den Stränden von Riva del Garda sind **schwimmende Plattformen** installiert, teils mit Rutschen, und es stehen Kinderspielplätze, Duschen und **sanitäre Anlagen** zur Verfügung. Für die Sicherheit sorgen im Sommer (ca. Ende Mai bis Ende August) zahlreiche **Ret-**

Entspannung am Strand von Riva del Garda

tungsschwimmer an verschiedenen Abschnitten. Während im Januar das Wasser eine Temperatur von durchschnittlich nur 10°C aufweist, kann man im Juli bei angenehmen 22 bis 24°C baden.

Sport und Aktivitäten

Die gesamte Nordküste des Gardasees wird besonders bei **Windsurfern** und **Seglern** sehr geschätzt. Grund hierfür sind die mehr oder weniger jeden Tag auftretenden Winde wie der morgendliche „Vent“ oder „Pelér“ und die ab Mittag wehende „Ora“ (siehe bei Torbole). Hauptsächlich im Winter tritt in Riva del Garda der vom trentinischen Ballinopass (755 m) herunterwehende „Balinot“ auf, der deutlich höhere Windgeschwindigkeiten als „Ora“ und „Pelér“ erreichen kann.

Für Taucher stehen im Uferbereich mehrere offizielle **Tauchspots** zur Verfügung, beispielsweise am Westufer das bis zu 30 Meter tiefe und mittelschwere „Sperone“-Gebiet oder das Hafenareal von San Nicolò, wo man in 15 Metern Tiefe die Statue „Cristo Silente“ („Schweigender Christus“) entdecken kann, ein Werk des Künstlers *Germano Alberti* aus Riva del Garda.

Kitesurfer kommen rund um Riva und Torbole trotz windiger Verhältnisse nicht auf ihre Kosten, denn das Kiten am Nordufer und an den angrenzenden West- und Ostufern ist nicht erlaubt. Erst einige Kilometer weiter südlich können Freunde dieser Sportart ihrer Passion nachgehen.

Wer sich lieber auf dem Festland vergnügen möchte, findet in der Umgebung beste Voraussetzungen fürs **Biken, Wandern, Canyoning** und **Klettern.** Zahlreiche Agenturen bieten Kurse und geführte Touren an.

26 Sailing du Lac, am Hotel du Lac et du Park gelegene Segelschule und Sportcenter. Es werden Kurse und Touren angeboten: Segeln mit Jolle oder Katamaran, Windsurfen, Stand-Up-Paddle (S.U.P.), Canyoning. Zusätzlich Fahrrad- und Kajak-Verleih. Segelkurse (mind. 2 Pers.) 2 Std. 80 € pro Pers., Windsurfen für Einsteiger/Schnupperkurs 2½ Std. 79 €, S.U.P. 2 Std. 55 €. Viale Rovereto, 44, Tel. (0464) 552453, www.sailingdulac.com.

garda007 ts

[>] Segelboote unter sich

31 Tauchverein Gruppo Sommozzatori Fipsas, seit 1969 bestehender Verein, der unterschiedlichste Kurse und Veranstaltungen anbietet, z.B. Foto- oder Video-Tauchsessions. Hafen San Nicolò/Viale Rovereto, 140, Tel. (0464) 567318, www.gruppo sommozzatoririva.it.

Hallenschwimmbad Piscina Enrico Meroni, das Bad verfügt über ein Becken mit sechs Bahnen (25 m) und ein Planschbecken. Piazza Maria Contini, 5, Tel. (0464) 520078, www.amicinuotoriva.it.

Angeln, wer im Gardasee angeln möchte, kann sich Angelkarten in der Garda-Trentino-Tourismusinformation besorgen. Mo bis Mi 8.15–12.15 und 14–16 Uhr, Do, Fr 8.15–12.15 Uhr. Viale Canella, 11, Tel. (0464) 555710, www.gardatrentino.it.

Tretbootfahren an der Piazza Battista, 2 Pers./Std. 10 €, 4 Pers./Std. 12 € pro Boot. Bei zwei bezahlten Stunden ist die dritte kostenfrei.

Wandertipp: Wanderung auf den Monte Brione, siehe im Kapitel „Wanderungen".

Feste und Events

Silvester/Neujahr

Ein besonderes Erlebnis sind das **beeindruckende Silvester-Feuerwerk** direkt am Seeufer und das am nächsten Morgen traditionell stattfindende **Neujahrsschwimmen.** Dabei stürzen sich die Bewohner am Piazza 3. Novembre in das kühle Nass des Gardasees.

Märchenfest „La notte di fiaba"

Das viertägige Fest in Riva del Garda begeht man nun schon seit Jahren immer **am letzten Augustwochenende.** Kinder wie Erwachsene lassen sich begeistern durch Veranstaltungen, die je-

garda008 ts

des Jahr ein anderes Märchen zum Thema haben; 2022 standen „Die drei Musketiere“ im Mittelpunkt des Festes. Spiele, Musikevents, Essensstände und kindgerechte Projekte laden außerdem zum **entspannten und spaßigen Zeitvertreib** ein. Spektakulärer Höhepunkt ist das Feuerwerk am Samstag.

Infos: www.nottedifiaba.it

Chocomusik

Das mehrtägige Festival wird seit einigen Jahren **an Ostern** zelebriert. Lokale Meister ihres süßen Handwerks präsentieren die hohe **Kunst der Schokoladen- und Pralinenherstellung** und köstliche Kreationen aus der Kakao-Bohne. Begleitet werden die Festivaltage durch Musikeinlagen und Workshops zum Thema Schokolade, bei denen Besucher jeden Alters herzlich willkommen sind.

Infos: Piazza Cesare Battisti. Eintritt frei.

Bike Festival Garda Trentino

Das alljährlich **im Frühjahr** (Ende April, Anfang Mai) stattfindende mehrtägige Mega-Event richtet sich an Europas Mountainbiker. Zahllose Biker messen sich bei **Wettbewerben** wie dem „Rocky Mountain BIKE Marathon“ oder der „Scott Junior Trophy“ und weit über 100 Aussteller präsentieren Neues und Innovatives aus der Welt dieses beliebten Outdoorsports. Abends feiert man **Partys** bis in den frühen Morgen. Die 2022 über die Bühne gegangene 29. Veranstaltung dieser Art lockte rund 60.000 Besucher nach Riva del Garda.

Infos: http://riva.bike-festival.de

Halbmarathon Garda Trentino

Seit rund 20 Jahren findet diese **öffentliche Sportveranstaltung mit Rahmenprogramm** alljährlich Anfang November statt. Wer sich fit genug fühlt und ein ärztliches Gesundheitszeugnis vorweisen kann, darf nach Bezahlung des Startgeldes (ab 30 €) teilnehmen. Die Strecke führt normalerweise von Riva del Garda über Arco zurück ins Zentrum von Riva del Garda. 2021 gewann bei den Männern der Kenianer *Solomon Koech* in der Zeit von 1 Std., 3 Min. und 6 Sek., bei den Damen kam die Deutsche *Rabea Schöneborn* nach 1 Std., 14 Min. und 37 Sek. als Erste ins Ziel.

Infos: www.trentinoeventi.it

Gourmetfestival „Garda Con Gusto“

Das **im November** stattfindende mehrtägige Food-Event steht ganz im Zeichen von Genuss und regionalen Spezialitäten. Während des Festes probieren die Gäste allerhand Leckereien nach traditionellen und neu interpretierten Rezepten. Es gibt **Show-Cooking-Stände.** Alle angebotenen Speisen stammen ausschließlich aus dem nördlichen Teil des Gardasees sowie aus Trient.

◁ Wappen des Fürstbischofs Georg Neideck am Palazzo Pretorio

Haus des Weihnachtsmannes

Den gesamten **Dezember** über verwandelt sich die Wasserburg Rocca im Ortszentrum in die **„Casa di Bobbo Natale“**; besonders Kinder werden daran ihren Spaß haben. Es gibt ein Weihnachtspostamt und Geschichtenerzähler, ferner werden Spiele veranstaltet. Für Speis und Trank ist gesorgt.

- **Infos:** Fr, Sa 14–18.30 Uhr, So 10–18.30 Uhr. Eintritt: 8 €, Kinder 3–14 Jahre 4 €. www.casadibabbonataleriva.it.

Praktische Tipps

Touristeninformation

- **Garda Trentino,** Mai bis September tägl. 9–19 Uhr, Oktober bis April Mo bis Fr 9–18 Uhr, Sa, So 9.30–12.30 und 14–18 Uhr. Largo Medaglie d'Oro al Valor Militare, 5, Tel. (0464) 554444, www.gardatrentino.it.
- Die **Garda Guest Card** ist eine bei den Tourismusbüros des Gardasees und in den dortigen Unterkünften erhältliche kostenlose Werbekarte, die bei zahlreichen Sehenswürdigkeiten ermäßigten Eintritt gewährt, beispielsweise: Burg von Arco, Rocca/Schloss von Riva del Garda, Wasserkraftwerk Riva del Garda, Seilbahn Malcesine – Monte Baldo, Gardaland, Arena von Verona, Acquaria Wellness Center Sirmione und viele mehr.

Verkehr und Transport

Bus

Haltestelle u.a. an der Via Martiri, 861.

- **Linie 1,** nach Arco 15x tägl. (nahezu stündlich).
- **Linie 204,** nach Arco, Dro und Drena 4–5x tägl.
- **Linie 027,** entlang des Westufers nach Süden und zurück, 9x tägl.
- **Linie 214,** nach Pregasina und Pieve de Ledro mehrmals tägl.

Schiff

- Nach **Malcesine** sehr oft tagsüber.
- 3–4x tägl. bis nach **Desenzano** u.a. über Limone, Gargnano, Salò, Garda und Sirmione. Auch mit dem Schnellboot.

Taxi Alto Garda

- **Via S. Nazzaro, 2,** Tel. (0464) 557044, www.taxialtogarda.it.

Übernachtung

8 **Albergo Alle Porte**②, angenehmer Familienbetrieb mit nur rund 30 Betten und einer sehr günstigen Altstadt-Lage nahe der Chiesa di Santa Maria Assunta. Frisch und modern gestaltete Zimmer. Bar im Erdgeschoss. Via Disciplini, 21, Tel. (0464) 557521, www.albergoalleporte.it.

22 **Hotel Bellavista Deluxe Apartments**③, in der Fußgängerzone (Anfahrt mit dem Pkw möglich) im Bereich der Altstadt direkt am See gelegene Herberge aus dem 3-Sterne-Segment mit 32 gepflegten Zimmern/Apartments, die farbenfroh im mediterranen Stil eingerichtet und teils mit Balkon/Terrasse ausgestattet sind. Die Apartments verfügen zusätzlich über eine Küche. Gutes Restaurant und schöne Außenterrasse an der Uferpromenade, auf der man herrlich mit Blick auf das Wasser frühstücken kann. Neben der perfekten Lage bietet das Hotel einen knapp 200 m² großen Spa-Bereich mit Sauna, Dampfbad und Pool. Fahrradraum und -verleih. Piazza Cesare Battisti, 7, Tel. (0464) 554271, www.bellavistariva.it/de.

35 **Ecohotel Primavera**③, ruhig am Monte Brione oberhalb des Hafens San Nicolò gelegen, nach ökologischen Gesichtspunkten erbautes Hotel mit 14 durch klare Linien und Farben auffallenden

Zimmern und einer mit roter Herzbadewanne ausgestatteten, extravaganten „I Love You"-Suite, alle Unterkünfte mit Balkon oder Terrasse. Beim Bau des Hauses und der Zimmer wurde nur FSC-zertifiziertes Holz verwendet. Die Strom- und Warmwassererzeugung erfolgt durch Sonnenenergie. Außerdem im Angebot fünf hübsche Apartments (50–70 m^2), kleiner Pool, Bar, Fahrradverleih. Via Brione, 23, Tel. (0464) 551798, www.hotelprimaverariva.it.

27 **Kristal Palace Hotel**③, das der Familie *Tonelli* gehörende, modern designte Hotel (in ihrem Besitz sind insgesamt vier 4-Sterne-Herbergen in Riva und Nago) glänzt durch eine wunderbare Dachterrasse mit Pool und toller Aussicht über die Stadt. An der luftigen Bar über den Dächern von Riva lässt es sich abends bei einem kühlen Drink bestens entspannen. In den Sommermonaten des Öfteren Live-Musik. Die 58 apart eingerichteten Zimmer haben alle Holzboden und Balkon. Professioneller und aufmerksamer Service. Sehr gute Küche mit regionalen Produkten. Videoüberwachter Abstellraum für Fahrräder und Sportausrüstung. Via Confalonieri, 8, Tel. (0464) 540033, www.tonellihotels.com.

1 **Agriturismo Girardelli**②, ländliche Unterkunft mit zehn rustikalen, gemütlichen Zimmern und großem Garten mit gepflegter Wiese und Liegen. Wellness-Bereich mit Sauna. Die Altstadt von Riva liegt rund 1,5 km entfernt und ist noch gut zu Fuß erreichbar. Charmante Außenterrasse. Köstliches Frühstück mit selbst gemachter Marmelade. Vor Ort können von der Familie selbst produziertes Olivenöl und andere regionale Spezialitäten erworben werden. Halbpension möglich. Via Marone, 21, Tel. (0464) 521642, www.agriturgirardelli.it.

24 **Hotel Luise**②, zeitgemäß designtes Hotel zum Wohlfühlen an der Durchgangsstraße, 67 Zimmer. Das Frühstück ist lecker mit selbst gemachtem Brot und Kuchen. Schöner Pool im Garten zum Relaxen. Besonders erfreulich sind die kostenlosen Leihfahrräder. Kostenloser Yogakurs am Morgen. Viale Rovereto, 9, Tel. (0464) 550858, www.hotelluise.com.

6 **Ostello Benacus**①, günstig gelegene Jugendherberge im Altstadtbereich. Die 27 zweckmäßigen Zimmer sind alle mit Etagenbetten ausgestattet. Es gibt Zweibettzimmer mit und ohne eigenem Bad, Vier- (mit Bad) und Mehrbettzimmer. Abendessen 10 € inkl. Getränk. Piazza Cavour, 14, Tel. (0464) 554911, www.ostelloriva.com.

13 **Hotel Antico Borgo**②-③, zur blu-Hotel-Kette gehörendes Quartier in der Fußgängerzone der Altstadt mit 61 Zimmern, teils mit schönem Balkon oder Terrasse. Eleganter Stil, angenehme Atmosphäre. Via Armando Diaz, 15, Tel. (0464) 554367, www.bluhotels.it.

MEIN TIPP: 25 **Hotel du Lac et du Parc**②-③, mit einer der schönsten Parkanlagen Rivas ausgestattetes, geschmackvolles Hotel zwischen Uferstraße und See. Erfrischung bringt der von altem Baumbestand und idyllischen Teichen umringte Swimmingpool. Für Schlechtwettertage steht ein Innenpool bereit. Vom Grundstück aus besteht für Hotelgäste ein direkter Zugang zum Gardasee. Die Atmosphäre ist entspannt und kinderfreundlich. Neben den modernen Zimmern mit Balkon im Hauptgebäude mit tollem Blick auf das üppige Grün des Gartens können im Park errichtete Bungalows gebucht werden. Zusätzlich sind in einem angrenzenden Neubau 45 großzügig geschnittene Suiten untergebracht. Großer Spa-Bereich mit Saunen, Dampfbädern und Whirlpool. Reichhaltiges Frühstückbuffet und abends Möglichkeit zum Dinner mit u.a. Spezialitäten der Region. Insgesamt stehen drei Restaurants zur Verfügung. Kostenlose Parkplätze. Viale Rovereto, 44, Tel. (0464) 566600, www.dulacetduparc.com.

Camping

30 **Campingplatz und Hotel Al Lago**, im Abschnitt zwischen See und Durchgangsstraße gelegenes, rund 5600 m^2 großes Gelände mit altem Baumbestand und gut 60 Stellplätzen (bis 55 m^2) für Wohnwagen, Wohnmobil oder Zelt und einem kleinen Gebäude mit einfachen Hotelzimmern. Toiletten und Duschen auf dem Gang. Einige der Stell-

plätze befinden sich in toller Lage direkt am See. Frühstück in der dortigen Bar. DZ/F 70 €, Stellplatz plus 2 Erw. ab 32 €. Viale Rovereto, 112, Tel. (0464) 553 186, www.campingallago.com.

34 **Campingplatz Brione,** sehr gut ausgestatteter Campingplatz auf über drei Hektar Fläche mit Schwimmbecken, Minigolfplatz, Tischtennisplatten und Kinderspielplatz. 108 Stellplätze mit (A) und ohne Strom (B), Hunde willkommen. Kühlschrank, privates Badezimmer gegen Aufpreis verfügbar. Unmittelbar am Monte Brione und rund 500 m vom Strand gelegen. Stellplatz A plus 2 Erw. ab 27 €, Stellplatz B plus 2 Erw. ab 22,50 €, Hund 2 €, privates Badezimmer ab 11 €/Tag. Via Brione, 32, Tel. (0464) 520885, www.campingbrione.com.

29 **Camping Bavaria,** bis zum Strand reichende Anlage (ca. 6000 m²) mit über 70 mit Strom ausgestatteten Stellplätzen (ca. 55 m²). Einfahrt an der Durchgangsstraße Viale Rovereto. Kleiner Spielplatz mit Trampolin. Stellplatz plus 2 Erw. ab 33,50 €. Im dazugehörigen Restaurant Bavaria gibt es mediterrane Gerichte. Für Camper wird ein Catering-Service direkt am Platz angeboten. Viale Rovereto, 100, Tel. (0464) 552524, www.campeggiobavaria.it.

Essen und Trinken

17 **Osteria de l'Anzolim,** *Emanuele* und *Simona* betreiben dieses auf Fisch und Meeresfrüchte spezialisierte Lokal seit 2015. In der beim Übergang in das Marokko-Viertel liegenden Osteria speist man gut und bei angenehmer Atmosphäre in mit Rundbögen und Gewölbe versehenen gemütlichen Räumlichkeiten. Di bis So 12–14 und 19.30–22 Uhr. Piazza III Novembre, 11, Tel. (0464) 554317.

32 **Ristorante Pizzeria l'Ora,** kurz vor dem Tunnel nach Torbole, fast unmittelbar an der Uferstraße eröffnetes, modern eingerichtetes Restaurant mit großer Außenterrasse und reichlich Sitzplätzen im Inneren. Das gern auch von jüngerem Publikum besuchte Lokal verfügt über ein gutes Preis-Leistungs-Verhältnis. Auf der umfangreichen Karte stehen Pizzen und italienische Gerichte, auch vegan und vegetarisch. Das selbst gemachte Eis sollte man probieren. 12–23 Uhr im Sommer, ansonsten 15–18 Uhr. Viale Rovereto, 101, Tel. (0464) 556100, www.lorarivadelgarda.com.

11 **Ristorante Pizzeria Bella Napoli,** zentral gelegenes Lokal an einem kleinen Platz zwischen Via Fiume und Via Diaz mit typisch italienischer Küche. Die dünne Pizza aus dem Holzkohleoffen kann sich sehen lassen, nicht nur wegen ihrer speziellen Form, sondern auch dank des guten Geschmacks. Empfohlen seien *Pizza al Funghi, Spaghetti al Pesto* oder *Tagliatelle al Salmone*. Tägl. 12–22.30 Uhr. Via Armando Diaz 29, Tel. (0464) 552139.

MEIN TIPP: 18 **Cafè Cristallo,** Familie *Panciera* bürgt für tolle Eisqualität ohne künstliche Zusatzstoffe und Farbstoffe. Die vielen Eisvariationen schmecken köstlich und frisch. Das alteingesessene Lokal verfügt über eine schöne Außenterrasse mit herrlichem Blick auf den Hafen. Am Morgen wird auch Frühstück serviert. Außerdem sind Pasta, Pizza und andere Speisen im Angebot, darunter vegane und glutenfreie Gerichte. Tägl. 7.30–24 Uhr. Piazza Catena, 17, Tel. (0464) 553844, www.cristallogelateria.com.

21 **Nuovo 900, Ristorante & Wine Bar,** hübsche und gemütliche Lokalität mitten in der Altstadt. Hier kann man lecker essen und bis spät am Abend einen guten Wein aus dem Trentino oder Umbrien trinken. Donnerstags freut man sich auf Live-Bands, die gerne mal den Blues aufleben lassen. Ein Glas Wein ab 4 €. Tägl. 12–14.30 und 19–22.30 Uhr, Do geschlossen. Via Gazzoletti, 8, Tel. (0464) 567629.

15 **Ristorante Leon d'Oro,** im „Goldenen Löwen" speist man vorzüglich, die Auswahl an Gerichten ist groß. Selbst gemachte Pasta und Pizza, klassische Spezialitäten aus dem Trentino und natürlich zahlreiche Fischsorten variantenreich zubereitet landen auf dem Teller und dem stilvoll gedeckten Tisch. Vor dem sehr beliebten, von der Familie *Salvaneschi* bereits seit 1938 geführten Restaurant stehen in der Fußgängerzone zahlreiche Tische, und im Inneren warten großzügige Räume zwischen alten, ge-

schichtsträchtigen Mauern auf hungrige Gäste. Hausgemachte Makkaroni mit Auberginensauce und rotem Thunfisch, marinierter Lachs mit Avocado und rosa Pfeffermousse, gratinierter Saibling mit Kartoffel-Knollenselleriepüree. Moderate und angemessene Preise. Via Fiume, 28, Tel. (0464) 552 341, www.leondororiva.it.

10 Ristorante Pizzeria Maffei, modernes, auf die historische Gebäudestruktur des Palazzo Menghin-Bretzburg abgestimmtes Interieur trifft auf freundliches Personal und wohlschmeckende Pizzen und hausgemachte Tagliatelle. Auf den Tisch kommen auch Thunfischsteak auf Radicchio-Bett und Balsamico-Essig mit Pistazien oder hausgemachte Tagliatelle mit schwarzem Trüffel. Wunderschön sitzt man auch an den Tischen im Freien mit Blick auf Platz und Springbrunnen. Tägl. 12–14.30 und 18–23 Uhr, Mi geschlossen. Via Maffei, 7, Tel. (0464) 553670, www.ristorantepizzeriamaffei.it.

14 Ristorante Al Volt, edles, von *Miriam* und ihrer Familie geführtes Etablissement im Altstadtzentrum mit nahezu vollkommen in Weiß gehaltener Einrichtung und strahlend weißen Wänden samt gemütlicher Außenterrasse. Früher existierte hier eine Apotheke, die für ihren Lebertran berühmt war. Für Ambiente, Servicequalität und Komfort wurde das Restaurant 2019 im Guide Michelin mit zwei „gekreuzten Bestecken" bewertet. Auf die stilvoll dekorierten Tische, drinnen wie draußen, kommen von *Maurizio* köstlich zubereitete Gerichte: Thunfischfilet mit Wermutsoße, Pinienkernen und getrockneten Tomaten 24 €, Oktopus mit Barbequesoße und geräucherten Kartoffeln 24 €. Di bis So 12–14 und 19–22 Uhr. Via Fiume, 73, Tel. (0464) 552570, www.ristorantealvolt.com.

2 Ristorante Agritur Eden Marone, rund 2 km vom Zentrum entfernt empfängt dieses Lokal seine Gäste in ländlicher Umgebung. Sehr schöne Terrasse und freundlicher Service. In der Küche werden viele eigens hergestellte Produkte verwendet. Der familiäre Betrieb stellt Olivenöl, Kastanien- und Akazienhonig und Wein her. Im Garten wachsen die Kräuter und das Gemüse. *Valter,* Inhaber und Küchenchef, kocht schmackhafte Trentiner Spezialitäten: hausgemachte Tagliatelle mit der Olivenpaste „Molche" 10 €, *Carne Salada* mit Bohnen 14 €, *Panna Cotta* 6 € oder Spinatnocken mit Butter und Salbei, ein als „Strangolapreti" bekannter Leckerbissen, 10 €. Das Agritur bietet zudem 15 Zimmer mit Frühstück②. Tägl. abends geöffnet, Sa/So auch mittags. Via Marone, 23, Tel. (0464) 521520, www.edenmarone.it.

20 Ristorante L'Appetito, in einer Gasse ohne Autoverkehr nahe der Piazza 3. Novembre kommt man zusammen, um im Freien sehr gut zu essen. Wer möchte, kann auch drinnen seinen Hunger stillen. Die wenigen Tische auf dem Kopfsteinpflaster sind meist belegt. Aber mit etwas Glück kann man sich *Vitello Tonnato,* Tagliatelle mit Pilzen oder ein Forellenfilet schmecken lassen. Tägl. 12–15 und 18–22 Uhr, Mo geschlossen. Via Maffei, 22, Tel. (0464) 665995.

19 Casa del Caffè, köstlichen Kaffee in vielen Variationen bekommt man in diesem seit 1947 bestehenden und beliebten Café nahe der Piazza delle Erbe. An der Theke und der dortigen gläsernen Auslage kann man sich eine typisch italienische Süßigkeit zum Heißgetränk ordern. Die wenigen Tische im Inneren und in der Altstadtgasse sind meist belegt. Am Tisch: *Caffè espresso, Caffè coretto, Capuccino, Latte macchiato*. Wer seine Getränke an der Bar einnimmt, spart Geld. Der Kaffee stammt aus der wenige Kilometer entfernten, in Arco befindlichen, familiengeführten Omkafè-Rösterei, deren Besichtigung sich lohnt. Die beste Sorte („Diamante"), die auch im Café verwendet wird, kann neben weiteren Sorten direkt vor Ort erstanden werden: 1 kg ganze Diamante-Bohnen 27 €. Im Angebot sind außerdem ein paar kalte und warme Snacks. Via Enrico Maffei, 13, Tel. (0464) 557839.

28 Eisdiele und Bar Flora, neben dem gleichnamigen Hotel etablierte Eisdiele in modernem Design unmittelbar an der Uferstraße gelegen mit zahlreichen Sitzgelegenheiten unter freiem Himmel. Angrenzender Barbereich. Sehr beliebt und immer gut besucht, auch von der einheimischen Jugend. Ausgezeichnetes Eissorten-Sortiment. Viale Rovereto, 54, Tel. (0464) 551671, www.gelateriaflora.com.

Nachtleben

23 **Riva Bar Cocktail Club & Music,** die angesagte Bar mit einer kleinen Terrasse im alten Bahnhofsgebäude überzeugt mit einer großen Auswahl an professionell gemixten Drinks und modernem Interieur. Hier kann man bis in die frühen Morgenstunden einen Cocktail genießen oder den Klängen einer Live-Band oder eines DJs lauschen. Tägl. 17.33–2.06 Uhr. Largo Medaglie d'Oro, Tel. (0464) 551969, www.rivabar.it.

9 **Pub all'Oca,** seit 1982 bestehende urige und einladende Bar mitten in der Altstadt mit schön begrünter Außenfassade. An der mit etlichen Barhockern bestückten halbrunden Holztheke schenkt das freundliche und gut geschulte Personal unterschiedlichste Whiskey-, Rum- und Ginsorten aus. Viele Segelaccessoires an den Wänden. Bequeme tabakfarbene Ledersofas laden zum längeren Verweilen ein, bei Sonnenschein genießt man neben den hochprozentigen Spezialitäten auch mal einen Kaffee an einem der Außentische. Gin Tonic (z.B. Beefeater, Broker's, Filliers), Rum-Degustation mit drei Sorten (Millonario 15 Jahre, Rhum Rhum, Cacique Antiguo). Tägl. 17–1 Uhr, So bis 24 Uhr, Mo geschlossen. Via Santa Maria, 15, Tel. (0464) 553457, www.puballoca.it.

garda009 ts

Einkaufen

Die meisten Geschäfte und Restaurants sind in den Gassen der **Altstadt** und um die dortigen Plätze angesiedelt. Eine ebenfalls verkehrsberuhigte Straße zum Bummeln mit Cafés, Restaurants und Einzelhandelsgeschäften ist die wenige Schritte außerhalb der Altstadt liegende **Viale Dante Alighieri,** deren Erkundung man gut am Stadttor San Marco an der Via Fiume beginnen und bei der weiter östlich, Anfang des 20. Jahrhunderts angelegten kleinen Grünanlage mit einer Giuseppe-Verdi-Büste und römischem Sarkophag beenden kann.

MEIN TIPP: **7 Lega antianalcoolica,** einst gründete *Marco Simonetti* die „Anti-Alkohol-Liga" und war Manager, bis er sich umorientierte und heute mit Herzblut einen schönen Laden in der Altstadt betreibt und sich ganz der Grappa-Herstellung verschrieben hat. In den Regalen findet man von *Simonetti* aromatisierte Grappa-Spezialitäten. Mal geben Kräuter wie Basilikum, ein anderes Mal verschiedene Obstsorten dem klaren Destillat seine besondere Würze und Raffinesse. Ein Genuss ist beispielsweise der mit winzigen Äpfeln aromatisierte Tresterschnaps. Der sympathische Inhaber gibt gerne Auskunft über seine Passion. Des Weiteren werden auch andere Alkoholika wie Wein, Liköre oder Sekt verkauft. Tägl. 9.30–12.30 und 14.30–19.30 Uhr. Viale Dante Alighieri, 43, Tel. (0464) 522163.

12 Antiquariat, das ausgezeichnete und bestens sortierte Studio Bibliografico Benacense ist schon aufgrund seiner historischen Gemäuer einen Besuch wert. Untergebracht in Räumlichkeiten der ehemaligen Kirche di San Giuseppe mit im hinteren Bereich noch zu sehenden Fresken aus dem 16. Jahrhundert. Tausende, teils jahrhundertealte Bücher, wunderschöne neue und alte Postkarten aus Riva und geschmackvolle Poster werden von *Mario Giupponi* seit über zehn Jahren verkauft. Die Überreste der Kirche sind heute direkt neben dem Geschäft und im dortigen Durchgang von der Alt- in die Neustadt von Riva gut zu erkennen. Mo bis Sa 10–12.30 und 15–19 Uhr. Via Disciplini, 32, Tel. (0464) 556344, www.studiobenacense.it.

5 La Bottega dello Speck, köstliche Spezialitäten aus der Trentiner Region, aus Italien und der Welt. Olivenöle, Speck, Salami und Käse, dazu charaktervolle Weine und aromatischer Balsamico. Teils ökologische Produkte. Viale San Francesco, 8, Tel. (0464) 551036, www.labottegadellospeck.shop.

15 Lederwaren Leonardo Guizzetti Artigiano, qualitativ hochwertige und optisch sehr ansprechende Ledertaschen aus Italien und andere Accessoires aus Leder wie Gürtel und Geldbörsen. Herrliche Einzelstücke für die „Ewigkeit". Tägl. 9.30–12.30 und 15–19 Uhr. Via Fiume, 41, Tel. (0464) 550564, www.leonardoguizzetti.com.

3 Cantina Frantoio – Agraria, etwas außerhalb des Zentrums von Riva in einem modernen Neubau untergebrachter Laden mit rund 700 m^2 Verkaufsfläche. Außerdem ist es möglich, die dortige Weinkellerei und Ölmühle während einer Führung kennenzulernen. Ein Ausflug lohnt sich natürlich auch wegen der im Shop ausgestellten, riesigen Auswahl an typischen Produkten aus der Region Trentina, die teils vor Ort verköstigt werden können. In den Regalen stehen ausgewählte Weine, hochwertige Olivenöle, Brokkolicreme aus Torbole, Biere, Schnäpse, ferner Obst, Gemüse und Marmeladen. Eine Besonderheit sind die unter dem Label „Corte del Tipico" firmierenden Produkte, die von lokalen Erzeugern stammen und als sogenannte „Null-Km-Produkte" bezeichnet werden können. Via S. Nazzaro, 4, Tel. (0464) 552133, www.agririva.it.

☐ Markttag in der Altstadt

10 Enoteca del Garda, nahe der Piazza delle Erbe, mitten im Zentrum gelegener Spezialitätenladen. Im Angebot Wein vom Gardasee, aus Riva stammender, zwei Jahre gealterter Grappa (Stravecchia), Nudeln in allen Farben und Formen und allerlei andere Kulinarika. Tägl. 10–22 Uhr. Via Maffei, 20, Tel. (0464) 550843.

16 Riparazioni Calzature, das von *Zanetti Graziano* geführte Schuhgeschäft in einer der Seitengassen in der Altstadt bietet das volle Spektrum an Schuhreparaturen und eine Besonderheit für Formel-1-Fans: An den Wänden hängen Fotos samt Autogramm von berühmten Rennfahrern. Di bis Fr 9–12.30 und 13.30–18 Uhr, Sa 9–12.30 und 13.30–17 Uhr. Vicolo del Torchi, 3, Tel. (0464) 554816.

33 Bioladen, *Fabio Morghen* betreibt seinen ein wenig abseits und nicht ganz so leicht zu findenden Laden etwas zurückversetzt in der Nähe des Hafens San Nicolò. Für Freunde von Bioprodukten lohnt sich der Weg dorthin, denn in den Auslagen des Geschäfts findet man zahlreiche Käsesorten, Obst und Gemüse, Zahnpasta, frisches Mehl und vieles mehr. Die freundliche und perfekte Beratung des Inhabers gibt es gratis dazu. Tägl. 8–13 und 15–19 Uhr, So geschlossen. Viale Rovereto, 101, Tel. (0464) 552131.

17 Mode Dalaleo, in diesem Showroom findet man ausgefallene, nicht alltägliche und hochwertige Mode-Accessoires wie Taschen aus Stoff und recycelten Getränkedosenteilen. Das Design für diese einzigartigen „Kunstwerke" stammt von *Luisa Leonardi Scomazzoni*, kurz „La Leo" genannt, der Inhaberin. Die Geschichte ihrer extravaganten Geschäftsidee begann in Brasilien. Tägl. 9.30–13 und 15–19 Uhr, So geschlossen. Piazza San Rocco, 7, Tel. (0464) 556699, www.dalaleo.com.

4 Bauernmarkt, wöchentlicher Markt mit lokalen Produkten, Obst, Gemüse, Honig und manch anderer Leckerei. Jeden Fr 8–13.30 Uhr. Via Roma.

Nützliches

- **Post,** Via G. Segantini, 5, Tel. (0464) 554148.
- **Kino: Sala Della Comunità,** gezeigt werden Filme jeden Genres. Viale Rosmini, 5, www.trentinospettacoli.it.
- **Apotheke: Farmacia Divinitas,** Mo bis Sa 8.30–13 und 14–19 Uhr, So 10–12.30 und 15.30–19 Uhr. Viale Dante Alighieri, 30, Tel. (0464) 550410.
- **Zahnarztpraxis: Alto Lago, Dr. Jan H. Verhagen,** in der modernen Praxis wird auch Deutsch gesprochen. Mo bis Do 8–19 Uhr, Fr 8–16 Uhr, Sa 8–12 Uhr. Viale Carducci, 6/a, Tel. (0464) 552532, www.studiodentisticoaltolago.com.
- **Ärztliche Versorgung: Dr. Aiko U. Borchert,** Facharzt für Allgemeinmedizin und Rettungsmedizin, deutschsprachig, Mo bis Fr 9–12 und 17–19 Uhr. Viale Rovereto, 122–124, nahe dem Hafen San Nicolò, Tel. (348) 2602408.

Arco

Das gewinnende Städtchen Arco mit seiner **attraktiven Altstadt** und seinen schmucken historischen Palazzi und der auf einem markanten Hügel liegenden Burg befindet sich nur wenige Kilometer nördlich von Riva del Garda und Torbole-Nago **am Fluss Sarca,** dem größten Zufluss zum Gardasee. Im Herzen des Ortes, in den Gassen des Zentrums, fallen sofort die überdurchschnittlich vielen Läden für Kletter- und Outdoor-Equipment auf. Ein Indiz dafür, dass Arco und die mit unzähligen Felswänden gesegnete Umgebung insbesondere bei **Kletterern, Mountainbikern und Wanderern** hoch im Kurs stehen. Im Winter vergnügt man sich bei einer Schneeschuhwanderung oder beim Eisklettern.

Geschichte

Die erste offizielle Nennung von Arco, die bis heute bekannt ist, stammt aus dem Jahre **771,** als der Lombardenkönig *Desiderius* und sein Sohn *Adelchis* regierten. Im Mittelalter entwickelte sich das Dorf halbkreisförmig um den Burgberg. Die **mit Mauern umgebene Ansiedlung** gehörte zu dieser Zeit zum Heiligen Römischen Reich und zum Erzbistum Triento. Im Verlauf der Jahrhunderte übernahmen unter anderem die Grafen von Arco die Regentschaft. *Albrecht Dürer,* der die Region im 15. Jahrhundert auf seiner Italienreise besuchte, verewigte 1495 das Castello malerisch. Zu Beginn des 18. Jahrhunderts eroberten und plünderten die Truppen unter dem französischen General *Vendôme* während des Spanischen Erbfolgekrieges die Stadt.

Mehr als ein Jahrhundert später lockten andere Attribute Gäste nach Arco. Vor allem das milde Klima begeisterte die Besucher, allen voran den österreichischen **Erzherzog Albrecht von Habsburg.** Er wählte im ausgehenden 19. Jahrhundert dieses schöne Fleckchen Erde zu seinem Wintersitz und erbaute in Arco den noch heute existierenden Palast samt angrenzender Parkanlage. Seine Begeisterung für den Ort sprach sich rasch herum, und so siedelten sich immer mehr **Adlige und gut situierte Bürger** an. Es entstanden ansprechende Villen, weitere Parkanlagen und baumbestandenen Alleen wie die Via Magnolia. Im Winter füllte sich der Ort immer mehr mit **Kurgästen.** 1889 verbrachte auch die Kaiserin *Elisabeth,* liebevoll „Sissi" genannt, einige, wohl angenehme Stunden in Arco. Ebenso logierte der Dichter *Rainer Maria Rilke* in dem mondänen Städtchen und schrieb manch bedeutende Gedichtszeile über den Kurort zu Zeiten der Belle Epoche.

Sehenswertes

Bei einem Gang durch die Gassen und Straßen von Arco stößt man überall auf **Zeugnisse aus der Vergangenheit,** schöne Villen, imposante Kirchen, mittelalterliche Stadttore und einige historische Wandgemälde, wie auf der Via Vergolano. Das dortige Kunstwerk aus der zweiten Hälfte des 18. Jahrhunderts zeigt die Madonna mit dem Jesuskind. Eine andere Malerei, die ebenfalls die Madonna mit Kind darstellt, befindet sich in der Via Stranforio Nr. 6 und stammt vermutlich aus dem 17. Jahrhundert.

Duomo della Collegiata Santa Maria Assunta

Eines der imposantesten kirchlichen Bauwerke der **Trentiner Spätrenaissance** dominiert das Zentrum von Arco, den **Piazza 3. Novembre.** Nach Plänen des kaiserlichen Hofarchitekten *Giovanni Maria Filippi* erbaut, zeigt sich die **mächtige Kirche** aus dem 17. Jahrhundert mit eindrucksvoller Fassade samt geschnitzter Kassettentür und einer Sonnenuhr an der zum öffentlichen Park gelegenen Außenwand. Im Kirchenschiff befinden sich acht fein geschnitzte Seitenaltäre und einige **sehenswerte Ölgemälde,** die unter anderem der Brescianischen Schule des 17./18. Jahrhunderts zugeschrieben werden. 14 robuste Strebpfeiler tragen das Gewicht der Halle

0 — 200 m ©Reise Know-How GardaF06 3/22

Übernachtung
- 1 Bauernhof Laghel 7 Agritur
- 3 Camping Zoo
- 5 Camping Arco
- 9 Garnì On The Rock
- 14 Hotel Sole Holiday
- 21 Hotel Pace
- 22 Arciduca Charmin House. Room & Breakfast
- 24 Villa Italia
- 26 Hotel Olivo
- 29 Parkhotel Il Vigneto

Essen und Trinken
- 12 Enoteca Segantini
- 15 Café Centrale
- 16 Ristorante Bar Ai Conti
- 17 Café Trentino
- 19 Gelateria naturale „indimenticabile“
- 23 Trattoria Belvedere
- 25 Ristorante Bio Essere

Nachtleben
- 11 Pub Il Gatto Nero

Einkaufen/Sonstiges
- 4 Alpin-Schule Friends of Arco
- 13 Rockservice
- 15 Moser Re-Cycling System, Bike wear
- 18 Libreria Cazzaniga, Prestige
- 20 OlioCRU
- 27 Bike Shop Giuliani
- 28 Milchautomat
- 30 Weinkellerei Mezzacorona

Kletteranlage/Sport
- 2 Kletterwände
- 6 Klettergarten Family San Martino
- 8 Rainer Maria Rilke Promenade Station 5
- 10 Rainer Maria Rilke Promenade Station 2

und des 61 Meter hohen Glockenturms. Am ersten Altar auf der linken Seite ist ein Gemälde von *Domenico Brusasorci* beachtenswert. Bekannte Familien vergangener Zeiten spendeten zahlreiche der bunten Glasfenster; Wappen der Habsburg-Lothringer oder der Bourbonen erinnern daran. Der letzte König von Sizilien, *Franz II. aus Bourbon,* starb 1894 in Arco; seine sterblichen Überreste befanden sich einige Jahre in der Kirche. Unter dem der heiligen Maria der Verheißung gewidmeten Gotteshaus findet sich noch die winzige Krypta der einstigen St.-Michael-Kirche, die auf dem Friedhof neben dem Dom stand.

Moses-Brunnen/Fontana del Mosè

Der Brunnen liegt unmittelbar am Dom. Seine Stufen eignen sich gut für eine kurze Erholungspause im Sitzen und den Genuss eines Eises oder eines Stück Pizzas aus den nahen gastronomischen Läden. Das im **Barockstil** errichtete Bauwerk mit der Mosesfigur aus dem örtlichen Speckstein trägt das Wappen des Herrschergeschlechts der Grafen von Arco.

Chiesa di Santa Anna

Nur wenige Schritte vom Duomo della Collegiata steht dieses sehr wahrscheinlich aus dem 17. Jahrhundert stammende, im **Barockstil** erbaute Gotteshaus, das aus den Steinen einer einst im Süden vor den Toren der Stadt befindlichen Kirche errichtet wurde. Einen genaueren Blick wert ist das Gemälde des Malers *Antonio Zanoni* in der Sakristei.

Palazzo di San Pietro/ Palazzo Marchetti

Den aus dem 16. Jahrhundert stammenden Palast mit seinen auffälligen venetianischen, **aus Terrakotta erbauten Kaminen** erwarb die Familie *Marchetti* im 19. Jahrhundert. Erbaut wurde er 1550 von *Felice d'Arco* im **Stil der Renaissance.** Über dem Hauptportal ist das Wappen von Arco erkennbar, und unter der Dachtraufe zieht sich ein Freskenband aus dem 16. Jahrhundert entlang.

Palazzo di Piazza/ Palazzo del Municipio

Das **Rathaus** direkt am Hauptplatz ist mit dem Palazzo Marchetti verbunden. Das heute zu sehende Bauwerk wurde erst Anfang des 18. Jahrhunderts erbaut und war bis ins 19. Jahrhundert hinein Wohnstätte der Familie *Arco,* bis es in den Besitz der Gemeinde überging.

Palazzo Nuovo/ Palazzo Giuliani-Marcabruni

Das aus dem 15. Jahrhundert stammendes Gebäude am Domplatz mit den auffälligen Arkaden ist heute **Sitz des Historischen Archivs von Arco.**

Galleria Civica „G. Segantini"

Schon die Erkundung des aufwendig renovierten und prachtvollen **Palazzo die Panni,** den *Giovambattista d'Arco* im 17. Jahrhundert erbauen ließ, lohnt sich und erst recht ein Besuch der **multimedialen**

garda010 ts

Ausstellung, die sich intensiv mit dem 1858 in Arco geborenen Künstler **Giovanni Segantini** und seinem Werk beschäftigt. Er gilt als Maler des Divisionismus, einer italienischen Ausprägung des Pointillismus, der von Malern wie *Paul Signac* und *Georges-Pierre Seurat* geprägt wurde. Bei einem Rundgang durch das Museum mitten in der Altstadt von Arco stößt man auf Gemälde, Skulpturen und Zeichnungen von *Segantini*. Dazwischen vermitteln etliche Werke von *Andrea Malfatti, Eugenio Prati* und *Vittore Grubicy,* allesamt Zeitgenossen *Segantinis,* einen hervorragenden Einblick in die Malerei der damaligen Zeit.

Infos: April bis September Di bis So 10–18 Uhr. Eintritt: 3 €. Via G. Segantini, 9, Tel. (0464) 583653, www.museoaltogarda.it.

Hoch oben thront das Castello di Arco

Castello di Arco

Seit vielen Jahrhunderten prägt der **278 Meter hohe Burgfelsen** mit dem Castello di Arco die Silhouette der tren-

tinischen Stadt. Verschiedene Wege, beispielsweise beim Hotel Pace oder beim Hotel Rock, führen in 20 Minuten hinauf. Der **steile, aber einfache Aufstieg** fuhrt wunderschön durch auf Terrassen angelegte Olivenhaine und bietet des Öfteren einen guten Blick auf Arco. Zwischendurch ermöglicht ein **gläsernes Aussichtsplateau** mit Infotafeln uneingeschränkte und Adrenalin fördernde Sichtweisen den Felsen hinunter auf den Dom della Collegiata Santa Maria Aussanta und die restliche Stadt. Oben angelangt, trifft man auf den **Turmweg.** Entlang dieses Pfades befinden sich der wohl von den Goten um das Jahr 500 erbaute **Renghera-Turm** an höchster Stelle, zwei Wasserzysternen, Säale mit bei Restaurierungsarbeiten entdeckten Freskenmalereien aus dem 14. Jahrhundert und der **Torre Grande.** Der Blick in das bedrückende **Steingefängnis** lohnt sich ebenfalls, denn er vermittelt einen Eindruck von den spartanischen Umständen, die ein Gefangener, manchmal bis zu seinem Lebensende, zu erwarten hatte, ein steinernes Plumpsklo inklusive. 1703 zerstörten die Soldaten des französischen Generals *Vendôme,* nach Aushungerung der Verteidiger, einen Großteil der Burganlage, die Mitglieder der Familie *Arco* Anfang des 13. Jahrhunderts hatten ausbauen lassen.

Unterhalb der Burganlage befindet sich an einer großen Wiese eine von 10 bis 18.30 Uhr geöffnete **Bar** mit Tischen, Liegestühlen und einer herrlichen Panoramaaussicht.

Infos: Oktober bis März 10–16 Uhr, April bis September 10–19 Uhr, Januar nur Sa, So. Eintritt: 3,50 €, Personen unter 18 und über 60 Jahren 2 €, Kinder unter 12 Jahren frei. Tel. (0464) 510156.

Giardini pubblici und Segantini-Denkmal

In dem um 1870 angelegten **öffentlichen Stadtpark mit eindrucksvollem Baumbestand** wartet ein lauschiger, schattiger Kaffee-Pavillon mit ein paar Sitzgelegenheiten auf Gäste. Das nicht allzu große innerstädtische Kleinod kann einige stattliche Exemplare der Himalaya-Zeder *(Cedrus deadara)* aufweisen, eine davon ist laut Hinweisschild im Jahr 1872 gepflanzt worden. An einem der Wege fällt eine auf einem Felsbrocken stehende männliche Figur mit Bart und lockigem Haar auf, in einer Hand hält sie Malutensilien, in der anderen eine Farbmischpalette. Es handelt sich um den berühmten **Maler Giovanni Segantini,** der am 15. Januar 1858 in Arco geboren wurde, die Stadt jedoch schon im Alter von sechs Jahren verließ und niemals zurückkehrte. Die Skulptur des 1909 errichteten Denkmals erschuf der Bildhauer *Leonardo Bistolfi. Segantini* wurde vor allem durch seine Gemälde im Stil des Pointillismus berühmt, die meist das Hochgebirge zum Thema hatten. Er starb 1899 in Anwesenheit seines Sohnes auf der Schweizer Schafberghütte oberhalb von Pontresina, wo er für die bevorstehende Weltausstellung in Paris das „Triptychon der Natur" fertigstellen wollte. Noch heute kann man in der Berghütte, die inzwischen den Namen des Malers trägt, übernachten und die alpine Natur auf sich wirken lassen. *Segantinis* Werke sind in den Museen rund um den Globus zu finden, viele auch in der Galleria Civica G. Segantini (s.o.) und im Segantini-Museum in St. Moritz.

Casinò Municipale

Rund um den in der zweiten Hälfte des 19. Jahrhunderts entstandenen **Prachtbau** mit seiner lang gestreckten Terrasse aus Stahl und Glas und dem heute dort untergebrachten Café Citta di Arco entstand ab 1872 das damals geplante Kultzentrum der Stadt. Entlang der heutigen **Via Capitelli** erbaute man prunkvolle Villen und legte eine Kurpromenade für die herrschaftlichen Gäste an, die sich im Bereich der heutigen Viale delle Magnolie und Viale delle Palme befand. Heute wird das gegenüber der Tourismusinformation liegende Casinò Municipale für Kongresse und öffentliche Veranstaltungen genutzt.

Botanischer Garten „Arboretum", Parco Arciducale/Arboreto di Arco

Diese wundervolle Grünanlage mit teils sehr seltenen und alten Pflanzen aus aller Welt ist ein **ruhiger Rückzugsort** fast unmittelbar am Stadtzentrum von Arco. Von hier ergibt sich auch ein toller Blick auf die Burg von Arco. 1872 ließ Herzog *Albert von Habsburg* rund um seinen Palast an der Via Fossa Grande einen etwa 5 ha großen Park mit Zypressen, Zedern und Steineichen anlegen. Der heutige Botanische Garten ist Teil der alten Parkanlage. Ab 1964 wandelte man das Gelände mit Unterstützung von Prof. *Walter Glaser* von der Universität Innsbruck in ein **Arboretum** um: Aufgrund des in Arco herrschenden mediterranen bis mitteleuropäischen Klimas gedeihen hier Baum- und Straucharten aus den unterschiedlichsten Regionen der Welt wie Asien, Australien, Südamerika sowie Süd- und Mitteleuropa. 1992 erkannte man die botanische und auch freizeitliche Bedeutung dieser geschichtlich interessanten grünen Oase und machte den Park zu einer Außenstelle des Naturwissenschaftlichen Museums von Trient, womit der Erhalt des Botanischen Gartens gesichert war.

Den Garten durchziehen mehrere **Lehrpfade.** Weg 1 führt unter anderem vorbei an 100-jährigen Steineichen *(Quercus ilex),* eine immergrüne Eichenart, die im mediterranen Raum gedeiht und deren nördlichste Vertreter aktuell unweit von Arco, beim Tobliner See, gen Himmel ragen. Außerdem trifft man auf Nadelhölzer, eine Palmenoase, einen sogenannten Bambusdschungel und zahlreiche Nutzpflanzen des Trentino. Auf Lehrpfad Nummer 2 begegnet man beispielsweise subtropischen Nutzpflanzen wie dem Dattelfruchtbaum oder dem Kampferbaum und asiatischen Bäumen und Sträuchern.

Infos: April bis September 8–19 Uhr, Oktober bis März 9–16 Uhr. Eintritt frei.

Erzherzoglicher Palast

In dem 1873 erbauten **Wohnsitz für den Erzherzog Albert von Österreich** verbrachte dieser alljährlich einige Wochen und lud während dieser Zeit wichtige Persönlichkeiten in sein Haus an der Via Fossa Grande ein, das heute in Privatbesitz ist und unter anderem eine empfehlenswerte Unterkunft beherbergt.

Ortsteil Stranfora

Dieses Viertel erstreckt sich abseits der Haupteinkaufsstraßen hinauf zum Kastell. Es ist der **älteste urbane Bereich von Arco** und begeistert durch seine verwinkelten, schmalen und mit Pflastersteinen versehenen Gassen. Ein Areal ohne viele Läden, dafür mit reichlich mittelalterlichem Charme. An der Via Stranfora steht an einer Ecke die kleine **Kirche San Bernardino.** Jährlich am 20. Mai feiert man ein Fest zu Ehren dieses Heiligen. Der Bau stammt aus dem Mittelalter. Einige Meter weiter findet sich im Zentrum des Viertels ein weiteres Zeugnis aus der Vergangenheit, ein noch heute genutzter **Waschbrunnen.** Er war einer der wenigen öffentlichen Brunnen der Stadt. Nur wenige Meter entfernt gelangt man durch eines von ehemals vier überwachten Stadttoren, die bereits vor dem 12. Jahrhundert urkundlich erwähnt wurden, auf die **Via Fossa Grande,** deren Name daher rührt, dass hier einst der Wassergraben vor der Stadtmauer verlief. Von hier erreicht man rasch den Botanischen Garten und den Erzherzoglichen Palast. Folgt man den Gassen des Stranfora-Viertels bergauf, gelangt man auf einen der vielen Wege hinauf zur Burg.

Chiesa di San Guiseppe und Arco-Brücke

Das kleine **einschiffige Gotteshaus** in der Via Giovanni nahe der Brücke über den Sarca-Fluss wurde 1636 erbaut und besitzt einen schönen Altar, den zwei große, farbige Glasfenster flankieren.

Die **historisch wichtigste Brücke des Sarcatals** kann auf eine **bewegte Vergangenheit** zurückblicken. Die erste Erwähnung stammt aus dem Jahre 1504, Mitte des 17. Jahrhunderts brach das Bauwerk zusammen. Jeder Stadtbewohner musste, um einer Geldstrafe zu entgehen, beim Aufbau in irgendeiner Weise mithelfen. Die nächste Zerstörung, diesmal durch die französische Armee unter General *Vendôme,* ließ nicht lange auf sich warten. Im 18. Jahrhundert beschädigten immer wieder Hochwasser die Brücke, und es kam die Regelung auf, die bis 1815 bestand, das jeder, der die Brücke passieren wollte, eine Maut bezahlen musste, und zwar abhängig von der Menge der mitgeführten Güter. Die letzte massive Schädigung erlitt das Konstrukt 1945 am Ende des Zweiten Weltkrieges durch deutsche Truppen. Anschließend baute man erst ein hölzernes Provisorium über den Fluss, 1947 schließlich entstand die Arco-Brücke, wie man sie heute sieht.

Rainer Maria Rilke Promenade

Die **mehrere Kilometer lange Wanderung** verläuft über insgesamt **elf Stationen:** Station 1 befindet sich an der Eremitage San Paolo nördlich von Arco am Sarca-Fluss, Nummer 11 nennt sich „I Mulini" und ist nördlich des Viertels Chiarano und der Kirche S. Antonio installiert. Zwischendurch trifft man beispielweise bei der Brücke über den Sarca-Fluss in der Nähe der Chiesa di San Guiseppe auf den **10 Standpunkt Nummer 2,** wo auf einer Infotafel ein Arco-Gedicht von *Rilke* aus dem Jahre 1897 zu lesen ist. Auch am Castello ist eine Infotafel (**8 Station 5**) installiert. Mehr Infos über die gesamte Tour erhält man in der Tourismusinformation von Arco.

Evangelische Trinitatiskirche

Schon um 1880 lebten in Arco, das damals wie heute zur evangelisch-lutherischen Gemeinde von Meran gehört, etwa 70 Protestanten, die jedoch zur damaligen Zeit im Ort keine Kirche besaßen. Erst dank einer Grundstücksspende eines wohlhabenden Kurgastes konnte man beginnen, über den Bau eines eigenen Gotteshauses nachzudenken. Nachdem ausreichend Geld zusammengetragen werden konnte, legte man am 31. März 1897 den Grundstein und weihte am 18. Februar **1900** die evangelische Trinitatiskirche ein. Aufgrund massiver finanzieller Nöte wurde das sakrale Gebäude 1935 an die katholische Gemeinde verpachtet. Erst in den 1970er Jahren übernahmen die ursprünglichen Eigner wieder die Verwaltung und begannen damit, die Kirche, die sich in einem desolaten Zustand befand, langsam herzurichten. Insbesondere in den 1990er Jahren erfolgten wichtige **Renovierungsarbeiten,** doch auch heute noch gibt es genügend zu tun, um die Kirche zu erhalten, wie man vor Ort unschwer erkennt.

■ **Infos:** Gottesdienste in deutscher Sprache jeden So 10.45 Uhr (von So vor Ostern bis Ende Oktober). Viale Roma, 8, Tel. (0464) 567632.

Rösterei und Museum Omkafè

Auf dem Weg von Riva del Garda ins Zentrum von Arco auf der rechten Seite befindliche, familiengeführte Rösterei mit integriertem informativen Museum rund um die schwarze Köstlichkeit – Erläuterungen vom Ursprung bis zum fertigen Heißgetränk. Im angegliederten **Shop** lassen sich diverse Kaffeesorten frisch aufgebrüht verköstigen und erwerben. Omkafè wurde 1947 von *Ottorino Martinelli* und seiner Frau *Maria* gegründet. Zu Beginn der Erfolgsgeschichte dieses Familienunternehmens röstete man im Hinterzimmer der noch heute in

⊡ Arco steht für Aktivitäten aller Couleur

Riva del Garda Kaffee ausschenkenden „Casa del Caffè" Kaffeebohnen aus aller Welt. Die Rösterei produziert mehr als 50% ihres Strombedarfs mittels **Sonnenenergie,** und auch sonst wird in diesem Betrieb auf recycelbare Materialien, zum Beispiel bei der Verpackung, gesetzt.

Infos: Mo bis Sa 8–12 und 14.30–18.30 Uhr. Eintritt frei. Via Aldo Moro, 7, Tel. (0464) 552761, www.omkafe.com.

Sport und Aktivitäten

Klettergarten Family San Martino

Noch recht junger, von der Stadt Arco betreuter 6 **Klettergarten** für die ganze Familie; gehört zum Outdoorpark Garda Trentino. **17 Touren** mit Schwierigkeitsgraden von 3a bis 6b. Vor Ort findet man Hinweisschilder über die einzelnen Kletterabschnitte. Die Kletterwand für die jungen Kids heißt „Ice Age", die für die etwas älteren „Hogwarts". Die Sicherungen an meist flachen Felsplatten sind speziell für Anfänger und Kinder ausgerichtet. Das schöne, sonnenverwöhnte Areal ist gut zu Fuß von Arco zu erreichen; es findet sich unweit des bekannten Klettergartens Policromuro. Man geht Richtung Massone und folgt der Ausschilderung „Policromuro".

Klettern am Monte Colodri

Folgt man der Straße von der Altstadt entlang der Sarca flussaufwärts, gelangt man nahe dem Campingplatz Arco zu den bei Kletterern beliebten 2 **Felswänden** rund um den Colodri-Berg. In dem als **„Massi di Prabi"** ausgewiesenen Kletterareal findet man 50 Kletterrouten unterschiedlichster Schwierigkeitsgrade, von einfach (3c) bis anspruchsvoll (7c). Zudem gelangt man von hier zum ausgeschilderten, nicht allzu schwierigen Klettersteig „Via ferrata dei Colodri".

garda011 ts

Sonstiges

27 **Bike Shop Giuliani,** neben normalen Mountainbikes und Citybikes werden auch geländegängige Fahrräder mit Elektrounterstützung angeboten: E-MTB 35 €/Tag, Citybike 15 €/Tag. Auch Verleih von Kinderrädern. Via B. Galas, 29/A, Tel. (0464) 518305, www.bikegiuliani.com.

Arco Mountain Guide, Zusammenschluss von aufs Klettern, Canyoning und Bergsteigen spezialisierten Bergführern. Tägliche Canyoning-Touren auf Anfrage, familienfreundliche Angebote. Erw. 75 €, Halbtages-Klettertouren ab 70 € pro Pers. Tel. (330) 567285, www.arcomountainguide.com.

4 **Alpin-Schule Friends of Arco,** der Veranstalter bietet im Winter die Möglichkeit einer geführten mehrstündigen Schneeschuhtour mit Einkehr und Abendessen in einer urigen Hütte. Außerdem im Angebot Eisklettern und Skitouren. Im Sommer Canyoning und Klettern/Klettersteige inkl. Programm für Kinder und Familien. Italienisch-deutsches Management. Via Legionari Cecoslovacchi, 12, Tel. (334) 2193862, www.mmove.net.

Feste und Events

Karneval

Bei Karneval denkt man zunächst meist an Köln und Düsseldorf, an *Alaaf* und *Helau.* Doch auch in Arco feiert man dieses traditionelle Fest ausgelassen und farbenfroh – dafür ist Arco **in ganz Italien bekannt.** Bunte Umzugswagen rollen durch die Straßen, Maskenfeste werden zelebriert, und an den aufgereihten Ständen kostet man Trentiner Spezialitäten. Konzerte und ein abwechslungsreiches Rahmenprogramm ergänzen die familienfreundliche Veranstaltung.

Rockmaster Festival

Zwischen Ende Juli und Anfang September trifft sich in Arco jedes Jahr für mehrere Tage die internationale **Elite**

garda012 ts

des Klettersports. Es ist sehr beeindruckend, den Athleten bei den Weltcup-Wettbewerben in verschiedenen Disziplinen wie *Lead Climbing* (Vorstieg), *Speed* (Geschwindigkeit), *Bouldern* oder *Duel* zuzusehen.

■ **Infos:** Tickets ab 5 €, 3-Tage-Ticket 25 €. Via Caproni Maini, 26, www.rockmasterfestival.com.

Weihnachtsmarkt

Von Mitte Dezember bis Anfang Januar schmückt sich Arco weihnachtlich. Rund **40 Marktstände** präsentieren und verkaufen traditionelles Kunsthandwerk und Produkte aus der Region. Stimmungsvolle Konzerte und ein meist Mitte Dezember stattfindendes Feuerwerk kommen hinzu. Der Botanische Garten verwandelt sich in einen Weihnachtswichtel-Park, der für Überraschungen sorgt. Geöffnet ist der Markt Fr, So 10–19 Uhr und Sa 10–20 Uhr.

Praktische Tipps

Touristeninformation

■ **Viale delle Palme, 1,** Tel. (0464) 532255, www.gardatrentino.it. Mo bis Sa 9.30–12.30 und 14–17.30 Uhr, So geschlossen.

Verkehr und Transport

Bus

■ **Linien 1 und 2,** zwischen Riva del Garda und Arco, mehr oder weniger stündlich ab ca. 7 Uhr bis 19.30 Uhr.

■ **Linie 15,** nach Limone.

Übernachtung

MEIN TIPP: **24 Villa Italia**②-③, in der mehrere Jahre aufwendig renovierten Villa übernachtet man stilvoll in Zimmern, Apartments und Suiten, die alle unterschiedlich eingerichtet sind und verschiedene Namen tragen. Die einzelnen Räumlichkeiten sind jeweils einer Persönlichkeit gewidmet; so kann man beispielsweise im Rilke-Zimmer nächtigen. Im großen Garten kann man entspannen oder im Hallenbad eine Runde schwimmen. Köstliches Frühstück, gesunde Gemüsesäfte können eigenhändig und nach Gusto frisch gepresst werden. Familiärer und herzlicher Umgang mit den Gästen. Sehr zentrale und ruhige Lage. Privater Parkplatz. Viale delle Magnolie, 29, Tel. (0464) 516183, www.villaitaliarco.it.

29 Parkhotel Il Vigneto②-③, im Viertel Vigneto schläft es sich gut in 30 mit Parkettboden und Balkon oder Terrasse ausgestatteten Doppelzimmern oder Junior-Suiten. Das in ansprechender moderner Architektur erbaute Hotel in grüner Umgebung verfügt über einen angenehm dimensionierten Pool. Der Wellness-Bereich umfasst Sauna, Bio-Sauna und Türkisches Bad. Fitnessraum. Sichere Fahrradgarage. Viale Rovereto, 56, Tel. (0464) 514787, www.parkhotelilvigneto.com.

21 Hotel Pace②, von der Familie *Tamburini* geführtes, in hellen Farben gestaltetes Hotel an einem der Zugangswege zur Burg hinauf. Gemütliche, von Wein beschattete Außenterrasse. Renovierte, moderne 2- bis 4-Bett-Zimmer, teils mit Balkon. Verleih von E-Bikes. Gute Pizzeria im Hause. Via Vergolano, 42, Tel. (0464) 516398, www.pace1954hotel.com.

MEIN TIPP: **9 Garnì On The Rock**②-③, sehr gemütliches und gepflegtes kleines Hotel mit 19 Zimmern direkt am Fels des Berghügels. Moderner Stil und Kunstwerke an den Wänden. Kleiner Garten

☐ Auf dem Weg hinauf zum Castello eröffnen sich herrliche Ausblicke auf Arco

garda-16 ts

mit Liegestühlen und Jacuzzi. Separater Indoor-Boulderbereich exklusiv für Gäste. Privater Spa für max. 4 Pers. 50 €/100 Min. Viccolo Ere, 23, Tel. (0464) 516825, www.garniontherock.com.

26 Hotel Olivo②, in einem historischen Palazzo realisiertes Hotel im Stadtzentrum mit 33 klassisch elegant eingerichteten Zimmern und einem kleinen Spa-Bereich mit Sauna, Dampfbad und Whirlpool. Das Hotel-Restaurant bietet hausgemachte Nudeln und regionale Spezialitäten. Viale Roma, 2, Tel. (0464) 516430, www.hotelolivo.it.

22 Arciduca Charmin House. Room & Breakfast②-③, stilvolle Unterkunft in der 1873 erbauten und ehemals von Erzherzog *Albert von Österreich* bewohnten Villa des erzherzoglichen Palastes. In den insgesamt elf Zimmern, teils mit Terrasse oder Balkon und Blick in den Park, sind die Gäste vorzüglich untergebracht. Eigener Parkplatz. Via Fossa Grande, 1, Palazzo Arciducale, Tel. (372) 732 1285, www.arciducahouse.com.

14 Hotel Sole Holiday②, mitten in der Altstadt liegendes, von der Familie *Tarolli* geführtes Hotel mit Zimmern und liebevoll eingerichteten Apartments mit Holz- bzw. Steinböden. Außerdem können die Gäste einen Boulderraum, eine Sauna und eine Fahrradgarage nutzen. Frühstück wird angeboten. Kostenloses Parken. Die Betreiber geben gerne Auskunft über die sportlichen Möglichkeiten rund um Arco. Via Foro Boario, 5, Tel. (0464) 516676, www.soleholiday.com.

1 Bauernhof Laghel 7 Agritur③, auf dem ländlich-idyllischen Areal stehen zwei Ferienwohnungen (bis 4 Pers.) mit großem Garten zur Verfügung. Nach Arco sind es etwa 1,5 km. Die Familie *Zampiccoli* kümmert sich reizend um ihre Gäste. Der rund 5 ha umfassende biologische Betrieb ist dafür ausgerichtet, dass Gäste am landwirtschaftlichen Leben teilnehmen können; es werden Oliven, Gemüse, Obst und Kräuter angebaut. Dazu gibt es Pferde, Esel und allerlei kleinere Zwei- und Vierbeiner. Kinder sind herzlich willkommen. Località Laghel, 7, Tel. (335) 8240645, www.laghel7.it.

Camping

5 Camping Arco, sehr schön an der Sarca gelegener, rund 600 m von Arco entfernter Campingplatz (4 ha) mit zahlreichen Sportmöglichkeiten. Neben 232 Stellplätzen verfügt der Platz über rund 20 Bungalows. Sehr beliebt ist das kostenlos nutzbare Schwimmbad nebenan mit einem 50-Meter-Becken und einem Bereich mit Wasserrutschen für Kinder. Auf dem Campingareal zusätzlich Minimarkt und ein weiteres Restaurant. Geöffnet März bis Okt. Erw. 10–11,50 €, Kinder (3–11 Jahre) 6–7 €, Stellplatz 11–14,50 €. Kleine Kühlschränke zu vermieten. Kostenlose Nutzung von Tennisplatz, Beach-Volleyball, Kletterwand. Località Prabi, Tel. (0464) 517491, www.arcoturistica.com.

3 **Camping Zoo,** direkt am Sarca-Fluss liegender, seit 1976 existierender und von Familie *Salvaterra* geführter Campingplatz (3,5 ha) etwa 2 km von Arco entfernt. Neben den üblichen Stellplätzen können auch Safari-Zelte, Caravans und sog. Mobile Homes gemietet werden. Der Name des Platzes bezieht sich auf die auf dem Gelände befindlichen Tiere wie Hasen, Ziegen oder Strauße. Schwimmbad. Stellplatz (inkl. Auto und 2 Pers.) ab 32,50 €, Erwachsene 9,50 €, Kinder (2–14 Jahre) 6 €, Mobile Home ab 60 €. Via Legionari Cecoslovacchi, 24, Tel. (0464) 516232, www.campingzoo.it.

Essen und Trinken

19 **Gelateria naturale „indimenticabile",** der Namensgebung nach eine „unvergessliche" Eisdiele. Und tatsächlich haben *Francesca* und *Mikela* im Jahr 2016 einen besonderen Laden mitten in der Altstadt eröffnet. Die Schwestern, die eine Ausbildung an der „Gelato Naturale Academy" in der Toskana abgeschlossen haben, verkaufen köstliches, natürlich hergestelltes Eis. Die Milch für die cremigeren Sorten stammt aus dem Trentino. Ins Hörnchen oder in den Becher kommen Sorten wie *Sorbetto al Bergamotte*, Pistazie, *Torta al Limone, Sorbetto Banana-Lime* oder *Caffè*. Laktose- und glutenfrei. Die eiskalten Spezialitäten kann man auf einer der Bänke direkt vor dem Geschäft auf der Piazetta del Fagiano genießen. Di bis Fr 13–19 Uhr, Sa/So 11–19 Uhr. Via Segantini, 91, Tel. (0464) 517533.

23 **Trattoria Belvedere,** herrliche Abwechslung zu Pizza und Pasta, denn hier kommen traditionelle italienische Gerichte auf den Tisch wie *Carne Salada* oder Kuttelsuppe. Leckere Hausmannskost zu fairen Preisen. Via Serafini, 2, Tel. (0464) 516144.

16 **Ristorante Bar Ai Conti,** in den historischen Gemäuern des Palazzo Marchetti untergebrachtes Restaurant mit sehr großem und schönem Innenhof und Schatten spendenden Sonnensegeln. Tägl. 17.30–23 Uhr, Fr bis So auch 12–15 Uhr. Tagliatelle mit Hirschragout 15 €, Black Angus Hamburger 15 €, hausgemachtes Tiramisu 5 €, Pizza Napoli 8 €. Freundlicher Service. Piazza Marchetti, 2, Tel. (0464) 517151, www.aicontiarco.it.

17 **Café Trentino,** Café mit großer Außenterrasse direkt am Hauptplatz Piazza 3. Novembre. Hier sitzen Einheimische und Touristen gerne und schauen dem Treiben in der Altstadt zu. Neben dem üblichen Getränkeangebot stehen auch einige Snacks auf der Karte. Piazza 3. Novembre, Tel. (0464) 510162, www.caffetrentino.it.

25 **Ristorante Bio Essere,** sehr empfehlenswertes veganes/vegetarisches Restaurant: Hummus, Falafel, Lasagne oder Curry mit Tofu. Etwas außerhalb, aber zu Fuß vom Zentrum erreichbar. Mo bis Do 8–19 Uhr, Fr, Sa 8–22.30 Uhr, So geschlossen. Via Santa Caterina, 49, Tel. (0464) 516597.

15 **Café Centrale,** direkt am öffentlichen Park gelegenes, seit vielen Jahren bestehendes Café mit großem Außenbereich. Beliebter Treffpunkt der Einheimischen. Tägl. 7–24 Uhr. Via Galas, 3, Tel. (0464) 512061, www.centralearco.com.

12 **Enoteca Segantini,** *Gian Carlo* betreibt seit 2013 diesen Spezialitätenladen mit ein paar Tischen vor dem Geschäft. Exquisite Olivenöle vom Gardasee und italienische Pasta. Weine und viele andere regionale Köstlichkeiten stehen in den Regalen. Via Segantini, 109, Tel. (0464) 517854.

◁ Die evangelische Trinitatiskirche wurde im Jahr 1900 eingeweiht

Nachtleben

11 **Pub Il Gatto Nero,** eine schwarze Katze auf gelbem Sichelmond weist den Weg zu dieser beliebten Bar in der Altstadt. Tägl. 19–2 Uhr, Mi geschlossen. Via Giovanni Segantini, 12, Tel. (327) 464531557.

Einkaufen

■ **Bauernmarkt,** wöchentlicher Markt mit lokalen Produkten: gute Auswahl an Obst, Gemüse, Honig und anderen schmackhaften Dingen. Jeden Di 7.30–13 Uhr. Viale delle Palme.

30 **Weinkellerei Mezzacorona,** im Arco-Stadtviertel Bolognano kauft man typische Weine des Trentino. Mo bis Fr 8–12 und 14–18 Uhr, Sa 9–12 und 14–19 Uhr. Via Goito, 1, Tel. (0464) 532132.

28 **24-Std.-Selbstbedienungs-Milchautomat,** hin und wieder in der Gegend zu findende Automaten der ungewöhnlichen Art, dieser steht an der Via Monache direkt bei der Post. ½ oder 1 Liter (1 €). Produziert von Azienda Agricola La Quadra im nahen Drena, Via Roma, 61, 38074 Drena.

15 **Moser Re-Cycling System, Bike wear,** ein auf italienische Bike-Mode spezialisierter Familienbetrieb, der vor allem ansprechende, funktionelle und qualitativ hochwertige Kleidung für sportliche Frauen im Sortiment hat. Via Marconi Guglielmo, 15, Tel. (0464) 516251, www.moser-arco.com.

18 **Prestige,** *Carmen* betreibt diesen Schmuckladen in einer der Haupteinkaufsstraßen von Arco. Sie verkauft u.a. Ringe aus Morano-Glas. Tägl. 9.30–12.30 und 15.30–19 Uhr, So und Mo vormittags geschlossen. Via G. Segantini, 111, Tel. (0464) 514284.

18 **Libreria Cazzaniga,** wer sich mit Lesestoff rund ums Klettern, Wandern und Mountainbiken in der Region ausstatten möchte, ist hier genau richtig. Selbstverständlich gibt es auch italienische Bücher zu anderen Themen. Im Laden kann man beim Schmökern Kaffee trinken, denn es gibt einige Sitzmöglichkeiten und einen direkten Zugang zum Café Trentino, dessen Terrasse sich auf den Hauptplatz mit Blick auf den Dom befindet. Tägl. 9–13 und 15–19.30 Uhr. Via G. Segantini, 107, Tel. (0464) 531122, www.arcolibri.it.

13 **Rockservice,** ein von einigen Herstellern von Outdoorschuhen offiziell autorisierter Laden, der Kletter- und Trekkingschuhe repariert. Tägl. 8.30–12 und 14.30–18.30 Uhr, Mo geschlossen. Tel. (338) 5671132, www.rockservice.it.

20 **OlioCRU,** in dem Laden direkt am Platz des 3. November lassen sich hochwertige, köstliche Olivenöle erstehen. Über den Herstellungsprozess, die Qualitätsmerkmale und die Geschmacksrichtungen informiert das freundliche und gut geschulte Personal. Man erfährt beispielsweise, dass Schärfe und Bitterkeit eines Öls positive Qualitätsmerkmale darstellen. Je früher die Oliven geerntet werden, desto „kräftiger" gestaltet sich das spätere Produkt und desto höher ist der Gehalt an Antioxidantien, die den menschlichen Körper vor freien Radikalen schützen. Daher beginnt die Olivenernte am Gardasee oft schon im Oktober und nicht wie früher immer erst ab Dezember. Selbstverständlich kann man die verschiedenen Öle, die teils aus entkernten Oliven hergestellt werden, verköstigen. Im Laden gibt es außerdem zahlreiche typische Produkte des Trentino, so zum Beispiel die in der Region als „Molche" bekannte Olivenpaste. Piazza 3. Novembre, 6/A, Tel. (0464) 517 607, www.oliocru.it.

Nützliches

■ **Krankenhaus: Presidio Ospedaliero di Arco,** Via Capitelli, 48, Tel. (0464) 582222, www.apss.tn.it.

■ **Apotheke: Farmacia Bettinazzi,** Via Galas, 49/51, Tel. (0464) 516171.

■ **Post:** Piazzale Schotten an der Viale Monarche.

▷ Torbole sul Garda – der Hafen mit Zollhaus vor der Kulisse des Monte Brione

Torbole sul Garda

Die insbesondere **bei Surfern und Aktivurlaubern beliebte Ortschaft** Torbole am Nordufer des Gardasees grenzt direkt an Riva del Garda. Dazwischen erhebt sich der auffällige und beim Erkunden tolle Aussichten liefernde **Monte Brione.** Torbole ist weit weniger glamourös und besitzt deutlich weniger historische und kulturelle Highlights als sein urbaner Nachbar. Dennoch ist der Ort, in dem *Goethe* und andere Künstler Inspiration suchten und fanden, mit seinem winzigen Hafenbecken, dem charmanten Zollhaus, ein paar Altstadtgassen und dem in den Gardasee mündenden Sarca-Fluss auf jeden Fall einen Besuch wert. An der nach Riva führenden **schönen Uferpromenade** lässt es sich in einem der Cafés oder Restaurants vorzüglich ausspannen und die vorbeiflitzenden Surfer beobachten. Oder man wird selber aktiv und nutzt die berühmten Winde hier am Nordufer zum Wellenritt oder die nahen Berge für eine Mountainbiketour. Die überschaubare **autofreie Altstadt** oberhalb des leider durch die Durchgangsstraße „zerschnittenen" Ortes weist historische Zeugnisse und ein paar Läden zum Shoppen auf. Ein paar Höhenmeter vom Zentrum entfernt, beim Busatte-Adventure-Park, begrüßt der herrliche und sehr empfehlenswerte **Panoramaweg** lauffreudige Besucher.

Der **Name** des Ortes geht auf das trübe Gewässer an der Mündung des Sarca-Flusses zurück, das man „acquae turbulae" bzw. „acque torbole" nannte.

garda013 ts

garda-04 ts

Geschichte

Nicht immer ging es in Torbole so friedlich zu wie heute. Eine tollkühne Idee und ihre abenteuerliche Umsetzung ist einen Exkurs in die Wirren einer kriegerischen Zeit im 15. Jahrhundert wert. In die Geschichtsbücher eingegangen ist Torbole aufgrund einer **Seeschlacht** am Nordufer des Gardasees im Jahr 1439 **während des fast 30 Jahre andauernden Krieges zwischen Mailand und Venedig,** der 1426 seinen Anfang genommen hatte. Doch zuvor stand eine schier unlösbare und utopische Aufgabe an, deren Bewältigung sich die Venezianer in den Kopf gesetzt hatten. Denkt man an Schiffe, die unter schwierigen Bedingungen über Berge gezogen wurden, fällt vielen zunächst der Film „Fitzcarraldo" von *Werner Herzog* ein, in dem *Brian Sweeney,* gespielt von *Klaus Kinski,* einen alten Flussdampfer durch den hügeligen Amazonas-Urwald transportieren lässt. Eine ähnliche Idee trieb die Venezianer um. Sie entschlossen sich jedoch zu einer weit tollkühneren Unternehmung, um die Mailänder zu schlagen und das eingekesselte Brescia und die Region um den Gardasee zu befreien. Zunächst verschiffte man sechs 50 Meter lange Galeeren und weit über 20 Kriegsbarken flussaufwärts bis nach Mori, um sie dann weiter auf dem Landweg über den Monte Baldo zum Gardasee zu schaffen. Es wird von 2000 Ochsen und vielen Hundert Mann gesprochen, die nötig waren, um diese Flotte mithilfe von Baumstämmen Richtung Torbole und Gardasee zu rollen. Dort wurden sie zu Wasser gelassen. Da die Mailänder Kriegsherren jedoch das kaum zu verheimlichende Manöver von der Ferne aus längere Zeit beobachteten, waren sie vorbereitet und besiegten die venezianische Flotte am 30. November 1439. Doch Venedig gab nicht auf, zog sich zurück nach Torbole, erbaute dort neue Kriegsschiffe und überraschte die Mailänder Flotte, welche im nahen Riva del Garda lag, im Frühjahr 1440 und besiegte sie. Der Gardasee war nun wieder unter venezianischer Kontrolle.

Das Ortsbild hat sich mit der Fertigstellung der rund um den Gardasee führenden **Gardesana** vollkommen gewandelt. Davor lebten in Torbole einige wenige Fischer in einer Handvoll Häuser zwischen See und Olivenhainen. Im heute idyllischen Hafenbecken lagen ihre Boote, wenn der Fang von Sardinen, Carpione (Gardaseeforelle), Hecht und Aal schon verkauft war. Heute lebt niemand mehr allein vom Fischfang.

Sehenswertes

Ein guter und zentraler Ort, um einen Rundgang durch Torbole zu beginnen, ist das auffällige alte Zollhaus an der Uferstraße, die in diesem Bereich mit zahlreichen Parkplätzen versehen ist. Bei einem Spaziergang an der Uferpromenade Richtung Riva del Garda und durch den Altstadtbereich mit der Piazza Goethe auf der anderen Straßenseite entdeckt man weitere Sehenswürdigkeiten.

Altes Zollhaus/Casa del Dazio

Das im 18. Jahrhundert errichtete, ehemals österreichische Zollhaus war einst ein Fischerhaus. Im Jahr 2000 erstand die Familie *Tonelli,* die zahlreiche Hotels am Gardasee besitzt (siehe www.tonellihotels.com), dieses charmante Häuschen direkt am Hafen von Torbole und restaurierte es. Im Inneren der **Casetta Tonelli** ist eine **Sammlung historischer Fotografien** von Menschen untergebracht, die eine innige Beziehung zu dem Ort hatten oder haben.

Hafen beim Zollhaus

Der Hafen wurde höchstwahrscheinlich um **1439** während des Krieges zwischen Venedig und Mailand angelegt, als die erstgenannte Fraktion einen **sicheren Ankerplatz** am Gardasee für ihre von Mori nach Torbole auf dem Landweg geschleppte Kriegsflotte benötigte. Quellen berichten außerdem von einem schon Ende des 12. Jahrhunderts existierenden Hafen, zu einer Zeit, als Torbole das vom Fürstbischof von Trient verliehene Wiegerecht für ankommende Waren besaß. Dabei handelte es sich wohl um einen sehr einfachen Hafen, der an der Stelle der heutigen Piazza degli Alpini lag.

Anfang des 16. Jahrhunderts verloren die Stadt und ihr Hafen nach dem Weggang der Venezianer stark an Bedeutung. Erst rund 150 Jahre später kam es wieder zu einer vermehrten und Wohlstand bringenden Handelstätigkeit unter der österreichischen Regentin *Maria Theresia.* Als jedoch Mitte des 19. Jahrhunderts die **Eisenbahn** von Verona nach Bozen und 1891 die Strecke von Mori nach Riva fertiggestellt wurde, erlitten Torbole und sein Hafen den nächsten herben wirtschaftlichen Rückschlag.

☒ Der Porticciolo (kleiner Hafen) von Torbole – charmant und nur Platz für ein paar Boote

Torbole sul Garda

Übernachtung
- 3 Hotel Roma
- 7 Gardabike Residence
- 8 Eco Hotel Bonapace
- 9 Hotel Santoni Freelosophy
- 11 Camping Al Porto
- 12 Camping Europa
- 13 Bungalowpark Rita & Vico
- 15 Residenza Casa al Sole
- 16 Hotel Villa Claudia
- 19 Casa Bertolini
- 23 AktivHotel Santa Lucia
- 24 Hotel Casa Nataly

Essen und Trinken
- 5 Pizzeria al Porto di Arco
- 6 Trattoria Pizzeria Linfano
- 14 Ristorante Villa Cian
- 17 Bar alla sega, Ristorante La Terrazza
- 18 Café Casa Beust
- 20 Ristorante Geier
- 27 Ristorante Le Busatte

Sonstiges
- 22 My Way Bike Shop
- 25 Vineria Rèfol, Karin C-Mode und Einrichtung

Sport
- 1 Surfschule Segnana
- 2 Diving Club Arco Sub
- 4 Canyon Adventures
- 10 Carpentari Bike Shop
- 28 Shaka Surf Center

Casa Beust

In der Nähe des Hafens, unmittelbar am Seeufer, steht dieses historische, rot gestrichene Haus aus dem 15. Jahrhundert, das Anfang des 17. Jahrhunderts im Besitz der kaiserlichen Kaserne war. Der Name des Hauses geht auf den **Baron Konstantin von Beust** zurück, seit 1878 Eigentümer des Gebäudes und damaliger Generalintendant der österreichisch-ungarischen Monarchie für den Bergbau des Reiches. An der Außenwand erkennt man ein **Fresko des Berliner Malers Hans Lietzmann,** der dort eine Szene mit dem mit Fischen sprechenden heiligen Antonius verewigte. Hintergrund für dieses Motiv ist die Erzählung, dass der 1195 geborene *Antonius* sich eines Tages in ein Dorf am Meer aufmachte, dessen Einwohner Gott abgeschworen hatten. So kam es, dass nicht eine Person zu seiner Predigt erschien und er daraufhin am Ufer zu den Fischen predigte, die bald in großer Anzahl zuhörten. Als die Bewohner des Ortes dieses Wunder registrierten, fielen sie auf die Knie und fanden zurück zum Glauben. *Lietzmann* machte sich über die Grenzen von Torbole hinaus einen Namen mit der Gründung der Schule „Männlicher Akt im Freien". Viele Künstler der damaligen Zeit kamen nach Torbole, um sich von den Reizen des Gardasees inspirieren zu lassen und auf den Spuren von *Goethe* zu wandeln, der 1786 zu Beginn seiner berühmten Italienreise Torbole einen Besuch abstattete. *Lietzmann* starb 1955 verarmt am Gardasee.

Chiesa di Santa Maria al Lago und Colonia Pavese

Die 1939 errichtete Kirche stand den Kindern des Sanatoriums der Provinz Pavia als Gotteshaus zur Verfügung. Das Sanatorium befand sich im Gebäude Colonia Pavese (s.u.). Unmittelbar neben der Kirche steht ein kleiner **Obelisk,** der an den amerikanischen **Oberst William O. Darby** erinnert. Kurz vor Ende des Zweiten Weltkriegs erreichten Soldaten unter *Darbys* Führung Torbole, das kurz zuvor von der deutschen Wehrmacht verlassen worden war. Doch noch am selben Tag starb der US-Oberst auf dem nahen Monte Brione durch ein Artilleriegeschoss der Deutschen.

Die **Colonia Pavese,** ein 1906 erbautes, imposantes mehrstöckiges Gebäude unmittelbar am Ufer des Gardasees, beherbergte Anfang des 20. Jahrhunderts als Luxushotel wohlhabende Gäste. Gut 20 Jahre später diente das Haus als Sana-

garda015 ts

[>] Gedenktafel an der Casa Beust

torium für die Kinder der Provinz Pavia. Heute sind die meisten Räumlichkeiten ungenutzt, und eine endgültige Entscheidung über die Verwendung ist nicht in Sicht. Im Erdgeschoss befindet sich aktuell die **Kunstakademie LABA** für Design, Grafikdesign und Multimedia. Das vor dem Gebäude stehende felsige **Kunstwerk** mit blauen Anteilen stammt von dem 1950 geborenen Bildhauer *Paolo Colombin,* der für seine Steinskulpturen bekannt ist.

Piazza Goethe

Von der Uferpromenade aus gelangt man im Bereich des Zollhauses durch Querung der Straße in den „zweiten" Altstadtabschnitt und auf die Piazza Goethe mit Restaurants und Geschäften. Am 12. September 1786 verbrachte **Johann Wolfgang von Goethe** einen Tag in Torbole und schrieb in sein Tagebuch: „Heute hab ich an der Iphigenie gearbeitet, es ist im Angesichte des Sees gut von statten gegangen." Zu lesen ist diese Notiz über dem dortigen Brunnen auf einer Gedenktafel zu Ehren des weltberühmten Dichters, der von 1786 bis 1788 durch Italien reiste. Nach seinen Aufenthalten in Torbole und Malcesine führte ihn seine Reise unter anderem weiter nach Verona, Venedig, Rom, Neapel und bis nach Sizilien. Später verarbeitete er seine Gedanken und Erlebnisse in dem zweibändigen Werk mit dem Titel „Italienische Reise". Darin findet man in Kapitel 4 die Zeilen: „Heute Abend hätte ich können in Verona sein, aber es lag mir noch eine herrliche Naturwirkung an der Seite, ein köstliches Schauspiel, der Gardasee, den wollte ich nicht versäumen, und bin herrlich für meinen Umweg belohnt." Im selben Haus wohnte viele Jahrzehnte später der bereits oben erwähnte Maler *Hans Lietzmann* bis zu seinem Tod im Jahre 1955.

An der **Casa Barcelli,** einem alten herrschaftlichen Palazzo an der Piazza Goethe, befindet sich eine Gedenktafel, die an *Joseph II. von Habsburg* (1741–1790), den Sohn von *Maria Theresia von Österreich* und späteren Kaiser, erinnert, der Torbole im August 1765 besuchte.

Chiesa di Sant'Andrea

Etwas oberhalb der Via Segantini und des Goethe-Platzes steht die sehenswerte Kirche des heiligen Andreas. Die ältesten offiziellen Hinweise auf das Gebäude gehen zurück auf das 12. Jahrhundert. Damals war das **nach Jerusalem ausgerichtete Gotteshaus** deutlich kleiner als heute, wie der bei Renovierungsarbeiten entdeckte alte Fußboden offenbart. Nachdem Torbole nach 1439 durch die Anwesenheit der Venezianer einen gewissen Aufschwung erlebte, erbaute man an der Stelle der einstigen Kapelle Ende des 15. Jahrhunderts eine neue Kirche mit Dachstuhl, später kam ein Glockenturm mit vier Doppelfenstern hinzu, die erst in den 1990er Jahren, da sie zugemauert waren, wiederentdeckt wurden. **Im 17. Jahrhundert veränderte sich das Erscheinungsbild drastisch,** der Dachstuhl verschwand und wurde durch ein von acht Säulen getragenes Gewölbe ersetzt. Als die Kirche im Jahr 1741 zur Kurataikirche erhoben wurde, begann eine Zeit der **Verschönerung und Vergrößerung.** 1758 erhöhte man den alten Kirchturm, 1785 erweiterte man die Kirche, um eine neue Orgel unterzubringen, und Ende des 18. Jahrhunderts erhielt der Fußboden einen neuen Belag mit weißen und roten Marmorstückchen. Eine weitere ansehnliche Vergrößerung erfolgte dann 1922, als zwei Seitenschiffe angefügt wurden.

Das bedeutendste Kunstwerk in der Kirche ist das **Gemälde „Das Martyrium des Heiligen Apostels Andreas“.** Geschaffen wurde das von der Adelsfamilie *Giuliani* aus Torbole in Auftrag gegebene Altarbild 1742 von dem Veroneser Maler *Gianbettino Cignaroli* (1706–1770). Im Zweiten Weltkrieg stark beschädigt, konnte es durch den deutschen Maler *Hans Lietzmann,* der lange in Torbole lebte, sehr gut restauriert werden.

Belvedere

Läuft man von der Piazza Goethe auf der Via Pontalti bergauf und biegt an der dann folgenden Abzweigung nach links ab, erreicht man über die Via Europa und einige Treppenstufen den **wunderbaren Aussichtpunkt** Belvedere. Einst soll an dieser Stelle ein mittelalterlicher steinerner Turm gestanden haben.

Sport und Aktivitäten

Torbole ist, wie auch Riva del Garda, aufgrund seiner konstant guten Windverhältnisse ein **Eldorado für Surfer und Segler.** In den Morgenstunden bis etwa mittags sorgt der aus Norden wehende **„Vent“** oder **„Pelér“** für ordentlichen Wind. Dieses insbesondere im Sommer kräftig auftretende Phänomen kann Windstärken von über 10 m/s und erstaunlichen Wellengang verursachen. Ab den Mittagsstunden freuen sich die Wassersportenthusiasten auf die **„Ora“**, eine aus Süden bis zum Sonnenuntergang wehende Windströmung, die ebenfalls im Sommer ihre größte Kraft entwickelt und ähnliche Windstärken erreicht wie der „Pelér“.

Taucher können ihrer Leidenschaft am Tauchspot Villa Cian im Bereich des gleichnamigen Restaurants oder am Ostufer bei den Steilwänden von Calcarolle nachgehen.

Wie im gesamten Norden des Gardasees sind tolle **Wander-, Bike- und Klettertouren** möglich, geführt oder auf eigene Faust. So existiert in Torbole beispielsweise die zum Bike Park Garda Trentino Gravity gehörende atemberaubende Mountainbike-Down-Hill-Strecke „601“ (sprich: *seicentouno*).

Adventure Park Busatte und MTB-Strecken

In wunderschöner Lage oberhalb von Torbole von Pinien- und Olivenbäumen umgeben, präsentiert sich ein Areal mit **unterschiedlichsten Attraktionen der sportlichen und adrenalinfördernden Art.** Der eigentliche „Abenteuerpark“ ist ein zwischen Bäumen konstruierter Hochseilgarten mit spannenden Herausforderungen für die ganze Familie. Auf dem riesigen Areal mit reichlich Grünflächen befindet sich auch ein Restaurant mit Sonnenterrasse. Außerdem finden sich hier mehrere ausgeschilderte Mountainbike-Strecken und ein BMX-Bike-Park. Auch die grandiose **Panorama-Wanderung** nach Tempesta startet von hier (siehe Kapitel „Wanderungen“).

Infos: Juni bis Mitte September tägl. ca. 10–19 Uhr, Dezember bis Februar nur nach Reservierung, in den restlichen Monaten nicht tägl. geöffnet. Eintritt Kletterpark (2 Std.): pro Pers. 22 €, Erw. plus 3- bis 5-jähriges Kind 25 €. Tel. (347) 2880570, www.busatteadventure.it.

Garda Thermae

Diese unweit vom Seeufer bei Torbole errichtete herrliche Therme offeriert ein **breites Spektrum an Wellness-Möglichkeiten,** um eine Auszeit in gediegener und entspannter Atmosphäre zu verbringen: Finnische und Soft-Sauna, Türkisches und Mediterranes Bad, Erholungsbecken, Kneippkur, Schwimmbad aus Stahl mit Innen- und Außenbereich, Spa-Angebote wie Ölmassage oder Körperpeeling. Angeschlossene Bar für Drinks und leichte Mahlzeiten.

Infos: Tagesticket Schwimmbad Erw. ab 16,70 €, Wellness-Bereich inkl. Schwimmbad ab 26,50 € pro Tag. Poolbereich Mo bis Fr 10–19 Uhr, Sa/So 10–20 Uhr, Wellness-Bereich inkl. Schwimmbad ab 35 € pro Tag. Via Linfano, 52, Arco/Linfano, Tel. (0464) 548012, www.gardathermae.it.

Sonstiges

1 Surfschule Segnana, seit 1980 von *Marco Segnana* geführtes Surf- und Wassersportcenter mit einigen „Filialen" an der Uferpromenade von Riva und Torbole. Schnupperkurs Windsurfen 65 € für 2½ Std. Unterschiedlichste Angebote für Anfänger, Spezialisten und Kinderkurse. Büro: Tel. (0464) 505 963, www.surfsegnana.it.

28 Shaka Surf Center, im Center direkt am See vermietet man Boards, Segel, Neoprenanzüge und alles Sonstige, was zum Surfen benötigt wird. Brett und Segel 59 €/Tag. Qualifizierte Surflehrer erteilen Kurse in insgesamt vier Levels. Schnupperkurs Anfänger 65 €/3 Std., Kids-Camps im Sommer für Kinder bis zu 12 Jahren Mo bis Fr 250 €. Camps für Fortgeschrittene. Kurse sind inklusive Material. Via Lungolago Conca d'Oro, 12, Tel. (0464) 506347, www.shaka.it.

2 Diving Club Arco Sub, direkt an der Uferpromenade am Sarca-Fluss gelegene Tauchschule. PADI. Verschiedene Kurse. Via Lungo Sarca, 20, Lido di Arco/Torbole, www.arcosub.com.

10 Carpentari Bike Shop, großes Geschäft auf drei Etagen. Verleih von Scott- und Cube-Bikes vom Rennrad über Mountainbikes (Freeride, All Mountain u.a.) bis zum City-Fahrrad. Auch E-Bikes. MTB ab 20 €, E-MTB ab 47 €. Verkauf von Fahrrädern, Zubehör und Bekleidung. Di bis Sa 9–12 und 15–19 Uhr. Via Matteotti, 95, Tel. (0464) 505500, www.carpentari.com.

4 Canyon Adventures, vor rund 20 Jahren spezialisierte sich dieser Veranstalter auf professionell geführte Canyoning-Touren (ab 90 €). Im Laufe der Jahre sind weitere Angebote hinzugekommen: Kayakfahrten (ab 85 €), Höhlentouren (ab 85 €), Klettersteigausflüge (ab 65 €) und Kletterkurse (Basiskurs ab 200 €). Für Interessierte fast jeden Alters. Erfahrung ist nicht vonnöten. Via Matteotti, 122, Tel. (0464) 505406 und (334) 8698666, www.canyonadv.com.

Wandertipp: Wanderung hinauf auf den Monte Brione und Panorama-Wanderweg. Siehe im Kapitel „Wanderungen".

Fest

Sbigolada Torbolana

Alljährlich seit weit über 100 Jahren feiert man an einem Sonntag **im Februar** das Sbigolada Torbolana, das traditionelle **Spaghetti-Fest.** Nachgewiesenermaßen gab es diese Veranstaltung schon im

Jahr 1874. Während des Events kommt nur ein Gericht, das kostenlos an die Besucher verteilt wird, auf den Teller: Spaghetti mit Fisch und Olivenöl. Start gegen Mittag in Colonia Pavese.

Praktische Tipps

Touristeninformation

■ **Garda Trentino,** 14. März bis 1. Mai tägl. 9.30–12.30 und 14–17.30 Uhr, 2. Mai bis September tägl. 9–13 und 15–19 Uhr, Oktober bis März tägl. außer So 9.30–12.30 und 14–17.30 Uhr. Lungolago Conca d'Oro, 25, Tel. (0464) 505177, www.gardatrentino.it.

Verkehr und Transport

■ **Bus: Linie 3** von Torbole nach Riva del Garda und Arco, mehrmals täglich.

■ **Schiff:** nach **Riva** und **Limone** 10x täglich; bis **Desenzano del Garda** 3x täglich mit Stopps u.a. in Malcesine, Salò, Garda, Bardolino und Sirmione.

Übernachtung

3 **Hotel Roma**②, nur wenige Gehminuten von See und Zentrum entfernt. Fast alle Zimmer des 2-Sterne-Hotels haben einen Balkon, sie sind hell und mit Laminatböden ausgestattet. Es gibt auch Familienzimmer. Ein Pool mit Liegen und Sonnenschirmen und ein Garten mit Kinderspielplatz steht für eine Auszeit zur Verfügung. Eigener Park- und Stellplatz für Fahrräder und Motorräder. Sehr freundliches Personal und reichhaltiges Frühstück. Sehr gutes Preis-Leistungs-Verhältnis. Via Lungo Sarca, 14, Tel. (0464) 505428, www.hotelromatorbole.net.

9 **Hotel Santoni Freelosophy**③, in den schlicht und meist in hellen Tönen eingerichteten Zimmern mit modernem Charakter lässt es sich vorzüglich nächtigen. Lounge und Frühstücksbereich. Im Hotel kann man E-Bikes und E-Scooter leihen. Für sämtliche Fahrräder gibt es einen videoüberwachten Keller. Der See ist ein paar Gehminuten entfernt. Via Strada Granda, 6, Tel. (0464) 505966, www.hotelsantoni.com.

MEIN TIPP: **23** **AktivHotel Santa Lucia**②, sehr ruhig und dennoch sehr zentral in der Nähe der Altstadt und des Hafens gelegenes Hotel. *Silvio,* der Inhaber, und sein engagiertes und sehr freundliches Team sorgen für eine angenehm entspannte Atmosphäre und informieren kompetent über Aktivitäten aller Art. Die modern eingerichteten und gepflegten Zimmer verfügen alle über einen Balkon. Das Frühstücksbüffet hält gesunde Extras für Sportler bereit. Für die Aktiven unter den Gästen steht umfangreiches Informationsmaterial über Bike- und Wandertouren zur Verfügung. Es werden geführte Touren angeboten. Verleih von Bikes (auch elektrisch), E-Tankstelle. Große Liegewiese mit Pool. Reparaturbereich mit Werkzeug, Waschzone sowie videoüberwachter und alarmgesicherter Raum für Fahrräder. Hotelbar. Finnische und Bio-Sauna. Eines der wenigen Häuser, das fast das gesamte Jahr über geöffnet ist. Zimmer bis 5 Pers. Via Santa Lucia, 6, Tel. (0464) 505140, www.aktivhotel.it.

MEIN TIPP: **24** **Hotel Casa Nataly**②, freundlich geführtes 2-Sterne-Haus in der Altstadt am Alpini-Platz mit Palme, Magnolienbaum und Goethe-Büste, etwas zurückversetzt und doch mit Blick auf den Gardasee. Fast alle Zimmer mit Balkon und Seeblick. Privatparkplatz. Frühstücksbüffet. Piazza Alpini, 12, Tel. (0464) 661767, www.casanataly.com.

15 **Residenza Casa al Sole**③, mit tollem Blick auf den See erbaute Unterkunft mit freundlichem Personal. Schöner kleiner Garten mit Palmen und Kinderspielplatz. Liegestühle direkt in Ufernähe. Die funktionell eingerichteten Wohnungen, teils mit Balkon, teils mit Terrasse, sind für vier oder fünf Personen geeignet. Kinder willkommen. Abschließbare Räumlichkeiten für Surfer- und Bike-Equipment. Parkplatz inklusive. Via al Cor, 14, Tel. (0464) 505434, www.casaalsole.it.

Brokkoli aus Torbole

Eingeführt wurde das gesunde Gemüse im 17. Jahrhundert aus dem Gebiet von Verona. Das **besondere Klima** rund um Torbole, insbesondere der starke Nordwind, der die Bildung von Eis und Raureif verhindert, begünstigt den Anbau. Die Sorte, die aus Torbole sul Garda stammt, ist eine **besondere Züchtung und als Marke geschützt.** Geerntet wird die Spezialität, die sich durch einen milden und feinen Geschmack auszeichnet, von Anfang November bis in den April hinein.

Rezept für Brokkolisauce

Zutaten: ein Brokkoli aus Torbole sul Garda, 2 Esslöffel Olivenöl aus der Region Garda Trentino, eine Knoblauchzehe, ein halbes Glas Milch, 3 frische Salbeiblätter, 4 Tropfen Tabasco.

Zubereitung: Zunächst den Brokkoli in kleine Röschen zerteilen und waschen. Dann das Öl in einer Pfanne (nicht zu stark) erhitzen. Die geschälte Knoblauchzehe und die Salbeiblätter zugeben und alles ein wenig anschwitzen lassen. Nach ein paar Minuten den Brokkoli hinzugeben. Dann ein paar Esslöffel Wasser in die Pfanne geben und das Ganze abgedeckt rund 7 Minuten auf kleiner Flamme köcheln. Sobald der Brokkoli eine weiche Konsistenz hat, diesen in einen Mixer geben, zuvor aber den Knoblauch und die Salbeiblätter entnehmen. Den Brokkoli samt der Milch im Mixer zu einer cremigen Masse verarbeiten und am Schluss noch ein Schuss Olivenöl und je nach Vorliebe mehr oder weniger Tabasco unterrühren. Fertig!

Die Sauce kann gut zu Fisch gereicht werden.

8 **Eco Hotel Bonapace**②, ein unter ökologischen Aspekten erbautes Hotel unweit des Strandes. Der architektonisch ansprechende Neubau verfügt über innovative Haustechnik, eine Grundwasser-Wärmepumpe, und der Strom stammt aus erneuerbaren Energien. Für das empfehlenswerte Frühstück kommen nur Bio-Produkte lokaler Erzeuger und hausgemachtes Brot auf den Tisch. Terrasse und Whirlpool auf dem Dach. Alle Zimmer mit Balkon und für Allergiker geeignet. 2- bis 4-Bettzimmer. Via Strada Piccola, 15, Tel. (0464) 516995, www.ecohotelbonapace.com.

16 **Hotel Villa Claudia**②, seit Jahrzehnten von der Familie *Pirondini-Lui* mit Engagement geführtes Hotel in sehr guter Lage nahe des Sees. Gut dimensionierter Pool und schöner gepflegter Gartenbereich. Die nicht allzu großen Zimmer haben teils Balkon, Seeblick und Teppichboden. Überwachte Abstellmöglichkeiten für Fahrrad und Surfboards. Viel gelobtes Frühstücksbüffet. Via della Lòva, 16, Tel. (0464) 505328, www.villaclaudiatorbole.com.

13 **Bungalowpark Rita & Vico**③, direkt an der ruhigen Uferpromenade gelegenes, mit Palmen und Olivenbäumen bepflanztes großes Grundstück mit einstöckigen Gebäuden, die insgesamt zehn Ferienwohnungen mit Terrassen beherbergen. Hübsche Wiese mit Liegen. Eigener Parkplatz. Auflademöglichkeit für Elektoautos. Via Sarca Vecchio, 35, Tel. (339) 1705680, www.bungalowpark.it.

7 **Gardabike Residence**②, nicht nur auf Biker spezialisiertes Haus mit herrlichem Pool und Dachterrasse. Der Strand und das historische Zentrum von Torbole sind in wenigen Minuten zu Fuß erreichbar. Die insgesamt modern und mit frischen Farben designte Unterkunft verfügt über 13 Apartments für bis zu 6 Pers. Kostenlose Bike-Tour. Videoüberwachtes Fahrrad- und Windsurfdepot. Außerdem Werkstatt und Waschmöglichkeit für die Zweiräder. Tiefgarage. Via Strada Granda, 54, Tel. (342) 9429571, www.gardabikeresidence.it.

19 **Casa Bertolini**②-③, Zimmer und Apartments. Via Pasubio, 10, Tel. (0464) 505277, www.casabertolini.com.

Camping

12 Camping Europa, mit mediterranen Bäumen und Pflanzen bestückter Platz mit einer Größe von gut 1,5 ha und 78 Stellplätzen. Direkter Zugang zum See. Superior-Stellplatz plus 2 Erw. ab 30 €. Via al Cor, 4, www.campingeuropatorbole.it.

11 Camping Al Porto, am Strand, neben dem Camping Europa, von der Familie *Tonelli* 1985 angelegter Platz mit 82 Stellplätzen (70–90 m^2). Umfangreiche Modernisierung 2016. Zusätzlich acht Apartments für 2–4 Pers. im alten Elternhaus. Stellplatz Comfort (ca. 70 m^2) inkl. 2 Erw. 33 €. Via al Cor, 3, Tel. (0464) 505891, www.campingalporto.it.

Essen und Trinken

27 Ristorante Le Busatte, wunderbare Lage oberhalb von Torbole beim gleichnamigen Adventure Park. Großzügige Sonnenterrasse mit rustikalen Holztischen und Bänken. Sehr helle und gefällige Räumlichkeiten. Steak, Pasta, Pizza und süße Kleinigkeiten. Empfehlenswerte Anlaufstation vor oder nach der von hier startenden Panorama-Wanderung. Località Bersagli, 1, Tel. (0464) 351596.

17 Ristorante La Terrazza, exzellentes Lokal mit wunderbarem Blick auf den See und einladendem Ambiente. Das zuvorkommende Personal serviert qualitativ hochwertige köstliche Gerichte. Besonders empfehlenswert sind die Fischspezialitäten, fangfrisch aus dem Gardasee. Man sollte reservieren. Via Benaco 24, Tel. (0464) 506083, www.allaterrazza.com.

14 Ristorante Villa Cian, Top-Lage direkt an der Uferpromenade. Auf zwei Etagen und einer herrlichen Außenterrasse mit Blick auf den See werden sehr gelungene Pizzen serviert. Man kann zur Herstellung der Pizza aus verschiedenen speziellen Mehlsorten wählen. Fisch- und Fleischliebhaber so-

☐ Beliebte Bar direkt am Strand

garda016 ts

wie Vegetarier kommen ebenfalls auf ihre Kosten. Die Tische im Barbereich sind teils aus Surfbrettern hergestellt, es herrscht eine lockere Atmosphäre, besonders im Sommer, wenn auf der angrenzenden Grünfläche gechilled und Volleyball gespielt wird. Via Sarca Vecchio, 21, Tel. (333) 7169415, www.villa cian.it.

5 **Pizzeria al Porto di Arco,** an der Straße nach Arco, rund 400 m vom See entfernt, neben der Garda Thermae. Sehr beliebte Pizzeria. Die leckeren Pizzen sind nach eigener Erfahrung von ihrer enormen Größe her nahezu einzigartig am nördlichen Gardasee. Außerdem Fisch- und Grillspezialitäten. Super Preis-Leistungsverhältnis. Riesige Räumlichkeiten. Bezahlt wird an der Zentralkasse. Tägl. 10–23 Uhr. Via Linfano, 52, Tel. (0464) 505985, www.pizzeriaalporto.com.

MEIN TIPP: 6 **Trattoria Pizzeria Linfano,** mit die besten Pizzen am Nordufer des Gardasees werden in diesem auch von der einheimischen Bevölkerung sehr geschätzten Restaurant an der Straße nach Arco in der Nähe des Monte Brione serviert. Pizza *Margherita,* Pizza *Prosciutto,* zudem viele Trentiner Spezialitäten, z.B. *Carne Salada* und *Strangolapreti* (Spinatnocken). Tägl. 12–14.30 und 18–22.30 Uhr. Via Linfano, 83, Tel. (0464) 505558, www.trattorialinfano.it.

18 **Café Casa Beust,** in bester Lage angesiedeltes Café/Restaurant in einem alten Patrizierhaus (siehe „Sehenswertes"). Schon der Blick auf den Gardasee und das romantische Ambiente unmittelbar am Seeufer lohnen einen Besuch. Pizza, Pasta, Fisch und Fleisch. Kleiner „Preisaufschlag" im Gegensatz zu Lokalen ohne Seeblick. Via Benaco, 15, Tel. (0464) 506325, www.ristorantecasabeust.it.

20 **Ristorante Geier,** das schön gelegene Restaurant mit angegliedertem Hotel und Hafenblick bietet gute klassische italienische Küche und einen bei schönem Wetter herrlichen Außenbereich. Wintergarten. Das Preisniveau ist etwas höher als in gleichwertigen Restaurants fern des Seeufers. Di bis So Restaurant 12–14.30 und 18–22.30 Uhr, Bar 9–24 Uhr. Via Benaco, 27, Tel. (0464) 505138.

17 **Bar alla sega,** beliebte Bar mit Seeblick in kaum zu übertreffender Strandlage zwischen Gardasee und Chiesa di Santa Maria al Lago. Kaffee, Eisbecher, Cocktails und einige Snacks. Bei schönem Wetter ist kaum ein freier Platz zu finden. Via Passeggiata Dell'ora, 1, Tel. (338) 9599881.

Einkaufen

- **Bauernmarkt,** wöchentlicher Markt mit lokalen Produkten: gute Auswahl an Obst, Gemüse, Honig und weiteren in der Region produzierten Erzeugnissen. Jeden Do 8–13 Uhr. Parco Pavese.

MEIN TIPP: 25 **Karin C.,** seit 2007 verkauft *Karin Comai* in ihrem Konzeptstore außergewöhnliche Einrichtungsgegenstände, Accessoires, Kleidung und Schmuck. Ihre Ware sucht sie auf entsprechenden Messen persönlich aus, z.B. in Mailand. Tägl. 10–12.30 und 15–19.30 Uhr. Piazza Alpini, 9, Tel. (0464) 505189.

25 **Vineria Rèfol,** das kleine und feine Weingeschäft mit seinen eindrucksvollen Weinfässern vor der Tür und dem gemütlichen Sofa im Inneren offeriert ein breites Portfolio an Weinen, Spirituosen und Bieren. Mo bis So 10–12 und 16–22 Uhr. Piazza Alpini, 8, Tel. (0464) 548058.

22 **My Way Bike Shop,** neben der Goethe-Gedenktafel am Goethe-Platz von der Familie *Viola* betriebener Laden für qualitativ hochwertige Kleidung für Mountainbiker und Rennradfahrer. In den Regalen des übersichtlichen Geschäftes stehen außerdem Helme und allerlei anderes Fahrradzubehör zum Verkauf. Tägl. 9.30–20.30 Uhr. Piazza Wolfgang Goethe, 5, Tel. (0464) 505920, www.mywaybike shop.it.

Nützliches

- **Post,** Via Matteotti, 4.
- **Apotheke: Farmacia chinaglia,** Via Matteotti, 62, www.farmaciachinaglia.com.

Nago

Schon lange schätzt man die vorteilhafte, **windgeschützte Lage** von Nago oberhalb des Gardasees und Torboles mit viel Sonnenschein. Das ruhige und attraktive Bergdorf macht durch die viel befahrene Durchgangsstraße zunächst allerdings keinen allzu einladenden Eindruck.

Eine erste offizielle Erwähnung erfolgte im Jahr 1171. **Historische Zeugnisse** aus den vergangenen Jahrhunderten finden sich entlang der Gassen im malerischen **Stadtviertel San Vigilio.** Von dort gelangt man über die Vicolo al Castello zu Fuß zu einer auf einem Hügel befindlichen Burgruine mit einem weitläufigen Areal, das einzigartige und schöne Ausblicke auf den See ermöglicht. Im unteren Bereich des Ortes erbaute man im 19. Jahrhundert die von Weitem zu sehenden **Festungsanlage** von Nago. Neben all den geschichtlichen Anreizen erfreuen manch feines Restaurant und eiszeitliche Relikte (s.u.) den Besucher.

Am besten parkt man für einen Gang durch den Ort auf dem großen kostenlosen **Parkplatz** am Kreisverkehr. Für Kletterer steht hier eine Infotafel über die Routen im nahen Klettergebiet Falesia Belvedere. Über die Hauptstraße gelangt man in den Altstadtbereich, zur Burg und der Festung.

☐ Auf dem Weg zur Penede-Burg eröffnen sich herrliche Ausblicke auf den See

garda-05 ts

Sehenswertes

Penede-Burg

Die Burg ließ höchstwahrscheinlich Anfang des 13. Jahrhunderts die Familie *Arco* errichten, um das Gebiet zwischen Etschtal und Gardasee und insbesondere den **Hafen von Torbole überwachen** zu können. Im Laufe der Geschichte gehörte das Schloss zur Republik Venedig, der sogenannten „Serenissima", und wurde 1703 durch die französischen Truppen des Generals *Vendôme* zerstört. Danach verfiel die Ruine zusehends. Der Weg hinauf lohnt sich auf jeden Fall; zwar ist die Burganlage aktuell nicht zu besichtigen, doch die Ausblicke auf den See sind fantastisch.

Pfarrkirche San Vigilio

Das Gotteshaus, wie es sich heute präsentiert, wurde **1599 fertiggestellt.** Die Basis für den aktuell zu sehenden Bau war eine schon Anfang des 13. Jahrhunderts existente Kirche. Am Portal erkennt man das Wappenschild des 1532 geborenen und später zum Kardinal ernannt *Ludovico Madruzzo.*

Festung von Nago

Der **eindrucksvolle Komplex** wurde in den Jahren **1860/61 erbaut.** Der vom Kriegsministerium in Auftrag gegebene Bau gehörte zu einem Verteidigungsverbund, den die österreichische Regierung für notwendig hielt, um wehrhaft gegen Angreifer zu sein. Es entstand ein zweistöckiges Gebäude mit Schießscharten, das im oberen Bereich mit insgesamt elf Kanonen und im unteren Bereich mit zwei Kanonen bestückt war. 1914 wurden die Waffen demontiert und am Seeufer installiert.

Casa Sighele-Nago

Im Ortskern, auf der Via Scipio Sighele, befindet sich ein **auffällig farbig gestrichenes Haus** mit einer Bronzebüste und einer darunter angebrachten Inschrift. Dargestellt ist der angesehene, 1868 in Brescia geborene Soziologe, Kriminologe und Schriftsteller **Scipio Sighele.** Er starb 1913 in Florenz, nachdem er zuvor in Pisa, Rom und Brüssel an den dortigen Universitäten gelehrt hatte.

Le Marmitte dei Giganti di Nago

An der Straße von Torbole nach Nago, kurz vor Nago (siehe Stadtplan S. 64), sollte man einen Stopp einlegen. Ein auf der linken Seite befindlicher Parkplatz mit herrlichem Ausblick erleichtert das Anhalten und die Besichtigung der **imposanten Gletschermühlen,** die während der letzten Eiszeit durch Schmelzwasser entstanden sind, das bei seinem Fall durch die Felsspalten einen wirbelnden „Tanz" der Steine auslöste, der ganz allmählich den Fels aushöhlte. Die spiralwandigen Hohlformen werden von anderen Glazialerscheinungen begleitet, wie z.B. vom ehemaligen **Gletscherfall,** den abgerundeten, geriffelten und glatten Felsen. Besonders attraktiv sind die Gletschermühlen in der Nähe der Panoramastraße, die Nago mit Torbole verbindet (mit Blick auf den See). In vorgeschichtlicher Zeit wurden diese Gletschermühlen bewohnt, wie die Funde von Pfeilspitzen und Keramikfragmenten aus dem 4. und 3. Jahrtausend vor Christus bezeugen.

Praktische Tipps

Übernachtung, Essen und Trinken

■ **Garda Hotel Forte Charme**②-③, moderne Architekturelemente heben dieses Hotel von den umliegenden Festungsgebäuden deutlich ab. Der mehrstöckige Bau und seine Außenanlage mit schönem Pool sind gekonnt an das hügelige Terrain angepasst. Die 62 hellen, zeitgemäßen und komfortablen Zimmer variieren in ihrer Größe und verfügen je nach Ausrichtung über einen grandiosen Blick in die Ferne. Diese Aussicht über den See garantieren auch die Liegen am Schwimmbecken. Restaurant und Bar. Fahrradverleih. Shuttlebus vom Hotel nach Torbole und zurück. Via Europa, 54, Tel. (0464) 506 012, www.hotelmitcharme.com.

epOche Hotel Zanella②, das familiengeführte Hotel hat 33 Zimmer, liegt mitten in der Altstadt und achtet auf ökologische Aspekte. Beispielsweise ist eine Photovoltaik-Anlage installiert, es werden Energiesparlampen verwendet, in den Zimmern gibt es eine getrennte Müllentsorgung. Für das Frühstücksbüfett kommen viele biologische Produkte von lokalen Lieferanten auf den Tisch. Restaurant. Verkostung von typischen Bio-Produkten und Bio-Weinen im Hotel möglich. Außenpool. Shuttlebus zum See und zurück. Ausführliche Infos für Bike-Touren in der Umgebung, es stehen E-Bikes und GPS-Geräte zur Verfügung. Via S. Sighele, 1, Tel. (0464) 505154, https://epochehotel.upgarda.com.

■ **Ristorante Pizzeria La Villa,** serviert werden neben sehr leckeren Pizzen weitere typisch italienische Gerichte, z.B. Seebarsch vom Grill und hausgemachte Bandnudeln mit Steinpilzen. Die Bedienung ist freundlich, das Ambiente einladend. Für Gäste, die in Torbole wohnen, lohnt sich die Fahrt oder der Spaziergang hinauf ins La Villa. Beim Kreisverkehr gelegen. Ganzjährig geöffnet. Mo bis Sa 18–23 Uhr, Pizzeria bis 24 Uhr, So 12–14 Uhr, Okt. bis März Mi geschlossen. Via S. Sighele, 9, Tel. (0464) 505047, www.ristorantelavilla.com.

■ **KO Bar,** ein guter Ort, um bei einem Bummel durch die Altstadt oder auch abends in herzlicher, junger und aufgeschlossener Atmosphäre eine Kleinigkeit zu essen oder etwas zu trinken. Zahlreiche Gin- und Tonicsorten im Angebot, die Cocktails sind lecker und kreativ. Via S. Vigilio 80.

MEIN TIPP: **Al Fortino Bike Bar & Food,** das Highlight des Lokals – neben dem schmackhaften italienischen Essen – ist die großzügig gestaltete Terrasse mit grandiosem Blick auf den See. Aber auch die in einer 1861 errichteten Festung untergebrachten Räumlichkeiten versprühen eine angenehme Atmosphäre. Via Europa, 3, Tel. (0464) 571 110, www.alfortino.com.

Die Umgebung von Nago

Lago di Loppio

Eine schöne **Tour,** ob **mit dem Fahrrad oder zu Fuß,** bietet sich am Loppio-See an. Zum Ausgangspunkt am 287 Meter hohen **San-Giovanni-Pass** gelangt man mit dem Fahrrad oder dem Auto über die Straße Richtung Mori. Parkplätze sind so gut wie nicht vorhanden. Der Weg ist vor Ort am Pass ausgeschildert und führt **durch ein Naturreservat** hinab zum ehemaligen See. Der See wurde im Zuge des Baus des Etsch-Gardatunnels in den 1950er Jahren trockengelegt. Auf der Tour erkennt man das daraus resultierende, gut 100 ha große Sumpfgebiet. Der Weg besitzt eine moderate Steigung bzw. kaum Gefälle, da man entlang der ehemaligen Eisenbahnlinie unterwegs ist, die den Gardasee mit den Regionen im Norden verband. Wie lange oder wie weit man radeln oder wandern möchte, bleibt jedem selbst überlassen.

Dro

Das kleine Städtchen Dro und seine mittelalterlichen architektonischen Hinterlassenschaften besuchen nur wenige Touristen auf ihrer Gardasee-Tour. Einen kurzen Abstecher sollte **eines der ältesten Dörfer des Sarcatales** auf jeden Fall wert sein. Es locken ein Gang durch die historischen Gassen, ein Cappuccino in einem der Cafés am Hauptplatz oder eine gesunde Milch aus dem nicht alltäglichen Milchautomaten an der Grundschule. Bekannt ist Dro auch für seine aromatischen violetten **Pflaumen** mit ihrem festen Fruchtfleisch, die in dieser Gegend im Valle del Sarca neben **Obst und Wein** im großen Stil angepflanzt werden und das Gütezeichen D.O.P. als geschützte Ursprungsbezeichnung tragen. In der nahen Umgebung warten außerdem eindrucksvolle Kletterwände und eine einmalige Landschaft aus gigantischen Felsblöcken aus der Eiszeit, die als **„Marocche"** bezeichnet werden.

Die ländliche Ansiedlung liegt am Fluss Sarca nur 6 km nördlich von Arco und ist von dort mit dem Fahrrad rasch und bequem zu erreichen. Wer direkt den unweit gelegenen Ort **Drena** (s.u.) und seine mächtige Burg miterkunden will, nimmt eventuell das Auto.

Sehenswertes

Erreicht man Dro, stößt man unweigerlich auf den mit einigen Olivenbäumen bepflanzten großen **Hauptplatz,** den **Piazza Repubblica** (Piazza della Chiesa), das Zentrum des Ortes.

Chiesa dell'Immacolata und Chiesa di San Sisinio

Am Hauptplatz steht die 1877 fertiggestellte **Chiesa dell'Immacolata.** Das der unbefleckten Mutter Gottes geweihte einschiffige Sakralgebäude beherbergt **wunderschöne Fresken** des römischen Malers *Francesco,* der diese 1910 vollendete. Unmittelbar links daneben erhebt sich die schon im 13. Jahrhundert erwähnte und 2015 restaurierte **Chiesa di San Sisinio** mit ihrem Zwiebelturm und dem antiken romanischen Portal. Auf dem Areal davor befand sich vor Jahrhunderten der Friedhof.

Von hier sind es nur wenige Schritte zum wohl ältesten Viertel von Dro, heute Orbia genannt.

Orbia-Viertel

Ausgangspunkt für einen Erkundungsgang ist der Platz des 3. November mit dem Rathausgebäude, der einst als zentraler Dorfplatz fungierte. Der **historische Dorfbereich** erstreckt sich über die Via Torre, die Via Oliva, die Via Montegrappa und die Via Orti. Von den mittelalterlichen Bauwerken sind die meisten in den vergangenen Jahrhunderten beispielsweise durch **verheerende Brände** zerstört worden. Erwähnenswert sind ein Anfang des 18. Jahrhunderts während des Spanischen Erbfolgekriegs durch das französische Heer gelegtes Feuer und eine Feuersbrunst im Jahr 1922, die über 20 Häuser verschlang. Daher sind heute noch nur einzelne Portale, Durchgänge und vereinzelt Fenster und Türen erhalten und im neuzeitlichen Dorfbild zu erkennen. Bei einem Blick auf die Anfang des 21. Jahrhunderts neu gestaltete Pflasterung der Straßen von Orbia lassen sich Abschnitte mit Porphyr und Naturstein ausmachen oder Wege mit einer mittig angelegten schmalen Abflussrinne für das Regenwasser erkennen, ein typisches Merkmal historischer Dorfkerne im Trentino (zu sehen z.B. in der Via Montegrappa mit dem dortigen Tor).

Chiesa Sant'Antonio und Ponte romano

Fährt man die Via Roma nach Süden Richtung Arco, trifft man auf die nach links abzweigende Via Sant'Antonio mit der gleichnamigen **Kirche,** die aus dem 17. Jahrhundert stammt und einen **reizvollen Hochaltar** von *Domenico Rossi* aus Mori aufweist. Erbaut wurde das Gotteshaus an der Stelle eines wundersamen Kapitells, welches der Sage nach totgeborene Kinder zum Leben erwecken konnte.

Noch weiter im Süden, im Ortsteil Ceniga, führt von der Via Roma die Via al Ponte zur steinernen **Ponte romano,** der „Römischen Brücke", die den Fluss Sarca überspannt. Verschiedene am Bauwerk erkennbare Jahreszahlen weisen zum Beispiel auf die Wiedererrichtung 1719 hin, nachdem ein gewaltiges Hochwasser die Brücke hinweggespült hatte, und auf die Zerstörung im Jahr 1868 im Dritten Italienischen Unabhängigkeitskrieg und den erneuten Aufbau zwei Jahre später. An der Brücke befindet sich ein kleiner **Steinstrand,** der zum Baden im Fluss einlädt.

Sport und Aktivitäten

■ **Fahrradgeschäft Stop & Go,** *Diego* führt in der Nähe der Altstadt einen Laden, der verschiedenste Fahrräder verleiht, darunter City-Bikes (15 €/Tag), Rennräder (25 €/Tag), Mountainbikes (20 €/Tag) und E-Bikes (45 €/Tag). Piazza Trieste, 6, Tel. (0464) 544028, www.stopandgo-bike.com.

■ **DROBIKE-Rennen,** seit einigen Jahren jeweils im September oder Oktober stattfindendes 6-Stunden-Mountainbike-Rennen, eines von zahlreichen Bike-Events rund um Riva del Garda und Arco. Auf einem 5,5 km langen Rundkurs wird der beste Fahrer ermittelt. Mehr Infos zu den Regularien und den Teilnahmebedingungen bei Associazione DROBIKE, Via Roma, 28/B.

Kultur

Centrale di Fies

Das Anfang des 20. Jahrhunderts erbaute **Wasserkraftwerk** Fies liegt am Ufer des Sarca-Flusses. Seit 2002 werden die Räumlichkeiten des teilweise noch funktionstüchtigen **Industriedenkmals** für **Kunstprojekte** genutzt. Besucher können Konzerten oder Tanzaufführungen beiwohnen und sich an Ausstellungen und Gedichtslesungen erfreuen. Alljährlich ist das Kraftwerk Austragungsort für das **Drodesera Fies,** das Festival für italienische Avantgarde-Kunst.

Infos: Uffici Centrale Fies, Via Gramsci, 10, Tel. (0464) 504700, www.centralefies.it.

Cinema Parrocchiale DRO

Das Kino ist **eines der wenigen Lichtspielhäuser am Gardasee** und bietet ein buntes Potpourri aus aktuellen Hollywood-Streifen, Dokumentarfilmen und italienischen Werken.

Infos: Eintritt für Personen über 18 Jahre 7 €, 18 Jahre und jünger 5 €. Via Cesare Battisti, 5, Tel. (0464) 544000. Aktuelles Programm unter www.cinemadro.com oder bei Facebook.

Praktische Tipps

Übernachtung, Essen und Trinken

Agritur Vin e Amor③, auf dem ländlichen Weingut stehen Entspannung und Genuss im Vordergrund. Die freundlich und zeitgemäß gestalteten Zimmer verfügen über einen Balkon oder eine Terrasse. Beim Frühstück kommen hausgemachte Kuchen und viele Produkte aus der Region, auch vegane, auf den Tisch. Herzliche und familiäre Atmosphäre. Schöner Pool und Garten. Via Dei Colli, 2A, Tel. (0464) 504643, www.agriturvineamor.it.

Residence Centrale②, die persönlich geführte Herberge im 2-Sterne-Segment verfügt über einige Doppelzimmer und Apartments. Die angenehmen Unterkünfte in den oberen Etagen sind mit hellen Holzmöbeln und Fliesenböden ausgestattet. Im Erdgeschoss befindet sich ein Café mit einer großen Außenterrasse mit Loungemöbeln, in dem auch das Frühstück eingenommen wird. Piazza Repubblica, 6, Tel. (0464) 543051, www.residencecentraledro.it.

Ristorante Alfio, modern designtes Restaurant mit gemütlicher Atmosphäre und einer großen Auswahl an Speisen, abseits der Altstadt gelegen, mit Innen- und Außenbereich. Familie *Biondo* serviert leckere Pizzen, Nudeln und auch Fisch- und Fleischgerichte. Restaurant Mo bis Sa 12–14.30 und 19–22.30 Uhr, So 12–14.30 und 18.30–22 Uhr, Bar tägl. 8–23.30 Uhr. Strada Gardesana Occidentale, 7/B, Tel. (0464) 504208, www.ristorantealfio.it.

Einkaufen

Bauernmarkt, wöchentlicher Markt mit lokalen Produkten: gute Auswahl an Obst, Gemüse, Honig und sonstigen landwirtschaftlichen Erzeugnissen. Jeden Sa 7.30–13 Uhr. Piazza Repubblica.

Mein Tipp: **Distilleria Angeli,** seit 1952 bestehender Betrieb der Familie *Angeli,* der heute von *Carmen* und ihrem Bruder, den Kindern des Firmengründers, mit viel Leidenschaft geführt wird. In einem Jahr werden hier rund 4000 Liter Grappa hergestellt. Gerne gibt man vor Ort Auskunft über das Herstellungsprocedere und die verschiedenen Grappa-Sorten. Eine Besichtigung ist normalerweise nur mit Voranmeldung möglich, doch mit etwas Glück kann man, wenn die Betreiber gerade etwas Zeit haben, einen Blick auf die Brennkessel und den Rest der Produktionsstätte werfen. Im Verkaufsraum, direkt neben der Destillerie, kann man klassischen Trentiner Grappa und Grappas aus nur einer Weinrebsorte wie Chardonnay, Cabernet, Müller-Thurgau oder Marzemino erstehen. Ebenso im Angebot sind hochprozentige, mit Kräutern (zum Beispiel Enzian, Brennnessel, Wacholder) versetzte Spezialitäten. Kaffee-, Haselnuss- oder Heidelbeer-Liköre mit Grappa und Sahne oder auch bis zu 24 Monate in Barrique-Eichenfässern gealterte Grappa mit der Bezeichnung „Diamant-Grappa" finden sich ebenfalls in den Regalen. Selbstverständlich gibt es auch einen Pflaumenschnaps, hergestellt aus den berühmten Pflaumen von Dro. Geschäft: Mo bis Sa 9–12 und 15–19 Uhr. Via Capitelli, 29, Tel. (0464) 504310, www.distilleria-angeli.it.

Nützliches

- **Post,** Via Giuseppe Mazzini, 12.
- **Apotheke,** Via Borgo Nuovo, 12.

Die Umgebung von Dro

Marocche di Dro

Fährt man von Dro in die Berge Richtung Drena, gelangt man zunächst zum unmittelbar an der Straße liegenden eindrucksvollen **Biotop** Marocche di Dro. Das unter Schutz stehende Ökosystem fällt zunächst durch eine **riesige Fläche aus Geröll und Felsbrocken** auf. Das ganze steinige Material stammt von immensen Steinlawinen und Erdrutschen, die von den Berghängen des Monte Brento und Monte Casale während der Eiszeit bzw. Nacheiszeit zu Tale polterten, als sich die zuvor durch die Täler gegrabenen Gletscher wieder zurückzogen. Auf einem angelegten Weg kann man sich ein genaues Bild dieser geologisch sehr interessanten „Mondlandschaft" machen, vielleicht den seltenen, hier wachsenden, Gebirgsseidelbast erspähen und nicht zuletzt die erst im Jahr 2000 entdeckten **Abdrücke von Dinosauriern** aus dem Jura-Zeitalter aufspuren. Diese sind dank Hinweisschildern nicht zu verfehlen. Ein guter Ausgangspunkt mit Parkplatz ist übrigens das Wasserkraftwerk Centrale di Fies.

Drena

In Drena, rund 15 km vom Gardasee entfernt, ist die dortige mächtige Burg eine Besichtigung wert und von Dro kommend auf der rechten Seite nicht zu verfehlen. Parken kann man direkt hinter dem Ortseingangsschild bei dem Café Chiosco Al Castello und einer Kapelle. Von dort gelangt man zu Fuß den Hügel hinauf zu den Ruinen des **Castello di Drena.** Die Festung, die Hunderte Jahre von den Grafen von Arco genutzt wurde, hat einen intakten, 25 Meter hohen viereckigen Turm aus dem 14. Jahrhundert und existiert mindestens seit dem 12. Jahrhundert. In den dortigen Räumlichkeiten ist heute ein **Museum** untergebracht, das archäologische Funde zeigt. Zerstört wurde das Gebäude größtenteils von den französischen Truppen des Generals *Vendôme* im Jahr 1703. Einheimische erzählen sich die Sage, nach der der Schatz der ehemaligen Burgherren dort versteckt ist und vom Teufel höchstpersönlich bewacht wird.

- **Castello di Drena:** Eintritt: 4 €, Mo geschlossen. März bis Oktober mindestens 10–17 Uhr, November/Dezember nur Sa, So 10–17 Uhr, Januar geschlossen.

Ebenfalls von Drena ausgeschildert ist der **Open Air Gallery Sculpture Park Progetto 3000.** Über teils schmale Straßen erreichbar, sind hier auf einem Areal unter freiem Himmel Werke von Künstlern aus aller Welt ausgestellt, die vor allem Anfang 2000 entstanden sind. Nur für ausgesprochene Kunstfans interessant, Eintritt frei.

Essen und Trinken

- **Ristorante La Casina,** einige Kilometer von Drena entferntes, mitten in idyllischer ländlicher Umgebung etabliertes Restaurant, das traditionelle

Spezialitäten mit Produkten aus der Region anbietet. Je nach Saison kann man dort neben *Carne Salada* beispielsweise Gerichte mit Erdbeeren oder den köstlichen und bekannten Drena-Kastanien auf der großen Terrasse oder in den Räumlichkeiten genießen. Carne-Salada-Carpaccio 8 €. Tägl. 12–15 und 18.30–22 Uhr, Di geschlossen. Das Restaurant ist in Drena ausgeschildert. Località La Casina, 1, Tel. (0464) 541212, www.ristorantelacasina.com.

Tenno und Tennosee

Die **malerischen Ortsteile von Tenno,** das oberhalb des Gardasees liegt, verteilen sich entlang der kurvenreichen Straße von Riva del Garda hinauf zum **reizenden Lago di Tenno** mit seinem türkisfarbenen und sauberen Wasser. Neben dem zum Baden geeigneten See in herrlicher Landschaft fasziniert vor allem das mittelalterliche Örtchen Canale di Tenno mit seinen verwinkelten Gassen, dem Künstlerhaus, den romantischen Festen im Sommer und dem verträumten Weihnachtsmarkt. Im Ortsteil Frapporta auf halber Strecke thront in Straßennähe ein alten Kastell, und man

Ein tolles Fotomotiv ist das Castello von Frapporta di Tenno

Der Norden

kann ein wenig herumbummeln. In der vom Mittelmeerklima geprägten Gegend mit schon alpinen Anleihen wachsen viele Oliven- und Kastanienbäume. Auch Winzer bauen auf Terrassen köstliche Rebsorten an. In Cologna di Tenno lohnt sich ein Stopp, um die Acetaia del Balsamico Trentino zu besichtigen.

Cologna di Tenno

Einer der ersten Ortsteile, auf den man bei der Fahrt von Riva del Garda in die Berge von Tenno trifft, befindet sich nur **rund 1,5 km vom Wasserfall Cascata Varone entfernt** und präsentiert sich winzig mit obligatorischer Kirche und freiem Blick erster Güte auf Riva del Garda.

Eigentlich gibt es hier nur wenig zu sehen, doch unmittelbar an der Straße befindet sich eine kleine, feine Produktionsstätte für Balsamico-Essig, deren Besichtigung lohnt. Wahrlich köstlich ist der in insgesamt acht verschiedenen Holzfässern über viele Jahre gereifte und gelagerte, ausschließlich aus gekochtem Most hergestellte **Balsamico Trentino.** Verwendung finden die Holzarten Eiche, Maulbeer, Kirsche, Akazie, Kastanie, Esche, Wacholder und Birne. Im angrenzenden **Restaurant** mit ausnehmend schönem Blick Richtung Riva del Garda und See speist man vorzüglich. Selbstverständlich kommen die eigenen Produkte in der Küche zur Anwendung. Unbedingt probieren sollte man das mit dem Balsamico Trentino Cru verfeinerte Safran-Risotto, das als „Erster Gang“ über ein nicht zu unterschätzendes Sättigungspotenzial verfügt. Das Familienunternehmen bietet darüber hinaus moderne und empfehlenswerte **Unterkunftsmöglichkeiten.** Führungen durch die Acetaia und den Weinkeller sind möglich.

■ **Acetaia del Balsamico Trentino,** tägl. 12–14 und 18–22 Uhr. Strada di San Zeno, 2, 38060 Cologna di Tenno, Tel. (0464) 550064, www.acetaiadelbalsamico.it.

Frapporta di Tenno

Erblickt man am Wegesrand die mächtige Burg, die erstmals im 12. Jahrhundert erwähnt wird, jedoch wohl deutlich älteren Datums ist, befindet man sich in Tenno mit dem **historischen Ortsteil** Frapporta auf 412 Meter Höhe. Das restaurierte und in Privatbesitz befindliche **Castello** mit seinen auffälligen Zinnen, das 1703 durch die Soldaten des französischen Generals *Vendôme* zerstört wurde, grenzt an das mittelalterliche Zentrum. Zugang bekommt man unter anderem durch ein großes Spitzbogentor, das früher verschlossen werden konnte, um den Bewohnern innerhalb der Mauern Schutz bieten zu können; es war einst der einzige Zugang zur Burg. Unterhalb der Gassen liegt ein interessantes sakrales Gebäude mit Steinmetzarbeiten aus dem 8. oder 9. Jahrhundert, die auf ein früheres Gotteshaus hindeuten. Im Inneren dieser dem heiligen San Lorenzo geweihten **Kirche** (geöffnet Juni bis September jeden Sa 16–18 Uhr) lassen sich **einzigartige Fresken** aus dem 12. bis 16. Jahrhundert bestaunen. Zu sehen ist auch das „Jüngste Gericht“, ein Werk des Veroneser Malers *Giuliano d'Avanzo,* das er 1384 schuf.

1

Übernachtung, Essen und Trinken

Hotel/Ristorante Antica Croce②-③, an der Straße liegende Herberge mit Restaurant. Sehr gute, typisch trentinische Gerichte wie *Carne Salada* stehen auf der Speisekarte. Gekocht wird möglichst mit Produkten aus eigener Herstellung oder von Zulieferern aus der Region. Seit 1909 in den Händen der Familie *Stanga*. Rustikale, gemütliche Zimmer, teils mit Balkon und Blick auf die Burg. Via dei Laghi, 1, 38060 Tenno, Tel. (0464) 500620, www.anticacroce.com.

Agritur Tenno③, eingebettet in einen Landwirtschaftsbetrieb werden im klassisch-ländlichen Stil eingerichtete Zimmer mit eigenem Bad sowie Apartments vermietet. Herrliches Frühstück mit Bioprodukten aus eigener Produktion. Großer Garten mit Kinderspielplatz, ideal für Familien. Via dei Laghi, 53, Tel. (328) 2999398. www.agriturtenno.it.

Canale di Tenno

Ein **authentisches Schmuckstück aus mittelalterlicher Zeit** stellt dieser Ortsteil dar, dessen Schönheit bei einer Fahrt vorbei auf der Straße nicht zu erkennen ist. Auf einem ausgiebigen Spaziergang durch die verwinkelten autofreien Gassen, vorbei an schiefen Bruchsteinhäusern und über grob gepflasterte, lichte Plätze spürt man den einzigartigen Reiz und die schöne Stimmung. Zwischendurch finden sich urige Herbergen, Restaurants und Kunsthandwerksläden.

Jedes Jahr Anfang August erlebt das Mittelalter in Canale eine Renaissance, und das seit über 30 Jahren. Während des mehrtägigen Spektakels **„Rustico Medioevo"** erleben Besucher historische Theateraufführungen und können Spezialitäten der Region wie die „Polenta e Peverada" kosten, die noch nach mittelalterlichem Originalrezept gekocht wird.

Ein weiteres erlebenswertes Ereignis ist der Ende November beginnende **„Mercatini di Natale"**. Auf dem romantischen Weihnachtsmarkt mit seinen stimmungsvollen Buden kann Kunsthandwerk erstanden werden, und selbstverständlich kommen auch kulinarische Überraschungen nicht zu kurz.

Die als **eines der schönsten Dörfer Italiens** gelistete urbane Rarität zwischen Gardasee und Alpen war aufgrund seiner abgelegenen Lage und der sich daraus ergebenden schwierigen wirtschaftlichen Lebensumstände nach dem Zweiten Weltkrieg einige Jahre völlig verwaist. Erst in den 1960er Jahren brachten Künstler und Individualisten Leben zurück in den Ort. Noch heute zieht es kreative Menschen nach Canale, die sich dort Kunst und Kultur widmen. Ein bedeutender Anlaufpunkt für Liebhaber von Farben und Formen ist das Künstlerhaus **„Casa degli Artisti"**. Benannt nach dem Kunstmaler *Giacomo Vittone*, ist es bis heute eine Begegnungsstätte für Künstler weit über die Grenzen Italiens hinaus und ein Ort für wechselnde Ausstellungen. Zu sehen waren schon Werke von *Dalì, Mirò, Vasarely, Tamburi, de Chirico* und *Picasso*. Doch schon allein der Besuch des geschichtsträchtigen Hauses ist empfehlenswert.

Casa degli Artisti Giacomo Vittone, April bis Ende Juni und September bis Mitte Oktober 10–12 und 14–18 Uhr, Juli/August 10–12 und 14.30–18.30 Uhr, Mo geschlossen. Eintritt frei. www.casartisti.it.

Ab Canale di Tenno besteht die Möglichkeit einer reizvollen **Rundwanderung.** Dabei erreicht man die Berghütte **Rifugio San Pietro** auf 974 Metern Höhe, in der man sich mit leckeren Speisen stärken oder bei Bedarf übernachten kann (ausführliche Infos siehe im Kapitel „Wanderungen").

Übernachtung

■ **Bed & Breakfast La Piazetta di Canale②**, vier wunderschön renovierte, mit Parkettböden versehene Zimmer, teils mit Mini-Küche und Kühlschrank, bietet diese mitten im mittelalterlichen Ortskern gelegene Unterkunft. Terrasse und heller, lichtdurchfluteter Frühstücksraum. 2013 nach aufwendiger Sanierung eröffnet. Kein Fernseher. Keine Haustiere erlaubt. Kostenlose Parkplätze unweit des B & B. Villa Canale, 35, 38060 Canale di Tenno, Tel. (366) 3421338, www.lapiazzettadicanale.it.

Tennosee

Am Ende der kurvenreichen Fahrt hinauf in die Berge erwartet den Besucher der **Lago di Tenno.** Der kleine, von Wäldern umrahmte **Badesee** entstand vor rund 1000 Jahren, als durch einen Erdrutsch der Rio Secco blockiert wurde. Der See ist vom nahen Parkplatz und den Hotels gut zu Fuß zu erreichen. Die Umrundung ist in etwa einer Stunde zu schaffen. Es gibt mehrere Strandzonen (eine davon ist ein ausgewiesener Hundestrand), eine Insel und öffentliche Sanitäranlagen. Wer angeln möchte, benötigt eine Genehmigung, die im Hotel Stella Alpina erhältlich ist; freitags darf nicht geangelt werden.

Übernachtung, Essen und Trinken

■ **Hotel/Ristorante Stella Alpina②**, auf einer Höhe von 570 m bietet dieses Hotel oberhalb des Sees am großen Parkplatz elf Zimmer, teils mit Balkon und Seeblick. Hoteleigenes Restaurant. Località Lago di Tenno, 5, 38060 Tenno, Tel. (0464) 502121, www.stellaalpinatenno.com.

Ein lohnendes Ausflugsziel ist der Tennosee

garda-07 ts

Club Hotel/Ristorante Lago Di Tenno②-③, ebenfalls am See und am Parkplatz gelegene Unterkunft. Geboten werden Zimmer mit Balkon und Seeblick sowie Familiensuiten mit drei Zimmern. Swimmingpool, Sand-Tennisplätze, Restaurant/Pizzeria. Località Lago di Tenno, 22, 38060 Tenno, Tel. (0464) 502031, www.clubhoteltenno.com.

Camping

Camping Lago di Tenno, wenige 100 m vom See entfernt. Terrassenförmiges Gelände mit altem Baumbestand. Minimarket. Stellplatz plus 2 Erw. ab 25 €, Kinder ab 4,50 €. Località Lago di Tenno, 7, 38060 Tenno, Tel. (0464) 502053, www.campinglagoditenno.it.

Valle di Ledro, der Ledrosee und seine Dörfer

Der türkisblaue Ledrosee und ein anmutiges Panorama mit teils über 2000 Meter hohen Bergen sind das eindrucksvolle „Empfangskomitee" bei der Ankunft im Ledrotal auf rund 700 Metern Höhe. Das Gebiet ist ein **Eldorado für Naturliebhaber,** die in der ruhigen und waldreichen Landschaft wandern oder mit dem Mountainbike fahren wollen. Wassersportler nutzen den Lago di Ledro mit seinem kristallklaren Wasser, den schönen Kiesstränden und großen Liegewiesen für ein entspanntes Sonnenbad, eine Kanufahrt oder zum Angeln. Ein besonderes Highlight ist außerdem das Pfahlbauten-Museum in Molina. Wer das Tal im Winter besucht, kann schneeschuhwandern oder skilanglaufen oder einfach die einsame winterliche Atmosphäre bei einem Spaziergang durch die Dörfer genießen.

Noch bis Mitte des 19. Jahrhunderts waren das Tal und seine Dörfer nur schwer zu erreichen. **Die Region war völlig abgelegen** und von der Zivilisation mehr oder weniger abgeschnitten. Damals mussten alle Waren über einen beschwerlichen, steilen Trampelpfad entlang der Ponale-Schlucht transportiert werden. Lange Jahrhunderte war das Leben hier oben ein karges, die Menschen mussten mit dem Wenigen auskommen, das die bescheidene Land- und Viehwirtschaft einbrachte.

Erst im 17. Jahrhundert verbesserten sich die Lebensumstände mit dem Aufkommen von **Eisenhütten,** die sich vor allem in Molina und Prè ausbreiteten. Viele Hunderte Menschen, nicht nur die Arbeiter in den Werkstätten, sondern auch Zulieferer von Holzkohle oder Transporteure, kamen in Lohn und Brot.

Mitte des 19. Jahrhunderts erreichten neue Bearbeitungstechniken das Tal. So konnten die Arbeiter spezielle Schuhnägel, die **„Brocche a Zappa",** anfertigen. Diese nutzte man, um die damaligen Sohlen, meist aus Holz hergestellt, zu verstärken und zu schützen. Heute engagiert sich die Gemeinde Molina dafür, dass dieses traditionelle Handwerk nicht in Vergessenheit gerät. Daher wurde eine kleine **Schuhnagelschmiede** eingerichtet, in der zu besonderen An-

> Wandern oberhalb des Ledrosees

lässen mehrmals im Jahr Nagelschmiede ihr Können zeigen. Die **„Fucina de le Broche"** befindet sich in Prè in der Nähe der Kirche.

Auch **verkehrstechnisch** kam es zu dieser Zeit zu einschneidenden Veränderungen. 1852 stellte man eine abenteuerliche, in die Felswand gesprengte enge Serpentinenstraße fertig. Im Laufe des 20. Jahrhunderts gelangte auch diese Strecke für den motorisierten Verkehr an ihre Grenzen und wurde deshalb stillgelegt. Diese sogenannte **Ponale-Straße** ist zu einem beliebten Weg für Wanderer und Mountainbiker geworden. Heute gelangt man von Riva del Garda über eine gut ausgebaute und mit zwei bis zu knapp vier Kilometer langen Tunneln ausgestattete Straße in das Valle di Ledro und seinen Hauptort Bezzecca.

Hat man auf der Gardesana den letzten Tunnel **von Riva del Garda kommend** durchquert, führt kurz danach eine Abzweigung nach Pregasina. Weiter geradeaus erreicht man nach wenigen Kilometern die Ortschaft Molina am Ufer des Ledrosees.

Pregasina

Bevor es in das beschauliche, auf einer Höhe von 534 Metern liegende Bergdorf geht, zeigt sich linker Hand ein unübersehbares **Aussichtsplateau** mit ein paar Bänken und der im Jahr 1977 aufgestellten **Statue „Regina Mundi"** (Königin der Welt). Der Ausblick ist erhaben und zeigt den gesamten nördlichen Part des Gardasees mit Riva del Garda, Torbole

garda021 ts

und der Monte-Baldo-Region am Ostufer. Direkt an der fast senkrechten Felswand erkennt man die Serpentinen der alten Ponale-Straße, die wie schon erwähnt Mountainbiker und Wanderer erfreut.

Im Ort selbst trifft man auf die **Chiesa San Giorgio.** 1633 erbaut, wurde sie dem heiligen Sankt Georg geweiht. Das alljährliche Fest zu Ehren des Schutzpatrons feiert man am 23. April. Der aus dem Jahr 1719 stammende **Brunnen** vor dem Gotteshaus wurde im Laufe der Jahrhunderte erweitert und als Wäschewaschstelle genutzt, manchmal auch noch in der heutigen Zeit.

In der Zeit der österreichisch-ungarischen Monarchie war Pregasina aufgrund seiner Lage unmittelbar an der italienischen Grenze ein **umtriebiges Schmugglerdorf.** Auf lebensgefährlichen, steilen Pfaden transportierte man ohne Rücksicht auf menschliche Verluste Tabak, Alkohol oder auch Zucker Richtung Seeufer. Eine Erleichterung der Versorgungsverhältnisse erbrachte die 1852 zur Nutzung freigegebene grandiose **„Strada del Ponale“,** die jedoch noch nicht den Ort selbst erreichte. Erst 1954 wurde die abgeschiedene Siedlung endgültig mittels einer kurvigen Straße an das Verkehrsnetz angeschlossen. Den **Lebensunterhalt** verdiente man sich in früherer Zeit mit dem Brennen von Kalk, später durch die Milch- und Käseverarbeitung und Mitte des 20. Jahrhunderts unter anderem durch das Schmieden von Nägeln für Bergschuhe. Auch der Bau der vielen Tunnel brachte Arbeit in diesen einsamen Winkel der Gardaseeregion.

Übernachtung, Essen und Trinken

■ **Hotel/Ristorante/Pizzeria Panorama**②, die Herberge bietet neben sachlich eingerichteten Zimmern mit teils wundervollem Blick auf die tolle Umgebung einen Außenpool und einen Garten. Gutes Restaurant und große Außenterrasse. Località Pregasina, 1, 38066 Riva del Garda, Tel. (0464) 521503, www.panoramapregasina.it.

garda020 ts

Hotel Rosalpina②, wer Ruhe sucht, wird sie hier finden. Das Hotel mit seinen 15 schlichten Zimmern strahlt eine angenehme Gemütlichkeit aus. Am Pool und im Garten lässt es sich umgeben von herrlicher Natur bestens entspannen. Leckere regionale Spezialitäten werden im Restaurant serviert. Localitá Pregasina, 106, 38060 Riva del Garda, Tel. (0464) 554293, www.hotelrosalpina.it.

Bed & Breakfast Posta Pregasina②, liebevoll geführte Pension mit rustikalen, individuell gestalteten Zimmern, alle mit Seeblick und externen, aber eigenen Bädern. Sehr freundliche Bewirtung und ausgezeichnetes Frühstück mit vielen eigenen Produkten. Man bekommt viele Tipps für Touren zu Fuß oder mit dem Bike in die Umgebung. Hunde willkommen. Località Pregasina, 20, 38066 Riva del Garda, Tel. (338) 1836863, www.postapregasina.it.

Molina di Ledro

Der **erste Ort am Seeufer,** den man erreicht, wenn man von Riva del Garda in das Ledrotal fährt, ist Molina. Zuvor hat man die winzigen Ansiedlungen Biacesa und Prè passiert. Molina selbst ist bekannt wegen des dortigen Pfahlbau-Museums, das direkt an der Hauptstraße liegt. Kunstinteressierte können **im südwestlich gelegenen Ortsteil Pur** das **Kunstprojekt „Ledro Land-Art“** unter freiem Himmel und bei freiem Eintritt besuchen. Auf einem großen, teils bewaldeten Areal gibt es Kunstwerke und Skulpturen zu sehen, die lustig sind, zum Nachdenken anregen oder einfach nur betrachtet werden wollen. Vom Seeufer gelangt man über die Via Val Maria in Richtung Malga Cita und den Bergen zu dieser Open-Air-Ausstellung.

☐ Pfahlbau in Molina di Ledro

Museo delle Palafitte del Lago di Ledro

Die Ende der 1930er Jahre entdeckten **Reste einer rund 4000 Jahre alten,** aus der Bronzezeit stammenden **Pfahlbausiedlung** gehören seit dem Jahr 2012 zum UNESCO-Weltkulturerbe. In den **originalgetreu rekonstruierten Hütten** sind zahlreiche Exponate ausgestellt, die man hier am See fand, darunter Holzgegenstände, Werkzeuge, Waffen und auch ein aus einer riesigen Kiefer geschnitztes Kanu. In den Sommermonaten Juli und August werden Workshops für Kinder und deren Familien angeboten, in denen beispielsweise Schmuck gebastelt wird. Auch Führungen auf Deutsch finden zu dieser Zeit statt. Das Museum wurde 2019 komplett erneuert.

Infos: März bis Juni und September bis November 9–17 Uhr, Mo geschlossen, Juli/August täglich 10–18 Uhr. Eintritt: Erw. 4,50 €, Familie 9 €, Kinder unter 14 Jahren frei. Via al Lago, 38067 Molina di Ledro, Tel. (0464) 508182, www.palafitteledro.it.

Übernachtung, Essen und Trinken

Hotel San Carlo②-③, zweckmäßige, angenehme Zimmer mit Balkon und fantastischem Seeblick direkt am Pfahlbau-Museum und dem Seeufer. Familienzimmer. Panorama-Restaurant mit Terrasse. Netter Garten und Badeplattform am See. Privatparkplatz und Unterstellmöglichkeit für Fahrräder. Via Maffei, 115, Località Molina, 38067 Ledro, Tel. (0464) 508115, www.hotelsancarlo.info.

Appartamenti Palafitte①-②, die komplett eingerichteten Ferienwohnungen verfügen über Schlafmöglichkeiten für maximal vier Personen und einen möblierten Balkon oder Terrasse mit direktem Seeblick. Die Anlage befindet sich beim Pfahlbau-Museum an der Durchgangsstraße. Private Tiefgarage, Abstellraum für Fahrräder. Via Maffei, 50, Località Molina, 38067 Ledro, Tel. (0464) 508141, www.residencepalafitte.com.

Camping

Camping Al Sole, direkt am See bietet dieser hübsche Platz Stellmöglichkeiten für Zelte, Wohnwagen und Wohnmobile. Ferner können aus zertifiziertem Holz und Naturmaterialien hergestellte, sehr wohnliche Bungalows gemietet werden. Auf dem Gelände befinden sich außerdem Mobilheime, ein Restaurant und ein Swimmingpool. Haustiere willkommen. Stellplatz plus 2 Erw. ab 27 €, Kinder ab 5 €. Via Maffei, 127, Località Molina, 38067 Ledro, Tel. (0464) 508496, www.campingalsole.it.

Pieve di Ledro

Von Molina über Mezzolago gelangt man nach Pieve di Ledro. Der Ort besitzt eine **überschaubare Altstadt,** in deren Gassen und Straßen an den Häuserwänden 30 **historische Schwarz-Weiß-Fotografien** hängen. Diese Aufnahmen zeigen das Leben in Pieve Ende des 19. und Anfang des 20. Jahrhunderts; eine interessante Luftaufnahme vermittelt einen Eindruck davon, wie das Ledrotal und der See zur damaligen Zeit aussahen. Dazwischen finden sich kleine, urige Restaurants, über 100 Jahre bestehende Herbergen und das kleine, nicht uninteressante **Museo del Laboratorio Farmaceutico Foletto.** Es zeigt pharmazeutische und labortechnische Utensilien und Gerätschaften wie Destillierkolben aus vergangener Zeit, die die Familie *Foletto* in ihrer Apotheke schon Anfang des 20. Jahrhunderts zum Herstellen von Tabletten und Heilsalben verwendete.

Museo del Laboratorio Farmaceutico Foletto, in den Sommermonaten 10–12.30 und 16.30–21.30 Uhr, ansonsten auf Anfrage. Via Nuova, 4, 38067 Pieve di Ledro, Tel. (348) 9701729, www.museofoletto.it und www.foletto.net.

Auf der gegenüberliegenden Seite der Straße, an der das Museum liegt, breitet sich ein großes **Areal direkt am See** aus: Hier stehen ein Campingplatz, Restaurants, Hotels und eine herrliche Liegewiese mit Strandbereich zur Verfügung.

Berühmt und vor Ort erhältlich ist der **„Picco Rosso“**, ein Himbeer-Erdbeerschnaps mit 61 Vol.-% Alkoholgehalt.

Touristeninformation

Via Nuova, 9, 38067 Pieve di Ledro, Tel. (0464) 591222, www.vallediledro.com.

Übernachtung

Hotel Garni Alpino②, traditionsreiches, seit Ende des 19. Jahrhunderts existierendes Albergo im alten Ortsteil von Pieve mit einfachen, sauberen und mit farbigen Akzenten dekorierten Zimmern. Via Cassoni, 12, 38060 Pieve di Ledro, Tel. (0464) 591034, www.hotelgarnialpino.com.

Hotel Lido②-③, insbesondere die Lage unmittelbar am See zeichnet dieses Hotel aus. Ansprechende Zimmer und Suiten, teils mit Balkon und hervorragender Aussicht auf den Lago di Ledro. Im Restaurant des Hotels gibt es typische Gerichte des Ledrotals und des Trentino. Schöne Außenterrasse. Innenpool. Via Pribram, 1, 38067 Pieve di Ledro, Tel. (0464) 591037, www.hotellidoledro.it.

Bezzecca

Hinter Pieve erreicht man im Herzen des Tals den **Hauptort des Valle di Ledro.** Bekannt geworden ist Bezzecca aufgrund einer kriegerischen Auseinandersetzung im 19. Jahrhundert. In der Nähe der **Chiesa Stefano e Lorenzo,** die aus dem 19. Jahrhundert stammt, sehenswerte Chorstuhl-Schnitzereien des angesehenen *Isidoro Segalla* aufweist und an der Piazza Garibaldi liegt, stößt man auf einen **mit Wegen durchzogenen Hügel,** der im Ganzen ein militärisches Mahnmal darstellt. Zu Beginn des kurzen Aufstiegs erinnert eine marmorne Gedenkplatte mit der Aufschrift „Garibaldini Trentini Feriti il 21. Luglio 1866“ an den Beginn der **Schlacht von Bezzecca** zwischen Anhängern des Freiheitskämpfers *Guiseppe Garibaldi* und den Österreichern. Rund ein Monat dauerte das Töten, bis die Truppen um *Garibaldi* den Kampf für sich entschieden. Doch trotz des Sieges musste der Freiheitsheld auf Befehl von König *Vittorio Emanuele II.* das Trentino aufgeben; sein Ausspruch „Obbedisco“ – Ich gehorche – wurde berühmt. Jedes Jahr am 21. Juli werden die Gefallenen der Schlacht von Bezzecca mit einer Gedächtnisfeier geehrt.

Neben diesem schrecklichen Ereignis erinnert das Areal mit seinen Schutzgräben, Erinnerungstafeln und alten Kanonen an den Ersten Weltkrieg, der auch an diesem Ort tobte und viele Opfer forderte. Deutlich erfreulicher ist die **Aussicht** auf Bezzecca und das Tal, die man genießen kann, sobald man auf dem Gipfel des Hügels angekommen ist, wo die kleine **Gedenkkirche Santo Stefano** aus dem 16. Jahrhundert steht, die von Juni bis September täglich von 10 bis 17.30 Uhr geöffnet ist.

Hat man den Mini-Berg wieder verlassen, trifft man bei einem **Gang durch die Ortsstraßen** an mehreren Stellen auf Hinweisschilder mit Fotos sowie Infotexten (ital./engl.) zu den zuvor genannten kriegerischen Vorkommnissen im 19. Jahrhundert. Historisch Interessierten wird auch der Weg zum **Museo Garibaldino** gewiesen, das Zeugnisse beider kriegerischen Ereignisse ausstellt und Hintergrundwissen vermittelt.

■ **Museo Garibaldino,** Juni bis September Mi bis Do 10–13 und 14.30–19 Uhr. Eintritt: 4 €. Via Lung' Assat Salvatore Greco, 2, Tel. (0464) 08182.

Übernachtung

■ **Bed & Breakfast Cà Mea Dina**②, mitten im Ort führt *Francesca Mazzola* ihr B & B. Sieben behagliche, mit Holzmöbeln eingerichtete Zimmer. Äußerst freundliche Gastgeberin und persönliche Atmosphäre. Angenehme Sauna und Bio-Sauna. Biker willkommen. Garage, privater Parkplatz. Via Tovi, 12, 38067 Bezzecca di Ledro, Tel. (0464) 592117 und (349) 4624965, www.cameadina.com.

Essen und Trinken

■ **Risotteria Rustichel,** wer Risotto liebt, kommt an diesem in der Altstadt gelegenen Lokal nicht vorbei. Die Küche verwöhnt den Gast mit Dutzenden Variationen von Risotto-Gerichten. In rustikaler Atmosphäre kann man beispielsweise Risotto mit Radicchio und Gorgonzola, mit Curry und Huhn, mit Trüffel oder mit Speck und Zwiebeln ausprobieren. Hier ist für jeden Geschmack etwas dabei. Via Pepe, 5, 38067 Bezzacco di Ledro, Tel. (0464) 591621, www.risotteriarustichel.it.

■ **Bar alla Posta,** Einheimische, ein paar Touristen und Freunde eines Kaffees zwischendurch oder eines kühlen Bieres kommen bei *Beatrice* und ihrer Schwester zusammen. Entweder wählt man einen der Stühle vor der Tür und den Sonnenschein, oder man wechselt in den Schankraum, wo gerne geplaudert und auch mal ein höherprozentiges Getränk verkostet wird. Rustikale, freundliche Atmosphäre. Piazza Cassoni, 8, 38067 Bezzacco di Ledro, Tel. (347) 2389727.

2
Der Osten

»Zauberhafte Berglandschaften mit hinreißenden Ausblicken auf das glitzernde Wasser des Sees vermischen sich mit besuchenswerten Ortschaften voller spannender Geschichte – ein harmonisches Aufeinandertreffen von Natur und Kultur.

< Dolce far niente in Malcesine

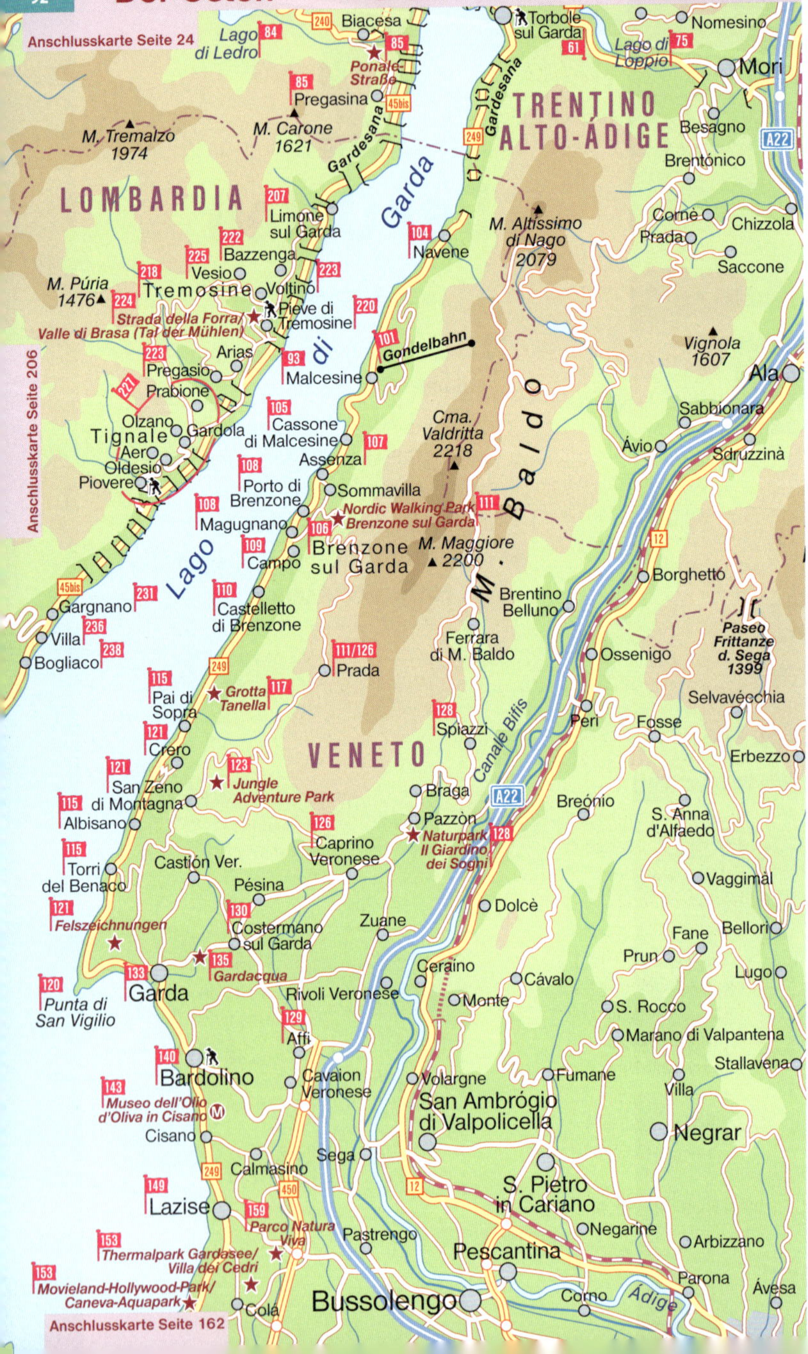
0 5 km
©Reise Know-How Garda_Kap02 3/22
Anschlusskarte Seite 24
Anschlusskarte Seite 206
Anschlusskarte Seite 162
Lago di Ledro
Biacesa
Ponale-Straße
Pregasina
Torbole sul Garda
Nomesino
Lago di Loppio
Mori
TRENTINO ALTO-ADIGE
Besagno
A22
Brentónico
M. Tremalzo 1974
M. Carone 1621
Gardesana
LOMBARDIA
Limone sul Garda
Garda
Navene
M. Altissimo di Nago 2079
Cornè
Prada
Chizzola
Saccone
Bazzenga
Vesio
M. Púria 1476
Tremosine
Voltino
Pieve di Tremosine
Strada della Forra/
Valle di Brasa (Tal der Mühlen)
Gondelbahn
Vignola 1607
Arias
Pregasio
Prabione
Malcesine
di
Ala
Olzano
Tignale
Gardola
Aer
Oldesio
Piovere
Cassone di Malcesine
Assenza
Cma. Valdritta 2218
Sabbionara
Ávio
Sdruzzinà
Porto di Brenzone
Sommavilla
Magugnano
Nordic Walking Park Brenzone sul Garda
M. Baldo
Brenzone sul Garda
M. Maggiore 2200
Campo
Borghetto
Lago
Gargnano
Villa
Bogliaco
Castelletto di Brenzone
Brentino Belluno
Paseo Frittanze d. Sega 1399
Ferrara di M. Baldo
Ossenigo
Prada
Pai di Sopra
Grotta Tanella
Selvavécchia
Peri
Fosse
Crero
Spiazzi
VENETO
Canale Biffis
Erbezzo
San Zeno di Montagna
Jungle Adventure Park
Braga
Albisano
Breónio
S. Anna d'Alfaedo
Pazzòn
Naturpark Il Giardino dei Sogni
Caprino Veronese
Torri del Benaco
Castión Ver.
Vaggimàl
Pésina
Dolcè
Felszeichnungen
Costermano sul Garda
Zuane
Fane
Bellori
Prun
Gardacqua
Ceraino
Cávalo
Lugo
Garda
Punta di San Vigilio
Rivoli Veronese
Monte
S. Rocco
Marano di Valpantena
Affi
Stallavena
Bardolino
Cavaion Veronese
Volargne
Fumane
Villa
Museo dell'Olio d'Oliva in Cisano
San Ambrógio di Valpolicella
Negrar
Cisano
Sega
Calmasino
S. Pietro in Cariano
Lazise
Parco Natura Viva
Negarine
Arbizzano
Pastrengo
Thermalpark Gardasee/ Villa dei Cedri
Pescantina
Parona
Movieland-Hollywood-Park/ Caneva-Aquapark
Ávesa
Bussolengo
Corno
Adige
Colá

DAS OSTUFER UND SEIN HINTERLAND

Überragend im wahrsten Sinne des Wortes ist hier der über 2000 Meter hohe Monte Baldo mit seinem einzigartigen Umland. Der Osten des Gardasees ist eine perfekte Region für Erkundungstouren vorbei an Olivenhainen, Kastanienbäumen und trutzigen Burgen aus vergangenen Zeiten. Großflächige Sandstrände – eine Seltenheit am Gardasee –, malerische Altstädte und Vergnügungsparks versüßen zusätzlich den Aufenthalt.

NICHT VERPASSEN!

- **Malcesine:** hübsche Altstadt und Scaliger-Kastell | 93, 94
- **Cassone di Malcesine:** uriger, kleiner Fischerort mit dem wohl doch nicht kürzesten Fluss der Welt | 105
- **Torri del Benaco:** idyllisches Hafenbecken und historische Schätze | 115
- **San Zeno di Montagna:** Kastanien- und Maronenfest | 122
- **Caprino Veronese:** Stadt mit typisch italienischem Flair ohne viel „Seetourismus" | 126
- **Bardolino:** traditionelles Trauben- und Weinfest | 144

Diese Tipps erkennt man an der gelben Markierung.

Malcesine

Kaum ein Ort gibt ein derart malerisches Bild ab wie Malcesine **am Fuße des imposanten Monte Baldo.** Die außergewöhnliche Lage auf einem Felsen mit der herrlichen Scaliger-Burg und den urigen Gassen in der **hübschen Altstadt** sowie die Umgebung mit Oleanderbäumen und Olivenhainen locken fast ganzjährig Besucher an. Besonders in den Sommermonaten finden viele Touristen den Weg nach Malcesine. In der Stadt, deren auf einem Felsvorsprung thronendes Castello schon *Goethe* auf Papier bannte, lässt es sich angenehm an der kilometerlangen Uferpromenade spazieren gehen, in einem Café ein paar Stunden vertrödeln oder am pittoresken Hafen einfach auf den See blicken. Um ein noch besseres Panorama genießen zu können, nimmt man die seit 1955 bestehende **Gondelbahn** hinauf zum Monte Baldo. Auf über 2000 m Höhe gibt es unzählige Ausflugs- und Betätigungsmöglichkeiten: Wandern, Klettern, Mountainbiken, Paragliden und im Winter Skifahren und Snowboarden.

Woher der **Name** Malcesine stammt, konnte bis heute nicht eindeutig geklärt werden. Manche gehen davon aus, dass der Ort seine Bezeichnung einer Seejungfrau verdankt. Dieser als „Melusine" bekannte weibliche Wassergeist soll in Seen und Teichen hausen. Andere sprechen davon, dass der Begriff auf „Malesicinus" („stark befestigter Ort") zurückzuführen sei, da außer Zweifel steht, dass Malcesine im Altertum eine äußerst gut geschützte und wehrhafte Siedlung war.

Übrigens besuchte nicht nur *Goethe* Malcesine und hielt seine Eindrücke auf Papier für die Nachwelt fest. Der bedeutende österreichische Maler **Gustav Klimt** war ebenfalls vom Farbenspiel der Natur und den Gebäuden und Burgen fasziniert. Neben seinem Gemälde „Malcesine sul Garda", das den See, einige Häuser und Teile der Scaliger-Burg zeigt, malte der 1918 in Wien verstorbene Künstler auch ein Bild mit dem Titel „Kirche in Cassone", das 1913 entstand, und zwar während eines Aufenthaltes auf der Halbinsel Val di Sogno, als er sich mit einem Teleskop „bewaffnet" bei der ehemaligen Villa Gruber, dem heutigen Hotel Bellevue San Lorenzo, befand und so nach Cassone blicken konnte.

Sehenswertes

Castello Scaligero

Ursprünglich stand eine um die Mitte des ersten Jahrtausends **von den Langobarden erbaute Burg** an der Stelle des Castello Scaligero. Die Festung zerstörten 590 die Franken und errichteten sie später neu. Erst Ende des 13. Jahrhunderts kam sie für gut ein Jahrhundert in den Besitz des Adelsgeschlechts der Scaliger und wurde in dieser Phase stark umgebaut und erhielt so ihre heutige Gestalt. Später machten es sich die *Visconti,* die Venezianer, die Franzosen und bis 1866 die Österreicher zwischen den Mauern mehr oder weniger gemütlich. Unter der Befehlsgewalt der Österreicher erfolgten umfangreiche strukturelle Veränderungen im inneren Bereich des Bauwerks. 1902 erklärte man die Burg zum **nationalen Denkmal.**

Blick auf Malcesine im Frühling

garda022 ts

Sobald man den Eingang zum Castello hinter sich gelassen hat, erreicht man im unteren Burghof auf der linken Seite den **Palazzo Veneziano** mit dem darin untergebrachten **Naturgeschichtlichen Museum.** Auf moderne Art und Weise, zum Beispiel mit Hilfe von Touchscreens, bekommen die Besucher einen Eindruck von der Tier- und Pflanzenwelt und der Entstehung des Monte Baldo und des Gardasees. Draußen erwartet einen der **Balcone sul Lago,** ein kleiner, 24 m über dem See hängender steinerner Balkon, von dem man eine schöne Aussicht auf den See hat. Die dortige Seilwinde diente den Schlossbewohnern für das Hinaufziehen von Behältnissen, die mit Wasser aus dem See gefüllt waren. Ab und an nutzt man heutzutage die exponierte, steil zum Wasser hin abfallende Lage für spektakuläre Kunstsprungevents.

Malcesine

Übernachtung
1 Hotel Augusta
4 Hotel Castello Lake Front
7 Mala Silex Apartments
12 Bed & Breakfast Casa Mosole
15 Hotel Alpino
16 Hotel Vega
18 Hotel Bellevue San Lorenzo
19 Hotel Val Di Sogno
20 Guesthouse Grand View

Essen und Trinken
6 Ristorante Rossovivo
8 Osteria Santo Cielo
9 Gelateria Cento Per Cento
10 Ristorante Pizzeria Aristotele
11 Ristorante Al Gondoliere
13 Ristorante Pizzeria Da Pedro
14 Ristorante Pizzeria Italia da Nikolas
21 Ristorante Baita dei Forti

Einkaufen/Sonstiges
5 Consorzio Olivicoltori Malcesine
17 Shop Papillon

Sport
2 Paragliding Club
3 Radgeschäft Xtreme

Die Treppe führt hinauf zum mittleren Burghof und zu der um 1860 von den Österreichern erbauten Pulverkammer. In dem aus zwei Räumen bestehenden Gebäude ist der **Goethe-Saal** untergebracht. Während seiner Italienreise hielt *Johann Wolfgang von Goethe* im September 1786 das Abbild des Schlosses zeichnerisch fest und wurde deshalb von den venezianischen Machthabern kurzzeitig für einen Spion gehalten und beinahe verhaftet.

Das imponierendste Bauwerk der Anlage ist die **Residenz der Scaliger** aus dem 13. Jahrhundert mit ihrem Mauerwerk aus Quadersteinen und den auffälligen Schwalbenschwanzzinnen. Früher war das Gebäude nur durch den oberen Burghof erreichbar. Im Untergeschoss ist der erst 2013 fertiggestellte **„Galeerensaal"** sehenswert, der sich mit der Schifffahrtsgeschichte und mit der von den Venezianern durchgeführten „Schiffsspedition zwischen den Bergen" beschäftigt. Bei dieser abstrusen Aktion im 15. Jahrhundert wurden über 30 Boote über das hügelige Hinterland zum Gardasee geschleppt (siehe bei Torbole). Eine der Galeeren, die später bei Lazise versenkt und 1958 zufällig entdeckt wurde, kann im Museum betrachtet werden. Im oberen Stockwerk veranstaltet man temporäre Ausstellungen von internationalen Künstlern.

Am höchsten Punkt der Festung erhebt sich der 31 m hohe, in drei Phasen erbaute **Wehrturm,** der zum Ältesten zählt, was in der gesamten Anlage zu erblicken ist. Der Turm-Aufstieg über die steilen Treppen wird mit einem traumhaften Blick über Malcesine belohnt.

Il Palazzo dei Capitani

Der ursprüngliche Bau wurde von den Scaligern am Ende des 13. Jahrhunderts **auf römischen Ruinen** erbaut und gelangte später in den Besitz des Veroneser *Francesco Mercanti* und seiner Kinder. In dieser Phase baute man das Gebäude im venezianischen Stil um und verzierte es prächtig. 1618 kaufte es die Gemeinde Verona und funktionierte es in das Haus

garda023 ts

☐ Vom Castello Scaligero hat man eine weite Sicht über die Dächer von Malcesine des Seekapitäns um. Auch in dieser Zeit veränderte man den Palazzo. Erst 1897 wurde die Gemeinde Malcesine alleinige Eigentümerin. Im Inneren sind **schöne Wandmalereien** vorhanden, eine Gedenktafel erinnert an die Verdienste von Kapitän *Domenico Becelli;* über den **reizenden Garten** gelangt man an den See, wo früher das Boot des Kapitäns anlandete. Besichtigt werden können nur das Erdgeschoss und der Garten. Bei Konzerten oder für Hochzeiten ist auch das Obergeschoss zu betreten. In den Sommermonaten finden in den Gärten des Palastes ab und an musikalische Veranstaltungen statt.

Pfarrkirche Santo Stephano

Oberhalb der Altstadt, von der Viala Roma über Treppen erreichbar, thront diese Kirche aus dem 18. Jahrhundert mit ihrem hohen und markanten Glockenturm. In den Abendstunden ist sie dank der Lichter, die sie anstrahlen, eine von weit her sichtbare Sehenswürdigkeit. Betritt man das imposante Bauwerk, welches mit seiner Rückseite direkt an die Gardesana grenzt, lassen sich im Inneren **zahlreiche Gemälde** wie die „Grablegung Christi", ein Meisterwerk von *Girolamo dei Libri* (1474–1555), bewundern. Auf einem Altarbild von *Felice Boscaretti* aus dem Jahr 1769 erkennt man die beiden Heiligen Benigno und Caro, deren Gebeine in der Kirche aufbewahrt werden.

Chiesa „Della Disciplina"

Das **winzige einschiffige Gotteshaus** mit seinem Glockenturm steht mitten in der Altstadt, zwischen Häusern eingezwängt. Die Kirche ist den Heiligen Be-

garda025 tou

nigno und Caro gewidmet. Ihr genaues Entstehungsdatum liegt im Dunkeln, erste Aufzeichnungen gehen auf das Jahr 1532 zurück. Der Altar besteht aus rotem und weißem Marmor. Des Weiteren finden sich im Kircheninneren die auf einem Gemälde verewigten Heiligen Benigno und Caro und ein Fresko mit dem „Letzten Abendmahl".

Sport und Aktivitäten

3 Radgeschäft Xtreme, direkt bei der Talstation der Gondelbahn eröffnetes Geschäft mit angrenzendem Café. Offizieller Händler von KTM- und GHOST-Fahrrädern, die gekauft und ausgeliehen werden können. Zahlreiche andere Marken sind ebenfalls vorhanden. Reparaturservice. Außerdem werden **geführte Touren** in die Umgebung angeboten. City-Bike 15 €/Tag, Mountainbike 25 €/Tag, Ermäßigung bei mehrtägiger Ausleihe. Via Navene Vecchia, 10, Tel. (045) 7400105, www.xtrememalcesine.com.

2 Paragliding Club, neben den üblichen gesetzlich vorgeschriebenen Voraussetzungen für einen Flug (gültiger Flugschein, Versicherung, Helm, Rettungsschirm etc.) ist bei einem **Flug vom Monte Baldo** das Tragen einer Schwimmweste Pflicht; diese kann kostenlos beim Paragliding Club Malcesine ausgeliehen werden. Via Gardesana, 228, c/o Hotel Ideal, Tel. (335) 6112902, www.paraglidingmalcesine.it.

☐ Mit der Gondel hinauf auf den Monte Baldo

Feste und Events

Ciottolando con Gusto

„Mit Geschmack gepflastert", so heißt das seit vielen Jahren **im Herbst** in Malcesine stattfindende **mehrtägige Food-Festival.** Die malerische Altstadt des Ortes verwandelt sich dann in eine Art kulinarische Open-Air-Bühne mit Live-Musik-Events. An Ständen und in den teilnehmenden Restaurants werden leckere Raffinessen aus der Region serviert. Im Rahmen der Veranstaltung und der „Ciottolando Gourmet"-Tour bieten Lokale Antipasti, einen Hauptgang oder typisch italienische Nachspeisen an, die die „Feinschmecker" zu einem Menü zusammenstellen können.

Choco Malcesine

Mitte September dreht sich in Malcesine für einige Tage alles um die süße Köstlichkeit namens **Schokolade.** Handgemachte Schokolade wird verkostet, dazu kann man Kochshows beiwohnen, Schokoladenskulpturen bestaunen oder an Workshops teilnehmen. Das Programm ist sowohl für Erwachsene als auch für Kinder konzipiert.

Lake Garda Mountain Race

Seit 2011 findet dieses **Bergrennen** von Malcesine **hinauf zum Monte Baldo** alljährlich **im Oktober** statt. Gestartet wird in zwei Kategorien: Während in der ersten Gruppe Läufer unterwegs sind, die ein möglichst schnelles Erreichen des 2132 m hohen Cima Pozette nach rund

12,3 km und eventuell den Sieg oder einen neuen Schnelligkeitsrekord (etwa 1 Std. 26 Min.) anpeilen, starten in der „Non competitive Class“ sportlich Aktive „nur“ hinauf zur oberen Seilbahnstation „Tratto Spino“ auf gut 1700 m Höhe. An dieser leichteren Challenge können auch Urlauber nach Bezahlung eines Startgeldes von rund 25 € teilnehmen. Man darf joggen, Nordic walken oder die etwa 9 km lange Strecke erwandern.

Malcesine Blues Festival

Alljährlich im August stattfindende mehrtägige Musikveranstaltung. In der Altstadt laden **kostenlose Konzerte** ein, die Welt des Blues in ihren unterschiedlichen Schattierungen kennen und lieben zu lernen.

- **Infos:** www.malcesinebluesfestival.com

Olivenfest

Jedes Jahr **im Oktober** findet **an den Hängen des Monte Baldo** zwischen Olivenbäumen das Olivenfest statt. Hauptsächlich Einheimische kommen zusammen, essen an langen Bierbänken in großen Bottichen hergestellte Polenta und schauen bei der Ölproduktion zu. Ein lokales, ungeschminktes Erlebnis, auch für Gäste von auswärts. S.u. „Einkaufen“, Consorzio Olivicoltori Malcesine.

- **Infos:** www.oliomalcesine.it

Praktische Tipps

Touristeninformation

- **Via Gardesana, 238,** Tel. (045) 7400044, www.visitmalcesine.com, Mo bis Sa 9–18 Uhr, So 9–15 Uhr.

Verkehr und Transport

Bus

- Verbindungen nach Riva, Garda, Peschiera und Verona mit ATV-Bussen. Alle Infos unter **www.atv.verona.it.**

Schiff, Fähre

- Von der Piazza Porto im Zentrum z.B. nach Riva del Garda, Limone, Desenzano del Garda und Peschiera. Nach Limone 13 € Hin- und Rückfahrt. Alle Infos unter **www.navlaghi.it.**

Tourist Bus

- Der von der Gemeinde Malcesine organisierte Bus fährt **in den Sommermonaten** von 8 bis 1 Uhr stündlich in die umliegenden Ort Navene und Cassone.

Taxi

- Ein Taxi kann unter **Tel.** (045) 6584150, 7400341 oder 7401139 geordert werden.

> Viele Hotels bieten ungetrübtes Urlaubsvergnügen direkt am See

Seilbahn auf den Monte Baldo

Die Talstation der Bergbahn Funivia Malcesine Monte Baldo befindet sich an der Via Navene Vecchia, 12; Mittelstation San Michele auf 575 m, Bergstation auf 1760 m. Tickets für die **Panorama-Gondelbahn,** die sich um 360° dreht, können auch online erworben werden. Hin- und Rückfahrt 25 € für Erw. (18–64 Jahre). Infos: www.funiviedelbaldo.it.

Übernachtung

MEIN TIPP: **4 Hotel Castello Lake Front**④, die Top-Lage am Wasser und die Nähe zur Altstadt sind einer der herausragenden Pluspunkte dieses von der Familie *Treccani* geführten Hotels mit seinen stilvollen, hellen und modernen Zimmern. Teils mit großer Terrasse und freier Sicht auf See und Berge. Ein Privatstrand mit Liegen liegt direkt am Hotel, und der Blick auf die Scaliger-Burg ist wunderbar. Ausgezeichnetes Frühstück. Mittags und abends steht das À-la-Carte-Restaurant Al Bacio zur Verfügung. Hoteleigener Parkplatz. Via Paina, 21, Tel. (045) 740 0233, www.h-c.it.

16 Hotel Vega④, das Hotel mit seinen knapp 30 Zimmern liegt schön am See und trotzdem im Zentrum. Die Zimmer mit Balkon und Seeblick sind sehr zu empfehlen. Beim Essen toller Blick auf den Lago di Garda. Der Besitzer *Marco Martintoni* und sein Team kümmern sich sehr freundlich um ihre Gäste. Gartenbereich mit altem Baumbestand und Liegen sowie direktem Zugang zum See. Via Roma, 10, Tel. (045) 7400151, www.hotelvegamalcesine.it.

20 Guesthouse Grand View③, oberhalb von Malcesine gelegenes ruhiges Bed & Breakfast, zwar etwas abseits vom Zentrum, dafür aber mit fantastischer Aussicht vom Pool und dem großen Garten über die Landschaft am Monte Baldo. Die fünf Zimmer sind ansprechend modern und ohne viel Schnickschnack konzipiert und haben alle einen Balkon oder eine Terrasse mit Seeblick. Tolles Frühstück. Sehr nette und zuvorkommende Besitzer. Via Masotta, 5, Tel. (045) 6590219, www.guesthouse grandview.com.

garda024 tou

1 **Hotel Augusta**③, nahe der Seilbahn und wenige Minuten zu Fuß von der Altstadt entfernt findet sich diese gepflegte Unterkunft mit großzügiger Grünanlage und Außenpool. Einige der ansprechenden Zimmer verfügen über Balkon mit eindrucksvoller Aussicht auf die Scaliger-Burg. Neue, ruhige „Bio-Zimmer" im Garten mit Terrasse. Wellness-Bereich mit beheiztem Hallenbad, Jacuzzi, Sauna und Aroma-Dampfbad. Via Navene Vecchia, 31, Tel. (045) 7400300, www.hotelaugusta.info.

7 **Mala Silex Apartments**③, zwei zeitgemäß und modern eingerichtete Apartments mit farbigen Akzenten für bis zu sechs Personen. Schöne Bäder und sehr gute Ausstattung. Die Altstadt erreicht man nach 100 m. Die Penthouse-Wohnung ist auf zwei Etagen untergebracht und besitzt einen geräumigen Wohnbereich mit angrenzender Terrasse. Das kleinere, charmant-rustikale Studio findet man im Erdgeschoss (Tonnengewölbe). Piazza Cavour, 17, Tel. (329) 1085058, www.malasilex.com.

15 **Hotel Alpino**②, in der familiengeführten Herberge mit knapp 30 sauberen, einfachen Zimmern, viele mit Balkon, wohnt man mitten in der Altstadt nahe aller Sehenswürdigkeiten. Das Personal ist sehr freundlich, das Preis-Leistungs-Verhältnis bestens. Ein Restaurant im Erdgeschoss empfängt Hotelgäste und Hungrige von außerhalb. Halbpension möglich. Flughafen-Transfer buchbar. Kleine Haustiere sind willkommen. Via Statuto, 23, Tel. (045) 7400053, www.hotelalpinomalcesine.com.

12 **Bed & Breakfast Casa Mosole**②, Familie *Mosole* betreibt diese gemütliche, 2014 eröffnete Unterkunft zusammen mit einem Feinkostladen. Beides ist in einem restaurierten historischen Haus in der Altstadt untergebracht. Die vier Zimmer sind nach modernem Standard eingerichtet und verteilen sich auf unterschiedliche Stockwerke. Herrliche Bäder. Wunderbar ist das Frühstück mit leckeren Käse- und Wurstsorten aus dem eigenen Geschäft. Kostenloser Parkplatz. Via Bottura, 3, Tel. (045) 258 9430, www.casamosole.com.

19 **Hotel Val Di Sogno**③, auf der etwa 2 km südlich von Malcesine gelegenen üppig grünen Halbinsel Val di Sogno steht dieses Hotel mit seinen rund 40 stilvollen Zimmern und Suiten, die alle über einen Balkon mit Seeblick verfügen. Nur für Erwachsene. Kleiner Wellness-Bereich mit finnischer Sauna, Whirlpool und Relax-Zone. Im Hotelrestaurant gibt es mittags und abends Essen à la carte. Direkter Zugang zum Strand und zu der nach Malcesine führenden Seepromenade. Vor dem Hotel hält der Touristenbus nach Malcesine. Via Val di Sogno, 16, Tel. (045) 740 0108, www.hotelvaldisogno.de.

18 **Hotel Bellevue San Lorenzo**④, diese schmucke und elegante Villa steht in herrlicher Lage auf der Halbinsel Val di Sogno. Die geschmackvoll gestalteten Zimmer und Suiten verfügen alle über einen Balkon oder eine Terrasse mit Seeblick. Der parkähnliche Garten bietet ein Infinity-Pool und genügend Platz für entspannte Stunden. In der roten Villa im Garten ist der Wellness-Bereich mit Sauna, Dampfbad und Salzkabine untergebracht. Schon *Klimt* wusste von der Schönheit des Fleckchens Erde und malte hier 1913 sein Bild „Kirche von Cassone". Via Gardesana, 164, Tel. (045) 7401598, www.hotelbellevuesanlorenzo.it.

Essen und Trinken

14 **Ristorante Pizzeria Italia da Nikolas,** touristisches Lokal in Traumlage am Hafen beim Palazzo dei Capitani. Allein wegen der Aussicht und Atmosphäre sollte man hier zumindest etwas trinken. Die herrliche Außenterrasse ist teils windgeschützt und überdacht. Spezialität des Hauses: *Supreme di Faraona Ripiene con Crudo, Savia e Salas al Nosiola* (gefülltes Perlhuhn mit Schinken und Salbei in Nosiola-Weißweinsauce). Via Portici Umberto I, 5, Tel. (045) 7400025, www.ristoranteitalianikolas.it.

13 **Ristorante Pizzeria Da Pedro,** am romantischsten speist man in diesem Lokal an einem der wenigen Tische in einer urigen, kleinen Gasse in der Nähe des alten Hafens. Abseits des größten Trubels. Auf den Teller kommen frische, selbst gemachte Nudeln *(Spaghetti frutti di mare)*, Lachs vom Grill *(Sal-*

mone alla Griglia) oder Pizzen mit wunderbar dünnem Boden. Durchweg leckere Speisen. Meist gut besucht. Vicolo Porto Vecchio, 9, Tel. (045) 7401081, www.dapedromalcesine.com.

10 Ristorante Pizzeria Aristotele, seit 2006 betreibt *Nunzio* dieses angenehme, eher unscheinbare Restaurant mit kleinem Außenbereich. Im Inneren sitzt man behaglich unter einem Gewölbe und Rundbögen an weißen, mit karierten Decken dekorierten Tischen. Der herzliche Inhaber serviert schmackhafte Gerichte wie Gnocci mit Tomatensoße, Pizza *Diavola* oder gegrilltes Forellenfilet. Vicolo Casella, 10, Tel. (045) 6584332.

6 Ristorante Rossovivo, beste Lage direkt am See und der Uferpromenade. Lichtdurchfluteter Innenraum mit breiter Fensterfront. Bei schönem Wetter genießt man das Essen auch auf der großen Außenterrasse. Man achtet auf regionale Zutaten und Produzenten. Die hausgemachte Pasta sollte man unbedingt einmal probieren und die mit viel Herzblut hergestellten Kuchen sind ebenfalls zu empfehlen. Auf der Speisekarte findet man außerdem Pizzen, gegrillten Oktopus oder Rinderfilet aus dem Veneto. Es wird auch Frühstück serviert. Via Gardesana 165, Tel. (045) 7400301, www.rossovivomalcesine.it.

21 Ristorante Baita dei Forti, großes, dennoch gemütliches Restaurant an der Endstation der Seilbahn auf 1790 m. Zahlreiche Plätze direkt am Fenster garantieren einen tollen Ausblick auf Malcesine. Im Sommer riesige Außenterrasse. Die Familie *Menotti* bietet guten Service und leckere Spezialitäten wie Hirsch, gegrillten Käse, Polenta oder hausgemachte Bandnudeln mit Trüffel. Wiener Schnitzel mit Pommes frites steht ebenfalls auf der Karte. Im Winter Verleih von Skimaterial. Außerdem gibt es sechs Zimmer zum Übernachten. Loc. Tratto Spino, 1, Tel. (045) 7400319, www.baitadeiforti.com.

8 Osteria Santo Cielo, bei Sonnenschein sitzt man vor dem Lokal romantisch unter Schatten spendendem Wein. Die Tapas und Bruschette sind vorzüglich, der Service aufmerksam. Gute Auswahl an Weinen auch aus der Region: Bardolino Classico, Lugana, Costuza. Dazu gibt es Salami und Käse. Hin und wieder Live-Musik. Piazza Turazza, 11, Tel. (348) 451345.

11 Ristorante Al Gondoliere, in der Altstadt an einem kleinen Platz gelegenes Lokal mit ausgezeichneter einfacher italienischer Küche, die Fisch- und Meeresfrüchtegerichte sind ein Muss. Auch die Pasta schmeckt lecker. Terrasse im ersten Stock. Piazza V. Emanuele, 6, Tel. (045) 7400046.

9 Gelateria Cento per Cento, beim Castello bekommt man bei *Fabrizio* äußerst schmackhaftes hausgemachtes Eis, vielleicht sogar das beste der Stadt, wie Einheimische meinen. In dem seit 1996 bestehenden winzigen Ladenlokal können Leckermäuler Dutzende Sorten wie *Creme Caramel, Fior di Latte* oder *Crema Catalena* testen. Via Castello, 31.

Einkaufen

5 Consorzio Olivicoltori Malcesine, die 1946 gegründete Genossenschaft produziert aus der Sorte Casalìva rund 70 Tonnen Olivenöl, das in den eigenen Läden nur in Malcesine, zusammen mit anderen regionalen Produkten, verkauft wird. Bis zu einer Höhe von 500 m wachsen an den Hängen des Monte Baldo über 70.000, zum Teil über 500 Jahre alten Olivenbäume. Das qualitativ hochwertige, seit 1997 mit dem Herkunftssiegel D.O.P. ausgezeichnete Öl ist säurearm und fruchtig. Einzelbesucher können die Ölmühle oberhalb des Ortes freitags um 11 Uhr besichtigen (Anmeldung bis Do 12 Uhr erforderlich, Mindestteilnehmerzahl 8/10 Pers.). Im Oktober findet hier oben alljährlich das Olivenfest statt (s.o.). Direktverkauf Via Navene, Tel. (045) 740 1286, www.oliomalcesine.it.

17 Shop Papillon, das seit 1995 bestehende Geschäft hat typische Artikel für Touristen im Angebot: Strohhüte, Plastikbälle, bunt bedruckte T-Shirts, Postkarten, Kartenmaterial. Der freundliche und gut informierte Besitzer, als Laienschauspieler auf den Bühnen der Region unterwegs, erzählt gerne Interessantes über den Maler *Gustav Klimt,* seine

Fraglia Vela Malcesine – Segelzentrum der Spitzenklasse in Navene

Die Fraglia Vela Malcesine mit Sitz in Navene legt schon **seit über 60 Jahren** den Fokus auf das Segeln. Am Ostufer entstand so ein bedeutender Ort, der das ganze Jahr über nationale und internationale Segelsportler anzieht. Rund 20 Events, davon viele mit weltumspannendem Renommee, werden veranstaltet und bringen jedes Jahr mehr als 3000 Segler an den Start. Erfahrene und gestandene Meister sowie talentierte und aufstrebende Jungsportler nehmen an den unterschiedlichsten **Regatten** teil, die beispielsweise folgende Bezeichnungen tragen: „Laser Youth Easter Meeting", „Prima Selezione Zonale Optimist" oder „One Hour Kitebording – King of Navene".

Der Verein verfügt über eine moderne, auf ökologische Aspekte ausgerichtete **Marina** mit Vereinshaus, Fitnessstudio und Restaurant. Im Hafenbecken finden 240 Boote Platz, und am erst 2015 fertiggestellten südlichen Landungssteg können 70 größere Segelschiffe vertäut werden. Aufgrund der optimalen Bedingungen ist Navene ein äußerst geschätzter Trainingsort für die Vorbereitung vieler Olympioniken. Zahlreiche berühmte Segler schufen in der Fraglia Vela Malcesine die Grundlagen für ihre Siege bei europäischen oder globalen Wettkämpfen.

Ein besonderer Aspekt, dem sich der Verein verpflichtet fühlt, ist die **Förderung junger Sportler.** Hunderte einheimische Kinder werden in Projektwochen und Sommerkursen an das Segeln und Windsurfen herangeführt. Daraus resultieren immer wieder junge Talente, die sich bei Wettbewerben in den Bootsklassen Optimist, Techno 293 oder Nacra17 messen.

Infos: Via Gardesana, 205, Frazione Navene, Tel. (045) 6570439, www.fragliavela.org.

Bilder und seine Aktivitäten in Malcesine vor über 100 Jahren. Viale Roma, 5.

Nützliches

- **Post,** Via Gardesana 123/125, Tel. (045) 658 9049.
- **Apotheke,** Via Navene, Tel. (045) 7400042.
- **Krankenhaus: Ospedale di Malcesine,** Via Gardesana 37, Località Val di Sogno, Tel. (045) 658 9311, www.ulss22.ven.it.

Die Umgebung von Malcesine

Navene

Zur Gemeinde Malcesine gehört noch der 5 km nördlich gelegene Ort Navene. Das winzige ehemalige Fischersdorf direkt an der Gardesana ist heute aufgrund seiner stabilen Windverhältnisse **bei Surfern und Kitern sehr beliebt.** Navene zählt zu den ganz wenigen Orten am Gardasee, an denen Kitesurfer vom Ufer aus starten können. Ein geeigneter Platz für den Start in den sportlichen Tag ist der Strand des Kitesurf Clubs. Morgens weht am Ufer von Malcesine der starke Nordwind „Pelèr", der am Nachmittag durch den konstanten, jedoch schwächeren Südwind namens „Ora", der bis Sonnenuntergang anhält, abgelöst wird.

Einst verlief bei Navene die alte Grenze zwischen Italien und Österreich. Neben einem recht schönen Kieselstrand, ein paar Unterkünften und der im 17. Jahrhundert erbauten Kirche San Francesca gibt es nur wenig Aufregendes zu entdecken. Um eine tolle Aussicht zu haben, kann man den vom Ort aus startenden Weg zur **Bocca Navene** auf 1423 m Höhe in Angriff nehmen. Ein schöner Rundblick über den Gardasee bietet sich nicht erst ganz oben, sodass man nach Lust und Laune und Kondition jederzeit umkehren und an den See zurücklaufen kann.

Übernachtung

- **Hotel Villa Monica**③, beste Lage in Navene direkt am Strand mit Liegen und Sonnenschirmen. Von den Balkonen der Zimmer und vom schönen Restaurant hübscher Seeblick. Bei Surfern und Kitern beliebt. Hallenbad. Sauna. Hoteleigener Parkplatz. Abstellraum am Strand für Surfbretter und Mountainbikes. Der Touristenbus nach Malcesine fährt 100 m vom Hotel entfernt ab. Via Gardesana, 211, Località Navene, Tel. (045) 7400395, www.villamonica.com.
- **Hotel Oasi Beach**③, nahe der Gardesana und nur einen Steinwurf vom Seeufer und dem Radweg nach Malcesine entfernt, liegt das 3-Sterne-Hotel mit komfortablen Zimmern, die eine Terrasse oder einen Balkon mit schönem Ausblick auf den See bieten. Sehr gutes Frühstück. Via Gardesana Nord, 510, Tel. (045) 6584357, www.hoteloasibeach.it.

Sport und Aktivitäten

- **Kite-Club Navene,** Via Strada dell'Acqua, Tel. (335) 8224300, www.kitemalcesine.it.
- **Nany's Aqva Center,** Windsurf-, Kitesurf- und S.U.P.-Kurse sowie Verleih von Material. www.nanywindsurf.com.

☒ Schönheiten in Cassone di Malcesine

Cassone di Malcesine

Ein weiterer und durchaus sehenswerter Ort am Ostufer ist Cassone 3 km südlich von Malcesine. Berühmt oder wenigstens bekannt ist der **beschauliche Ort,** der von der Gardesana durchtrennt wird, durch den **Fluss Aril,** denn dabei soll es sich um den kürzesten Fluss der Welt handeln. Ein Schild weist ihn mit einer Länge von 175 m aus. Doch es gibt wahrscheinlich noch kürzere Flüsse auf dieser Erde wie den wohl knapp 30 m langen Reprua in Abchasien und den angeblich nur 20 m kurzen Tamborasi, der in Indonesien beheimatet ist. Der Quelltopf des örtlichen Gewässers, ob nun lang oder kurz, befindet sich jenseits der Durchgangsstraße beim Hotel Cassone.

garda026 ts

Am Seeufer, etwas versteckt und nicht von der Gardesana aus zu sehen, erstreckt sich der sehr attraktive Teil des Ortes. Um den pittoresken und winzigen Hafen mit seinen ein Dutzend Fischerbooten gruppieren sich ein historischer Rundturm, ein paar bunte Häuser und das besuchenswerte **Fischerei-Museum.** Bei freiem Eintritt zeigt die dortige Sammlung historische Fotos, ein altes Fischerboot und ungezählte große und kleine Dinge rund um das Thema Fischen. Außerdem liegen meist ein oder zwei gründlich geputzte, in der Sonne glänzende Ruderboote am Hafenbecken. Die mit Namen wie „Betty" oder „Torricella" versehenen Sportgeräte starten für Cassone in der Lega Bisse del Garda. Diese **Regatten** haben historische Wurzeln bis in die Zeit der Republik Venedig. Der erste Wettkampf mit diesen schmalen Booten soll Mitte des 16. Jahrhunderts stattgefunden haben.

Unübersehbar ist die nah am Wasser stehende barbusige und auch sonst leicht bekleidete **Bronze-Skulptur** des Künstlers *Luisa Granero,* der dieses Werk mit dem Namen „Banista" 1987 erschuf.

Übernachtung

■ **Hotel Cassone**②, hier wohnt man direkt an der Quelle des Aril-Flüsschens mitten im Ort an der Gardesana. Das familiengeführte Hotel verfügt über ein gutes Restaurant mit großer schöner Terrasse. Einige der zweckmäßig eingerichteten Zimmer haben einen Balkon. Freundliches Personal. Außenpool im 800 m entfernten Partnerhotel. Via Gardesana, 20, Località Cassone, Tel. (045) 6584197, www.hotelcassone.com.

■ **Apartment La Fontanella**③, modern eingerichtete Ferienwohnung in bester Lage. Schlafzimmer für bis zu vier Personen. Schlafcouch im Wohnbereich. Direkt vor der Tür breitet sich der Gardasee aus. Mindestaufenthalt: sieben Nächte. Haustiere nicht erlaubt. Piazza Torcol, 2/3, Località Cassone, Tel. (045) 6584275, www.allafontanella.eu.

Essen und Trinken

■ **Pizzeria Aril,** von der Terrasse des einfachen Lokals blickt man auf den vorbeifließenden Aril. Die guten Pizzen sind wirklich groß. Man kann auch drinnen sitzen. Via Porto, 3, Località Cassone, Tel. (390) 456584200.

Brenzone sul Garda

Nimmt man sich vor, Brenzone zu besuchen, muss man einige Stopps einlegen. Die Gemeinde Brenzone sul Garda mit ihren **16 kleinen Dörfern** breitet sich am Fuße des Monte Baldo aus. Die bekanntesten Orte liegen direkt am See und an der dort verlaufenden verkehrsreichen Gardesana. Dies ist vielleicht der Grund, warum diese Ortschaften von Touristen eher seltener frequentiert werden, obwohl es dort einiges zu entdecken gibt, gerade dann, wenn man sein Auto abstellt und zu Fuß die oft charmanten Gassen, die idyllischen Fischerhäfen und die kilometerlange, **schön angelegte Uferpromenade** entlangläuft. Oberhalb des Sees erstrecken sich Wanderwege, Mountainbikestrecken und reizvolle Aussichtspunkte rund um Ortsteile wie Campo, Fasor, Zignago und Prada, eine der höchstgelegenen Siedlungen von Brenzone sul Garda.

Die winzigen Orte von Brenzone sul Garda und ihre Einwohner lebten Jahrhunderte von der **Landwirtschaft** und der **Fischerei.** Noch heute zeugen die zahlreichen kleinen Hafenbecken entlang des Ostufers von dieser Zeit. Während die Züchtung von Seidenraupen der Vergangenheit angehört, sind der **Anbau von Oliven** und die Produktion von Olivenöl ein noch heute wichtiger und traditioneller Wirtschaftszweig. Erst mit der 1933 fertiggestellten Gardesana und dem nach dem Zweiten Weltkrieg aufkeimenden **Tourismus** veränderte sich das Leben in Brenzone auf einschneidende Weise.

Assenza

Das Straßendorf Assenza breitet sich direkt südlich von Cassone di Malcesine aus. Bei einem Rundgang trifft man auf einen winzigen Jachthafen, eine Bootsanlegestelle und einen an der Straße liegenden Kiosk mit Terrasse direkt am See; es gibt Eis, Buscetta, Sandwiches und Cocktails. Überquert man die Straße gelangt man auf den Hauptplatz mit einem Restaurant und der kleinen sehenswerten **Chiesa San Nicolà.** Das Kirchlein, erbaut im 12. Jahrhundert, ist dem Schutzpatron der Fischer und Seeleute geweiht. Im Inneren sticht die Altartafel aus dem 16. Jahrhundert hervor, auf der Maria mit dem Kind und der heilige Nicolà dargestellt sind. Schöne **Freskenmalereien** aus dem 13. Jahrhundert an der oberen Nordwand illustrieren das „Letzte Abendmahl". Auf weiteren Wandgemälden aus verschiedenen Jahrhunderten sind Johannes der Evangelist, die heilige Katharina von Alexandrien oder der heilige Laurentius zu identifizieren.

garda027 ts

☐ Chiesa San Nicolà in Assenza

Blickt man bei Assenza auf den See, kann man die rund 200 m lange **Insel Trimelone** nicht übersehen. Der Sage nach soll es sich dabei um die versteinerten, eng umschlungenen Söhne des Riesen *Baldo* und der Nymphe *Melsinoe* handeln, die die Götter im Alter um die Beendigung ihres entbehrungsreichen Fischerlebens baten. Auch im Tod wollten sie vereint sein, so der Wunsch der beiden. Ihr Begehr soll erhört worden sein, und so entstanden zwei miteinander verbundene Unterwasserriffe. Im Gegensatz zu dieser schönen, aber unbewiesenen Erzählung steht die felsenfeste Tatsache, dass sich auf der drittgrößten Gardaseeinsel im 10. Jahrhundert eine **Festung** befand, die den ungarischen Agitatoren Paroli bieten sollte und später von Kaiser *Friedrich I.*, bekannt als *Barbarossa,* dem Erdboden gleichgemacht wurde. Heute finden sich noch die Überreste eines Bollwerks aus dem Ersten Weltkrieg. 1954 ereignete sich auf dem Eiland eine gewaltige Detonation, als die hier nach dem Zweiten Weltkrieg gelagerte Munition explodierte. Die Insel ist daher aktuell noch **Sperrgebiet** und ein willkommenes Rückzugsgebiet für die Vogelwelt.

garda028 ts

Porto di Brenzone

Weiter südlich erreicht man Porto. An der Tourismusinformation kann man parken, eine Nordic-Walking-Tour beginnen oder einfach zum obligatorischen Hafenbecken und seinen Booten und Restaurants spazieren, um dort eine Pause einzulegen. Oberhalb von Porto liegt der **Ortsteil Castello.**

Magugnano

Fährt man von Porto weiter Richtung Süden, kommt man nach Magugnano, **Hauptort und Sitz des Rathauses.** Der auch als **Brenzone** titulierte Ortsteil – an der Schiffsanlegestelle prangt das Schild „Brenzone" – liegt etwas abgetrennt von der Gardesana am Ufer und verfügt, wie könnte es anders sein, ebenfalls über einen Hafen. An der Via XX. Settembre steht das Rathaus (Mo bis Do 9–13 Uhr und 15–18 Uhr, Fr 9–13 Uhr), dessen Vorraum mit einer schweren steinernen Sehenswürdigkeit überrascht: Dabei

< In der Altstadt von Castelletto

handelt es sich um die **„Pietra di Castelletto“**, eine 4 x 1,70 m große Steinplatte, auf der bei genauem Hinsehen unklare Zeichen auszumachen sind. Wissenschaftler erkannten darin Äxte und Dolche, die nach Meinung der Fachleute eine religiöse Bedeutung haben. Solche möglicherweise auf die Bronzezeit zurückgehenden Zeichnungen fand man an vielen Orten zwischen Malcesine und Garda. Neben der Darstellung von Waffen oder Gebrauchsgegenständen zeigten sich auch Darstellungen mit Tieren und menschlichen Figuren.

Campo

Wagt man sich von Magugnano landeinwärts in den auf 200 Metern liegenden Ortsteil Campo, trifft man auf eine **antike Siedlung,** die nach Aufzeichnungen schon im 11. Jahrhundert existiert haben muss. Es ist ein kleines Erlebnis, auf einem Spaziergang über den unter Denkmalschutz gestellten Mauleselweg die steinernen architektonischen Zeugen links und rechts zu betrachten und sich in eine vergangene Zeit zurückversetzen zu lassen. Für die **Chiesa San Pietro** in Campo konnte kein genaues Entstehungsdatum festgestellt werden; manche Gelehrten ordnen die Kirche dem 11. Jahrhundert zu, was jedoch umstritten ist. Ihr Stil entspricht der einfachen Bauart des 14. Jahrhunderts und der Zeit danach. Sicher ist, dass die Fassade im 18. Jahrhundert neu errichtet wurde.

Das Seeufer in Castelletto

garda-17 ts

Castelletto

Castelletto ist der **größte Ortsteil von Brenzone sul Garda** und splittet sich in einen Part am Ufer und den hügeligen Altstadtbereich jenseits der Gardesana. Folgt man der Ausschilderung ins Zentrum, gelangt man bergauf gehend in enge Gassen mit rundbögigen Durchgängen und Häusern aus dem 14. und 15. Jahrhundert. Im Gewirr der Wege verstecken sich kleine Restaurants, Geschäfte und beschauliche Herbergen. Zu entdecken gibt es hier am Hügel die Kirche San Zeno, eine römische Villa und das ethnografische Museum.

Die **Chiesa San Zeno** befindet sich direkt hinter einer Steinmauer mit schmiedeeisernem Tor an der Gardesana südlich des Zentrums von Castelletto. Sie wurde auf den Ruinen einer römischen Villa erbaut und zeigt heute ein uneinheitliches Bild bezüglich ihrer Baustrukturen. Dies rührt daher, dass das im 11. Jahrhundert errichtete Gebäude – zu jenem Zeitpunkt war es womöglich die Hauptkirche von Brenzone sul Garda – im Verlauf des 12. Jahrhunderts mit mehreren Apsiden im östlichen Abschnitt und im 13. Jahrhundert durch einen Kirchturm erweitert wurde. Die Wände der Seitenschiffe und den Bereich der Hauptapsis schmücken spätromanische byzantinische Fresken.

garda138 ts

Neben der Kirche liegt der **Friedhof** von Castelletto. Bei einer Erweiterungsmaßnahme im Jahr 2004 stieß man auf eine **römische Villa,** die in ihrer Bauart ein bedeutendes Unikum am Ostufer ist. Bei den weiteren archäologischen Grabungen kam eine damals über mehrere Terrassen erbaute **Seeresidenz** zum Vorschein. Geöffnet Mai bis September Fr bis So 9.30–13.30 Uhr.

Rund um den Hafen drängeln sich weitere Restaurants und Geschäfte. Mit etwas Glück ist man vor Ort, wenn das sommerliche **„Abendessen am Hafen"** stattfindet, bei dem die Gäste an gedeckten Tischen am Hafenbecken das gleiche Menü serviert bekommen und mit Live-Musik unterhalten werden. Tickets gibt es beispielsweise in der Touristeninformation in Porto di Brenzone.

Kommt man von Norden nach Castelletto, trifft man am Ortseingang auf der linken Seite auf die auffällige und sehenswerte **Chiesa San Carlo Borromeo** mit dem angeschlossenen Frauenkloster Institutio Piccole Suore della Sacra Familia. Die Mitbegründerin des Ordens war Madre *Maria Domenica Mantovani,* die am 12. November 1862 in Castelletto das Licht der Welt erblickte und am 23. April 2003 von Papst *Johannes Paul II.*

selig gesprochen wurde. In ihrem Geburtshaus in der Altstadt ist das **Museo Etnografico** untergebracht; über eine alte Steintreppe gelangt man in das mehrstöckige Haus. Das Gebäude ist exemplarisch für die damalige Bauweise und Architektur im Bereich der Uferzone des oberen Gardasees. Im Keller sind landwirtschaftliche Gerätschaften und Utensilien zum Fischen ausgestellt. Im ersten Stock befinden sich die möblierte Küche mit dem offenen Ess-/Wohnraum und darüber das Schlafzimmer mit dem wuchtigen Holzbett vergangener Tage.

Museo Etnografico, Mitte Mai bis Ende Juni Mo, Di, Mi 10–13 Uhr, Juli bis September tägl. 10–13 Uhr. Via Parolotti, 26, Tel. (045) 6598113, -111.

Prada

Rund 1000 m über dem Gardasee gelegen, eröffnet Prada tolle Möglichkeiten für Wanderungen auf der gleichnamigen Hochebene und dem Monte Baldo. Ein **Sessellift** brachte Besucher einst bis auf eine Höhe von 1800 m. Nach 10 Jahren Pause wurde der Lift im Sommer 2022 wiedereröffnet und bietet nun auch die Möglichkeit, Mountainbikes mit auf den Berg zu nehmen.

Sport und Aktivitäten

Nordic Walking Park Brenzone sul Garda

In der Region von Brenzone sul Garda hat sich ein Areal ganz dem Thema Nordic Walking verschrieben. Es wurden insgesamt **vier Strecken** ausgearbeitet, deren Verlauf man entweder auf einer Infotafel in Porto oder auf einem Infoblatt der Tourismusinformation studieren kann. Die erste, **3,71 km lange Strecke** namens **„San Nicolà"** führt von Assenza an der Uferpromenade nach Porto und von dort landeinwärts nach Zignago und Pozzo und wieder zurück nach Assenza. Eine etwas schwierigere und **längere Tour (6,11 km)** verläuft von Magugnano wiederum am Ufer entlang nach Castelletto, dann über Biaza mit der sehenswerten mittelalterlichen Kirche Sant'Antonio nach Fasor und in das bezaubernde Campo und von dort langsam zurück zum Ausgangsort.

In Caprino Veronese existiert ein ebensolcher Park, weitere im Veneto sollen folgen.

Sonstiges

Centro Kite Marniga, südlich des alten Hafens von Magugnano/Brenzone. Die seit 2005 bestehende Kitesurf-Schule bietet Kurse für Anfänger und Fortgeschrittene. Privatstunden möglich. Einsteigerkurs (8 Std.) für 270 € inkl. Material, Privatstunde 120 € inkl. Material. Lagerung der Ausrüstung vor Ort möglich. Via Benaco, 2, Tel. (349) 1815592, www.kiteschulegardasee.de.

Go Sail, in Castelletto. Segelschule und Bootsverleih. Zertifizierte Lehrer geben Kurse für Klein und Groß, für Anfänger, Fortgeschrittene oder Könner. Grundkurs für Anfänger achtmal Std./300 €. Verliehen werden Segel- und Motorboote, fahrbar mit oder ohne Führerschein. Via Imbarcadero, 21, Tel. (045) 7430724, www.go-sail.it.

☒ Der passende Sinnspruch für Urlaub am Gardasee: Zeit, (sich) Gutes zu tun

Praktische Tipps

Touristeninformation

■ **Porto di Brenzone,** direkt an der Gardesana, am Ortseingang von Norden kommend, Tel. (045) 7420076, www.comune.brenzone.vr.it.

Verkehr und Transport

Bus

Bushaltestellen an der Gardesana in den jeweiligen Ortsteilen.

■ **Linie 183/483** Peschiera – Lazise – Garda – Malcesine und zurück, stündlich von morgens gegen 7 Uhr bis abends gegen 20 Uhr.
■ **Linie 184/484** Garda – Malcesine – Riva und zurück, ebenfalls nahezu stündlich.

Schiff

■ **Anlegestellen** in Assenza, Magugnano/Brenzone und Castelletto.
■ **Fahrten** nach Riva und Desenzano am Ostufer entlang mehrmals täglich, am Vormittag und am Nachmittag. Von Magugnano/Brenzone fahren außerdem Schnellboote ab.

Taxi

■ Ein Taxi kann unter **Tel.** (045) 7420042 oder (340) 5204343 gerufen werden.

Übernachtung

■ **Bed & Breakfast Lil**②, in Assenza. Zwar nicht am See, sondern oberhalb der Gardesana in einer Villa eröffnetes B & B, dafür mit Seeblick und herzlicher, ruhiger Atmosphäre. Zu buchen sind drei gemütliche, einfache und mit Holzmöbeln eingerichtete Zimmer mit eigenem Bad. Schöne Terrasse. Liebevoll zubereitetes Frühstück mit reichhaltiger Auswahl. Ermäßigung bei Aufenthalten ab zwei Nächten. Privater Parkplatz. Via Boccino 13, Tel. (349) 4530397, www.bblil.it.
■ **Hotel Nettuno**②, in Porto. 30-Zimmer-Haus zwischen Seeufer und Gardesana, empfohlen seien die Zimmer mit Balkon und Seeblick. Gutes Restaurant/Pizzeria an der Promenade. Via G. Zanardelli, 7, Tel. (045) 7420083, www.hotelnettuno.net.
■ **Hotel du Lac**③, südlich von Porto. Wundervolle Lage am See mit großer Gartenfläche und kieseligem Privatstrand. Die Superior-Zimmer und vor allem die Suiten sind modern, individuell und oft mit einer Portion freundlicher und kräftiger Farbe hergerichtet. Oder mal fast ganz in weißen Tönen. Die Standardzimmer sind in eher klassisch gehalten. Teilweise mit Balkon oder Terrasse zum Garten/Strand. Kleiner Wellness-Bereich: Biosauna, Dampfbad und „Tropische Dusche". Massage- und Kosmetikangebot. Restaurant mit herrlicher Aussicht in der 5. Etage, gereicht werden Spezialitäten aus der Region Venetien. Halbpension möglich. Via Zanardelli, 3, Tel. (045) 7420138, www.dulachotel.it.
■ **Hotel Brenzone**③, in Magugnano/Brenzone. Nachtquartier in bester Lage an der Seepromenade mit 28 Zimmern und Suiten, von denen viele schon modernisiert und renoviert wurden. Nach den „neuen" Zimmern fragen. Klassisch, elegant und charmant eingerichtet, in Anlehnung an das altehrwürdige Gebäude, in dem 1911 das Hotel eröffnet wurde. Familienzimmer. Freundlicher Service. Idyllischer kleiner Garten. Via XX Settembre, 26, Tel. (045) 7420388, www.hotelbrenzone.eu.
■ **La Caletta Hotel Bolognese**③, in Castelletto. Stilvoll, elegant und auch mal leicht verspielt designte Zimmer und Suiten mit großzügigen Ausmaßen. Teils mit Balkon oder großer Terrasse zum See hin. Sehr zuvorkommende Bewirtung. Eigener Strand mit Liegen und Sonnenschirmen. Hunde ausdrücklich willkommen. Restaurant Bistrot im Hause, ebenfalls mit Blick auf den Lago di Garda. Kostenloser Parkplatz. Garage kostenpflichtig. Via Amerigo Vespucci, 44, Tel. (045) 7430159, www.hotel-bolognese.it.

Bed & Breakfast L'Ozio②, in Castelletto. In einem schönen Steinhaus mit Holzbalkonen in der Altstadt untergebrachtes B & B. Die drei charmanten Zimmer mit privatem Bad sind urgemütlich, die Lage ruhig abseits des Rummels und die Atmosphäre sehr familiär und persönlich. Seeblick. Auf dem Logo der Herberge prangt der von *Cicero* geprägte Spruch „Otium cum dignitate", was in etwa so viel wie „Muße mit Würde" bedeutet – das B & B ist ein guter Ort, um diesen Leitsatz in die Realität umzusetzen. Via Parolotti, 11, Tel. (339) 1108788, www.bblozio.it.

Camping

Am Seeufer gibt es einige Campingplätze und überall umfangreiche Wassersportmöglichkeiten.

Aquacamp, Campingplätze und Bungalows (Seeblick) mit ein oder zwei Schlafzimmern. Die Komfort-Bungalows besitzen eine eigene Dusche/WC. Wenige Meter vom Strand entfernt. Kostenlose Leihfahrräder. Stellplatz plus 2 Erw. ab 24 €, Kinder 3–11 Jahre ab 5 €. Via del Dosso, 1, Navi-Adresse: Via IV Novembre, 18, Tel. (045) 7420184, www.aquacamp.it.

Camping Denis, zwischen Olivenhainen gelegener Platz direkt am See. Stellplätze für Wohnwagen und Camper sowie separater Zeltplatz. Zusätzlich werden fünf unterschiedlich große Zimmer und drei in der Nähe gelegene Ferienwohnungen angeboten. Fahrrad- und Rollerverleih. Stellplatz plus 2 Erw. ab 35 €, Kinder 3–10 Jahre 6 €. Via Lavesino, 16, www.campingdenis.com.

Camping Primavera, direkt am See, wenige Minuten zu Fuß über die Uferpromenade von Magugnano/Brenzone entfernt. Der gepflegte, 7000 m² große Platz mit seinen Schatten spendenden Olivenbäumen verfügt über unterschiedlich große Stellplätze und Bungalows. Über den Campingplatz können auch Apartments bzw. ein Ferienhaus gebucht werden. Stellplatz plus 2 Erw. ab 28 €, Kinder 1–5 Jahre ab 4 €. Via Benaco, 5, Tel. (045) 7420421, www.camping-primavera.com.

Camping Baldo, kleinerer Platz (ca. 2000 m²) direkt am Strand für Wohnwagen, Camper und Zelte. Stellplatz plus 2 Erw. ab 33 €, Kinder 1–5 Jahre ab 4 €. Via Benaco, 10, Tel. (340) 9989877, www.campingbaldo.it.

garda-08 ts

☐ Der Hafen von Castelletto – ein guter Ort für ein romantisches Essen

Essen und Trinken

Taverna del Capitano, in Porto am Hafen. Man sitzt traumhaft am See. Frischer Fisch, z.B. gebratene Sardinen, Blaufelchenfilet gegrillt oder Lachsforelle Müllerin Art. Hausgemachte Nudeln, z.B. Spaghetti mit Knoblauch, Olivenöl und Peperoni. Via Lungolago 8, Tel. (045) 7420101.

Ristorante Giuly, direkt in Magugnano an der Schiffsanlegestelle „Brenzone" steht manch empfehlenswerte Fischspezialität auf der Speisekarte dieses Lokals mit seinen blauen Markisen. Herrliche Lage am See. Angeboten wird z.B. Seeteufel mit Artischocken und Minze oder eine Platte mit gegrilltem Meeresfisch. Fischsuppe nach „venezianischer Art". Außerdem serviert die Küche Nudelgerichte, beispielsweise mit frischem Trüffel aus der Monte-Baldo-Region. Mo geschlossen. Via XX Settembre 34, Tel. (045) 7420477, www.ristorantegiuly.it.

Ristorante da Umberto, das seit 1963 von der Familie *Modena* geführte Lokal mit seinen wenigen Tischen direkt am romantischen Hafen von Castelletto überzeugt mit klassischer italienischer Küche und überschaubarer Speisekarte. Freundliches und kompetentes Personal. Via Imbarcadero, 15, Tel. (045) 7430388, www.daumberto.it.

Club da Baia Bar und Hotel, in Magugnano. Stylisch mit Glas, Holz und modernem Mobiliar designte Bar am Hafenbecken. Schöne Sitzmöglichkeiten an der Promenade. Dazu gehört ein zeitgemäßes Hotel mit ebensolchen Zimmern. Je nach Zimmerwahl kostenloses iPad auf Wunsch. Penthouse-Suite mit großer Dachterrasse. Eigene Kitesurfschule: www.waterproofworld.eu. Via XX Settembre, 44, Tel. (348) 2619383, www.clubdabaia.com.

Osteria al Pescatore, in Castelletto. Eines der besten Restaurants in Brenzone sul Garda: Am Essen ist absolut nichts auszusetzen, die Pasta kommt *al dente* auf den Tisch, der Fisch ist frisch und lecker zubereitet. Obendrauf gibt es einen herzlichen Service. Die Lage am See und am Hafen ist malerisch, doch nicht einzigartig. Via Imbarcadero, 31, Tel. (045) 7430702, www.osteriaalpescatore.it.

Ristorante Pizzeria Olivo, in Castelletto. In der Altstadt oberhalb der Gardesana betreibt Familie *Mantovani* dieses nette Restaurant mit Leidenschaft. Typisch italienische und regionale Gerichte. Perfekte Pizza aus dem mit Olivenholz befeuerten Ofen. Freundlicher Service und sehr leckeres Essen. Gutes Preis-Leistungs-Verhältnis. Rustikaler, gemütlicher Innenbereich. Bei entsprechendem Wetter lässt es sich auch bestens unter freiem Himmel zusammensitzen. Die Familie betreibt außerdem den Campingplatz Paradiso und die kleine Apartment-Anlage Villa Paradiso (Hunde ausdrücklich willkommen). Via Valle, 10, Tel. (331) 5276916, www.holidaymantovani.net.

Einkaufen

Markt, in Castelletto jeden Dienstag.

Kunsthandwerker-/Vintagemarkt mehrmals in den Sommermonaten in Magugnano/Brenzone.

Macelleria Sartori, in der Metzgerei nahe des Rathauses von Magugnano, gegründet 1955, verkauft die Familie *Sartori* qualitativ hochwertiges Fleisch beispielsweise der Rinderrasse „Blonde d' Aquitaine". Hinzu kommen wertige Wurstwaren und Käsesorten wie der milde Casatella del Baldo aus einer Käserei in San Zeno di Montagna. Liebhaber von frischem Fisch sollten sich für den Fang der lokalen Fischer entscheiden und Sardinen, Hechte oder die Gardaseeforelle probieren. Im Verkaufsraum findet man außerdem zahlreiche regionale Feinkost-Spezialitäten, die sich hervorragend zum Verzehr in der Ferienwohnung oder als Mitbringsel eignen. Via XX Settembre, 19/21, Tel. (045) 742 0021, www.macelleriasartori.com.

Nützliches

Post: Magugnano, Via XX Settembre, Tel. (045) 742 0070; **Castelletto,** Via A. Vespucci, 1, Tel. (045) 743 0080.

Torri del Benaco

Fast unauffällig schmiegt sich das pittoreske Städtchen **an der „Riviera degli Ulivi"** an das Gardaseeufer. Hat man einen der begehrten Parkplätze ergattert, geht es zu Fuß ins Zentrum mit der den Ort dominierenden Burg der Scaliger. Beim Blick vom Turm der Festung, die ein sehenswertes Museum beherbergt, geht wohl jedem das Herz auf, und man fühlt den **Charme,** der von der mittelalterlichen Szenerie und der mediterran-entspannten Lebensart ausgeht. Am malerischen Hafenbecken erwarten Cafés und Restaurants hungrige und durstige Gäste. Ein paar bunt gestrichene Boote dümpeln festgezurrt an der steinernen Kaimauer. Von hier führen gepflasterte schmale Gassen weiter in die historische Altstadt mit feudalen Palazzi und farbigen Häuserfassaden in Pastelltönen, während in der Umgebung nur selten überfüllte Kiesstrände auf Badewillige warten.

Ein Ausflug in den oberhalb der Durchgangsstraße gelegenen **Ortsteil Albisano** lohnt sich allein wegen des freien Blicks von der dortigen Pfarrkirche aus auf den Gardasee. Das ebenfalls zu Torri del Benaco zählende, am Ufer liegende **Pai** hat kaum etwas zu bieten, dafür glänzt das gut 100 m über der Gardesana befindliche **Pai di Sopra** mit einer wunderbaren Aussicht, einer winzigen historischen Altstadt, einer Kirche aus dem 17. Jahrhundert und der sehenswerten Grotta Tanella (s.u.).

Schon in der Römerzeit gab es am See eine Siedlung mit dem **Namen** „Castrum Turrium", genauer gesagt, handelte es sich um ein Militärlager. In Kombination mit der Bezeichnung „Benaco" – so nannten die Römer den See zu ihren Füßen – entstand der heute gebräuchliche Name Torri del Benaco.

Schon länger ist der Ort ein **beliebtes Ausflugsziel** für Kulturinteressierte und Wassersportler. Im 20. Jahrhundert statteten berühmte Persönlichkeiten wie der Maler *Max Ernst* oder der Schauspieler *Laurence Olivier* Torri einen Besuch ab. Übernachtet wurde im noch heute an der Piazza Calderini stehenden Hotel Gardesana, welches im Palast der einstigen Seekapitäne untergebracht ist.

Sehenswertes

Burg der Scaliger und Museum

An der zentralen Piazza Calderini erhebt sich die gut erhaltene, mit Zinnen bewehrte Burg der Scaliger, die **1383** im Auftrag von *Antonio della Scala* an dieser Stelle **auf den Ruinen eines römischen Bauwerks** und einer Befestigung aus dem 10. Jahrhundert errichtet wurde. Von letzterem Gebäude zeugt noch der Westturm. Doch nur wenige Jahre nach der Fertigstellung durch den Baumeister *Bonaventura Prendilacqua* eroberten im Jahr 1397 die *Visconti* das Kastell. Im 18. Jahrhundert riss man einen Teil der Burg nieder, um an der Südseite eine **Limonaia,** ein Zitronengewächshaus, zu errichten, das noch heute bei einem Rundgang besichtigt werden kann. 1980 ließ die Stadt das Gemäuer aufwendig sanieren und restaurieren, um das historische Schmuckkästchen der Öffentlichkeit zugänglich zu machen.

Die **Entdeckungstour durch das Kastell** beginnt im Saal der Kalfater, die hauptsächlich für die Reparatur von Fischerbooten zuständig waren. Weitere Ausstellungsräume enthalten Informationen zur Olivenbearbeitung, zur Binnenfischerei, ein Modell des Dorfes Torri aus der Zeit des beginnenden 20. Jahrhunderts und Interessantes zu den in der Region gefundenen Felszeichnungen. Im Außenbereich steht eine Rekonstruktion einer **Ölpresse,** wobei die Elemente aus Stein Originale darstellen und aus der Zeit der Römer stammen. Am eindrucksvollsten gestaltet sich die **Erkundung des oberen Wehrganges** mit den Türmen. Kinder unter 14 Jahren dürfen nur in Begleitung Erwachsener hinauf. Von oben ergibt sich an verschiedenen Aussichtspunkten ein einmaliger Panoramablick über Torri del Benaco und den Gardasee.

Infos: Eintritt für Erw. 5 €, Familienkarte 10 € (2 Erw. + 2 Kinder). April bis Ende Oktober täglich außer Montagnachmittag 9.30–12.30 und 14.30–18 Uhr, im Sommer nachmittags 16.30–19.30 Uhr. Via Fratelli Lavanda, 2, Tel. (045) 6296111, www.museodelcastelloditorridelbenaco.it.

Chiesa Santi Pietro e Paolo

Vom Hafen gelangt man über die Uferpromenade Lungolago Barbarani zur **Piazza Chiesa** und dem dortigen massigen Turm, der einst zu einer Festung des Langobardenkönigs *Berengarius I.* gehörte. Die nahe **barocke Kirche,** die den Heiligen Petrus und Paulus geweiht wurde, erbaute man im 18. Jahrhundert nach den Plänen des Architekten *Antonio Spazzi.* Zuvor stand hier eine romanische Kirche, die im Jahre 1719 zerstört wurde. Blickt man auf die **Fassade,** erkennt man die im Jahre 1722 vom Bildhauer *Michelangelo Speranza* geschaffenen Statuen von Petrus und Paulus. Besonders schön anzuschauen ist die **Orgel** von *Angelo Bonatti,* ein Exemplar aus der veronesisch-gadenesischen Schule. Von hoher Kunstfertigkeit sind auch die Altäre; der 1702 gefertigte Hochaltar stammt aus den Händen von *Tomio Tomezzoli.*

Palazzo Calderini/ Albergo Gardesana und Gedenkstein

Das heute als Albergo genutzte Gebäude mit seinen Laubengängen und von Pfeilern gestützten Rundarkaden wurde zu Beginn des 14. Jahrhunderts im Auftrag der Familie *Calderini* erbaut und diente **zunächst** als **Warenlager.** Rund 100 Jahre später, als die Region unter der Herrschaft der Republik von Venedig stand, zog in den Palast der **Verwaltungsrat des „Gardesana dell'Aqua"** ein, ein Zusammenschluss der Gemeinden von Malcesine bis Lazise, der bis 1797 Bestand hatte. Das „Oberhaupt" des Rates war der Seekapitän. Mitte des 19. Jahrhunderts, so belegen Aufzeichnungen, konnte man hier schon im **Hotel Gardesana** übernachten. Weitere 100 Jahre später – der Palast hatte einen vierten Stock und eine Terrasse erhalten – entwickelte sich die exklusive Herberge zu einem Treffpunkt von Persönlichkeiten aus Kunst und Politik. Bis heute ist der an der Piazza Calderini zu findende Albergo Gardesana das Traditionshotel in Torri del Benaco.

garda030 ts

Wer nicht nur Augen für die reizvolle Szenerie des Gardaseeufers hat, entdeckt am Gebäude einen großen **Gedenkstein.** Er ehrt den 1444 in Torri geborenen und später berühmt gewordenen **Humanisten Domizio Calderini.** Dieser studierte griechische und lateinische Literatur, lebte in Venedig und Rom und veröffentlichte seine vom Papst *Sixtus IV.* in Auftrag gegebene geografische Arbeit mit dem Titel „Tavole di Tolomeo" (Die Tische des Tolomeo). *Calderini* starb im jungen Alter von 34 an der Pest. Die Stele mit den Worten von *Angelo Poliziano* gab sein Vater *Antonio* in Auftrag.

Chiesa Santissima Trinità

Neben dem Hotel Gardesana steht die kleine **Dreifaltigkeitskirche** aus dem 14. Jahrhundert. Sie war einst im 15. Jahrhundert die Privatkapelle der *Manaroli* und zeitweise Treffpunkt des Verwaltungsrats des „Gardesana dell'Aqua", der später im benachbarten und mit der Kirche verbundenen Gardesana-Gebäude tagte. Sehenswert sind **Fresken** aus dem 14. und 15. Jahrhundert: Dargestellt wird Christus mit einem ihn ganz umgebenden Heiligenschein samt Evangelisten und dem heiligen Bartolomeo. Geschaffen hat die Darstellung wahrscheinlich der 1397 geborene Maler *Ranuccio Arvari.*

Grotta Tanella

Am südlichen Ende der Ortschaft Pai zeigen Schilder den Weg über die Via A. Manzoni bergauf nach Pai di Sopra und zur Grotta Tanella. Dabei handelt es sich um eine **mehrere hundert Meter lange Höhle mit einigen Nebenhöhlen** und tollen Stalaktiten und Stalagmiten. Da

⌃ In den Gassen von Torri del Benaco

der Weg zur Höhle von Pai di Sopra nicht gerade bestens ausgeschildert und die Höhle nicht beleuchtet ist, wird eine **Führung** empfohlen. Ausgerüstet mit Helm und Taschenlampe geht man gemeinsam vom Ortszentrum von Pai di Sopra zur Grotta. Der Gang durch die Höhle dauert ca. 30 Min., festes Schuhwerk und warme Kleidung sind unbedingt zu empfehlen. Die Temperatur in der Höhle beträgt ganzjährig nur 12°C.

- **Infos:** Anfragen zu Führungen unter Tel. (340) 7661116 und (340) 9631510 oder tanella@cooperativabiosphaera; www.cooperativabiosphaera.it.

Praktische Tipps

Touristeninformation

- **Via Fratelli Lavanda,** Tel. (045) 6296485.

Verkehr und Transport

Bus

- **Linie 183** von Torri über Garda, Bardolino, Lazise, Gardaland nach Peschiera del Garda und zurück.
- Von Torri **nach Malcesine** über Brenzone, beide Richtungen ca. 13x täglich, stündlich.
- **Linie 184** von Torri nach Garda und von Torri bis nach Riva del Garda über Brenzone sul Garda, Malcesine und Torbole, beide Richtungen ca. 12x täglich, stündlich.
- **Linie X05** von Torri nach Verona 2x frühmorgens. Zurück nur bis Garda Busbahnhof nachmittags und am frühen Abend. Alle Infos unter **www.atv.verona.it.**

Schiff

- **Von Pai** nach Torri, Garda und Desenzano 1x täglich nachmittags, nach Riva del Garda mit Stopp in Castelleto, Brenzone, Malcesine und Limone 1x täglich vormittags.
- **Von Torri** über Garda, Bardolino, Sirmione nach Peschiera bzw. Desenzano 3x täglich ab ca. 15 Uhr.
- **Nach Limone** bzw. Riva del Garda 2x täglich.

Taxi

- **La Gioia Taxi,** Tel. (347) 9373883.

Übernachtung

- **Hotel del Porto**③, schick gestaltete Zimmer mit modernen Bädern. Die Zimmer mit Balkon haben einen charmanten Blick auf den See. Terrasse mit Liegen. Das Hotel liegt direkt an der Promenade. À-la-carte-Restaurant mit Bootsanlegestelle. Es werden kostenlos Fahrräder verliehen. Lungolago Barbarani, Tel. (045) 7225051, www.hoteldelportolagodigarda.it.
- **Apartments Canevini**④, ruhig gelegene Apartmentanlage mit neun Unterkünften für bis zu 7/8 Personen. Rund einen halben Kilometer südlich des Zentrums. Schöner Pool und großer Garten. Wochenweise buchbar. Tel. (045) 6290138 und (347) 0195974, www.canevini.it.
- **Hotel Gardesana**③, die Lage am Hafen mitten im Leben des Ortes ist fantastisch. Das Hotel mit langer Tradition hat schon manche Berühmtheit beherbergt. Manche der klassisch im venezianischen Stil eingerichteten Zimmer haben einen Balkon. Restaurant mit riesigem Außenbereich am Hafenbecken. Privatparkplatz. Piazza Calderini, 5, Tel. (045) 7225411, www.gardesana.eu.
- **Hotel Baia dei Pini**③-④, sehr schöne, aus drei Gebäuden bestehende Hotelanlage für Freunde stilvollen zeitgenössischen Designs, teils gepaart mit klassischen Elementen. Individuell eingerichtete Zimmer und Suiten mit raffiniertem Mobiliar. Je nach Vorliebe mit Terrasse zum See oder Balkon zum Garten. Restaurant mit Frühstücksbüfett und Abendmenü, wenn gewünscht. Via Gardesana, 115, Tel. (045) 7225215, www.baiadeipini.com.

Garni Onda②, die zweckmäßig eingerichteten Zimmer überzeugen durch Sauberkeit und kräftige, helle Farben. Alle mit Balkon. Das Hotel hat 26 Zimmer und liegt oberhalb der Gardesana auf dem Weg nach Albisano, der See und Torri del Benaco sind schnell zu Fuß erreicht. Mehrere Familienzimmer. Netter Service durch die Betreiber. Via per Albisano, 28, Tel. (045) 7225895, www.garnionda.com.

Albergo Alpino③, oberhalb des Sees, in dem in grüne, hügelige Landschaft eingebetteten Ortsteil Albisano, betreibt die Familie *Perotti* diese Herberge mit zwölf großzügig geschnittenen Zimmern mit Balkon. Die Besitzer sind äußerst zuvorkommend. Viel Platz im Garten. Via S. Zeno, 8, Tel. (045) 722 5180, www.albergo-alpino.it.

Hotel Lido③, unweit vom Zentrum und nur ein paar Schritte zum Ufer. Elegante, moderne Möblierung. Komfortable Zimmer und Suiten mit Seeblick, Familiensuite. Restaurant und Garage. Via Gardesana, 3, Tel. (045) 6296240, www.hotellido.vr.it.

Essen und Trinken

Trattoria Loncrino, bei Fiorella in den Hügeln bei Albisano speist man hervorragend samt gratis Traumblick hinab zum Lago di Garda. Die Gerichte sind abwechslungsreich und weichen angenehm ab von den üblichen Speisen an der Seepromenade: Blätterteigtörtchen gefüllt mit Pilzen und Käse-Fondue, Wildschweingulasch, Gardaseefisch oder Trüffelgnocchi. Viele Zutaten wie Öl und Kräuter stammen aus der Region. Via Luigi Pirandello, 10, Località Loncrino, Tel. (045) 6290018.

Trattoria Bell'Arrivo, gute Adresse am Hafen: netter Service, gemütlicher Garten, breite Auswahl. Nur wenige Tische vor dem Lokal. Hausgemachte Gnocchetti mit Cherry-Tomaten, Schweinemedaillon mit Lugana-Weinsauce, gegrillte Gardaseeforelle. Hausgemachte Desserts. Piazza Calderini, 10, Tel. (045) 6299028, www.galvanihotels.com.

MEIN TIPP: **Ristorante Da Carlo,** die Aussicht auf der Terrasse direkt am See ist toll und auch das Essen schmeckt ausgezeichnet. Das herzliche Personal serviert Pizzen, gegrillte Calamari oder selbst gemachte Pasta. Eine klare Empfehlung! Piazza Umberto I, 8, Tel. (045) 7225433.

Pizzeria Ristorante Alla Grotta, empfehlenswerte Pizzen. Schönes Ambiente an der Seepromenade. Auch die Pastagerichte sind gelungen. Corso Dante Alighieri, 61, Tel. (347) 7606000.

Ristorante Gardesana, zum gleichnamigen Hotel gehörendes Lokal am alten Hafen. Schmackhaftes Essen in historischen Gemäuern, auf der riesigen Außenterrasse oder dem Balkon im 1. Stock. Spezialität ist Barschfilet vom Gardasee mit Butter und Thymian, außerdem Dorade in Salzkruste gebacken, gemischte Fisch-Grillplatte plus Fleisch-, Pasta- und Risotto-Gerichte. Piazza Domizio Calderini, 5, Tel. (045) 7225411, www.gardesana.eu.

Gelateria/Bar I Volti, beliebte Eisdiele mit vielen Stühlen und Tischen auf dem Vorplatz der Kirche. Attraktive Lage. Große Auswahl an Eisspezialitäten. Piazza Chiesa, 1, Tel. (045) 6296552.

Dolce Samy e Anna, kleine, feine Konditorei und Bäckerei. Tolle Auswahl an selbst gemachten Kuchen, Törtchen und anderen süßen Verführungen. Außerdem Brot und Brötchen. Via Dante Alighieri, Tel. (045) 6296326.

Einkaufen

Markt, jeden Mo bis ca. 13.30 Uhr im Zentrum.

MEIN TIPP: **Le Rubinare,** Feinkost/Lebensmittel. Unbedingt einen Besuch wert. *Andrea Mischi* betreibt das Familienunternehmen seit elf Jahren mit Leib und Seele und achtet sehr auf qualitativ hochwertige Produkte. Ausgezeichnete persönliche Beratung, große Käse- und Wursttheke, köstlicher Schinken. 100% Wildschweinsalami. Pasta. Eigene Mischi-Olivenöle, hin und wieder mit Basilikum, Zitrone oder Peperoncino verfeinert. Eigener Balsamico-Essig aus Traubenmost. Große Auswahl an lokalen Weinen wie z.B. Garda Cabernet Ca' Berone. Bergapfelsaft. Belegte Brötchen. Tägl. 8–13 und

16–19 Uhr. Via Dante Alighieri, 8, Tel. (045) 629 0650, www.mischishop.com.

■ **Torr Yachting,** in diesem Geschäft an der Gardesana gibt es alles, was die modische Seglerin und der modische Segler schon immer tragen wollten, z.B. Jacken, Sweater, Schuhe, dicke Pullis, Taschen und Sonnenhüte. 9.30–12.30 und 16–20 Uhr. Via Gardesana, 80, Tel. (045) 7225868.

■ **Arte Italiano,** *Lisa Benetti* betreibt einen Laden in der Altstadt, der exklusive Keramik führt. Die farbenfrohen Motive auf den großen und kleinen Schalen, den Tellern und Anrichteplatten orientieren sich an bekannten Obst- und Gemüsesorten wie Zitronen oder Tomaten. Das Geschäft, dessen hochwertiges Warenangebot in dieser Art selten zu finden ist, besteht seit über 60 Jahren. 10–13 und 16–19 Uhr. Via C. Battisti, 8, Tel. (045) 225 549.

■ **Goldschmied Sergio Zanetti,** gefällig designte Schmuckstücke z.B. von „Pomellato 67". Via Cesare Battisti, 29, Tel. (045) 7225354.

Sport und Aktivitäten

■ **Centro Surf Jean Pierre Ruegsegger,** c/o Hotel Baia dei Pini, Via Gardesana, 115, Tel. (045) 722 5215.

■ **Yachting Club Torri,** Viale Guglielmo Marconi, 2, Tel. (045) 7225124, www.yctorri.com.

Nützliches

■ **Post,** Via Gardesana, 66, Tel. (045) 6296230.

■ **Polizei: Carabinieri,** Via Gardesana, Tel. (045) 7225092.

■ **Ärztlicher Dienst für Touristen,** Via Gardesana, 13, Tel. (045) 7225548.

■ **Apotheke,** Via Gardesana, 75, Tel. (045) 7225021.

■ **Zahnarzt: Dr. Bruckner,** Via per Albisano, 2, Tel. (045) 6290550.

■ **Tierarzt: Dr. Simone Finotti,** Vicolo Fosse 1, Tel. (045) 6296650.

Die Umgebung von Torri del Benaco

Punta di San Vigilio

Zwischen Torri del Benaco und Garda versteckt sich dieses Kleinod zwischen Gardesana und Seeufer. Die **überschaubare Landzunge** ist ein wunderhübsches Konglomerat aus Natur und Architektur. Hat man sein Auto an der Gardesana geparkt (das Privatgrundstück ist nur für Hotelgäste befahrbar), betritt man das **parkähnliche Areal** über eine eindrucksvolle Zypressenallee. Einige Meter weiter geht nach rechts zunächst der tagsüber geöffnete und kostenpflichtige (je nach Saison Erw. 10–15 €) **„Park der Sirenenbucht"** ab (www.parcobaiadellesirene.it). Hier lässt sich am gepflegten Kiesstrand mit Liegen und Sonnenschirmen entspannen. Ferner gibt es Tischtennisplatten, einen Kinderspielplatz, ein Tagesprogramm mit Animation, Duschen und WC. Folgt man der Zypressenallee weiter, passiert man eine durch ein Unwetter im August 1995 entwurzelte, 30 m lange, 300 Jahre alte und rund 10 Tonnen schwere **Zypresse.** Am Ende des Weges, leicht rechts hinter einem Tor, präsentiert sich die vom Veroneser Baumeister *Michele Sanmicheli* im 16. Jahrhundert erbaute **Villa Brenzone,** damals Wohnsitz des Humanisten Graf *Agostino Guarienti di Brenzone.* Noch heute ist das Gebäude im Privatbesitz der Adelsfamilie *Guarienti di Brenzone* und kann nicht besichtigt werden.

Über den kurzen Weg Richtung See erreicht man ein **Gebäudeensemble,** in dem unter anderem das feudale **Luxushotel Locanda San Vigilio** (www.locan

da-sanvigilio.it) seine Gäste empfängt. Dazu gehören noch ein Hafenbecken aus dem 14. Jahrhundert und eine in einem Haus aus dem 15./16. Jahrhundert untergebrachte Taverne, die ein traumhafter Platz ist, um vorzüglich zu speisen.

Auf dem riesigen Areal befinden sich ansonsten noch eine rund 1000 Jahre alte Kapelle, mit viel Liebe angelegte **Gärten,** ein Zitronengewächshaus und neben den jahrhundertealten Zypressen einige **Olivenbäume,** darunter ein laut Hinweisschild aus dem 14. Jahrhundert stammendes Exemplar.

Crero

Kommt man von Norden, biegt kurz nach dem Ortseingangsschild von Torri del Benaco eine schmale Straße nach links ab. Die Fahrt führt über eine enge Straße rund 3 km hinauf ins **urige Bergdorf** Crero. Der Abstecher lohnt wegen der traumhaften Weitsicht auf die Umgebung, der reizvollen Kirche S. Siro aus dem 18. Jahrhundert und vor allem wegen der in der Umgebung gefundenen **prähistorischen Felszeichnungen.** Von der Trattoria Panoramico im Ort folgt man dem ausgeschilderten Weg Richtung „Rocca dei Graffiti/Pietra Grande", bis man auf eine Reihe flacher Felsen trifft. Leider sind die „Rupestri" genannten Kunstwerke kaum noch erkennbar, von daher sollte man vor allem die **tolle Landschaft** genießen. Die von Menschenhand geschaffenen Tier- und Menschenfiguren schätzen Wissenschaftler auf ein Alter von rund 3000 Jahren. Sie wurden in den 1960er Jahren entdeckt. In der gesamten Region, insbesondere oberhalb der südlich von Torri del Benaco gelegenen Ansiedlung Brancolino, fand man bisher einige Hundert dieser in den Fels geritzten Zeichnungen.

Essen und Trinken

■ **Trattoria Panoramico,** das Lokal macht seinem Namen alle Ehre, denn der Blick von der überdachten Terrasse ist nahezu unschlagbar. Das einzige Restaurant im Ort. Leckere lokale Küche, man wird freundlich bedient. Hier kann man sich den genauen Weg zu den Felszeichnungen erklären lassen. Via per Crero, 6, Tel. (045) 6290654.

San Zeno di Montagna

Je nach Anfahrtsweg schraubt sich die Straße mal mehr oder weniger eng, schmal und kurvig den Berg hinauf, bis man **weit oberhalb des Gardasees** den lang gestreckten Ort erreicht – die Sommerfrische des Ostufers. Der Ausblick von der sogenannten **Prada-Ebene** an der Südseite des Monte Baldo gestaltet sich malerisch, und ein paar empfehlenswerte Restaurants reihen sich vorzugsweise am Hang entlang. Touristenmassen sucht man vergeblich. Brillante Sehenswürdigkeiten ebenso. Im Herbst, trotz der abends früh einbrechenden Dunkelheit und manch kühler Nacht, reisen eingeweihte Besucher an und lassen sich begeistern von der **Festa delle Castagne** und der **Festa del Marrone** mit ihrer romantischen Atmosphäre (siehe Exkurs nächste Seite). Denn zu dieser Jahreszeit steht während der Ernte der Ort ganz im Zeichen der Kastanie und Marone, die hier oben prächtig und

Festa delle Castagne und Festa del Marrone

Alljährlich im Herbst spielen die Kastanie und die Marone für einige Wochen die Hauptrolle in dem abgelegenen Bergort San Zeno di Montagna. Von **Ende Oktober bis Anfang November** begeht man an drei Wochenenden die Festa delle Castagne und die Festa del Marrone. 2022 wurde die **Esskastanie** zum 50. Mal geehrt, die **Marone** zum 19. Mal. Während dieser Festtage reihen sich Verkaufsstände mit regionalen Produkten entlang der Hauptstraße auf. In einem großen Festzelt spielt die Musik, und es werden im wahrsten Sinne des Wortes säckeweise Kastanien und Maronen verkauft. Besucher können natürlich frisch geröstete Exemplare der herbstlichen Köstlichkeiten probieren. Zu kaufen gibt es außerdem **Crema di Marroni** im Glas oder **Kastanienbier.** Die Marone ist übrigens eine speziell gezüchtete Unterart der Edelkastanie.

Die Maronen von San Zeno di Montagna und der Kastanienanbau haben eine lange Tradition in der Region. Erste Aufzeichnungen beweisen den Anbau von Kastanienbäumen schon ab dem 13. Jahrhundert. **Lange Zeit** stellte die Kastanie ein **Grundnahrungsmittel** in den Bergen dar. Aus ihr wurde und wird wieder Mehl zur Brot- und Polenta-Herstellung gewonnen, man röstet sie und isst die Nussfrucht roh. Auch Köche haben in neuerer Zeit das feine Aroma der Kastanien und Maronen neu entdeckt und kreieren daraus köstliche Pasta und süße Desserts, ganz zur Freude der kulinarisch interessierten Besucher, die im Herbst San Zeno di Montagna für sich entdeckt haben.

Wer Lust hat am Kochen hat, überrascht seine Gäste daheim mit einer süßen Spezialität der Region namens *Castagnaccio.*

Rezept für Castagnaccio

- **Zutaten:** 500 g Kastanienmehl (aus Maronen von San Zeno), eine Prise Salz, 2 EL Zucker, etwas Wasser, 50 g Rosinen (zuvor in lauwarmes Wasser eingelegt), 50 g Pinienkerne, 3 EL natives Olivenöl (vom Gardasee).
- **Zubereitung:** Das Mehl in eine Schüssel geben, etwas Salz und den Zucker dazugeben. Dann vorsichtig so viel Wasser hinzufügen und verrühren, bis ein weicher, halbflüssiger Teig entsteht. Nun vermengt man diese Masse mit den Rosinen, den Pinienkernen und dem Öl zu einem homogenen Teig. Dieser wird in eine flache, mit Öl gefettete und mit Mehl bestäubte Form gefüllt. Danach geht das Ganze für eine ½ Stunde in den auf 180° vorgeheizten Ofen. Warm servieren.

- **Infos** zu den Festen: www.marronedisanzeno.it

> Tolles Panorama über den Gardasee hinüber zum Westufer

an vielen Bäumen gedeihen. Es wird gefeiert, getanzt, geröstet, und in den Töpfen der Lokale köcheln den Gaumen schmeichelnde, deftige Gerichte aus den genannten Nussfrüchten.

Die landschaftlichen Reize hier oben auf rund 580 m Höhe lassen sich bei Touren zu Fuß oder mit dem Mountainbike am besten erfahren. Sogar Wintersport ist in der Umgebung möglich, wie der vor Ort ansässige **Sci Club Costabella** unterstreicht.

Sci Club Costabella, c/o Hotel Costabella, Via degli Alpini, 1, Tel. (349) 8519739, www.sciclubcostabella.it.

Die örtliche **Pfarrkirche San Zeno Vescovo** beruht auf Plänen des Architekten *Alessandro Paduzzi* und wurde 1767 fertiggestellt. Der beachtliche Glockenturm, klar abgegrenzt von der Fassade, wurde erst 20 Jahre später erbaut. Nach weiteren 30 Jahren, im Jahr 1818, konnte man an der neuen Turmuhr die Zeit ablesen. Schön sind die Glasfenster, einige wertvolle Gemälde und der Altar aus dem Jahr 1914.

Jungle Adventure Park

Einer der ältesten Abenteuerparks Italiens liegt nahe dem Ortszentrum in einem idyllischen Waldareal. Kletteraffine Menschen ab einem Alter von acht Jahren dürfen hier ihre Geschicklichkeit und ihren Mut unter Beweis stellen. Insgesamt **vier Strecken** unterschiedlichen Schwierigkeitsgrades können bewältigt werden, wobei der **„Schwarze Parcours“** eine echte Herausforderung ist: Es geht über Holzstege, wackelige Seilbrücken und mit Seilrutschen flott an

garda031 ts

garda032 ts

Bäumen vorbei. Das ausgebildete Personal sorgt für die nötige Sicherheit. Für die ganze Familie geeignet. Extra Baby-Parcours vorhanden.

■ **Infos:** Mai bis Ende September tägl. 10–18 Uhr, ansonsten nach Vereinbarung. Preis pro Parcours zwischen 8 und 23 €. Pineta Sperane, Tel. (045) 628 9306, www.jungleadventurepark.com.

⌃ Die Durchgangsstraße von San Zeno di Montagna mit der Pfarrkirche San Zeno Vescovo

Praktische Tipps

Touristeninformation

■ **Municipio (Rathaus),** Via Cà Montagna, 1, Tel. (045) 7285076, (045) 6270384 .

Verkehr und Transport

Bus

■ **Linie 165/173/470** von Verona über Costamano oder von Garda über Costamano (Linie 470), mehrmals täglich.

Übernachtung

■ **Hotel Bellavista**②, das Hotel mit seinen über 40 modern gestalteten Zimmern und Junior-Suiten macht seinem Namen alle Ehre und bietet einen herrlichen Ausblick über weite Teile des Gardasees und die gegenüberliegenden Berge. Seit 2019 steht den Gästen ein Outdoor-Swimmingpool zur Verfügung. Im Panorama-Restaurant kann man vorzüglich speisen. Nicht entgehen lassen sollte man sich im Herbst das großartige mehrgängige Kastanien-Menü. Auf dem Teller könnte eine *Minestrone di Castagne,* serviert in einem ausgehöhlten Brot, landen oder ein Nachtisch namens *Crocante alle Castagne e Nocciole.* Halb- oder Vollpension buchbar. Privater Parkplatz. Contrada Cà Montagna, 1, Tel. (045) 7285286, www.bellavistahotel.eu.

■ **Hotel Giardinetto**②, Familie *Aloisi* betreibt die modern gestylte Herberge mit acht komfortablen Zimmern auf drei Etagen seit mehreren Generationen. Aus einigen Fenstern erblickt man den See. Das Frühstück kann auf der wunderbaren Terrasse eingenommen werden. Zum Hotel gehört ein Restaurant. Via Don Marcellino Faccio, 6, Tel. (045) 728 5947, www.ilgiardinetto.eu.

■ **Hotel Diana**③, das Haus steht in einer herrlichen Gartenanlage mit Pool und charmantem Panoramablick. Rund 50 mit Holzmöbeln ausgestattete Zimmer mit Balkon. Sehr nettes Personal. Restaurant. Tennisplatz und kostenlose Leihfahrräder. Contrada Cà Montagna, 54, Tel. (045) 7285113, www.hoteldiana.biz.

■ **Albergo Sole**②, großes Hotel mit über 60 im klassischen Stil eingerichteten Zimmern. Pool mit Liegen. Restaurant mit Seeblick. Mountainbike-Verleih, auch E-Bikes. Via Cà Schena, 1/3, www.albergosole.com.

Camping

■ **Campingplatz Mamma Lucia,** ganzjährig geöffneter Campingplatz mit über 180 Stellplätzen mit Wiese und altem Baumbestand. Pizzeria, Kinderspielplatz, Tennisplatz, Einkaufsladen mit Obst- und Gemüseangebot. Haustiere willkommen. Stellplatz plus 2 Erw. ab 22 €, Kinder 3–12 Jahre ab 3,50 €. Via Canevoi, 38, Tel. (045) 7285038, www.campingmammalucia.it.

Essen und Trinken

Einige **Hotels** (z.B. Hotel Bellavista) verfügen über gute Restaurants und bieten im Herbst während der Kastanienzeit wechselnde Menüs und Gerichte an; dann empfiehlt sich eine Reservierung.

■ **Taverna Kus,** eine der kulinarischen Top-Adressen im Ort. Serviert werden vom freundlichen Personal saisonale Spezialitäten: im Herbst Kastanien, im Frühling Spargel. Raffinierte Rezepte und hausgemachte Salami. Vegetarische Gerichte. Große Weinauswahl. Im Inneren sind die weiß gedeckten Tische unter alten Gewölben platziert, die Wände sind teils üppig dekoriert mit Spiegeln oder Tellern mit unterschiedlichstem Dekor. Gemütlicher Garten. Via Castello, 14, Tel. (045) 7285667, www.ristoranteveronatavernakus.it.

■ **Ristorante Giardinetto,** im gleichnamigen Hotel offeriert das Restaurant im Erdgeschoss leckere Pizzen aus dem Holzofen. Die Küche zaubert außerdem regionale Spezialitäten, dazu gehören selbstverständlich die aus dem Ort stammenden erstklassigen Kastanien mit kontrollierter Herkunftsbezeichnung (D.O.P.). Nicht zu verachten sind auch der Seefisch oder die Gerichte mit Trüffel aus der Monte-Baldo-Region. Große Terrasse mit Seeblick. 10–22.30 Uhr, Mo geschlossen. Via Don Marcellino Faccio, 6, Tel. (045) 7285018, www.ilgiardinetto.eu.

Einkaufen

■ **+39 Boutique,** San Zeno di Montagna ist wahrlich kein Shoppingparadies, doch dieser kleine Laden an der Durchgangsstraße ist ein Lichtblick. Seine Besitzerin hält Modisches „Made in Italy" bereit. Nur Frauenbekleidung. 9.30–12.15 und 16–19.15 Uhr, Mo geschlossen. Contrada Cà Sartori, 45, Tel. (327) 1023096.

■ **Salumeria Lenotti,** auf jeden Fall sollte man bei Familie *Lenotti* einen Stopp einlegen, sofern man kein Vegetarier ist. Je nach Vorlieben kann man hausgemachte, qualitativ hochwertige und mit besten Rohstoffen erzeugte Fleischprodukte kaufen. In den Regalen und an der Theke findet man z.B. die *Sopressa de Monte Baldo,* eine venezianische Salami mit Bardolino-Wein und Knoblauch verfeinert. Verkostung möglich. Zuvorkommende Beratung. An der Hauptstraße gelegen, mit einigen Parkplätzen vor der Tür. Juni bis Sept. 8–12.30 und 16–19.30 Uhr, Mo geschlossen. Via Cà Schena, 2, Tel (045) 7285029, www.salumidelmontebaldo.it.

Nützliches

- **Ärztlicher Dienst für Touristen** von Juni bis September tägl. 9–10.30 Uhr, Via Cà Montagna, 11, Tel. (045) 7285017.
- **Post,** Via Cà Schena, 95, Tel. (045) 728 5128.
- **Apotheke,** Via Cà Montagna 1, Tel. (045) 728 5068.
- Eine **Tankstelle** befindet sich an der Durchgangsstraße nahe der Kirche.

Die Umgebung von San Zeno di Montagna

Der nahe Ort **Prada** zwischen der Gemeinde Brenzone und San Zeno di Montagna ist ein vorzüglicher Ausgangsort für Wanderungen und Bergtouren. Die Seilbahn bzw. der Sessellift mit den Stehkörben ist nach 10 Jahren Pause wieder in Betrieb (siehe zum Ort weiter oben).

Das Hinterland von Torri del Benaco bis Garda

Caprino Veronese

In diese **unaufgeregte, typisch italienische Stadt** verirren sich nur wenige Gardasee-Urlauber. Und tatsächlich gibt es hier, nur 7 km vom See entfernt, in der Nähe von Costermano und am Fuße des Monte Baldo keine spektakulären Sehenswürdigkeiten, die einen Besuch zwingend machen. Die ländliche Umgebung ist geprägt durch Weinanbau und andere Agrarwirtschaft. Doch die eigentliche Schönheit des historisch interessanten Ortes liegt in seiner **mediterranen Natürlichkeit,** den hauptsächlich von Einheimischen oder Italienern besuchten Bars und Restaurants und nicht zuletzt dem eindrucksvollen **Palazzo Carlotti** mit sehenswerten alten Fotos und archäologischen Funden.

Anfang des 15. Jahrhunderts wurde Caprino ein **Teil der Republik Venedig** und blieb dies für einige Jahrhunderte. Während dieser Epoche ließen adlige Familien auf dem aufgeteilten Territorium unzählige prachtvolle Villen und Paläste errichten, die heute noch im Stadtbild von Caprino anzutreffen sind. Als Ende des 18. Jahrhunderts *Napoleon* die Macht übernahm, erklärte man Caprino zur Verwaltungshauptstadt der Region. Nach der Niederlage des Franzosen übernahmen die Österreicher die Herrschaft und es kam zu einem erneuten wirtschaftlichen Aufschwung.

⊡ Wenig Glamour, viel Authentizität – das Zentrum von Caprino Veronese

Sehenswertes

Palazzo Carlotti/Museo Civico

Der im 17. Jahrhundert errichtete venezianische Palast, der seit 1952 als **Rathaus** genutzt wird, unterlag in Laufe der Jahrhunderte vielen Umbauten. Eines dieser später errichteten architektonischen Elemente ist der hübsche **Garten** mit seinen Statuen. Sehenswert ist der reich dekorierte **„Saal der Träume“** (Sala die Sogni), dessen Malereien von *Jacopo Ligozzi* vermutlich vom Beginn des 17. Jahrhunderts stammen. Ganz spezieller Natur sind die dargestellten tierischen oder menschlichen, teils grotesken Figuren, die pflanzliche Elemente aufweisen. Wer sich auskennt, sieht den Kampf des *Herakles* mit dem Nemeischen Löwen oder die Flucht des *Äneas* aus Troja. Ein anderer Raum im Carlotti-Palast stellt **Waffen und Uniformen** aus den Italienischen Unabhängigkeitskriegen und dem Ersten Weltkrieg aus. Ferner muss der Besucher nicht auf **archäologische Funde** aus prähistorischer und römischer Zeit verzichten, die aus der Region rund um Caprino stammen. Neben der **Skulpturengruppe** des berühmten Veroneser Bildhauers *Rigino*, die die Beweinung Christi darstellt (14. Jahrhundert), können weitere Ausstellungen mit historischen Fotos von Caprino und Fossilien aus der Monte-Baldo-Region begutachtet werden.

Infos: Sa 10–12 Uhr. Piazza Roma, 6, Tel. (045) 6209929, www.comune.caprinoveronese.vr.it.

Pfarrkirche Caprino

Mitten im Ortszentrum, beim Restaurant San Marco, steht diese Kirche aus dem 18. Jahrhundert, entworfen von *Adriano Rossi*. Der Glockenturm stammt aus dem Jahr 1870.

garda033 ts

Basilica Santuario della Corona

Die Wallfahrtskirche ist allein aufgrund ihrer **spektakulären Lage** hoch am Felsen des Monte Baldo über dem Etschtal eine Reise wert. Sie liegt auf einer Höhe von 774 m **beim Ort Spiazzi,** der zu Caprino Veronese zählt. Schon im Mittelalter, um das Jahr 1000, wie Dokumente belegen, war die Region ein Ort der Andacht und Rückzugsort für Einsiedler. Ein erstes Kloster soll an diesem Platz in der zweiten Hälfte des 13. Jahrhunderts existiert haben. Einst erzählte man sich, das ursprüngliche Gotteshaus sei um das Jahr 1522 zu Ehren einer Madonnenfigur erbaut worden, die auf unerklärliche Weise in Spiazzi auftauchte und die man für einige Wunder verantwortlich machte. Doch ein Gemälde der Madonna mit Kind aus dem 14. Jahrhundert, auf dem die Kirche dargestellt ist, widerlegt diese Geschichte. Die aus bemaltem Stein bestehende **Madonna della Corona** entdeckt man am Hauptaltar. Sie ist 70 cm hoch, 56 cm breit und 25 cm tief und trägt in einer Aufschrift am Sockel das Jahr 1432. Für die folgenden Jahrhunderte lassen sich mehrere Erweiterungen erkennen. Der letzte, für das heutige Erscheinungsbild entscheidende Umbau erfolgte von 1975 bis 1978. Im Inneren sind **Skulpturen** von *Ugo Zannoni* und des Veroneser Architekten *Raffaele Bonente* zu bewundern. An der Kirche kann man in der Bar Al Santuario bei einem tollen Panoramablick einen Kaffee trinken oder einen Snack essen.

■ **Infos:** Am besten erreicht man den Wallfahrtsort über Caprino Veronese und parkt in Spiazzi. Zur Basilika dauert der Aufstieg knapp eine ½ Stunde. November bis März 8–18 Uhr, April bis Oktober 7–19.30 Uhr, Messe täglich über das gesamte Jahr um 10.30 Uhr, je nach Jahreszeit und Wochentag teils bis zu 7x am Tag; die genauen Zeiten für die Messe findet man auf der Website. Località Santuario, Fraz. Spiazzi, Tel. (045) 7220014, www.madonnadellacorona.it.

Festa del Tartufo del Baldo

Alljährlich **im September** feiert man drei Tage lang das **Trüffel-Festival.** 2022 fand diese Veranstaltung mit Essensständen, an denen Speisen mit Trüffel gekostet werden können, und abendlichen Konzerten zum zehnten Mal statt.

Naturpark Il Giardino dei Sogni

Unweit des Zentrums von Caprino Veronese in der Località Platano zieht der **„Garten der Träume“** interessierte Besucher an. Auf dem gut zwei Hektar großen Gelände am Fuß des Monte Baldo wachsen in herrlicher Natur Pflanzen aller Art. Es stehen botanische Lehrpfade und schön angelegte Ruheplätze zur Verfügung, alle Wege sind behindertengerecht gestaltet. Der Park ist ein reizvolles Ausflugsziel für die ganze Familie.

■ **Infos:** Mo bis Sa 9–12 und 14–18 Uhr. Eintritt: 5 €, Kinder 5–10 Jahre 3 €, Kinder bis 5 Jahre und Behinderte frei. Via San Martino, www.giardinodeisogni.org.

Praktische Tipps

Touristeninformation

■ **Ufficio turistico di Caprino Veronese,** Juli/August Mo bis So 9.30–12.30 Uhr, Do, Fr 15.30–18.30 Uhr, sonst nur vormittags, jedoch nicht an allen Tagen der Woche. Piazza Roma, Tel. (045) 620 9955, www.comune.caprinoveronese.vr.it.

Übernachtung

■ **Bed & Breakfast Poggio Caiar**②, in ruhiger Lage, in einem aus dem 16. Jahrhundert stammenden restaurierten Anwesen können attraktive Zimmer und Wohnungen gemietet werden. Ein kleiner Pool und der Garten dienen der Erfrischung und Entspannung. Località Caiar, 28, Tel. (349) 9428828, www.poggiocaiar.it.

■ **Bed & Breakfast Palazzo di Primavera**②, das von den freundlichen Eigentümern geführte Haus liegt mitten im Zentrum und verfügt über drei helle, moderne Zimmer. Piazza della Vittoria, 4/2, Tel. (377) 1876115, www.palazzodiprimavera.it.

■ **Hotel Villa Cariola**③, engagiert geführtes Hotel im Ortsteil Pazzon mit elegant eingerichteten Zimmern, gepflegter Gartenanlage und hübschem Pool. Der Blick in die hügelige Umgebung ist reizvoll. Im Restaurant kann man gut dinieren. Im Hotel werden gerne Hochzeiten und andere Events veranstaltet. Località Preele, 11, Pazzon, Tel. (045) 625 0012, www.villacariola.it.

Essen und Trinken

■ **Ristorante San Marco,** bei einem Gang durch das Zentrum von Caprino Veronese stößt man unweigerlich auf dieses beliebte Restaurant. Gegessen wird auf der Terrasse an der Straße oder im eleganten Innenraum. Herzliche Bewirtung. Die wilden Pilze mit Gorgonzola und Polenta sollte man kosten, ferner gibt es Fisch und Muscheln. Mo geschlossen. Gutes Preis-Leistungsverhältnis. Piazza San Marco, 22, Tel. (045) 7260004, www.locandasanmarco.it.

■ **Trattoria Cima 11,** das nördlich von Caprino Veronese im Ortsteil Porcino gelegene Lokal erfreut den Gast mit geschmackvollen Wildgerichten und je nach Saison mit Pfifferlingen, Steinpilzen oder Trüffeln. Man sitzt sehr gemütlich in einem großen, offenen Innenraum und trinkt dabei einen erfrischenden Lugana-Weißwein. Località Porcino, Tel. (045) 7265061.

Sport und Aktivitäten

■ **Nordic Walking Park,** im Ort existieren, wie auch in Brenzone sul Garda, mehrere Nordic-Walking-Strecken, die als „Vie dell'acqua" (Wasserstraßen) bezeichnet werden. Die drei Rundstrecken sind unterschiedlich lang, man muss zwischen 100 und 230 m Höhenunterschied bewältigen. Weitere Auskünfte und einen Plan bekommt man in der Touristeninformation.

Nützliches

■ **Markt,** jeden Samstagvormittag an der Piazza della Vittoria.

■ **Krankenhaus: Centro Sanitario Polifunzionale,** Via Cappuccini, Tel. (045) 6207111, www.ulss22.ven.it.

Affi

Die Stadt Affi, im Hinterland direkt an der Autobahn gelegen, wird hauptsächlich aus einem Grund besucht: Hier geht man **shoppen.** Einkaufszentren und unzählige Läden erlauben es auch bei Regenwetter nach Klamotten, Spielsachen und vielem anderen Ausschau zu halten. Kaffeefreunde sollten einen Abstecher in die besuchenswerte **Rösterei Caffè Roen** in Erwägung ziehen. 1979 in Pacengo di Lazise von *Sergio Bendinelli* gegründet, zog die Kaffeerösterei später nach Affi um. Zuletzt wurden 2018 Kaffees der Rösterei mit dem „Crystal Taste Award" und dem „Superior Taste Award" des *International Taste & Quality Institute* (iTQi) mit Sitz in Brüssel ausgezeichnet.

■ **Kaffeerösterei Caffè Roen,** Espressoseminar nach Voranmeldung, ca. 2 Std. auf Deutsch, mind. 4 Pers., 60 € inkl. 500 g Arabica-Kaffee. Mo bis Fr 8.30–12 und 14.30–18 Uhr, Sa 8.30–12 Uhr. Via Marconi, 20, Tel. (045) 6201131, www.cafferoen.it.

garda034 ts

Eine der wenigen nennenswerten Attraktionen in Affi ist die an der Durchgangsstraße auf einer grünen Wiese stehende alte **Dampflok** nebst **historischem Bahnhofsgebäude,** in dem heute eine Bibliothek untergebracht ist. Bis ins Jahr 1956 war die Bahnlinie Affi – Garda – Bardolino in Betrieb. Am dortigen Parkplatz bietet eine Bar mit nettem Außenbereich die üblichen Getränke.

Praktische Tipps

- **Buslinie 165** Verona – Calmasino – Cavaion – Affi – Costermano – Garda.
- **Grand'Affi Shopping Center,** über 80 Geschäfte mit Herren-, Damen- und Kinderkleidung. Restaurants. Haushaltswaren und Supermarkt. Tägl. 9–21 Uhr. Località Canove, 1, Tel. (045) 7235607, www.grandaffi.it.

Die alte Dampflok ist nahezu die einzige Sehenswürdigkeit von Affi

Costermano sul Garda

Eingebettet in die hügelige Gegend des Hinterlandes von Garda mit seinen Weinbergen und Olivenbäumen breitet sich die Siedlung Costermano aus. Erst seit 2016 darf der Ort übrigens den Namenszusatz „sul Garda" tragen. Fast alle Besucher finden den Weg in diese unscheinbare, aber schön gelegene Ortschaft aufgrund des dortigen **deutschen Soldatenfriedhofs,** einem der größten seiner Art in Italien. Etwa 22.000 Soldaten fanden auf den drei terrassenförmig angelegten Gräberfeldern ihre letzte Ruhe, darunter auch einige wenige hohe SS-Offiziere, die für den Massenmord an Juden in Konzentrationslagern verantwortlich waren. Dieser Umstand sorgt immer wieder für Diskussionen rund um die Ehrenstätte. Die Gräber der zwischen 1955 und 1967 errichteten Anlage sind durch steinerne Platten gekennzeichnet und mit Purpurheide bepflanzt; man liest jeweils die Namen zweier Toter. Auf dem höchsten Punkt des Geländes erhebt sich ein acht Meter hohes Stahlkreuz, und man trifft auf einen Altar aus Stein.

Deutscher Soldatenfriedhof Costermano, Mo bis So 8–18 Uhr, Via Baesse, 12.

Bei einer Erkundung des Ortes selbst empfehlen sich insbesondere mehrere punktuelle Stopps, um **süße Kulinarik, eindrucksvolle Kunst und hochprozentige Destillate** zu erwerben bzw. zu genießen. Auch in den hiesigen Supermärkten und Großgeschäften unmittelbar an der Straße zum Gardasee kann man fündig werden.

Fährt man weiter hinunter zum Lago di Garda, trifft man am Wegesrand auf der Via Salita degli Olivi auf einige in den Himmel ragende **Kunstwerke** des anerkannten Bildhauers *Pino Castagna,* der hier sein Atelier hat. Hochprozentiger gestaltet sich ein Besuch in der von *Carlo Gobetti* im Ortsteil Marciaga betriebenen Distilleria Artigiana, wo man edle Grappas erstehen kann (s.u.).

Im Oktober feiert man im Ortsteil Castion die **Festa dei Tordi.** Dabei handelt es sich um ein traditionelles Fest mit Musik, Tanz und Kunstausstellungen. In den Kochtöpfen wartet das Gericht „Polenta e Tordi" auf hungrige Gäste.

Tausende Gräber auf dem Soldatenfriedhof von Costermano

garda035 ts

Praktische Tipps

Bus

Linie 165 Verona – Calmasino – Cavaion – Affi – Costermano – Garda.

Übernachtung

Hotel Relais Villa Olivi②-③, 2015 erbautes Hotel mit Zimmern und Ferienwohnungen. Die Zimmer sind alle in einem anderen Stil eingerichtet, mal venezianisch, mal modern und bunt, und verfügen ausnahmslos über einen Balkon mit Seeblick. Familienfreundlich. Angenehm großer Pool im Garten. Verleih von Mountainbikes. Via Salita Olivi, 45, Tel. (045) 7200863, www.relaisvillaolivi.com.

Boffenigo Panorama & Experience Hotel④, vom Hotel eröffnen sich herrliche Ausblicke ins Umland und auf den See. Toller Pool und großer Außenbereich mit Liegen. Empfehlenswertes Restaurant. Angenehmer Wellness-Bereich mit Finnischer Sauna und Türkischem Dampfbad. Via Boffenigo, 6, Tel. (045) 7200178, www.boffenigo.com.

Essen und Trinken

Ristorante Miralago, auf dem Weg von Costermano nach Garda trifft man an einer scharfen Linkskurve auf dieses nette und auch von Einheimischen empfohlene Lokal mit angemessenen Preisen. Die Speisekarte ist umfangreich: Rinderfilet und Seebarsch vom Holzkohlengrill, Lasagne, Pizza *Margherita*. Schöne Aussicht, großer Parkplatz. Tägl. 10–14.30 und 17.30–23 Uhr, Di geschlossen. Strada Provinciale, 8, Tel. (045) 7200397, www.miralagocostermano.com.

Trattoria La Val, über eine von der Hauptstraße abgehende Strecke erreichbare Lokalität in grüner Umgebung. Bekannt für ihre guten, selbst gezüchteten Forellen. Öfter Live-Musik. Tägl. 12–21.30 Uhr, Di geschlossen. Via Valle Mulini, 1/A, Tel. (045) 6201079.

Ristorante Pizzeria Le Guardie, mitten in der grünen Landschaft und mit tollem Ausblick auf den einige Kilometer entfernten See serviert der Koch frischen Fisch, auch Gardaseefisch und Meeresfrüchte. Eine üppige Auswahl an Fleischgerichten findet sich ebenfalls. Spezialität des Hauses ist die sogenannte „Pfannenpizza". Wunderbare Außenterrasse. In der Nähe des Soldatenfriedhofs. Via Guardie, 6, Tel. (045) 7200860, www.leguardie.com.

Einkaufen

Distilleria Artigiana Carlo Gobetti, Freunde qualitativ hochwertiger Destillate werden im Geschäft von *Carlo Gobetti* garantiert fündig. Eine Verkostung der edlen Tresterbrände ist möglich und ein hochprozentiges Geschmackserlebnis. Via Ghiandare, 14, Tel. (045) 6279000, www.distilleriacarlogobetti.it.

Sport und Aktivitäten

Golf-Club Ca'degli Ulivi, im Ortsteil Marciaga können Golfspieler an ihrem Handicap arbeiten. 18-Loch-Platz. Driving Range. Green Fee ab 55 €. Clubhaus mit Restaurant. Via Ghiandare, 2, www.golfclubcadegliulivi.it.

Nützliches

Post, Via Giovanni Battista, Tel. (045) 6200630, www.posteitaliane.it.

Apotheke, Viale Della Repubblica, 1, Tel. (045) 7200747.

An der Uferpromenade in Garda

Garda

Neben Malcesine ist Garda ohne Zweifel die zweite **touristische Hochburg** am Ostufer. In der Hochsaison schwemmen Ausflugsbusse und Schiffe Unmengen Gäste in die Stadt und füllen den Ortskern und die großzügig angelegte Promenade. Die Stadt changiert zwischen spannender Historie und einer touristischen Gegenwart, die an manchen Tagen gerade für Liebhaber individueller und relaxter Entdeckungstouren eine Herausforderung darstellen kann. Kommt man in der **Nebensaison,** sind zwar möglicherweise einige der Restaurants und deren hunderte Terrassenplätze am Seeufer nahezu verwaist, dafür treten prachtvolle Palazzi, Villen, Parkanlagen und die Traumlage am Wasser geballt zu Tage und in den Fokus.

Das Herz der Stadt sind die Seepromenade und der kleine Hafen mit dem Palazzo dei Capitani. Auf keinen Fall unbeachtet bleiben sollten die **landschaftlichen Vorzüge** der Gegend mit ihrer oft üppigen mediterranen Vegetation. Hervorgehoben sei das **Felsplateau La Rocca** bei Garda nahe der Gardesana mit seinen nahezu senkrechten Felswänden und einer kaum noch erkennbaren Burg. Hier kann man gemütlich wandern (siehe „Wanderungen") und herrliche Blicke auf Garda und Bardolino genießen. Einst wurde hier oben in den mittelalterlichen Gemäuern eine gewisse *Adelheid* eingesperrt, der jedoch eine spektakuläre Flucht gelang. Wenig später, im Jahr 951, wurde sie die Gemahlin des römisch-deutschen Kaisers *Otto I.*

Der Ort Garda war, wie sich unschwer vermuten lässt, der Namensgeber des Sees, der zuvor die lateinische Bezeichnung „Benaco" trug. Die **Geschichte** da-

garda036 tou

Übernachtung
1 Bed & Breakfast Anna
3 Hotel Continental
4 Sky Pool Hotel Sole
5 Hotel Benaco Garda
6 Hotel La Vittoria
11 Hotel Piccolo
12 Hotel Remàt
14 Casa Lady
16 Hotel Regina Adelaide

Essen und Trinken
2 Steakhouse/Pizzeria Stafolet
8 Ristorante La Bussola
15 Ristorante Regio Patio
17 Ristorante Le Rasole

Einkaufen/Sonstiges
13 Benatours

Nachtleben
7 Papillon Music Bar
9 Osteria Can & Gato
10 Piano-Bar Taitù

hinter ist unspektakulär und führt wieder zum Ortsberg, dem knapp 250 Meter hohen La Rocca. Höchstwahrscheinlich schätzte man diesen hoch gelegenen Platz schon seit der ersten menschlichen Besiedlung als Aussichtspunkt, um Feinde und Angreifer rasch und schon von Weitem entdecken zu können. Und so nahm man im 8. Jahrhundert den von dem lombardischen Wort „warda" (Wache) abgeleiteten Namen Garda und gab ihn dem faszinierenden Gewässer.

Sehenswertes

Pfarrkirche Santa Maria Maggiore

In dem ursprünglich **aus dem 10. Jahrhundert** stammenden Bauwerk finden sich nur wenige Kunstschätze. Zu nennen wäre das Altarbild des 1628 in Venedig verstorbenen Malers *Palma il Giovane* oder ein Kruzifix aus dem 16. Jahrhundert. Die Kirche wurde durch ein Erdbeben im 12. Jahrhundert stark in Mitleidenschaft gezogen, später wieder aufgebaut, der heiligen Maria gewidmet und im Laufe der Zeit öfters verändert. Im 17./18. Jahrhundert erhielt sie ihr barockes Aussehen.

Palazzo dei Capitani

Der Kapitänspalast im **gotisch-venezianischen Stil** war einst die Versammlungsstätte der Fischerszunft und Residenz der Gardasee-Autoritäten der Republik Venedig. Das hellgelbe Gebäude mit seinen Spitzbogenfenstern und Arkaden steht unübersehbar an der Piazza Catullo und befand sich einst direkt am Seeufer; so konnten die Schiffe an der Mauer festgezurrt werden. Der Platz vor dem Palazzo, auf dem sich heute die Tische und Stühle der angrenzenden Restaurant breitmachen, entstand zu einem späteren Zeitpunkt.

Villa degli Albertini

Am Ortseingang von Norden kommend kann man durch ein eisernes Tor auf der linken Straßenseite die **einem Schloss ähnelnde Villa** erspähen. Einige wenige Gebäudeteile stammen aus dem 16. Jahrhundert, das heutige Erscheinungsbild verdankt sich dem Um- und Ausbau im 19. Jahrhundert. Geht man vom Tor ein paar Schritte zurück Richtung San Vigilio, erkennt man eine kleine Kirche, die dem heiligen Carlo Borromeo geweiht ist. Villa und Gotteshaus wurden durch die Familie errichtet. Im 18. Jahrhundert gelangte das Anwesen an die Grafen *Degli Albertini*. Eine Gedenktafel an der Mauer neben der Toreinfahrt erinnert an König *Carlo Alberto von Sardinien-Piemont*, der während des Ersten Unabhängigkeitskrieges vom 11. bis 14. Juni 1848 in dem Haus logierte. 2016 wurden Restaurierungsarbeiten an der in Privatbesitz befindlichen Villa durchgeführt. Eine Besichtigung ist nicht möglich.

Sport und Aktivitäten

Wellness- und Spa-Center Gardacqua

Die große Anlage liegt auf dem Weg nach Costermano ca. 1,5 km vom Ortszentrum Gardas entfernt und beherbergt alles, was zu einem Entspannungstag dazugehört. Im Spa-Bereich stehen auf rund **1000 m² Fläche** Saunen, Dampf- und Salzwasserbäder zur Auswahl. Verschiedene Aufgüsse sind im Angebot, geschwommen werden kann im großen Sportbecken; separates Kinderbecken. Fitnesscenter, Schwimmkurse und „Acquafitness". Auch ein Restaurant ist vorhanden.

Infos: Pools: Mo, Mi, Fr 7.30–21.30 Uhr, Di, Do, Sa 9–21.30 sowie So und Feiertage 10–20 Uhr; Spa-Bereich: Mo bis Do 13–21 Uhr, Fr, Sa 11–21.30 sowie So und Feiertage 11–20 Uhr. Eintritt: Tageskarte Pool und Spa 25 €. Via Cirillo Salaorni, 10, Tel. (045) 6270563, www.gardacqua.org.

Bei einer Wanderung zur Rocca hinauf liegt einem Garda zu Füßen

Feste und Events

Palio delle Contrade

Schon seit über 50 Jahren **rudern** alljährlich **am 15. August** (am italienischen Feiertag *Ferragosto*) Sportler aus allen Vierteln von Garda um die Wette. Zuvor ziehen die farbenfroh gekleideten Teilnehmer durch die Straßen, auf denen ein buntes **Rahmenprogramm** Fans und Besucher erfreut. Das eigentliche Rennen startet in den Abendstunden. Dabei kommen traditionelle Boote zum Einsatz, die ursprünglich für den Fischfang und den Transport von Waren gedacht waren und von vier weiblichen oder männlichen Ruderern gesteuert werden. Das siegreiche Viertel darf neben Ehre und Ruhm die Statue der Madonna Assunta mit nach Hause nehmen. Bis zum nächsten Jahr. Das Fest endet mit einem großen Feuerwerk.

garda037 ts

Natale tra gli Olivi – Weihnachten unter Olivenbäumen

Jedes Jahr (2023 zum 24. Mal) Ende November, Anfang Dezember strömen Besucher auf den sehr **beliebten Weihnachtsmarkt** an der Seepromenade und an der Piazza Catullo. Lokale Spezialitäten und andere Produkte aus der Region werden feilgeboten. Ein romantische Veranstaltung für die ganze Familie.

Sardellata al Chiar di Luna

Mehrere Tage lang **im Juli** spielt die **Gardaseesardine** alljährlich die Hauptrolle in Garda. Neben Essensständen sorgen die Gemeinde und die Fisch-Kooperative für Musik und Kurzweil. Das traditionelle Volksfest wird seit fast 100 Jahren freudig gefeiert.

Praktische Tipps

Touristeninformation

- **Piazza Donatori di Sangue,** 1, Tel. (045) 627 0384.

Verkehr und Transport

- **Bus** (Haltestelle an der Gardesana in der Ortsmitte): **Linien 162/163/164** Verona – Lazise – Bardolino – Garda und zurück. Mehrmals täglich; **Linie 183** Peschiera – Gardaland – Lazise – Bardolino – Garda – Torri del Benaco – Brenzone – Malcesine. Mehrmals täglich.
- **Schiffe** fahren in alle Richtungen, häufiger sind die Verbindungen nach Süden.
- **Taxi:** De Beni, Tel. (045) 7255695 und (349) 341 1603.

Übernachtung

11 **Hotel Piccolo**①, am zentralen Platz Catullo gelegenes Hotel aus dem 2-Sterne-Segment. Saubere Zimmer, tolle Lage und nette Besitzerfamilie. Sehr gutes Frühstück. Preislich und auch sonst eine empfehlenswerte Adresse. Halb- und Vollpension buchbar. Piazza Catullo, 11/12, Tel. (045) 7255256, www.piccolohotelgarda.it.

14 **Casa Lady**②, nur rund 20 Betten stehen in diesem 2011 restaurierten Gebäude aus dem 16. Jahrhundert zur Verfügung. Wenige Schritte zur Promenade. Die Zimmer und Suiten sind mit freundlichen Farben und Parkettboden ausgestattet. Teils mit Terrasse. Der Frühstücksraum bietet Seeblick, die angegliederte Trattoria lädt mittags und abends zu guter italienischer Küche ein. Gutes Preis-Leistungs-Verhältnis und warmherzige Atmosphäre. Via Verdi, 2/4, Tel. (045) 7256562, www.casalady.it.

12 **Hotel Remàt**③, das Hotel verfügt über ein angenehmes und gut abgestimmtes Ambiente mit einer Mischung aus antikem und modernem Mobiliar. Mit Geschmack restauriertes historisches Gebäude aus dem 18. Jahrhundert. Die Lage mitten in der belebten, autofreien Altstadt neben dem Palazzo dei Capitani könnte kaum besser sein. Restaurant im Hause, großer Außenbereich an der Piazza Catullo. Aufmerksames Personal. Kostenfreier Parkplatz 600 m entfernt. Be- und Entladen am Hotel möglich, am Freitag (Markttag) schwierig. Piazza Catullo, 10, Tel. (045) 6270448, www.hotelremat.it.

6 **Hotel La Vittoria**③, in diesem charmanten Boutique-Hotel mit seinen zwölf Zimmern wohnt man zentral an der Seepromenade. Die gesamten Räumlichkeiten sind sehr gepflegt und mit Geschmack und Stil eingerichtet. Besonders empfehlenswert sind die Zimmer mit Seeterrasse. Restaurant ebenfalls mit Seeblick. Kompetentes und angenehmes Personal. Gratis-Parkplätze einige hundert Meter entfernt. Via Lungolago Regina Adelaide, 57, Tel. (045) 6270473, www.hotellavittoria.it.

1 **Bed & Breakfast Anna**②, ruhige Unterkunft zwischen Garda und Costamano mit drei in freundlichen Farben gestalteten und modern eingerichteten Zimmern, die die Namen „Orchidea", „Gardenia" und „Magnolia" tragen. Rund 1,5 km vom Zentrum entfernt. Schöne Terrasse, Whirlpool im Garten. Tolles Frühstück und Wohlfühl-Atmosphäre. Umweltschonend geführtes B & B mit Energieerzeugung durch Photovoltaik, Sonnenkollektoren für die Erzeugung von Warmwasser und Rückgewinnung von Regenwasser. Via Vittorio Monese, 12, Tel. (349) 4234312, (349) 1726399.

5 **Hotel Benaco Garda**③, seit 1964 bestehender Familienbetrieb, oberhalb an der Gardesana liegend, mit 16 klassisch-elegant eingerichteten Zimmern, mal mit Teppich, mal mit Parkett. Das Abendessen kann im eigenen Restaurant eingenommen werden. Hotelparkplatz vorhanden. Fahrradverleih. Tennisplätze wenige Schritte entfernt. Corso Italia, 126, Tel. (045) 7255283, www.hotelbenacogarda.it.

4 **Sky Pool Hotel Sole**④, das Highlight des Hotels ist die Dachterrasse mit Panoramaaussicht, Bar-Restaurant und Pool. Alle 51 Zimmer verfügen über einen Balkon und wurden 2018/19 von Grund auf renoviert und neu gestaltet. Unweit des Zentrums, oberhalb der Gardesana. Hoteleigene Parkgarage kostenpflichtig. Via Monte Baldo, 9, Tel. (045) 627 0222, www.hotelsolegarda.it.

3 **Hotel Continental**③, oberhalb der Gardesana, ruhig und unweit des neuen Jachthafens gelegen, bietet diese Herberge 53 gepflegte Zimmer mit Balkon mit Blick auf den Garten und den Swimmingpool. Zu Fuß sind das Zentrum und die Seepromenade in wenigen Minuten erreicht. Restaurant. Kostenloser hoteleigener Parkplatz. Tennisplätze in der Nähe. Via Giorgione, 14, Tel. (045) 7255100, www.hotelcontinentalgarda.it.

16 **Hotel Regina Adelaide**④, das Luxushotel, das sich seit mehreren Generationen in Familienbesitz befindet, liegt im Herzen von Garda und präsentiert sich mit edlem und feinem Interieur. Die 59 Zimmer und Suiten sind alle individuell mit antiken Möbeln und ausgesuchten Stoffen dekoriert, teils mit großer Terrasse. Hallenbad und Außenpool. Wellness-Bereich mit Sauna, Dampfbad, Whirlpool. Spa-Anwendungen. Jeden Samstagnachmittag finden im Hause im Restaurant Regio Patio Kochkurse mit maximal sechs Teilnehmern statt, auch auf Deutsch möglich. Via San Francesco d'Assisi, 23, Tel. (045) 7255977, www.regina-adelaide.it.

Essen und Trinken

An der Uferpromenade reiht sich Restaurant an Restaurant. Die Speisekarten sind umfangreich und ähneln sich teilweise sehr; man ist auf den täglichen Ansturm vieler Touristen eingestellt. Die Qualität lässt manchmal zu wünschen übrig, und die Preise sind nicht die günstigsten. Dafür ist die Lage am See eine der besten in Garda, besonders bei Sonnenuntergang.

8 **Ristorante La Bussola,** in einer schmalen Gasse in der Altstadt serviert das stilvoll und rustikal eingerichtete Lokal abwechslungsreiche Fischgerichte und fein zubereitete Meeresfrüchte. Insgesamt typisch italienische Küche mit Pasta & Co. Die Bedienung arbeitet professionell und freundlich. Mit etwas Glück ergattert man bei schönem Wetter einen der Tische vor dem Restaurant. Via Spagna, 29, Tel. (045) 7256475.

15 **Ristorante Regio Patio,** feine, von Chefkoch *Andrea Costantini* auf den Teller gebrachte Delikatessen mit frischen saisonalen Zutaten der Region, z.B. überbackener Felchen mit Brot, Zitrone, Petersilie und kandiertem Sellerie. Vegetarisches 5-Gänge-Menü. Das Ambiente ist stilvoll und elegant. Unbedingt probieren sollte man auch die süßen Köstlichkeiten, die *Giovanna Tommasi* in der Konditorei kreiert. Viele selbst gemachte Produkte kommen auf den Tisch wie Brot, Marmeladen oder die Pasta.

Gehört zum Hotel Regina Adelaide. Tägl. 12.30–14 und 19.30–22 Uhr. Privatparkplatz direkt am See. Via San Francesco d'Assisi, 23, Tel. (045) 7255977, www.regina-adelaide.it.

MEIN TIPP: **17 Ristorante Le Rasole,** abseits des Trubels sitzt man in der Nähe der Rocca auf einer schönen Terrasse im Grünen oder im großzügigen Innenbereich und genießt die familiäre Atmosphäre und die leckere authentische Küche. Familie *Moratti* serviert selbst gemachte Pasta, auf der Zunge zergehende süße Desserts und auf den Punkt gegartes Fleisch oder Blaufelchen vom Holzkohlengrill – einfach gut! Via San Bernardo, 151, Tel. (045) 7255686.

2 Steakhouse/Pizzeria Stafolet, eines der wenigen Lokale, die sich auf gegrilltes Fleisch spezialisiert haben. Offene Grillstation, an der man die Zubereitung seines Fleisches begutachten kann. Große Auswahl an Steaks (z.B. *Black Angus, Limousin, Blonde d'Aquitaine, Scottona*), bezahlt wird nach Gewicht. Zusätzlich viele verschiedene Pizzen und Pastagerichte. Via Poiano, 9, Tel. (045) 7256530, www.stafoletsteakhouse.com.

Nachtleben

10 Piano-Bar Taitù, kleine und intime, seit 1976 existierende Location mit Live-Musik, Cocktails und Drinks. Tägl. 22–2 Uhr. Vicolo cieco Forni, 8, Tel. (045) 7255134, www.taitupianobar.it.

9 Osteria Can & Gato, eine winzige, urige und „normale" Kneipe, in der man am Abend bis weit nach Mitternacht bestens ein oder mehrere Gläser Wein oder andere Drinks zu sich nehmen kann. Authentische und lockere Atmosphäre. Live-Musik Fr, Sa ab 22 Uhr, So früher. Leckere Salami-, Schinken- und Käse-Happen. Corso Vittorio Emanuele, 50.

7 Papillon Music Bar, in einem alten restaurierten Steinhaus feiert man bis in den frühen Morgen. Tägl. außer Di 19–4 Uhr. Via delle Antiche Mura, 22, Tel. (045) 7256678.

Einkaufen

- **Markt,** jeden Freitagvormittag an der Seepromenade Regina Adelaide.
- Der **Flohmarkt „Rassegna del Riuso"** findet von April bis Oktober immer samstags ebenfalls an der Seepromenade Regina Adelaide statt.

Nützliches

- **Apotheke,** Corso Italia, 78, Tel. (045) 7255022.
- **Ärztliche Versorgung für Touristen,** Via Colombo, 2, Tel. (320) 6691261. Nur im Sommer.
- **Post,** Via M. Abrile, 1, Tel. (045) 6271911, www.posteitaliane.it.
- **Tour-Veranstalter: 13 Benatours,** Lungolago Regina Adelaide, 29, Tel. (045) 7255231, www.benatours.it.

garda-18 ts

☐ Gelegenheit zur Mittagspause in der Altstadt von Garda

Bardolino

Wer an Bardolino denkt, hat oft einen lauen Sommerabend mit dem Besuch einer urigen Osteria im Hinterkopf. Dazu eine regionale Spezialität auf dem Teller und eine Flasche guten Bardolino auf dem Tisch. Der **berühmte Rebensaft** gehört zu dem charmanten Ort wie die von stilvollen Häuserfassaden geprägte Altstadt, der offene Hafen samt bunten Fischerbooten und nicht zuletzt die **lebensfrohe Atmosphäre.** Das kleinstädtische Fleckchen ist bei Besuchern durchaus beliebt und im Hochsommer oder an Markttagen auch gerne mal sehr voll. Und doch überwiegt das wohltuende Gefühl, in einer mit italienischem Leben gefüllten „Città" unterwegs zu sein, in der Touristen eine Rolle, aber nicht die uneingeschränkte Hauptrolle spielen.

Die breite und lange **Seepromenade** lädt tagsüber wie auch nach Sonnenuntergang zum Bummeln ein, Straßenmusiker spielen in den umliegenden Gassen bekannte Melodien, und auf den Restaurantterrassen am Wasser plaudert und lacht man in den Abend hinein. Die Stimmung in Bardolino kann als leger und locker beschrieben werden. Für einen angenehmen Aufenthalt sorgen ferner die **guten Bademöglichkeiten** südlich und nördlich des Stadtzentrums.

Der **Ortsteil Cisano** südlich vom eigentlichen Zentrum mit seinem mit Lokalen bestückten hübschen Hafen beherbergt ein sehenswertes Ölmuseum (s.u.) und die **Kirche Santa Maria,** die im 12. Jahrhundert nach einem zerstörerischen Beben wieder aufgebaut wurde. Zuvor stand dort ein Gotteshaus aus dem 10. Jahrhundert. Im 19. Jahrhundert erfuhr das Gebäude erneut eine umfangreiche Umgestaltung und erhielt zu seinen romanischen Stilelementen auch einige neoklassizistische Züge.

Sehenswertes

Chiesa San Severo

Das aus dem 9. Jahrhundert stammende Bauwerk mit seinem hohen Kirchturm ist im romanischen Stil erbaut und wurde im 15. Jahrhundert zur Pfarrkirche erhoben. Im 18. Jahrhundert nutzte man das Gebäude für weltliche Belange, und es kam zu massiven baulichen Veränderungen. Teile des Gotteshauses, insbesondere die Apsis, wurden Mitte des 20. Jahrhunderts rekonstruiert. Trotz all dieser Umstrukturierungen gilt die Kirche als **eines der interessantesten mittelalterlichen Bauwerke am Gardasee,** nicht zuletzt aufgrund der außergewöhnlichen **Fresken** aus dem 12. Jahrhundert. Ebenso interessant ist die **Krypta,** die während des Wiederaufbaus im 11. Jahrhundert fertiggestellt wurde und deren Gewölbe von Säulen aus der ursprünglichen frühmittelalterlichen Kirche getragen wird. Man findet die Chiesa San Severo direkt an der Gardesana.

> Gerade an Markttagen ist viel los in der Altstadt von Bardolino

Chiesa San Nicolò e San Severo

Früher stand hier an der Piazza Matteotti eine dem heiligen San Nicolò geweihte Kirche aus dem 13. Jahrhundert, die im 15. Jahrhundert zur Pfarrkirche erhoben wurde und den Namenszusatz „e San Severo“ erhielt. Das heutige, sehr präsent im Herzen der Altstadt liegende **prachtvolle neoklassische Sakralgebäude** mit den nicht zu übersehenden vier korinthischen Säulen entstand zwischen 1830 und 1880. Tritt man ein, zeigt sich auf der rechten Seite ein Relikt aus der Zeit der San-Nicolò-Kirche: Es handelt sich um das Taufbecken aus Marmor im Bereich der Taufkapelle. Schön anzusehen ist auch das Werk von *B. Peretti,* das die Arche Noah während der Sintflut und Moses das Rote Meer teilend darstellt. Über dem Altar wurde in der Halbkugel ein **Fresko** inszeniert, das den über das Heidentum triumphierenden Christus abbildet und Anfang des 20. Jahrhunderts entstand. Nicht vergessen werden sollten die zahlreichen, mit aufwendigen Szenen versehenen **Kirchenfenster;** wer genau hinschaut, entdeckt zum Beispiel „Die Vertreibung aus dem Paradies“ oder „Das Abendessen von Emmaus“.

Chiesa San Zeno

Von Gebäuden dicht umgeben, kann die kleine Kirche aus dem 8. oder 9. Jahrhundert leicht übersehen werden. Die erste urkundliche Erwähnung stammt aus dem Jahr 807. Damit **zählt** das Kirchlein **zu den ältesten Gotteshäusern der Region** und wird der fränkischen Besatzerzeit zugeordnet. Bemerkenswert sind die Säulenkapitelle, die mit Verzierungen nach antiken Mustern versehen wurden, und Reste von alten Fresken.

garda038 ts

Bardolino

Übernachtung
1 Camping Serenella
5 Aqualux Hotel Spa & Suite
6 Hotel Speranza
8 Hotel Alla Riviera
14 Bed and Breakfast Soleluna, Agriturismo Levai
17 Hotel Villa Katy
20 Color Hotel

Essen und Trinken
5 Restaurant EVO
9 Gelateria Cristallo
10 La Piccola Osteria
11 Osteria Due Nani
13 Osteria Franciscus
18 Ristorante Al Cardellino
19 L'Unico Restaurant & Pizza

Nachtleben
4 Hollywood Dance Club

Einkaufen
7 Elboteghernoo Spezialitäten
12 Boutique Avamposta
15 Weinkellerei Guerrieri Rizzardi

Sport
2 Wasserski Center
3 Circolo Tennis Bardolino
16 Boat Garda

Museo dell'Olio d'Oliva in Cisano

Fährt man von Bardolino nach Süden, trifft man direkt an der Gardesana auf dieses Museum. Die Ausstellung informiert über die verschiedenen Schritte in der **Olivenölproduktion,** von der bäuerlichen und landwirtschaftlichen Epoche bis zur heutigen, meist industriellen Verarbeitung der Olive zum fertigen Öl. Ausgestellt sind antike Pressen, Mühlsteine und interessante Utensilien. Angeschlossen an das Museum ist ein **Geschäft,** in dem man kaltgepresste Olivenöle probieren und kaufen kann. Im Angebot sind außerdem lokale Produkte wie Essig, Pesto und Wein.

■ **Infos:** Mo bis Sa 9.30–12.30 und 15–18.30 Uhr, So 9.30–12.30 Uhr. Eintritt frei. Via Peschiera, 54, Tel. (045) 6229047, www.museum.it.

Weinmuseum Zeni

Auf dem Gelände des traditionsreichen, seit 1870 bestehenden Weingutes Zeni beschäftigt sich dieses Museum mit dem Thema Wein. Zu sehen sind **historische Gerätschaften,** und man erfährt einiges über die Geschichte und die Entwicklung dieser landwirtschaftlichen Sparte. Im Geschäft gibt es die breite Palette an Zeni-Weinen zu kaufen, viele davon dürfen kostenlos verkostet werden.

■ **Infos:** November bis März Mo bis Sa 8.30–12.30 und 14.30–18.30 Uhr, April bis Oktober Mo bis Sa 9–12.30 und 14.30–19 Uhr, So 9–13 Uhr. Eintritt frei. Via Costabella, 9, Tel. (045) 7210022, www.museodelvino.it.

Baden

Lido Mirabello Beach

Über die Uferpromenade nach Süden erreicht man dieses schön gestaltete und **beliebte Areal mit Außengastronomie und privatem Strandbereich.** Gepflegte Wiese mit Liegen und Sonnenschirm am Ufer. Umkleide, Dusche und WC. Restaurant/Pizzeria mit großer Terrasse am Wasser. Interessantes weiß-blaues Gebäude im Art-déco-Stil, in dem ehemals die Kinder der Fischer betreut wurden. Hunde an der Leine erlaubt.

■ **Infos:** Kostenpflichtig, Tageskarte 9 €. Tägl. 9–19 Uhr. Lungolago Cipriani, 3, Tel. (045) 6212202.

Sport und Aktivitäten

3 **Circolo Tennis Bardolino,** Via dello Sport, 3, Tel. (045) 7211320. Der Ansprechpartner für Tennisspieler.

16 **Boat Garda,** vermietet werden Motorboote, die auch ohne Führerschein gefahren werden dürfen. Ferner Luxusboote aus der Schiffswerft Frauscher und einige Segelboote. **Touren** mit einem erfahrenen Skipper. Lungolago Cipriani, Tel. (045) 743 0724, www.boatgarda.com.

2 **Wasserski Center,** beim Campingplatz Serenella werden verschiedene Wassersport-Aktivitäten angeboten, u.a. Wasserski, Wakeboarden und Parasailing. Località Mezzariva, 19, Tel. (045) 7211333, www.waterskigardalake.com.

■ **Wandertipp:** Rundwanderung auf das Felsplateau Rocca di Garda (siehe „Wanderungen").

Feste und Events

Festa dell'Uva e del Vino

Ende September/Anfang Oktober feiert man das Trauben- und Weinfest, 2023 zum 92. Mal. Dann verwandeln sich die Promenade und die Altstadt in eine riesige Präsentationsbühne für **regionale Weine und typische veronesische Spezialitäten.** An unzähligen Ständen kann man all diese Dinge verkosten und probieren. Eine der Hauptrollen spielt natürlich der klassische Bardolino

garda039 bt

mit seinem fruchtigen und ausgewogenen Bouquet, der in großen Mengen exportiert wird. Das Fest bietet jedoch auch Gelegenheit, einmal andere Weine wie z.B. den Amarone zu testen. Rund 100.000 Besucher zählt das Festival alljährlich. Als Höhepunkt und zum Abschluss der weinseligen Tage findet ein Feuerwerk statt.

Palio del Chiaretto

Im Sommer verwandelt sich die Altstadt von Bardolino in einen Traum in Rosa – bei dem großen **Weinfest** Palio del Chiaretto wird der gleichnamige Roséwein gefeiert. Trocken, ein wenig herb, harmonisch und edel – sowohl der Chiaretto als auch der rubinrote Bardolino Classico sind Exportschlager. Bei dem Fest gibt es unzählige Degustationsstände von Winzern und Herstellern regionaler Produkte in den Straßen der Stadt und auf der schönen Promenade. Weitere Programmpunkte sind ein großes Feuerwerk, Musik, Drachenbootrennen und ein Vespatreffen.

Triathlon Internazionale „Città di Bardolino"

Wer die ultimative sportliche Herausforderung liebt, nimmt an diesem alljährlich **im Juni** stattfindenden Triathlon teil. Im Jahr 2023 geht das Ereignis zum 38. Mal über die Bühne. Selbstverständlich freuen sich die Athleten auch über zahlreiche Besucher am Streckenrand. Anmeldung jeweils ab Mitte Dezember.

Infos: www.triathlonbardolino.it

Ausgelassene Stimmung während der Festa dell'Uva e del Vino

Praktische Tipps

Touristeninformation

- **Piazzale Aldo Moro, 5,** Tel. (045) 7210078.

Verkehr und Transport

Bus

- **Linien 162/163/164** Verona – Lazise – Bardolino – Garda und zurück. Mehrmals täglich.
- **Linie 183** Peschiera – Gardaland – Lazise – Bardolino – Garda – Torri del Benaco – Brenzone – Malcesine. Häufig nach Garda, ansonsten mehrmals täglich.

Schiff

- **In alle Richtungen,** häufiger sind Verbindungen nach Süden.

Taxi

- **Buscardo Michele,** Tel. (347) 5775087

Touristenbahn

- **In den Sommermonaten** fährt ein kleiner Zug mit zwei Anhängern durch die Stadt. Dauer der Tour etwa 15 Min., 2 €/Person, Abfahrt an der Promenade. Tel. (337) 460731.

Übernachtung

8 Hotel Alla Riviera③, glücklich kann sich schätzen, wer eines der schönen Zimmer mit Balkon, Seeblick und Sonnenmarkise ergattert. Die Lage des in einem gepflegten historischen Gebäude untergebrachten Hotels ist grandios, sofern man in der geschäftigen Altstadt an der Promenade residieren möchte. Terrasse mit Liegen, Seeblick und Pool. In den Sommermonaten kann man gemütlich im Garten frühstücken. Lungolago Francesco Lenotti, 12, Tel. (045) 6212600, www.allariviera.it.

MEIN TIPP: **5 Aqualux Hotel Spa & Suite** ③, absolut geschmackvoll gestaltete Hotelanlage mit modernen architektonischen Elementen aus Stein und Glas. Ressourcen sparendes und auf Nachhaltigkeit ausgelegtes Beherbergungskonzept, KlimaHotel-Zertifizierung. Großzügiger Wellness- und Spa-Bereich u.a. mit drei unterschiedlich temperierten Saunen, einem Dampfbad, einem Caldarium und einem Damenbereich mit Sauna. Tolle Außenanlage mit abwechslungsreicher Poollandschaft, mehrere Becken mit Thermalwasser. Den 1000 m^2 großen Wellnessbereich dürfen auch Gäste von außerhalb genießen. Im **5 Restaurant EVO** lässt es sich bei sehr freundlichem und professionellem Service in angenehmer Atmosphäre ausgezeichnet speisen, es wird vorzüglich mit einer kreativen Note und viel Herzblut und Können gekocht. Unbedingt probieren. Man wohnt ruhig oberhalb der Gardesana, zu Fuß nur wenige Minuten von der Altstadt entfernt. Eigene Garage. Via Europa Unita, 24/B, Tel. (045) 622 9999, www.aqualuxhotel.com.

MEIN TIPP: **20 Color Hotel**④, familiengeführtes und mit viel Sinn für harmonisches Design und individuelle Note konzipiertes Hotel. Stilelemente einheimischer Künstler und internationaler Designer. Unterschiedlich eingerichtete Zimmer und Suiten, teils mit Balkon mit See- oder Poolblick. Vier Pools mit einer Gesamtfläche von über 1000 m^2. Restaurant und Bar, Gin-Corner. Via S. Cristina, 5, Tel. (045) 6210857, www.colorhotel.it.

14 Agriturismo Levai②-③, im Ortszentrum Calmasino, in ruhiger Lage, offeriert man in ländlicher Umgebung geschmackvoll eingerichtete, gepflegte Apartments (bis 67 m^2) und zehn Zimmer. Frühstück möglich. Großzügige Anlage mit Pool. Man wohnt auf einem Weingut, das neben Wein auch Olivenöl und Grappa herstellt. Località Levai, 1, Tel. (045) 7236978, www.agriturismolevai.com.

▷ An der Uferpromenade lässt sich manch edle Villa entdecken

14 **Bed and Breakfast Soleluna**③, die gemütliche Herberge besitzt reizende, individuell und mit viel Charme gestaltete Zimmer. Netter Frühstücksraum und Außenterrasse. Am Morgen wird man mit selbst gemachtem Kuchen und einem liebevoll zusammengestellten Büfett verwöhnt. Sehr persönliche Atmosphäre. Im Gartenbereich erwartet die Gäste ein Swimmingpool. Rund 2,5 km vom Zentrum entfernt, ruhig gelegen. Via Ceola, 19, Tel. (045) 7210065, www.bb-soleluna.com.

17 **Hotel Villa Katy**③, herrlicher Ausblick von der Frühstücksterrasse. Modernes, mit hellen Farben ausgestattetes Hotel mit 14 Zimmern im Ortsteil Cisano, nur wenige Meter vom Strand entfernt. 2011 eröffnet. Gepflegter Pool mit Liegen. Sehr freundliches Personal. Ganztägig geöffnete Bar. Kostenlose Tiefgarage. Via G. Rossini, 5, Tel. (045) 7210345, www.hotelvillakaty.it.

6 **Hotel Speranza**③, tolle Lage mitten in der Altstadt. Insgesamt 22 sehr schön und mit einer persönlichen Note dekorierte Zimmer. Teils mit Balkon. Dezentes, gelungenes Dekor mit erfrischenden farbigen Akzenten. Kostenloser Parkplatz direkt neben dem Hotel. Borgo Garibaldi, 51, Tel. (045) 721 0355, www.hotelsperanza.com.

Camping

1 **Camping Serenella,** nördlich von Bardolino Richtung Garda, unweit der Altstadt, breitet sich dieser direkt am Ufer gelegene Campingplatz aus. Knapp 300 Stellplätze für Zelte, Wohnmobile und Wohnwagen. Ebenes Terrain mit Schatten spendenden Bäumen. Zusätzlich zu den Stellplätzen sind Bungalows, Mobilheime, Apartments und Zimmer zu mieten. Sehr familienfreundlich mit Animation und Miniclub. Schwimmbad, Snackbar und Supermarkt vorhanden. Angebot an Wassersportaktivitäten. Stellplatz plus 2 Erw. ab 30 €, Kinder 4–10 Jahre je nach Saison teils frei. Località Mezzariva, 19, Tel. (045) 7211333, www.camping-serenella.it.

garda040 ts

Essen und Trinken

11 **Osteria Due Nani,** wunderschöner rustikaler Innenbereich mit hoher Decke und derben Steinwänden, dazu Holztische und Schwarz-Weiß-Fotos an den Wänden. Man kann hier mitten in der Altstadt auch draußen speisen. *Gabriele* und *Giancarlo* tischen ausgezeichnete Gerichte auf: gegrillter Tintenfisch mit Zucchini und Tomaten, Spaghetti mit Meeresfrüchten oder hausgemachte Pasta. Corso Umberto, 1, Tel. (045) 6211323, www.osteriaduenani.it.

18 **Ristorante Al Cardellino,** familiäres Restaurant im Ortsteil Cisano, in dem man im Sommer wunderbar im Freien auf der Terrasse mit Seeblick, umgeben von Olivenbäumen, speisen kann. Vorzügliches Essen. Die Familie *Modena* betreibt das Lokal mit seiner traditionellen, regionalen Küche seit 1977. Bei kühleren Temperaturen steht ein großer, gemütlicher Innenbereich zur Verfügung. Hausgemachte, mit Ricotto und Parmigiano-Käse gefüllte Ravioli mit einem Schuss des eigenen Balsamicos „Riserva di Famiglia". Leckere Fleisch- und Fischgerichte von dem mit Olivenholz befeuerten Grill. Riesige Weinauswahl. Zusätzlich werden einige Apartments angeboten. Via Pralesi, 16, Tel. (338) 8974229, www.alcardellino.it.

9 **Gelateria Cristallo,** äußerst beliebte Adresse für ein erfrischendes Eis. Das seit 1969 bestehende Lokal ist bekannt für seine köstlichen Eissorten, die gerne auf den Mauern des Hafenbeckens genüsslich verzehrt werden. Im dem seit der Eröffnung kaum veränderten Innenbereich präsentieren sich in den gekühlten Glasvitrinen Kuchen und Torten. An der Bar trinkt man ein Bier oder gönnt sich etwas Hochprozentiges. Außerdem sind Pizzen und Snacks im Angebot. Piazza Matteotti, 59, Tel. (045) 7210045, www.gelateriacristallo.it.

19 **L'Unico Restaurant & Pizza,** die Gastgeber verwöhnen ihre hungrigen Besucher mit ausgezeichnetem Essen. Frische Zutaten und freundlicher Service sind selbstverständlich. Hausgemachte Pasta, köstliche Fisch- und Fleischgerichte und natürlich knusprige Pizzen. Man kann drinnen oder draußen speisen. Terrasse mit Blick auf den See. Via Nicolò Copernico, 2, Tel. (045) 7211929.

10 **La Piccola Osteria,** gemütliches kleines Lokal mit ein paar Tischen vor der Tür, in einer schmalen Gasse gelegen. Man fühlt sich willkommen, und die servierte Pasta oder das Fleisch schmecken ausgezeichnet. Via Palestro, 38/a, Tel. (045) 6210421.

13 **Osteria Franciscus,** durch ein hohes eisernes Tor, flankiert durch ein Abbild des heiligen Franziskus, gelangt man in den Hof des angenehmen Restaurants. Man sitzt ruhig und doch zentral. Die Küche liefert gute, typisch italienische Gerichte. Große Auswahl an Pizzen ab 5 €, Pasta wie *Spaghetti Aglio e Olio* 7 €. Außerdem Fisch- und Fleischgerichte. Via Verdi, 11, Tel. (045) 6212781, www.osteriafranciscus.com.

garda041 ts

◁ Am Ufer errichtetes Denkmal für drei berühmte Dichter aus der Familie Betteloni

Nachtleben

4 **Hollywood Dance Club,** im Jahr 2021 feierte die beliebte Diskothek ihr 35-jähriges Jubiläum. Getanzt wird in ansprechenden Räumlichkeiten zu Musik wechselnder, teils sehr bekannter DJs bis zum Morgengrauen. Ab und an Live-Acts. Fr und Sa „Hollywood Dinner & Dancing" mit Büfett, Live-Musik und DJs. Man isst stilvoll auf der Terrasse am Pool mit Seeblick. Via Montavoletta, 11, Tel. (045) 721 0580, www.hollywood.it.

Einkaufen

- **Markt,** jeden Do 8.30 bis ca. 13/13.30 Uhr direkt am Hafen an der Promenade.
- **Bauernmarkt,** im Ortsteil Calmasino am Sa.
- **Antiquitätenmarkt,** jeden dritten So im Monat an der Seepromenade Riva Cornicello.

15 **Weinkellerei Guerrieri Rizzardi,** abseits der Altstadt, im grünen Hinterland, lädt das seit Generationen bestehende Unternehmen zur Weinverkostung ein. Ins Glas kommen Weinklassiker aus der Veroneser Region: Bardolino, Valpolicella, Soave. Probiert werden können auch eigene kaltgepresste Olivenöle. Im Sommer Mo bis Sa 10–18.30 Uhr, Mai bis Oktober kostenfreie Führung in deutscher Sprache nach Vereinbarung. Strada Campazzi, 2, Tel. (045) 7210028, www.guerrieririzzardi.it.

12 **Boutique Avamposta,** nicht ganz alltägliche, moderne und bezahlbare Mode für Frauen und auch für den Mann. Man wirbt mit dem zutreffenden Slogan „Moda Giovane – Junge Mode". Tragbar für jedes Alter. März bis November tägl. 10–13 und 16–23 Uhr. Via Verdi, 5, Tel. (045) 6210137.

7 **Elboteghernoo Spezialitäten,** hier wird man garantiert fündig: tolle Auswahl an typisch italienischen Produkten. Hauptsächlich hochwertige Ware. Üppige Auswahl an Wein und Spirituosen. Olivenöl, Süßigkeiten, Marmeladen und eine ganze Menge mehr. Tägl. 9.30–22.30 Uhr. Piazza Betteloni, 16, Tel. (045) 6210437, www.elboteghernoo.it.

Nützliches

- **Post,** Via Madonnina, 1, Tel. (045) 6210799.
- **Apotheke,** Piazzale Aldo Moro, 5, Tel. (045) 721 0007.
- **Ärztliche Versorgung für Touristen,** Via Gardesana dell'Aqua, 9, Tel. (045) 6213100. Nur im Sommer.
- **Tierarzt,** Via Canevon, 7, Tel. (045) 7211016.

Lazise

Der von kräftigen mittelalterlichen Mauern begrenzte **wunderschöne Altstadtkern** von Lazise kann durchaus noch als idyllisch bezeichnet werden. Nicht nur am schmalen Hafenbecken mit der im 12. Jahrhundert errichteten Kirche San Nicolò herrscht eine behagliche Atmosphäre, der Ort insgesamt strahlt ein angenehmes **italienisch-mediterranes Flair** aus. Das Leben, auch das touristische, nimmt im Sommer zwar deutlich an Fahrt auf, rauscht jedoch nicht im höchsten Gang wie im benachbarten Garda dahin. Bei einem Bummel durch den charmanten Ort wechseln sich romantische Plätze mit Bänken und Schatten spendenden Bäumen mit engen, von Läden und Lokalen gesäumten Gassen ab. In Lazise mit seinen Ortsteilen Pacengo und Colà trifft man den alteingesessenen Friseur und Hobbywinzer, der als leidenschaftlicher Fußballfan mit manch kreativem Styling überrascht, genauso an wie die familiengeführte Taverne mit reizvoll bepflanztem Patio. Badefreunde können sich an einem langen und breiten, flach ins Wasser abfallenden **Strand** erfreuen. Wer dort wohnen möchte, nimmt den stadtnahen Campingplatz. Als besondere Attraktion für Familien hält Lazise den Movieland-Hollywood-Park und den Caneva-Aquapark bereit (siehe jeweils unten).

Geschichte

Lazise gehört zu den ältesten Gemeinden Italiens, da Kaiser *Otto II.* dem Ort schon im Mai 983 weitreichende Rechte zusprach, die eine selbstständige und eigenverantwortliche Verwaltung möglich machten. Jedes Jahr feiert man diese Begebenheit mit einem Mittelalterfest. Bewohnt war die Gegend um Lazise jedoch deutlich früher, wie prähistorische Funde einer **Pfahlbausiedlung** im See vor Pacengo zeigen. Der Ortsname stammt höchstwahrscheinlich vom lateinischen Wort „lacus" ab, was als „See" übersetzt werden kann.

Die weitere Geschichte ähnelt der von vielen anderen Orten am Gardasee. Zunächst übernahm 1277 die Familie *Della Scala* von Verona sämtliche Machtbefugnisse, musste diese jedoch rund 100 Jahre später an die Familie *Visconti* aus Mailand abgeben. Zu dieser Zeit entstanden die mächtigen, noch heute stehenden Stadtmauern. Von 1405 bis 1797 gehörte Lazise zur **Republik Venedig.** Ein spannendes Relikt aus dieser Epoche, vor allem für Taucher, sind die vor Lazise liegenden Überreste zweier venezianischer Galeeren. Später gehörte der Ort zum lombardisch-venezianischen Reich unter dem Regiment Österreichs, ab 1866 zum Italienischen Königreich und nach dem Zweiten Weltkrieg zur Italienischen Republik, dem heutigen Italien (Region Veneto).

Die Bootsanlegestelle liegt direkt in der Altstadt

garda042 ts

Sehenswertes

Im Gegensatz zu Torri del Benaco oder Malcesine kann in Lazise die **Scaliger-Burg** nicht besichtigt werden, da sie sich in Privatbesitz befindet. Auch die meisten anderen historischen Bauwerke sind nur von außen zu bewundern.

Die **Ortsteile Colà und Pacengo** liegen südlich der Altstadt, ihr touristisches Potenzial ist überschaubar. Pacengo liegt mehr oder minder direkt am See und an der Gardesana. Der Jachthafen dort und die zahlreichen am Strand sich ausbreitenden Campingplätze ziehen vor allem **Wassersportler** an. Die Nähe zum Movieland-Hollywood-Park, dem Caneva-Aquapark und dem Gardaland-Freizeitpark in Castelnuovo del Garda ist sicher ein Pluspunkt für Familien mit Kindern. Aus historischer Sicht ist in Colà die Pfarrkirche Madonna della Neve (Madonna im Schnee) interessant. Der Ursprung vieler Kirchen und Kapellen in der Stadt geht auf das Mittelalter zurück; Lazise war schon zu damaliger Zeit eine wichtige Pfarrei. Die **Chiesa Madonna della Neve** wurde im 17. Jahrhundert ausgebaut und mit wertvollen, von Adelsfamilien gestifteten Altären geschmückt. Das Fest zu Ehren der Madonna della Neve findet alljährlich um den 5. August statt.

Chiesa San Nicolò

Die **romanische Kirche am Hafen** geht auf das 12. Jahrhundert zurück und kann besichtigt werden. Sie ist dem heiligen Nikolaus geweiht, der als Schutzpatron der Seefahrer gilt. Im Inneren des sehr schlichten, mit nur einigen Holzbänken bestückten Bauwerks wurde ein Fresko aus dem 14. Jahrhundert freigelegt, das die „Stillende Madonna auf dem Thron“ zeigt.

Veroneser Zollstelle/Dogana Veneta

Neben der Kirche San Nicolò steht ein von der Familie *Della Scala* im 13. Jahrhundert errichtetes Gebäude. Zur Zeit der Republik Venedig nutze man es als **Lager** für ankommende Waren, für die die Händler zuvor Zollgebühren entrichten mussten. Von hier wurden die Produkte in die landeinwärts liegenden Regionen verbracht. Im Laufe der Jahrhunderte produzierte man in den Räumlichkeiten **Salpeter** für die Herstellung von Schießpulver und brachte Rindviecher unter. Heute feiert man in dem von der Stadt aufwendig renovierten Gebäude geschäftliche Events oder Hochzeiten.

Chiesa Santi Zenone e Martino

Läuft man vom Hafen zur Piazza Vittorio Emanuele und weiter geradeaus, trifft man linker Hand auf die Via Chiesa mit der **aus dem 13. Jahrhundert** stammenden Kirche, die unter anderem dem heiligen Zenon geweiht ist, im 4. Jahrhundert Bischof von Verona. Das heutige Bauwerk mit Freitreppe geht auf **bauliche Veränderungen** Ende des 18. Jahrhunderts zurück. Die Innenräume schmücken Gemälde von *C. Dusi* und *P. Testoni*, die großen Statuen links und rechts des Portals stammen von dem Künstler *A. Spiazzi*.

Lazise

0 — 100 m ©Reise Know-How GardaF13 3/22

Übernachtung
- 2 Hotel Le Mura
- 3 Hotel Corte Valier
- 5 Apartments Lazise
- 11 Apartments Porto Vecchio
- 12 Oreste Suite
- 18 Camping Fossalta
- 19 Residence Corte San Carlo
- 20 Bed & Breakfast 7 Vizi
- 21 Albergo Cristina
- 22 Quellenhof Luxury Resort Lazise
- 24 Camping Spiaggia D'Oro

Essen und Trinken
- 4 Enoteca L'Arte del Bere
- 6 Ristorante Cozzeria
- 10 Ristorante Corte San Marco
- 13 Ristorante alla Grotta
- 14 Taverna da Oreste
- 15 Gelateria Bar Al Porto
- 16 Restaurante Porta Lion
- 17 Trattoria Rocchetti

Nachtleben
- 8 Igualmente

Einkaufen/Sonstiges
- 9 Carne e Bottega Raccagni

Sport
- 1 Garda Charter
- 7 Fahrradverleih Cicli Degani
- 23 Gardawake

Sport und Aktivitäten

Thermalpark Gardasee/Villa dei Cedri

Der Park bietet seinen Besuchern **zwei durch natürliche Quellen gespeiste Thermalseen,** wobei der Hauptsee eine Größe von etwa 5000 m^2 aufweist und mit einer Wassertemperatur von 33 bis 34°C aufwarten kann. Im zweiten und kleineren See beträgt die Temperatur „nur" 29 bis 30°C. Das Wasser der Villa dei Cedri ist als **Heilwasser** staatlich anerkannt und seine entzündungshemmende Wirkung insbesondere bei Hautkrankheiten angezeigt. Zur Entspannung sind Unterwassermassage-Düsen in den Badebecken angebracht. Im allgemein als **„Wintergarten"** bekannten Gebäude am Hauptsee finden sich der Umkleidebereich, eine beheizte Entspannungs- und Ruhezone und ein SB-Restaurant. Auf dem riesigen Gelände befinden sich zudem Wasserfälle, Springbrunnen und Grotten, ein Hotel in einer historischen lombardischen Villa sowie ein Thermalschwimmbad, ein Wellnesscenter und ein Fitnessstudio.

Infos: Thermalpark geöffnet So bis Fr 9.30–23 Uhr, Sa 9.30–1 Uhr. Eintritt Thermal-Badeseen: Erw. 35 €, Kinder (120–150 cm Größe) 20 €. Villa dei Cedri, Piazza di Sopra, 4, Tel. (045) 7590988, www.villadeicedri.it.

Movieland-Hollywood-Park und Caneva-Aquapark

Im **Movieland-Hollywood-Park** ist die glitzernde und actionreiche Welt des Films das große Thema. Für Spaß und Vergnügen sorgen die wilde Achterbahn „Diabolik Invertigo", der 50 Meter hohe Freifall-„Hollywood Tower" oder das spritzige Wasserabenteuer mit dem „Kitt Superjet". Täglich werden **zahlreiche Shows** angeboten: die explosive „John Rambo Show", die „Wild West Show", eine Stuntshow oder die magische Illusionisten-Show. Insgesamt gibt es knapp 30 Attraktionen für Groß und Klein, dazu gesellen sich zehn Restaurants.

garda043 ts

☒ Sex on the Beach, Cuba Libre und einiges mehr – ein möglicher Programmpunkt für einen gelungenen Abend in Lazise

Der auf dem gleichen Gelände untergebrachte **Caneva-Aquapark** sorgt für viel nasse Kurzweil. Hier ist für die ganze Familie etwas dabei. Mutige nehmen die Speedrutschen „Stukas Boom“ und „Kamika“. Entspannter ist die Tour auf dem „Lazy River“ oder das Erlebnis mit der „Mini Black“. Etwa 20 verschiedene Stationen rund um das Thema Wasserspaß können „abgearbeitet“ werden. Zwischendurch stehen Spiele und Animation auf dem Programm. Bei Hunger und Durst kann eines der sieben Restaurants aufgesucht werden.

Infos: Tagesticket: Pers. ab 1,40 m Körpergröße 30 €, 1–1,40 m 25 €; Kombiticket für beide Parks, Tagesticket: Pers. ab 1 m 40 €; Zweitagesticket: Pers. ab 1 m 44 €; online günstiger, unter 1 m frei. 4 km südlich von Lazise. Kostenloser Shuttle-Service (hin und zurück) vom Bahnhof in Peschiera. Öffnungszeiten: Movieland Juni bis Mitte Sept. tägl. 10–18 bzw. 19 Uhr, im August bis 23 Uhr, April/Mai und Mitte Sept. teils nur am Wochenende; Caneva-Aquapark Ende Mai bis Mitte Sept. tägl. 10–18 bzw. 19 Uhr.

Sonstiges

7 **Fahrradverleih Cicli Degani,** mitten in der Altstadt. Verleih von City-Bikes, Mountainbikes, Rennrädern und Kinderrädern. P.tta Beccherie, 13, Tel. (045) 6470173, www.ciclidegani.it.

1 **Bootsverleih Garda Charter,** am neuen Hafen. Über 18 Boote, mit und ohne Führerschein. Via Roma, Tel. (335) 231912, www.gardacharter.it.

23 **Gardawake,** angeboten werden Wakeboarden, Wakesurfen und Wasserski, ferner Parasailing, Bananaboat und Flyboarden. Fahrradverleih. Via Pra del Principe, am Strand vom Camping du Parc südlich der Altstadt, Tel. (349) 4076004, www.gardawake.com.

Feste und Events

I Giorni del Miele

Bei den schon seit den 1980er Jahren jährlich zelebrierten **„Honigtagen“ Ende September, Anfang Oktober** verwandelt sich Lazise in eine ausnehmend süße Stadt. Im Mittelpunkt stehen Honigsorten von mild bis würzig, mit Honig zubereitete Süßigkeiten oder mit Honig veredelte Kosmetika. Wer Lust auf Imkern hat, kann hier eine Ausrüstung zur Honigherstellung erstehen.

Rievocazione storica della Concessione del Privilegio di Ottone II°

Alljährlich seit 1983 begeht man **am ersten Wochenende im Mai** die historische Nachstellung der Privilegien-Erteilung durch Kaiser *Otto II.* Neben mittelalterlichen Spielen, der Präsentation von Kunsthandwerk und Ständen mit regionalen Produkten zelebriert man einen **historischen Umzug** mit kostümierten Teilnehmern und Fahnenschwingern, die ihr Handwerk verstehen.

Volksfest der Madonna della Neve

Zu Ehren der „Madonna im Schnee“ im Ortsteil Colà veranstaltet man jedes Jahr Anfang August ein traditionelles mehrtägiges Fest mit **Musik, Tanz und Kulinarik.** Ein tolles Feuerwerk beendet die Veranstaltung.

Praktische Tipps

Touristeninformation

■ **Via F. Fontana, 14,** Tel. (045) 7580114, www.tourism.verona.it.

Verkehr und Transport

Parken

■ An der **Via Bastia,** der **Via San Martino** und am nördlich der Stadtmauer befindlichen **Piazzale Marra;** von hier sind es nur wenige Minuten zu Fuß in die Altstadt.

Bus

■ **Linien 163/164/185** Verona – Flughafen – Gardaland – Peschiera – Lazise – Bardolino – Garda und zurück. Nahezu halbstündlich (im Sommer) nach Garda und Verona.

■ **Linie 183** zwischen Garda und Peschiera/San Benedetto di Lugana.

■ **Linien 183/184** Riva del Garda – Orte am Ostufer – Garda – Lazise – Peschiera. Stündlich.

Schiff

■ Die **Bootsanlegestelle** befindet sich **am alten Hafen.** Richtung Norden nach Garda starten Boote fast stündlich, nach Riva del Garda 2x täglich. Nach Süden Richtung Sirmione, Peschiera und Desenzano mehrmals am Tag.

Übernachtung

3 **Hotel Corte Valier**④, neben seiner Lage an der Seepromenade nördlich der Altstadt punktet die Herberge der gehobenen Klasse mit einem mehrere hundert Quadratmeter großen Wellness-Bereich mit Türkischem Bad, Hallenbad und Sauna. Großzügig und schön angelegter Garten mit Pool und Seeblick. 84 zeitgemäß ausgestattete Zimmer und Suiten mit Seeblick, einige davon behindertengerecht. Elegant designtes Restaurant mit Terrasse, nicht nur für Hotelgäste. Via della Pergolana, 9, Tel. (045) 6471210, www.cortevalier.com.

12 **Oreste Suite**③, fünf saubere und unterschiedlich eingerichtete Zimmer mit Holzböden offeriert diese Unterkunft direkt am urigen Hafen in der autofreien Zone. Die Zimmer sind modern. Besonders empfehlenswert sind die Zimmer mit Balkon nach vorne hinaus. Minimales Frühstück auf dem Zimmer. Kaffeemaschine, Kühlschrank. Gutes Fischrestaurant im Erdgeschoss. Kostenloser Parkplatz. Via F. Fontana, 32, Tel. (045) 7580019, www.tavernaoreste.it.

11 **Apartments Porto Vecchio**③, hier lässt es sich in zwei sehr hellen und top-modernen Apartments bestens mitten im Zentrum wohnen. Tolle Unterkunft für maximal vier Personen. Ein Apartment besitzt einen Balkon zum alten Hafen. Frühstück zu einem reduzierten Preis im Café Porto Vecchio möglich. Nespresso-Kaffeemaschine. Auf zwei Etagen verteilt. Via San Martino, 41, Tel. (338) 8253215, www.portovecchiolazise.com.

19 **Residence Corte San Carlo**②-③, im Ortsteil Colà befindet sich diese sehr gepflegte Anlage mit insgesamt elf komfortablen Ferienwohnungen für zwei bis sechs Personen. Helle, großzügige Räumlichkeiten mit teils wunderschönen Natursteinwänden und behaglichen Holzdecken. Die Residence ist behindertengerecht und verfügt im ehemaligen Weinkeller über einen Wellness-Bereich mit Finnischer Sauna und Türkischem Bad. Via Malcanton, 30, Tel. (045) 6490241, www.cortesancarlo.it.

21 **Albergo Cristina**②, gepflegte Zwei- und Dreibettzimmer. Acht helle, hauptsächlich mit weißen, modernen Möbeln bestückte Räume. Die beste und ruhigste Wahl sind die Zimmer mit Balkon und Seeblick. Gutes Preis-Leistungs-Verhältnis. Das Hotel liegt an der Gardesana wenige hundert Meter südlich der Altstadt. Im Restaurant gibt es Pizzen, Fleischgerichte und Fischspezialitäten. Via Gardesana, 96, Tel. (045) 6470711, www.hotelristorantecristina.it.

5 Apartments Lazise②, die vier gut ausgestatteten, modernen, in der Altstadt befindlichen Ferienwohnungen für bis zu vier Personen und zwei Kinder sind zwischen 60 und 67 m^2 groß. Geschirrspüler, Waschmaschine. Endreinigung 30 €. Kostenpflichtiger bewachter Parkplatz bei den Wohnungen. Kostenlose Parkmöglichkeit 500 m entfernt. Via Cansignorio, 16, Tel. (045) 6470644, www.ferienwohnungen-lazise.de.

2 Hotel Le Mura③, mit klassisch-modern und stilvollen Räumlichkeiten ausgestattetes Hotel nicht direkt in erster Reihe am See, aber trotzdem nicht schlecht im Norden des Zentrums gelegen. Insgesamt 26 Zimmer, auch Drei- und Vierbettzimmer. Die höherpreisigen Zimmer verfügen über einen Balkon. Kleiner Pool. Gutes Frühstück und kostenloser Parkplatz. Via Bastia, 4, Tel. (045) 7580189, www.hotel-lemura.com.

MEIN TIPP: **20 Bed & Breakfast 7 Vizi**②, eine ungewöhnliche und nicht nur für Individualisten reizvolle Unterkunft im Ortsteil Colà. Der Name verrät schon einiges, denn „Vizi" ist das italienische Wort für Laster. Die Zimmer sind thematisch gestaltet (z.B. *Lussuria*/Lust, *Superbia*/Stolz, *Accidia*/Faulheit) und überraschen mit tollem Design. Außerdem können fünf weitere, nach den Elementen ausgerichtete Zimmer gebucht werden. Manche haben einen Balkon. Freundlicher, herzlicher Service. Gutes Frühstück. Schmackhaftes Essen im eigenen Restaurant. Bar. Via Croce, 9, Tel. (328) 8560463, www.7vizi.it.

22 Quellenhof Luxury Resort Lazise④, Familie *Dorfler* eröffnete im Jahr 2019 diese Hotelperle am Gardasee, eine luxuriöse, mit durchdachten und individuell designten Räumlichkeiten, Zimmern und Suiten ausgestattete Oase für die ganze Familie. Der großzügig angelegte Außenbereich beglückt mit geheiztem Pool und erfrischendem Naturbadesee und die Kinder zusätzlich mit Wasserrutschen. Im ausgezeichneten Wellness-Bereich kann man sich eine geruhsame Auszeit gönnen. Wer ohne Kinder eine Runde schwimmen möchte, taucht ein in den für Erwachsene reservierten Infinity-Sky-Pool mit Blick auf den Gardasee. Ein weiteres Highlight der feinen Herberge stellt die Gourmetküche im **Panorama-Restaurant** mit Cabrio-Dach aus Glas dar. Es ist ein echtes Vergnügen, die kulinarischen Delikatessen zu kosten, Stück für Stück, Gang für Gang. Das vorzüglich geschulte und herzliche Personal verwöhnt die Gäste auf Wunsch auch rund um die

garda045 ts

Uhr. Die Altstadt von Lazise ist zu Fuß in rund 15 Minuten entlang dem See leicht erreichbar, aber auch ein kostenloser Shuttleservice bringt Gäste in die Stadt und holt sie wieder ab. Via del Terminon, 19, Tel. (045) 8531000, www.quellenhof-lazise.it.

Camping

24 **Camping Spiaggia D'Oro,** an einem tollen Sandstrand und wenige Meter von der Altstadt angelegter Platz zum Campen oder zum Mieten eines Bungalows oder Maxicaravans. Beste Lage, gerade wenn man abends mal mit den Kindern durch die Gassen von Lazise bummeln möchte. Große Poolanlage mit Wasserrutschen. Fitnesscenter. Programm für Kinder. Stellplatz plus 2 Erw. ab 22 €, Kind ab 1 € (Nebensaison). Via Gardesana, 122, Tel. (045) 758 0007, www.campingspiaggiadoro.com.

18 **Camping Fossalta,** seit 1968 bestehender Familienbetrieb mit Stellplätzen (80–100 m^2) und Mobilheimen (etwa 30 m^2 plus Terrasse) zwischen altem Baumbestand. Im Ortsteil Colà. Ruhiger Platz mit Sand-Kieselstrand. Tretbootverleih. Zwei Tennisplätze, zwei Schwimmbecken mit Liegen und Sonnenschirmen, Volleyballplatz. Miniclub, Kinderspielplatz. Bar und Minimarket. Mehrere Kilometer südlich von Lazise. Die Freizeitparks Movieland und Caneva sind rund 300 m entfernt. In der Hauptsaison Stellplatz plus 2 Erw. plus Auto und Zelt ab 21 €, Kinder ab 1,20 €. Strada del Roccolino, 22, Tel. (045) 7590231, www.fossalta.com.

◁ Idylle pur, insbesondere in der Nebensaison – der alte Hafen mit einladenden Straßencafés und Restaurants

Essen und Trinken

14 **Taverna da Oreste,** im Sommer sitzt man am idyllischen Hafenbecken unter freiem Himmel oder im Innenbereich zwischen historischen Gemäuern mit Rundbögen. Kunstwerke an den Wänden und schöne Deckenlampen komplettieren das harmonische Ambiente. Auf die akkurat eingedeckten Tische kommen unter anderem wunderbare Fischgerichte, Meeresfrüchtespezialitäten und selbst gemachte Pasta. Bester Service. Reservierung empfohlen. Via F. Fontana, 32, Tel. (045) 7580019, www.taverna oreste.it.

10 **Ristorante Corte San Marco,** in der Nähe der Piazza Vittorio Emanuele serviert man in diesem gemütlichen Lokal klassische italienische Küche mit ein individuellen Note. Neben der guten Pizza kreiert man mit Tintenfischtinte gefärbte Tortellini, die mit Pfifferlingen gefüllt sein können. Große Terrasse und mit Glaselementen verschließbare und beheizbare Veranda. Fischgerichte mit Felchen und Forelle aus dem Gardasee. Rindfleisch aus der nahen Region. Via Porta del Lion, 1, Tel. (045) 6470989, www.cortesanmarcolazise.it.

17 **Trattoria Rocchetti,** das Lokal liegt etwas außerhalb des Zentrums, oberhalb der Gardesana, doch der Weg lohnt sich. Die Einrichtung ist schlicht und gemütlich und mit netten Ideen verfeinert, z.B. gedeihen unter der Decke Grünpflanzen in Holzkisten. Sehr gute klassische italienische Küche mit ausgezeichnetem Preis-Leistungsverhältnis. Wird gerne von Einheimischen besucht. Gute Weinempfehlungen. Via Rocchetti, 8, Tel. (045) 7580496, www.trattoriarocchetti.com.

16 **Restaurante Porta Lion,** in der Altstadt, unmittelbar am südlich gelegenen Stadttor, überzeugt die Mannschaft des Botticelli mit köstlichen Grillgerichten. Ob Fleisch oder Fisch spielt dabei keine Rolle, es schmeckt. Auf der Terrasse im 1. Stock sitzt man hervorragend. Auch Pastaspeisen und eine Auswahl typischer süßer Desserts finden sich auf der Karte. Via Rocca, 13, Tel. (045) 7581194, www.portalion.it.

6 Ristorante Cozzeria, Muschelliebhaber aufgepasst: In diesem Altstadtlokal am nördlichen Stadttor kocht und serviert man hervorragende Muscheln, wie der Restaurantname erahnen lässt. Vorzugsweise 1 kg Miesmuscheln im Topf; diese gibt es in über ein Dutzend Varianten, einige exotische Rezepte sind auch dabei, z.B. mit Pastis und Gemüse, mit Weißweinsoße und Knoblauch, mit Gorgonzola, mit Curry und Apfel oder mit Kokosmilch und frischem Ingwer. Auf der Speisekarte stehen ferner Fleisch-, Fisch- und Nudelgerichte, außerdem Pizzen. Via Cansignorio, 16, Tel. (045) 647 0644, www.cozzeria.com.

13 Ristorante alla Grotta, das beliebte Restaurant ist in einem rot gestrichenen schmalen Haus am Hafen untergebracht. Gemütliche kleine Terrasse mit Sitzplätzen unter üppigem Grün. Angenehme Atmosphäre insbesondere am Abend. Professioneller Service, ausgezeichnete Gerichte mit Meeres- und Seefisch. Umfangreiche Weinkarte. Einige Zimmer in den oberen Stockwerken. Via Francesco Fontana, 5, Tel. (045) 758 0035, www.allagrotta.it.

15 Gelateria Bar Al Porto, direkt am See schmecken das Eis und der Aperol noch einmal so gut. Für eine Pause bestens geeignet. Tolle Lage, die man wie überall mit leicht erhöhten Preisen bezahlt. Lungolago Guglielmo Marconi, 2.

4 Enoteca L'Arte del Bere, seit über 50 Jahren von der Familie *Pachera* geführte Weinhandlung und Probierstube direkt am nördlichen Stadttor. Ausgezeichneter Service und beste Fachkenntnisse. Rustikal anmutendes Ambiente, in den Regalen eine große Auswahl an Weinen, Grappas, Whisky und Rum. Immer einen Blick und eine Verkostung wert sind die angebotenen Olivenöle. Via Cansignorio, 10, Tel. (045) 7580032, www.artedelbere.com.

garda-09 ts

Nachtleben

MEIN TIPP: 8 **Igualmente,** tolles Ambiente rund um ein schön restauriertes Steinhaus mit bestuhltem Terrassenbereich. Außenbar mit Hockern, rustikaler Innenbereich. Hin und wieder Partys mit DJs, ansonsten am Wochenende angenehme Stimmung bis in den Morgen. Umfangreiche Cocktailauswahl und laut Hinweisschild „The Best Mojito of Gardalake". Kleinigkeiten gegen den Hunger: Hamburger, Toasts, Hot Dog. Fr bis Sa 18–1.30 Uhr, So 11–14 und 17– 24 Uhr, im Winter geschlossen. Via Francesco Feliciano Scolari, 18, www.bartour.it.

Einkaufen

- **Markt,** mittwochs Wochenmarkt in Lazise, freitags Bauernmarkt im Ortsteil Pacengo.

9 **Carne e Bottega Raccagni,** in der Frischetheke warten italienische Leckereien wie *Pasta Salsiccia* oder *Involtini* (Kalbsröllchen) *alla Milanese* auf hungrige Käufer. In den gut gefüllten Regalen hat man die Auswahl aus verschiedenster Pasta, Olivenölen, Salami mit Trüffel, Weinen und vielen anderen Spezialitäten. Wer direkt vor Ort eine kleine Köstlichkeit probieren möchte, nimmt an einem der wenigen Tische vor der Tür Platz und bestellt *Focaccia con Mortadelle, Tagliere* (gemischte kalte Vorspeisen) *della Casa* oder eine Lasagne. Via Porta S. Zeno, 4, Tel. (045) 7580081, www.italiandeli.shop.

Nützliches

- **Post,** Via Scolari, 30, Tel. (045) 7580089.
- **Polizei,** Piazza Vittorio Emanuele, Tel. (045) 758 0688.
- **Apotheke,** Via Alberto della Scala, Tel. (045) 758 0022.
- **Ärztliche Versorgung für Touristen,** Vicolo Cieco San Nicolò, Tel. (0459) 6445132. Nur im Sommer.

Die Umgebung von Lazise

Parco Natura Viva

Die mehrere Hektar große Anlage rund 7 km von Lazise besteht aus einem Safari- und einem Tierpark. Der **Safaripark** kann ausschließlich mit dem Auto erkundet werden. Dabei begegnet man freilaufenden Giraffen, Zebras, Antilopen, Löwen, Geparden und noch einigen anderen Geschöpfen des afrikanischen Kontinents. Im angeschlossenen **Tierpark** mit seinem Vogel- und Gewächshaus leben weitere exotische und weniger exotische Tiere. Insgesamt sind mehr als 250 Tierarten zu sehen. Der Zoo engagiert sich auf internationaler Ebene innerhalb etablierter Projekte für die Erhaltung seltener Spezies und bietet Schulen und Institutionen ein Programm zur Umwelterziehung an.

- **Infos:** Tierpark Mo bis Fr 9–17.30 Uhr, Sa/So und feiertags 9–18.30 Uhr, Safaripark Mo bis Fr 9.30–15.30 Uhr, Sa/So und feiertags 9–16.30 Uhr. Eintritt: Pers. ab 13 Jahren ab 23 €, Kinder 6–12 Jahre ab 17 €. Zugang über die Strada Provinciale, 27a, www.parconaturaviva.it.

☒ Einkaufen mit Genuss – regionale Spezialitäten in köstlichen Variationen

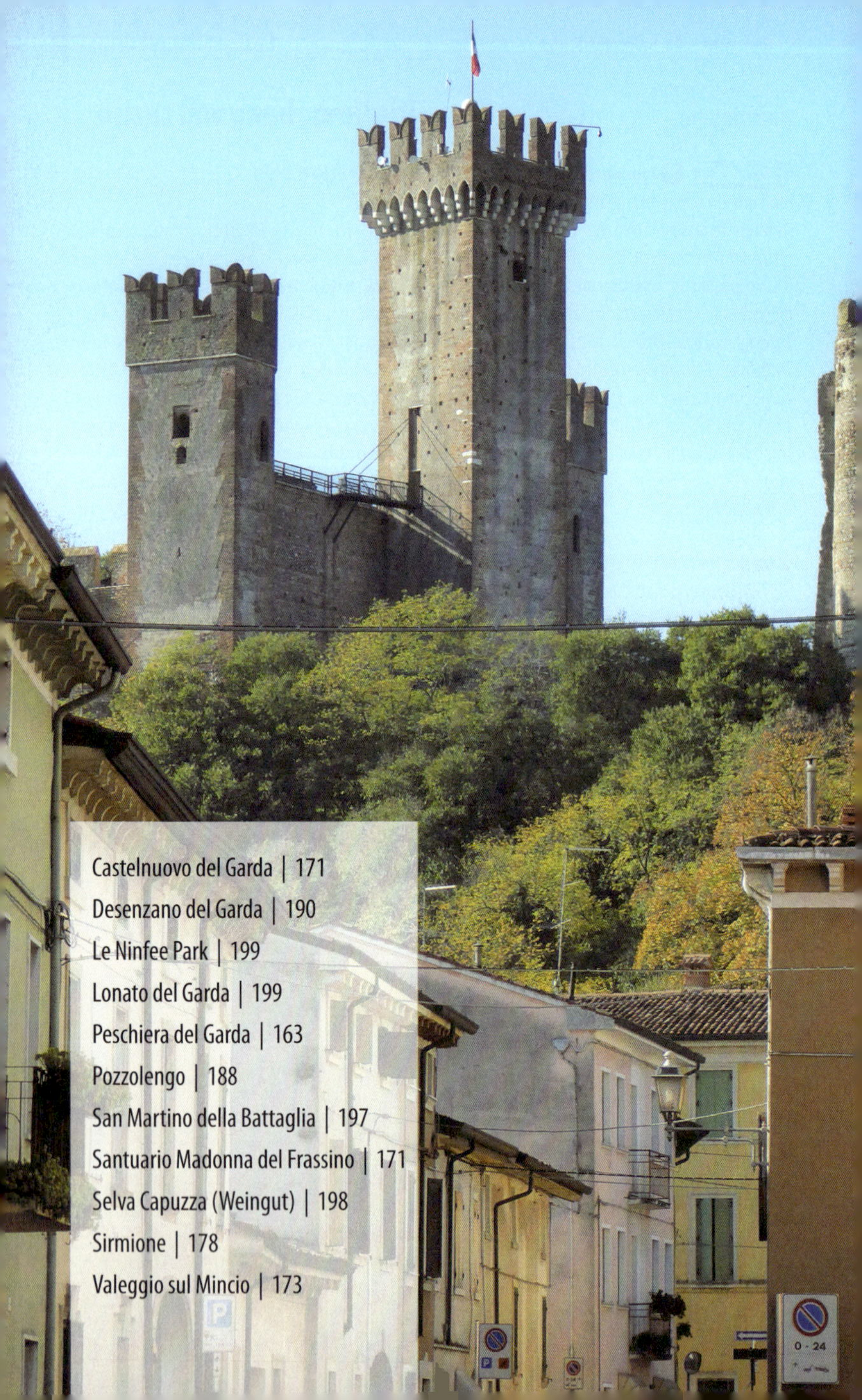
0 - 24

3
Der Süden

»Ein reizvolles Kontrastprogramm zum bergigen Norden. Sanft gewellte Hügellandschaften mit berühmten Weinanbaugebieten warten darauf entdeckt zu werden. Dazwischen urbane Touristenmagnete mit bedeutenden Sehenswürdigkeiten und kaum bekannte Städtchen, die nicht weniger bezaubernd auftreten.

‹ Das Castello in Valeggio sul Mincio

DAS SÜDUFER UND SEIN HINTERLAND

In der Region rund um Peschiera, Sirmione und Desenzano dominiert eine eiszeitliche Moränenlandschaft mit wenigen aus der Ebene herausragenden Erhebungen. Das oft noch eher unbekannte Hinterland strahlt eine wohlige Ruhe aus, man genießt die Weite und Weine, die auf Weingütern verkostet werden können. Quirliger und voller wird es in Sirmione mit seiner malerischen Halbinsel, dem ganzjährigen Touristenziel im Süden. Mehr italienisches Alltagsleben verspürt man dagegen in den Orten Peschiera und Desenzano. Kurz: Der Süden ist eine gelungene Symbiose aus ländlichen und städtischen Schönheiten.

Peschiera del Garda

Auf den zweiten Blick, den viele Touristen erst gar nicht wagen, offenbart sich die schon von den Römern geschätzte Ansiedlung als ein **charmantes, von Kanälen umflossenes Städtchen mit einer netten Altstadt und einer imposanten Burganlage.** Die Gardesana, die sich durch den Ort schlängelt, trübt das Bild auf den ersten Blick und veranlasst nicht wenige Gardasee-Besucher, ohne einen Stopp rasch weiter nach Sirmione oder in den Norden nach Lazise oder Garda zu fahren. Ein Fehler, wie sich bei genauer Betrachtung des geschäftigen Peschiera, das am **Mincio,** dem einzigen Abfluss des Gardasees liegt, herausstellt. Ein wunderbarer Überblick und ungewöhnliche Einblicke in die einzigartige Fluss- und Seelage ergeben sich bei einer **geruhsamen Bootsfahrt über die Wasserwege,** die sich vom Hafen aus rund um die teilweise verfallene und baumbewachsene Festung ausbreiten. Daneben versüßen exzellente Restaurants, historische Palazzi und ein liebevoll aufgemachtes Fischerei-Museum den Aufenthalt in der südlichsten Gemeinde des Gardasees. An den ortsnahen, flachen Uferbereichen lässt es sich gut baden, und etliche Campingplätze direkt am See bieten günstige Übernachtungsmöglichkeiten. Familien mit Kindern kön-

NICHT VERPASSEN!

- **Peschiera del Garda:** mit dem Boot durch die Kanäle der Stadt | 163
- **Castelnuovo del Garda:** Familienausflug in den Gardaland-Freizeitpark | 171
- **Valeggio sul Mincio:** Abstecher in den romantischen Ortsteil Borghetto und Parco Giardino Sigurtà | 173, 175
- **Sirmione:** Halbinsel mit einem Scaliger-Kastell und den Grotten des Catull | 179, 181
- **Desenzano del Garda:** schöne Altstadt und historischer Hafenbereich | 190

Diese Tipps erkennt man an der gelben Markierung.

nen im nur wenige Kilometer entfernten **Vergnügungspark Gardaland** ein paar entspannte Stunden verbringen. Für Bahnreisende ist Peschiera neben Desenzano der einzige Ort am See, der direkt mit dem Zug erreichbar ist.

Geschichte

Pfahlbauten, die bei archäologischen Ausgrabungen ans Tageslicht kamen, legen nahe, dass schon für prähistorische Zeiten von einer Besiedlung der Region auszugehen ist. Später gaben die **Römer** dem Ort den Namen „Arilica Peschierae"; noch heute nennen sich die Einwohner von Peschiera del Garda „Arilicensi". Schon *Plinius der Ältere* (gestorben 79 n. Chr.) erwähnte in seinem monumentalen 37-bändigen Werk „Naturalis Historia" die vorzüglichen Bedingungen für den Fischfang. Die **strategisch gute Lage** am See und am Mincio, der als Abfluss später in den Po mündet, bedingte seit jeher, dass die Siedlung stark umkämpft war. Im Laufe der Jahrhunderte regierten unterschiedlichste Herrscher. Im Mittelalter hatten die Scaligeri das Sagen und erbauten zur Verteidigung ihrer Pfründe eine stattliche Burg auf einer Insel am Beginn des Mincio, wo auch schon die Römer lebten, wie die in der Altstadt zu besichtigenden Ruinen aus dieser Zeit dokumentieren.

garda047 ts

Sehenswertes

Bei einem Rundgang durch die Altstadtgassen und über die beiden durch den Canale di Mezzo getrennten Festungsabschnitte erkennt man sehr gut die **aus unterschiedlichen Epochen stammenden Gebäude und Bauwerke.** Nach den Scaliger übernahmen die Venezianer die Macht und erweiterten im 16. Jahrhundert die **Festungsanlage** mit insgesamt fünf Bastionen, darunter die **Bastion Tognon** von 1552 nahe des Hafens auf der Altstadtseite (heute ein öffentlicher Park mit Spielplatz) und die im Jahr 1551 errichtete **Bastion Cantarane.**

Sehenswert sind ferner die **Porta Brescia** von 1551 und die aus dem 18. Jahrhundert stammende gleichnamige Brücke vor dem Tor. Ebenfalls im 16. Jahrhundert wurde die **Porta Verona** erbaut, durch die der Durchgangsverkehr geschleust wird. Dort sollte man das **Fi-**

< Auch am Hafen trifft man auf die alte Befestigungsanlage

scherei-Museum besuchen, das neben Modellen der Festungsanlage einige Fischerboote samt zugehörigen Utensilien, historische Fotografien und eine bunte Mischung an Außenbordmotoren aus den 1960er Jahren ausstellt.

■ **Fischerei-Museum:** Sa, So, Feiertage 10–12.30 und 15.30–18.30 Uhr, Juli/August Sa, So, Feiertage 10–12.30 und 18–22 Uhr. Freier Eintritt. www.amicidelgondolin.it.

Für ein kurzes Intermezzo im geschichtlichen Ablauf sorgte *Napoleon* im Jahr 1796, als er und seine Mannen hier ihr Lager aufschlugen. Für die nächsten großen baulichen Veränderungen waren die Österreicher ab 1815 verantwortlich. Zu sehen sind diese architektonischen Zeugnisse etwa am **Canale di Mezzo,** wo sich eindrucksvoll bis zum heutigen Tag der im Jahre 1856 errichtete, lang gestreckte **Pavillon Grandi Ufficiali** behauptet. Geht man von hier aus auf die nahe **Ponte dei Voltini** mit ihren charakteristischen Rundbögen, erhält man einen wunderbaren Blick auf das vorgenannte, auf der rechten Seite liegende Gebäude, in dem sich heute das *Centro Soziale Pensionati Arilica* befindet, und die sich auf der linken Seite ausbreitende **Altstadt** mit dem **Palazzo dei Provveditori.** In diesem Bereich, an der riesigen Piazza F. di Savoia mit ihren Restaurants und Cafés, erhebt sich ferner der imposante **Duomo San Martino** mit dem Relief des heiligen Martin über dem Eingangsportal. Während der napoleonischen Besatzung diente die Kirche als Militärlager und Krankenhaus.

Nach den Unabhängigkeitskriegen fiel Venetien und damit die Festung an Italien. Aktuell befindet sich auf einem Teil des Areals, dieser größten Militäranlage am Gardasee, eine **Kaserne** der italienischen Armee, vor deren Eingangsbereich bei der Porta Verona die **Reste eines Fiats** ausgestellt sind: 1992 starben in diesem durch 400 kg Sprengstoff bei einem Attentat durch die Mafia völlig zerstörten Wagen mehrere Polizisten. Auch ein Richter und seine Frau verloren ihr Leben.

Sport

Golf Club Paradiso del Garda

Der ganzjährig geöffnete **18-Loch-Platz** (Par 72) umfasst insgesamt fünf Seen und ist umgeben von einer herrlichen Landschaft. Gestaltet von dem amerikanischen Architekten *Jim Fazio,* bietet der Platz einiges: Driving Range, Putting Green, Pitch Green, Clubhaus mit Hallenbad, Sauna, Bar und Restaurant mit Panoramaterrasse. Green Fee ab 60 €. Auf dem Gelände befindet sich auch das Parc Hotel Paradiso & Golf Resort.

■ **Infos:** Via Coppo, 2/B, www.golfclubparadiso.it.

Feste und Events

European Brewery Festival

Für Bierfans geht jedes Jahr **im August** in Peschiera ein Traum in Erfüllung: Fast zwei Dutzend Aussteller schenken über 80 Biersorten an „trinkfreudige" Besucher aus. Als Spezialität vom Gardasee darf das **„Castanea"** bei der Verkostung nicht fehlen, eine aus Kastanien gebraute Besonderheit mit kräftigem Geschmack.

Peschiera del Garda

Übernachtung
1 Camping Wien
2 Camping Bergamini
5 Hotel Bell'Arrivo
6 Hotel Ai Capitani
7 Fiori sull'Acqua Apartments
10 Campeggio del Garda
11 Hotel Al Fiore
12 Meet Garda Lake Hostel
13 Hotel Enjoy Garda
14 Hotel Dori
Essen und Trinken
3 Ristorante Vecchio Mulino Beach
4 L'Osteria
5 Bar Bell'Arrivo
8 Ristorante La Rocca
9 Ristorante Arilica
Via Venezia
Reste eines Fiats
Kaserne
Porta Verona
Via Donatori di Sangue
Via 30 Maggio
di Mezzo
Ponte dei Voltini
Piazza F. di Savoia
Militär
Bastion Cantarane
Via Campanello
Via Marzan
Lazise
Via Forte Ronchi
Via Monte Pasubio
SR249
Via Monto Baldo
Via Lungolago Garibaldi
Via Benaco
Via Massimo D'Azeglio
Via Barbarani
Via Emilio Salgari
Via Venezia
Ausschnitt
Via Lungolago Mazzini
Via Risorgimento
Parkplatz am Hafen
Viale Parco Catullo
Viale Stazione
Bahnhof
Via Milano
Festungsanlage
Duomo San Martino
Militär
Via Borgo Secolo
Via General Bonomi
Parkplatz am Campo Sportivo
Mincio
StudioMedico Akron, Golfclub Paradiso del Garda

Für Stimmung sorgen Music-Acts und Shows. Wer möchte, vertreibt sich bei Workshops die Zeit.

Peschiera-Triathlon

Ende September treffen sich Triathleten, um sich in den drei Disziplinen dieses Sports zu messen – ein Spektakel für Aktive und Zuschauer inmitten toller Natur und historischen Sehenswürdigkeiten. Zunächst müssen 1½ Kilometer schwimmend im Gardasee zurückgelegt werden, dann folgen 40 Kilometer auf dem Rad, und schließlich heißt es beim Laufen auf den letzten 10 Kilometern noch einmal alles zu geben.

Dorelan Reactive Cycling

Dieses Fahrradrennen für ambitionierte Sportler, früher als Gran Fondo Bike Divison bekannt, führt durch die Landschaft am östlichen Gardasee und findet seit 2015 **im September** statt. Die knapp **100 km lange Strecke** führt über Castelnuovo del Garda, Lazise, Bardolino, San Zeno di Montagna und Pastrengo zurück nach Peschiera.

- **Infos:** Startgebühr ab 35 €. Anmeldung ca. ab Mitte Februar. www.dorelanreactivecycling.com.

Palio delle Mura

Den seit vielen Jahren **im August** über mehrere Tage ausgetragenen **Ruderwettbewerb** flankiert ein riesiges Rahmenprogramm. Bei diesem traditionsreichen Event treten Sportler z.B. beim venetischen Rudern, dem Stehrudern in flachen Booten, oder beim Drachenbootrennen gegeneinander an. Ferner sind Kanuten und Kajakfahrer am Start. Es gibt Konzerte, an Ständen werden kulinarische Spezialitäten der Region feilgeboten, und ein abendliches Feuerwerk darf natürlich auch nicht fehlen.

- **Infos:** www.paliodellemura.it

Praktische Tipps

Touristeninformation

- **Piazzale C. Betteloni, 15,** Tel. (045) 7550810, www.tourismpeschiera.it. Tägl. 9.30–13.30 und 15–21 Uhr.

Verkehr und Transport

Bus

Haltestellen u.a. am Hafen, an der Piazza Carducci und am Bahnhof.

- **Linie 026** Brescia – Desenzano – Sirmione – Peschiera – Verona und zurück. Etwa stündlich von 6 bis 20 Uhr.
- **ATV-Linie** von Riva nach Verona und zurück. Alle Infos unter www.atv.verona.it.

Schiff

- **Anlegestelle** am Hafen direkt an der Durchgangsstraße, **Verbindungen** in alle Richtungen bis nach Gardone oder weiter nach Riva del Garda.

Bahn

- Der **Bahnhof** liegt östlich der Altstadt und des Mincio an der Viale Stazione. Peschiera ist wie Desenzano ein Haltepunkt an der Bahnlinie Venedig – Verona – Mailand.

Taxi

■ **Tel.** (045) 7552348

Parken (im Zentrum)

■ Am **Hafen** bei der Fähranlegestelle, am **Bahnhof** oder am **Campo Sportivo** an der Via Campo Sportivo südlich der Altstadt.

Übernachtung

5 **Hotel Bell'Arrivo**③, die Herberge empfängt ihre Gäste sehr zentral in der Altstadt am Canale di Mezzo und dem Hafen. Die Zimmer sind im klassischen Stil mit Esprit eingerichtet. Im Erdgeschoss befindet sich das gleichnamige, sehr beliebte und einladend möblierte Café bzw. die geschätzte Weinbar. Auf der kleinen Terrasse direkt an der Straße mit Blick auf den See ist selten ein freier Platz zu finden. Piazzetta Benacese, 2, Tel. (045) 6401322, www.hotelbellarrivo.it.

14 **Hotel Dori**③, kleines, reizendes Hotel mit 20 zeitgemäß eingerichteten Zimmern für bis zu drei Personen in toller Lage. Familienzimmer im Angebot. Über die Ponte Brescia und durch das gleichnamige Tor erreicht man die Altstadt in wenigen Minuten. Bar im Hause. Freundlicher Service und privater Parkplatz. Helle Räumlichkeiten. Frühstück auf der Terrasse möglich. Via Milano, 5/7, Tel. (045) 7552671, www.hoteldori.com.

11 **Hotel Al Fiore**②, nur wenige Minuten zu Fuß vom Zentrum entfernt. Die Altstadt erreicht man über einen Uferweg und die Porta Verona. Das Hotel unmittelbar am See verfügt über 33 zweckmäßig und modern eingerichtete Zimmer für bis zu vier Personen, vorwiegend mit Balkon. Schöner Außenpool mit Liegen. Restaurant. 100 m zum nächsten Strand. Kostenloser Parkplatz. Lungolago Garibaldi, 9, Tel. (045) 7550113, www.hotelalfiore.it.

MEIN TIPP: 12 **Meet Garda Lake Hostel**①-②, das erst vor wenigen Jahren eröffnete moderne Hostel ist eine Bereicherung für die örtliche Hotellerie und eine tolle Möglichkeit preiswert unterzukommen. Nur wenige Minuten zu Fuß vom Bahnhof. Zur Verfügung stehen einfache, helle und zeitgemäß designte Einzel-, Doppel- und Vierbettzimmer, zudem Mehrbettzimmer für 6, 8 oder 10 Personen. Bettwäsche inklusive, Handtücher nur bei Online-Buchungen. Außer den Einzelzimmern verfügen alle Zimmer über einen Balkon. Grillmöglichkeit im Garten. Aufenthaltsraum mit Großbildschirm und Playstation. Mittag- und Abendessen für kleines Geld. Tischtennis, Tischfußball und Billard. Bar. Hunde gegen Aufpreis willkommen: Hundebetten, Duschen für Hunde. Via Benaco, 14A, Tel. (045) 824 0950, www.meethostel.com.

6 **Hotel Ai Capitani**③, Boutique-Hotel der gehobenen Klasse mit entsprechend durchdacht gestyltem Interieur mitten im Altstadtbereich. Die 15 modernen, komfortablen Zimmer und Suiten, teils behindertengerecht, sind in einem historischen Palazzo untergebracht. Freskenmalereien aus dem 16. Jahrhundert verschönern das Ambiente. Köstliches Frühstück mit (Bio-)Produkten der Region. Kleine Haustiere willkommen. Via Castelletto, 2–4, Tel. (045) 7552742, www.palazzoaicapitani.it.

7 **Fiori sull'Acqua Apartments**③, Traumlage in der Altstadt mit Blick auf den Canale di Mezzo. Die ruhigen, sehr gepflegten Apartments, drei an der Zahl, sind liebevoll dekoriert und gemütlich. Reizvolle Terrasse. Warmherzige Vermieterin, die sich um die Belange der Gäste kümmert. Haustiere sind auf Anfrage gestattet. Private Parkplätze (Reservierung erforderlich) 5 €/Tag. Im Erdgeschoss lässt es sich im Restaurant La Rocca lecker speisen. Via Ottellio, 9 (Check-in Via Ottellio, 16), Tel. (045) 755 0732, www.fiorisullacqua.it.

13 **Hotel Enjoy Garda**③, das von Familie *Verdolín* seit 2012 mit viel Herzblut geführt Hotel begeistert durch viel Licht und Luft zum entspannten Durchatmen. Die Einrichtung strahlt elegante Modernität, Lebensfreude und Gemütlichkeit aus. Garten mit Pool. Großzügige Suiten mit Jacuzzi. Kostenlose hoteleigene Tiefgarage/Außenparkplatz. Abendessen im Restaurant, Büfett oder à la carte. Spezieller Service für Radurlauber und Rennradfahrer mit geführ-

ten Touren und dem Verleih von hochwertigen Rennrädern. Verpflegungspakete. Via Venezia, 26, Tel. (045) 7550111, www.enjoygardahotel.com und www.gardabikehotel.com.

Camping

10 **Campeggio del Garda,** nördlich der nahen Altstadt befindet sich dieser ruhige Campingplatz am See (breiter Strand). Stellplätze für Wohnwagen, Camper und Zelte. Bungalows und Mobilheime für bis zu 6 Pers., möblierte Terrasse. Großzügige Poolanlage mit Liegen und Sonnenschirmen. Restaurant. Stellplatz plus 2 Erw. ab 24,50 €, Kinder bis 9 Jahre je nach Saison frei. Lungolago Garibaldi, 15, Tel. (045) 7551682, www.campeggiodelgarda.eu.

1 **Camping Wien,** ruhiger Platz am See 3 km vom Zentrum, über einen Uferweg gelangt man nach Peschiera. Neben den obligatorischen Stellplätzen können sich Gäste für Apartments, Bungalows und Mobil Homes entscheiden. Stellplatz für 2 Erw. plus Auto ab 34 €. Für die Freizeitgestaltung stehen zwei Pools mit herrlichem Seeblick zur Verfügung, ein kleiner mit Rutsche für die Kinder und ein ausreichend dimensionierter für die Erwachsenen. Liegestühle und Sonnenschirme vorhanden. Supermarkt, Restaurant, Spielplatz. Località Fornaci, Tel. (045) 7550379, www.campingwien.it.

2 **Camping Bergamini,** im Bereich der westlich des Stadtzentrums gelegenen Strandzone. Ruhig und im Grünen gelegen. Über die Seepromenade führt der Weg ins Zentrum. Meist schattige Stellplätze mit altem Baumbestand. Seit 1954 familiär geführter und immer wieder modernisierter Platz. Seit 2016 neu erbaute Unterkünfte: Mobil Home „Aqva", Bungalows „Aqva Blu" und „Aqva Blu Top", alle mit Veranda und schönem Seeblick. Mehrere Pools mit Liegen und Sonnenschirmen. Minimarket. Tischtennis, Bocciabahn, Spielplatz. Snackbar. Stellplatz plus 2 Erw. ab 27 €. Strada Bergamini, 51, San Benedetto di Lugana, Tel. (045) 7550283, www.campingbergamini.it.

Essen und Trinken

8 **Ristorante La Rocca,** seit 2012 betreibt *Sebastiano Somma* aus Neapel dieses Lokal am Canale di Mezzo. Es gibt köstliche Pizzen aus dem mit Holz befeuerten Ofen und leckere Fleisch- und Fischgerichte. Beim süßen Angebot wählt man etwa einen Zitronenkuchen oder einen Babà, einen saftigen Rumkuchen aus der Region um Neapel. Zum Abschluss trinkt man einen Limoncello aus Zitronen vom Gardasee. Via Ottellio, 11, Tel. (045) 6401310.

4 **L'Osteria,** nettes, urig und rustikal eingerichtetes Restaurant mit einigen Tischen vor der Tür, an denen man mitten in der Altstadt romantisch sitzt und gut essen kann. Serviert wird typisch italienische Küche: Pizza, Pasta, Fisch und auch gegrilltes Fleisch. Via F. Cavallotti, 7, Tel. (045) 7550545, www.osteria-peschieradelgarda.it.

MEIN TIPP: 3 **Ristorante Vecchio Mulino Beach,** an der Seepromenade Richtung Westen, unweit vom Zentrum, lässt es sich vorzüglich in eleganter Atmosphäre speisen. *Fabio Gambini* und sein Team bereiten frischen Fisch, tolle Salate und auch vegane Gerichte zu. Auf der Zunge zergeht der *Cioccolatoso,* ein dunkler Schokoladenkuchen mit Passionsfrucht-Creme. Strada Bergamini, 14, Tel. (045) 9233082, www.vecchiomulinobeach.com.

9 **Ristorante Arilica,** Meeresfrüchte sind die Spezialität dieses charmanten Hotelrestaurants in der Altstadt. Sehr aufmerksamer Service. Spaghetti mit Hummer, Thunfisch-Tatar, Risotto. Via Trenta Maggio, 4/6, Tel. (045) 6400192.

5 **Bar Bell'Arrivo,** im gleichnamigen Hotel (s.o.).

Nützliches

- **Markt,** jeden Montag bis ca. 13.30 Uhr auf der Piazzale C. Betteloni.
- **Post,** Via Venezia, 25, Tel. (045) 7551000.
- **Arzt: Studio Medico Akron,** Centro Commerciale, Primo Piano, Via Tangeziale, 3, Tel. (348) 839 1415, www.studioakron.it. Mo bis Fr 9–19 Uhr.

Die Umgebung von Peschiera del Garda

Santuario Madonna del Frassino

Die **sehenswerte Wallfahrtskirche** der Madonna der Esche liegt einige Kilometer südlich der Altstadt und ist über die Via Frassino erreichbar. Kurz nachdem man die Autobahn durch einen Tunnel gequert hat, biegt man nach links ab und folgt der Ausschilderung. Der **Überlieferung** zufolge rettete die Jungfrau Maria, als Statue in einer Esche auftauchend, einem Bauern das Leben. Dieser war am 11. Mai 1510 bei seiner Arbeit im Weinberg von einer monströsen Schlange attackiert worden, die jedoch durch das Auftauchen der Jungfrau schnell das Weite suchte. Im Inneren dieser auch von außen prachtvollen Kirche aus dem 16. Jahrhundert sind einige Gemälde des Veronesers *Paolo Farinati* zu sehen. In der Nachbarschaft befindet sich ein Franziskanerkloster.

■ **Infos:** 7–12 und 15–19.30 Uhr. Località Frassino, 4, www.santuariodelfrassino.it.

Castelnuovo del Garda

Castelnuovo del Garda ist in erster Linie aufgrund des Freizeitparks „Gardaland" in aller Munde. Doch der Ort hat noch ein wenig mehr zu bieten. Er liegt im hügeligen Hinterland südöstlich des Gardasees und ist **umgeben von Olivenbäume und Weinstöcken.** Dort wachsen die Reben für den typischen Wein dieser Gegend, der als „Moro del Castel" in den Geschäften erhältlich ist.

Im 12. Jahrhundert zerstörte *Barbarossa,* Kaiser des römisch-deutschen Reiches, die Siedlung vollständig. An gleicher Stelle entstand „Castrum Novum", was mit der Zeit zu Castelnuovo wurde. **Schöne Relikte aus der Vergangenheit** zeigen sich sehr präsent nahe der schönen Altstadt. Dabei handelt es sich um die im 14. Jahrhundert errichtete Burg mit dem „Visconti-Turm" und die in der Nachbarschaft erbaute Kirche mit dem Glockenturm aus dem 15. Jahrhundert.

Gardaland Park und Gardaland Sea Life Aquarium

Italiens wohl größter und bekanntester **Vergnügungspark** vereinigt mehr als 30 Attraktionen. Man hat die Qual der Wahl, denn es ist eine Herausforderung, alle Angebote an einem Tag zu schaffen, gerade in der Hauptsaison, wenn man hier und da länger anstehen muss. Im Park finden sich zum Beispiel spektakuläre Achterbahnen wie „Shaman" oder „Blue Tornado" und die Wildwasserbahn „Jungle Rapids". Auf dem riesigen Gelände ist für alle Altersstufen etwas dabei. Die kleineren Gäste vergnügen sich bei einem magischen Flug im „Volaplano" oder gehen auf eine fantasievolle Reise im „Funny Express".

Im **Sea Life Aquarium** lassen sich Tausende Meerestiere beobachten, die in unterschiedlichsten Lebensräumen zuhause sind. Manche von ihnen schwimmen normalerweise im Gardasee, andere tummeln sich sonst in den Tiefen der

Ozeane. Insgesamt 13 verschiedene Bereiche können entdeckt werden. Zu bestimmten Zeiten erlebt man live die Fütterung der Haie oder kommt den Seelöwen ganz nahe. Das Areal „Amazzonia“ beispielsweise bringt Besuchern das Ökosystem des Amazonas-Regenwaldes näher; im Ringbecken können ganze Fischschwärme beobachtet werden.

■ **Eintritt Gardaland:** Erw. ab 44 €, Kinder unter 10 Jahren und Erw. über 60 Jahren ab 40 €; **Gardaland Sea Life Aquarium:** Erw. ab 12,50 €, ermäßigt ab 10,50 €; Kombiticket: Erw. ab 47 €, ermäßigt ab 43 €; Kinder unter 1 m gratis. Familientickets sind günstiger. Online gibt es immer wieder besondere Angebote.

■ **Infos:** Via Derna, 4, Tel. (045) 6449777, www.gardaland.it. Wer ganz Gardaland mit seinen vielen Shows, Fahrgeschäften und Aquarien mehrere Tage lang kennenlernen möchte, kann im parkeigenen **Hotel** übernachten. Der Bahnhof von Peschiera del Garda ist mit Gardaland durch einen kostenlosen **Shuttle-Bus-Service** (hin und zurück) verbunden; Fahrten alle 30 Min. während der Öffnungszeiten (siehe dazu auf der Webseite).

Praktische Tipps

Bus

■ **Linie 164** Verona – Castelnuovo – Peschiera – Gardaland – Pacengo – Lazise – Cisano – Bardolino – Garda. Häufig am Tag ab frühmorgens.

Übernachtung

■ **Agriturismo La Molinalda**②, äußerst idyllisch gelegenes Landhaus inmitten einer Obstplantage mit zehn Ferienwohnungen. Komplette Küchenausstattung, viel Platz. Teils mit Terrasse. Im Garten

☐ Gardaland – die Achterbahn „Shaman“ begeistert mit virtueller Realität

garda139 ga

Valeggio sul Mincio 173

lässt es sich am Pool herrlich entspannen. Direktverkauf lokaler Erzeugnisse. Wohlschmeckendes Frühstück, im Angebot sind unter anderem köstliche selbst produzierte Marmeladen. Via Spagnoi, 17, Tel. (045) 7570075, www.lamolinalda.com.

Einkaufen

Cantina Castelnuovo del Garda, traditionelle Weingenossenschaft der Region mit über 200 Mitgliedern. Produziert werden unter anderem Bardolino, Lugana oder Custozo. Einige der exzellenten Tropfen wie der Bianco di Custoza Cà Vegar wurden mit wichtigen Preisen ausgezeichnet. Mo bis Sa 8.30–12.30 und 14.30–19 Uhr. Via Palazzina, 2, Tel. (045) 9816205, www.cantinacastelnuovo.com.

Valeggio sul Mincio

Diesen hübschen Ort 12 km südlich von Preschiera muss man besucht haben. In der **sanften Hügellandschaft** rund um den in den Po mündenden Mincio breitet sich Valeggio sul Mincio links und rechts des langsam dahinfließenden Flusses aus. Umgeben von idyllischen Dörfern und trotzigen Burgen lässt es sich im **Zentrum** der Stadt mit seiner Fußgängerzone herrlich bummeln und flanieren. Am verkehrsfreien Hauptplatz mit seinem aus dem 18. Jahrhundert stammenden Rathaus verteilen sich kleine Cafés und Restaurants, und über allem thront die **Scaliger-Burg.** Die meisten Besucher lassen diesen Teil der Stadt aus und erkunden den romantischen **Ortsteil Borghetto** und die mehrere hundert Meter lange Visconti-Brücke. Nicht verpassen sollte man außerdem den nördlich gelegenen **Parco Giardino Sigurtà** aus dem Jahre 1617, der zu Recht mit der Auszeichnung „Schönster Park Italiens“ angeben darf.

Wer ohne Hintergrundwissen durch die Straßen von Valeggio sul Mincio streift, wundert sich vielleicht, warum zahlreiche, teils geschmackvoll aufgemachte Läden in ihren Auslagen **liebevoll hergestellte Tortellinis** feilbieten. Hier kommt die Liebe ins Spiel. Der **Sage** nach verliebten sich in einer sternenklaren Nacht ganz unvermittelt der Visconti-Hauptmann *Malco* und die im Mincio lebende Nymphe *Silvia.* Als Zeichen der Zuneigung übergab *Silvia* ihrem Liebsten ein geknotetes goldenes Seidentuch. Doch Intrigen von Seiten der weiblichen und eifersüchtigen Visconti-Verwandtschaft verhinderten das Glück auf Erden, und so verschwanden die beiden Liebenden für immer in den Fluten des Mincio. Einzig das geknotete Taschentuch blieb zurück. So kam es wohl, dass die Einwohner des Örtchens beim Erzählen und Lauschen der herzergreifenden Geschichte von *Malco* und *Silvia* Nudeln mit Knoten formten, heute bekannt als **„Nodo d'Amore“** (Knoten der Liebe). Einmal im Jahr begeht man auf der Visconti-Brücke die Festa del Nodo d'Amore (s.u.).

Sehenswertes

Ortsteil Borghetto und Visconti-Brücke

Am Westufer des Mincio verteilen sich auf überschaubarem Terrain ein paar mitunter aus dem Mittelalter stammende Häuser und schmale Straßen zwi-

garda051 ts

schen zwei Flussarmen. Diese günstige Lage war der Ausschlag, dass sich hier vor vielen Jahrhunderten ein **Mühlenviertel** etablierte; zwischen die schweren Mühlsteine kam hauptsächlich Getreide. Die alten Wasserräder, die **Chiesa San Marco** aus dem 18. Jahrhundert mit der historischen Glocke aus dem 14. Jahrhundert und natürlich die **Ponte Visconteo** sorgen für die charmante Stimmung und sind der Grund für die Beliebtheit des Viertels. Die 650 Meter lange und 25 Meter breite Steinbrücke wurde 1393 im Auftrag von *Gian Galeazzo Visconti* erbaut, 1395 endgültig mit der Burg verbunden und sollte als Staudamm dienen. Die Idee dahinter war kriegerischer Natur. Die *Visconti* wollten mit dem Damm einen um Mantua befindlichen und die Stadt schützenden Wassergraben austrocknen, um so leichteres Spiel bei der Eroberung zu haben. Warum dieses Vorhaben dann doch nicht in die Tat umgesetzt wurde, ist unbekannt.

Scaliger-Burg

Die im Mittelalter erbaute Burg wurde 1117 fast vollständig bei einem heftigen Erdbeben zerstört. Aus dem 10. Jahrhundert ist daher nur der sogenannte **„Torre Tonda“**, der „Runde Turm“, erhalten. Der größte Teil der Anlage, der heute zu sehen ist, stammt aus dem 14. Jahrhundert. Von den drei früher existierenden Zugbrücken ist nur noch eine erhalten. Der **schöne Innenhof** wird im Sommer für Open-Air-Veranstaltungen genutzt.

⌃ Das Rathaus stammt aus dem 18. Jahrhundert

Infos: Turmbesteigung 2 €, Kinder bis 13 Jahre kostenlos. April bis Ende Oktober jeweils Sa/So und an Feiertagen 10–13 und 15–18 Uhr. Bei schlechtem Wetter ist der Zugang zum Turm gesperrt.

Rathaus

Das Gebäude an der Piazza Carlo Alberto mit dem auffälligen **hohen Portal** und dem darüberliegenden Balkon wurde in der zweiten Hälfte des 18. Jahrhunderts fertiggestellt. Einige Jahrzehnte später, unter dem Machteinfluss der Franzosen, änderte sich die Nutzung radikal: Im unteren Stockwerk wohnten fortan Privatleute, und Geschäftsleute eröffneten einige Läden, so auch das allererste Café der Stadt.

☐ Traumhafte Plätze zum Einkehren im Ortsteil Borghetto

Chiesa San Pietro in Cattedra

Auffällig an diesem sakralen Bauwerk im Zentrum von Valeggio ist vor allem die **unfertige Fassade** mit dem daher besonders hervorstechenden, in Weiß gehaltenen Portal mit der Aufschrift „Petro Sancto – Ad Cathedram Romanam". Die Kirche wurde 1753 erbaut. Im Inneren ist eine voll funktionsfähige, aus der venezianisch-gardesanischen Schule stammende Orgel aus dem Jahre 1812 sehenswert.

Parco Giardino Sigurtà

Eindrucksvolle **600.000 m²** umfasst diese 1617 eröffnete Parkanlage. Man muss sich schon einige Stunden Zeit nehmen, um das gesamte Gelände zu erforschen. In jüngerer Zeit ist vor allem der Familie *Sigurtà* für das Wiedererwa-

garda052 ts

chen dieser lange Zeit vergessenen und ungepflegten Grünanlage zu danken. 1941 kaufte der Unternehmer *Giuseppe Carlo Sigurtà* das hügelige Gelände und verwandelte es, unter anderem in Zusammenarbeit mit seinem Neffen *Enzo*, in einen **üppigen Garten** von großer Schönheit. In den folgenden Jahrzehnten und bis zum heutigen Tag kümmert sich die Familie liebevoll um den Park und ergänzt ihn immer wieder durch neue Pflanzenareale. So kam es, dass der Parco Sigurtà 2013 zum **schönsten Park Italiens** und 2015 zum zweitschönsten Park Europas gekürt wurde. Eine **App** in italienischer oder englischer Sprache hilft beim Erkunden. Wer es gemütlicher mag oder die weitläufige Anlage nicht zu Fuß durchqueren möchte, setzt sich in den **Bummelzug** mit informativen Ansagen auch in deutscher Sprache oder fährt mit dem Fahrrad. Auch ein Golf-Kart (ab 16 €/Std.) für maximal vier Personen kann gemietet werden. Fünf Kioske bieten kalte und warme Snacks sowie Getränke an. Und auch Picknick im Park ist mit selbst mitgebrachtem Essen eine Option.

- **Infos:** Eintritt für Erw. 15,50 €, Kinder 5–14 Jahre 8,50 €, Anfang März bis Mitte November tägl. 9–19 Uhr, März, Oktober und November 9–18 Uhr. Via Cavour, 1, Tel. (045) 6371033, www.sigurta.it.

Radweg

Von Borghetto führt ein sehr schöner Radweg **entlang des Mincio** bis nach Peschiera (ca. 12 km) und in südliche Richtung nach Mantua und zu den dortigen Seen, wobei diese Strecke deutlich länger ist.

- **Bike Experience,** Fahrradverleih und Tourenanbieter, im Angebot sind Kalkhoff-Räder, auch E-Bikes. Geführte Touren in die Umgebung. Strada Viscontea, 533, Tel. (349) 6632013, www.bikeexperience.net.

Festa del Nodo d'Amore

Immer **im Juni** zelebriert man auf der Visconti-Brücke ein kulinarisches Highlight: das traditionsreiche **Tortellini-Fest.** Zu Ehren der „Liebesknoten", einer lokalen Pastaspezialität (s.o.), findet das Fest seit 1993 statt. Auf der Brücke werden zwei 600 Meter lange Tische für circa 4000 Gäste aufgestellt. Hundert Freiwillige stellen für das Fest 600.000 handgemachte Tortellini her, danach kommen weitere Spezialitäten des Gardasees auf den Tisch. Die Teilnahme ist nur mit Voranmeldung möglich (bei der Touristeninformation).

- **Infos:** www.festanododamore.com.

Praktische Tipps

Touristeninformation

- **Piazza Carlo Alberto, 44,** Tel. (045) 7951880, www.valeggio.com.

Übernachtung

- **Il Borgetto**④, äußerst geschmack- und stilvolle Unterkünfte/Suiten inmitten des Borghetto-Viertels. Man wohnt in historischen, ästhetisch restaurierten Mühlengebäuden mit Blick auf den Mincio. Via Raffaello Sanzio, 14/A, Tel. (045) 7952040, www.borghetto.it.

garda137 er

■ **Le Finestre su Borghetto**②, inmitten des Mühlenviertels bieten die drei bis zu 34 m² großen, zweckmäßig eingerichteten und komfortablen Zimmer eine gute Möglichkeit, in reizvoller urbaner Umgebung zu wohnen. Frühstücken kann man in der direkten Nachbarschaft. Via Raffaello Sanzio, 24, Tel. (335) 7419453.

■ **Bed & Breakfast Valledium**②, reizende Zimmer mit individueller Note. Sehr zentral gelegen, alle sehenswerten Dinge sind zu Fuß erreichbar. Gutes Frühstück mit selbst hergestellten Produkten. Sehr freundlicher Besitzer. Via Ponte Visconteo, 350, Tel. (333) 2239066, www.valledium.it.

⌃ Festa del Nodo d'Amore auf der Visconti-Brücke

Essen und Trinken

Viele der **in Borghetto** ansässigen Restaurants und Cafés liegen **am Fluss** in reizender Lage und verfügen über schöne Terrassen und Außenbereiche.

■ **Osteria Tre Corone,** bei Sonnenschein ist es ein Vergnügen, auf dem Rathausplatz vor dem Lokal zu speisen. Das Personal bedient freundlich und serviert klassische italienische Gerichte und natürlich die berühmten „Tortellini Valeggio". Gutes Preis-Leistungs-Verhältnis. Piazza Carlo Alberto, 26, Tel. (347) 9491254, www.osteriavaleggio.it.

■ **Tortellinoteca Remelli,** eine wunderbare Institution zum Thema Tortellini, Nudeln und lokale Spezialitäten. Zwischen den gut gefüllten Regalen mit allerlei lokalen Produkten stehen kleine Holztische, an denen man in charmanter Umgebung fein isst; es ist nicht ganz einfach, einen der begehrten Plätze zu bekommen. Die verschiedensten Tortellini-Sorten können zusätzlich während einer Verkostung probiert (Di bis So zwischen 11.30 und 16.30 Uhr) und an der Verkaufstheke erstanden werden.

Zu finden ist die tolle Kombination aus Geschäft und Lokal an der Kirche San Pietro in Cattedra. Mo, So 8–15.30 Uhr, Di bis Sa 8–19.30 Uhr. Via A. Sala, 24, Tel. (045) 795 1630, www.pastificioremelli.it.

Cafè/Weinbar Visconti, nahezu unschlagbar idyllische Aussicht von der kleinen Terrasse auf den Mincio und die Altstadt. So schmeckt der Aperitif oder Cocktail noch einmal so gut. Zu essen gibt es typische Primi und Secondi Piatti und süße Dolci. Via Raffaello Sanzio, 20, Tel. (339) 2477547.

Vecchia Bottega, die Tortellini schmecken ausgezeichnet und der Blick auf den nahen Fluss und die Häuser von Borghetto ist äußerst attraktiv. Zahlreiche verschiedene Polenta-Gerichte. Gute Weinkarte. Bei kühleren Temperaturen wärmt in der rustikalen Stube ein offener Kamin. Via Michelangelo Buonarroti, 6, Tel. (045) 6370183, www.lavecchia bottegadiborghetto.it.

Einkaufen

Antiquitätenmarkt, jeden 4. Sonntag im Monat auf der Piazza Carlo Alberto.

Pastificio Al Castello, in der gläsernen Auslage bieten Mutter *Luigia* und Sohn *Dennis* in ihrem Laden mit Blick auf die Burg Dutzende verschiedener Tortellini-Sorten an. Alles ist handgemacht, die Entscheidung fällt schwer. Seit 1993 verkauft man neben den bekannten Tortellini der Nymphe *Silvia* zusätzlich köstlich gefüllte Tortellini mit Fleisch, mit Trüffel und Ricotta, mit Lachs, mit roten Zwiebeln oder mit Zucchini und Speck. Eine weitere Spezialität sind die Kürbis-Tortellini (Tortellini alla Zucca), die man unbedingt probiert haben sollte. Die Ware wird offen nach Gewicht verkauft. 8–13 und 14.30–19 Uhr. Via Jacopo Foroni, 6, Tel. (045) 7951301, www.pastificioalcastello.it.

Sirmione

Wer von Sirmione spricht, meint vor allem die **auf einer Landzunge liegende bezaubernde Altstadt** samt einzigartigem Scaligeri-Castello und den „Grotten" des römischen Poeten *Catullus*. Auf engstem Raum drängen sich historische Bauwerke von Anmut und Eleganz. Unzählige Restaurants und Bars bieten in den Gassen und am malereichen Ufer lokale Spezialitäten an, die Tausende Jahre alten Überbleibsel einer römischen Villa beeindrucken nachhaltig, und ein **Thermalbad** steuert gesundheitliche Aspekte bei. Seit dem Altertum weiß man um die heilsame Wirkung des hiesigen schwefelhaltigen Wassers. In aller Ruhe kann man diese Attraktionen jedoch kaum genießen, denn vor allem im Sommer schlendern massenhaft Touristen über die gepflasterten Wege und es wird eng.

Etwas ruhiger erlebt man den Ort östlich der Burg rund um die Pfarrkirche Santa Maria Maggiore und bei einem Spaziergang zum **nördlichen Ende der Halbinsel.** Dort breiten sich Olivenhaine aus, auf einem Hügel steht leicht erhöht die Kirche San Pietro, und man blickt auf den sich ringsherum ausbreitenden Gardasee.

Lohnend ist auch ein Spaziergang am Seeufer weiter südlich von der berühmten Landzunge. Im Bereich des winzigen **Porto Galeazzi** führt ein Weg direkt am Wasser entlang, man kann Tretboote und Kanus ausleihen, beispielsweise in der Lido Galeazzi Beach Bar ein kühles Getränk einnehmen oder sich auf einer der Liegewiesen niederlassen und den Gedanken freien Lauf lassen.

Wenn der **Herbst** seine Fühler ausstreckt, ist Sirmione eine der wenigen Städte am See, die noch eine lebendige Atmosphäre ausstrahlen.

Sirmione – die genaue Herkunft des Namens ist unbekannt – war schon früh besiedelt und von großer Bedeutung in der **Antike.** Dies veranschaulichen diverse Gebäude und unzählige Funde aus der Römerzeit. Nachdem im 8. Jahrhundert die Langobarden unter König *Desiderius* vor Ort ein Kloster erbauten, fiel das geschätzte Fleckchen Erde um 1250 an die Adelsfamilie der **Scaliger,** die als eindrucksvolles Zeugnis ihrer Herrschaft die Burg hinterließen. Gut 150 Jahre später ging Sirmione in den Besitz der **Republik Venedig** über. Heute gehört die Stadt zur Lombardei und zur Provinz Brescia.

Sehenswertes

Castello degli Scaligeri

Das auffälligste Gebäude bei der Ankunft im Bereich der Altstadt ist unzweifelhaft die Scaliger-Burg, **eine der bedeutendsten Wasserburgen Europas.** Das auf Wunsch von *Mastino I. della Scala,* dem damaligen Stadtherrn von Verona, **Mitte des 13. Jahrhunderts** erbaute majestätische Bauwerk mit seinen zinnengekrönten Mauern und den drei massiven Türmen und dem großen Hafenbecken wurde gesichert durch eine wehrhafte Zugbrücke. Gedacht war dieser Ort als Anlegestelle für die Flotte der Scaliger und als Kaserne. Es existierten jedoch auch Zellen für Gefangene.

Ein blutiges Kapitel im Buch der Geschichte schlugen die Scaliger während ihrer Herrschaft auf. Mit dem Einverständnis von Papst *Gregor X.* verfolgten *Mastino* und seine Gehilfen mit aller Brutalität die von der Kirche ungeliebten und als Ketzer gebrandmarkten **Patariner** in Sirmione, aber nicht nur dort. Die religiöse Bewegung namens *Pataria* lehnte unter anderem den Reichtum der Kirche ab. Wer die Hetzjagd zunächst überlebte, fand später den qualvollen Tod auf dem Scheiterhaufen in der Arena von Verona.

Anfang des 15. Jahrhunderts kontrollierte die Republik Venedig die Verteidigungsanlage und verstärkte sie durch Umbauten. Im Inneren kann man eine kleine **Ausstellung** mit Infotafeln und Fundstücken besuchen und den 37 Meter hohen Hauptturm erklimmen, von dem sich ein erhabener Blick über die Region bietet.

■ **Infos:** Di bis Sa 8.30–19.30 Uhr, So, Mo und an Feiertagen geschlossen.

Chiesa Sant'Anna della Rocca

Die auch als Chiesa Santa Maria del Ponte bekannte einschiffige Kirche, die mit einer Runddecke versehen und mit dem Burgkomplex verbunden ist, besitzt ein paar **schöne Freskenmalereien** aus vergangenen Jahrhunderten. Ein Freskenteil über dem reich verzierten Altar soll die heilige Maria zeigen.

Chiesa Santa Maria Maggiore

Nutzt man die nahe der Burg zur Ostseite hinaufführenden Gassen, trifft man auf diese Kirche, deren **genaues Grün-**

dungsjahr unbekannt ist. Sie soll schon im 14. Jahrhundert existiert haben und damals in den Mauerring der Scaliger-Befestigung integriert worden sein. Ein zu dieser Zeit existierender Wehrturm wurde zum heute noch erhaltenen Glockenturm umgebaut. Innen, im ältesten Teil des Gebäudes, findet man Fresken aus dem 14. Jahrhundert. Historische Aufzeichnungen des Geistlichen *Giovanni De Bissi* und die Erforschung des Baustils ergaben, dass die Kirche ab Mitte des 15. Jahrhunderts bis Anfang des 16. Jahrhunderts **massiv umgebaut** wurde. Aus der Epoche der Spätgotik stammt beispielsweise das Südportal. Den Eingangsbereich mit der wiederverwendeten, dem Kaiser *Julian Apostata* gewidmeten Säule aus der römischen Zeit datiert man auf das 17. Jahrhundert. Sehenswert im Inneren sind der eindrucksvolle Marmoraltar, die Gemälde über den Seitenaltären und die schöne Orgel aus dem 18. Jahrhundert.

La Villa Romana di Via Antiche Mura

Parallel zur Via S. Maria Maggiore mit der gleichnamigen Kirche verläuft die Via Antiche Mura. Dort können die **Reste einer römischen Villa** besichtigt werden. Diese Zeugnisse einer vergangenen Zeit gehören zu den wichtigsten archäologischen Funden in Sirmione. Auf dem gesamten Areal rund um diesen Ort wurden in den Häusern antike Schätze wie hochwertige Mosaikböden ans Licht gebracht, die teils im Museum der „Grotten von Catull" ausgestellt werden. Die Villa war, wie man heute noch sehen kann, mit einem **ausgeklügelten Heizungssystem** ausgestattet, um Räume beheizen zu können, die möglicherweise als Thermen dienten. Das Gebäude verfiel im 5. Jahrhundert nach Christus; im

Das Castello degli Scaligeri am Eingang zur Halbinsel von Sirmione

garda054 ts

Laufe der nachfolgenden Jahrhunderte wurden Hütten und Häuser an dieser Stelle errichtet. Zwischen dem 6. Jahrhundert nach Christus und der Zeit der Langobarden gab es laut wissenschaftlichen Untersuchungen mindestens drei Siedlungsphasen.

Infos: Tägl. 9–11 und 15–18 Uhr.

Villa Cortina Palace

An der Häuserwand der gelb gestrichenen Villa gegenüber dem auffälligen Eingangstor der einzigen 5-Sterne-Luxusherberge auf der Halbinsel erinnert eine Tafel an die große Opernsängerin **Maria Callas.** In den 1950er Jahren verbrachte sie einige Zeit in der Villa, und zwar mit ihrem damaligen Ehemann *Giovanni Battista Meneghini,* mit dem sie von 1949 bis 1959 verheiratet war.

Chiesa San Pietro in Mavino

Folgt man dem Hauptweg vorbei an den Thermen Richtung Nordspitze, führt nach etlichen Metern ein Weg nach links hinauf zu der **von Olivenbäumen und Zypressen umgebenen Kirche** San Pietro in Mavino. Hier oben geht es meist sehr ruhig zu, nur wenige Besucher weichen vom eingeschlagenen Weg zu den „Grotten des Catull" ab. Langobarden waren es, die das Gebäude ursprünglich errichteten, dessen Glockenturm im Jahre 1070 angefügt wurde. Um 1320 erfolgten größere bauliche Veränderungen mit der Fertigstellung von drei Apsiden. Die dort zu sehenden Fresken werden auf das 14. Jahrhundert und später datiert.

Grotte di Catullo (Grotten des Catull)

Die am Ende der Landzunge gefundene und von Archäologen freigelegte Villa hat die gigantischen Ausmaße eines rechteckigen Baus von 167 m x 105 m. Ihre mehr als irreführende Bezeichnung „Grotten des Catull" erhielt die **größte römische Villa Norditaliens** erst im 15. Jahrhundert, als ein fantasievoller Geschichtsschreiber die verfallenen Ruinen als „Grotten" beschrieb und mit dem römischen Poeten **Gaio Valerio Catullus** (geb. Verona 87 v. Chr., gestorben Rom 54 v. Chr.) in Verbindung brachte. Es existieren jedoch keinerlei Beweise, dass der Dichter dieses Gebäude je als Wohnsitz nutzte. Sicher ist, dass *Catull* die Gegend gut kannte, schätzte und ihre Schönheit dichterisch verewigte: „Oh Sirmio, du Äugelein der Inseln und Halbinseln, welche der Neptun der Seen und des Meeres alle auf klaren Seen und dem weiten Meer trägt."

Das über 20.000 m² große, teils parkähnliche Gelände mit den Resten dieser herrschaftlichen Residenz kann auf einem **Rundgang** besichtigt werden. Zahlreiche Infotafeln geben Aufschluss darüber, um welche Gebäude oder Bauwerke es sich handelt und wie sie ausgesehen haben könnten. Am Eingang sind in einem 1999 eröffneten **Museum** Fundstücke aus frühgeschichtlicher, römischer und langobardischer Zeit zu betrachten. Zu sehen gibt es unter anderem eindrucksvolle Fresken und Mosaike. Diese archäologischen Schätze fand man zum Teil in Sirmione selbst, aber auch an anderen Plätzen am Gardasee.

Entstanden ist der riesige Komplex zwischen dem 1. Jahrhundert vor Christus – aus dieser Epoche stammt bei-

Sirmione

Übernachtung
- 2 AQVA Boutique Hotel
- 3 Hotel Aurora
- 5 Bed & Breakfast Il Mosaico
- 8 Camping Sirmione
- 9 Hotel Mon Repos
- 10 Hotel Villa Cortine Palace
- 12 Hotel Catullo
- 16 Bed & Breakfast Le Rêve
- 20 Hotel Meublé Grifone
- 21 Camping Il Tiglio

Essen und Trinken
- 7 Bistrot Grill da Pier
- 11 Ristorante L'Arcimboldo
- 13 Osteria al Torcal
- 14 Enoteca delle Antiche Mura
- 17 Bar Ristorante Moderno
- 18 Ristorante Risorgimento
- 19 Pizzeria Scaligeri's

Sport
- 4 Claudio Lana professional surf center
- 6 Il Ciclista

Einkaufen/Sonstiges
- 1 Enoteca del Lugana
- 15 Morelli Giulio Ceramiche Italiane

Peschiera
Grotten des Catull
Lago di Garda
San Pietro in Mavino
Via Cesare arici
Via Catullo
Viale Gennari
Villa Cortina Palace
Via San Pietro
Via Punta Staffalo
Via Punta Staffalo
Aquaria
Start Elektro-Zug "Il Trenino"
Via Giuseppe Piana
La Villa Romana di Via Antiche Mura
Santa Maria Maggiore
Apotheke
Piazza Carducci
Piazza Castello
Schiffe
Sant'Anna della Rocca
Castello degli Scaligeri
Via Guglielmo Marconi
Lungolago Diaz
Desenzano
0
500 m
Via Ca Nova
Via Giotto
Via Ghidina
Via Lugana Marina
Via Cantarane
Viale R. Wagner
Via Mozart
Via Taffella
DI SIRMIONE
Via Mazzarona
Via Verona
Verona
Via Tintoretto

spielsweise die Wohnanlage – und dem 1. bis 2. Jahrhundert nach Christus. Noch zu erahnen sind die charakteristischen langen Bogengänge und die auf den See zeigenden Terrassen. Eine gut 40 Meter lange **Zisterne** lässt den Schluss zu, dass man schon zur Römerzeit für das tägliche (Luxus-)Leben reichlich Wasser benötigte. Auch für den Thermalbereich und das Schwimmbecken, wahrscheinlich im 2. Jahrhundert nach Christus angelegt, war das kostbare Nass unverzichtbar.

Blickt man vom Gelände auf die Uferzone des Gardasees, fallen sofort helle, bis zu 100 Meter in den See reichende **Kalkplatten** auf, die teils unter, teils über dem Wasser liegen und gerne mal von Touristen für einen Spaziergang genutzt werden. Es handelt sich dabei um eine von den Gletschern der Eiszeit geformte geologische Rarität, die sich sehr fotogen an der Spitze der Halbinsel ausbreitet.

■ **Infos:** Oktober bis März Di bis Sa 8.30–17 Uhr (archäologische Stätte), 8.30–19.30 Uhr (Museum), an Feiertagen 8.30–14 Uhr, April bis September Di bis Sa 8.30–19.30 Uhr, an Feiertagen 9.30–18.30 Uhr. Mo geschlossen. Eintritt: 8 €, ermäßigt 4 € für EU-Bürger zwischen 18 und 25 Jahren, freier Eintritt unter 18 Jahren und jeden ersten So im Monat.

Sport und Aktivitäten

Aquaria

Das **Thermen- und Wellnesscenter,** eine herrliche Anlage mit Park, erstreckt sich nördlich der Altstadt auf einem riesigen Areal: Thermalbecken mit einer Wassertemperatur zwischen 34 und 36°C innen oder unter freiem Himmel, Süßwasser-Außenpool, Dampfbäder sowie unterschiedliche Saunen, Erlebnisduschen und breites Wellnessangebot. Musik- und Salzzimmer.

■ **Infos:** Mo, Di, Mi, So 9–22 Uhr, Do 11–24 Uhr, Fr, Sa 9–24 Uhr, Juli/August tägl. 9–24 Uhr. Eintritt: 43 €/5 Std., ganzer Tag 53 €, an Wochentagen teilweise günstiger. Kurzbesuch 1½ Std./15 €, jede weitere Stunde 10 €. Piazza Don A. Piatti, 1, Tel. (030) 916044, www.termedisirmione.com.

Sonstiges

6 **Fahrradverleih: Il Ciclista,** gute Auswahl an Fahrrädern, u.a. City-Bikes, Mountainbikes und Rennräder. Via Brescia, 23, Tel. (030) 9905936.

4 **Claudio Lana professional surf center,** Kite- und Windsurfschule für Erwachsene und Kinder. Außerdem Kajak und SUP. Spiaggia Garda Village, Tel. (338) 6243650, www.lanaplanet.it.

Praktische Tipps

Touristeninformation

■ **Viale Marconi, 8,** Tel. (030) 916114 und (030) 916245, www.provincia.brescia.it.

Verkehr und Transport

Anreise mit dem Pkw und Parken

■ Die **Altstadt** und ihre Gassen sind für fast alle Touristen **nur zu Fuß** über eine schmale Brücke an der Burg zu erreichen. Nur Autos von Bewohnern, Anlieferern und Hotelgästen dürfen dieses Areal befahren. Darüber wacht ein offizieller Posten in einem Häuschen vor der Burg, wo man bei Bedarf den benötigten Passagierschein erhält.

■ Wer mit dem Pkw anreist, findet unzählige **kostenpflichtige Parkplätze** an den Einfallstraßen zur Halbinsel (z.B. Piazzale Monte Baldo). Mit Stau muss zu Stoßzeiten durchaus gerechnet werden.

■ **Wohnt man in Desenzano oder Peschiera,** erreicht man Sirmione für verhältnismäßig wenig Geld rasch per Boot und spart sich so eine möglicherweise nervige und zeitraubende Anfahrt.

Bus

■ **Linie 008,** 7x täglich nach Desenzano und weiter nach Lonato.

■ **Linie 026,** oft am Tag nach Peschiera und Castelnuovo bis nach Verona.

Schiff

■ **Richtung Peschiera und Desenzano** tagsüber häufig. Mehrmals täglich entlang der Ostküste nach Norden, teilweise bis nach Riva del Garda.

Elektro-Zug

■ **Vom Thermalbad** in der Altstadt fährt der elektrobetriebene Bummelzug „Il Trenino" Besucher **bis zu den „Grotten des Catull"** und wieder zurück. Die einfache Fahrt kostet 1,20 €.

Übernachtung

5 **Bed & Breakfast Il Mosaico**②, liebevoll und mit zeitgemäßem Geschmack eingerichtete Zimmer mit jeweils individueller Note. Zum Wohlfühlen. Zum B & B gehört angrenzend ein Restaurant: große Auswahl an Pizzen, dazu Fisch- und Fleischgerichte. Außerhalb der Altstadt. Via Romagna, 9, Tel. (030) 9905758, www.ilmosaicobeb.it.

20 **Hotel Meublé Grifone**②, beste Lage nahe der Burg im Bereich der Altstadt. 16 schlichte, saubere Zimmer, teils mit Balkon und Seeblick. Angenehme Atmosphäre. Bei warmen Temperaturen sitzt man traumhaft auf der begrünten Außenterrasse direkt am Wasser. Via Gaetano Bocchio, 4, Tel. (030) 916 014, www.sirmionehotelgrifone.it.

☐ Das Seeufer liegt unmittelbar an der Altstadt – manch ein Hotel verfügt über einen privaten Badesteg

garda056 ts

MEIN TIPP: **12 Hotel Catullo**③, im historischen Zentrum. Einige der klassisch und manchmal bunt gestalteten Zimmer bieten eine herrliche Aussicht auf den Gardasee. Sehr herzlicher Empfang durch *Fabio* und seine Familie, die das Hotel seit 1988 betreiben. Garten mit eigenem Ufersteg. Restaurant im Hause. Hundefreundlich. Piazza Flaminia, 7, Tel. (030) 9905811, www.hotelcatullo.it.

10 Hotel Villa Cortine Palace④, Luxushotel im Altstadtbereich. Die 54 Zimmer und Suiten sind elegant mit Antiquitäten, feinen Stoffen und Parkettboden formvollendet eingerichtet. Mehrere Hektar großer Park mit altem Baumbestand. Tennisplätze, Schwimmbad, privater Steg am See. Gehobene und raffinierte italienische und mediterrane Küche serviert das Restaurant Le Gardenie, nicht nur für Hotelgäste. Hunde willkommen, Hundesitter-Service möglich. Viale C. Gennari, 2, Tel. (030) 9905890, www.palacehotelvillacortine.com.

3 Hotel Aurora③, mit modernem und komfortablem Interieur ausgestattetes Haus mit Steg und Terrasse am See. Ruhige Lage. Insgesamt sehr freundliches und hilfsbereites Personal. Restaurant. Nicht weit von der Altstadt entfernt. Via XXV. Aprile, 51, Tel. (030) 919009, www.aurorasirmione.com.

16 Bed & Breakfast Le Rêve②, kleine und sehr angenehme Unterkunft, deren vier Zimmer nach den Damen *Marilyn Monroe, Audrey Hepburn, Marlene Dietrich* und *Coco Chanel* benannt und entsprechend individuell farbig gestaltet sind, teils mit kleinem Balkon. Zentrale Lage auf der Halbinsel an der Piazza Carducci. Herzliche Gastgeberin. Gutes Frühstück. Piazza Carducci, 26, Tel. (339) 3066569 oder (349) 8805310, www.lerevesirmione.com.

9 Hotel Mon Repos②-③, ein wenig nördlich der Altstadtgassen, im Garten und am Pool spenden Olivenbäume Schatten. Alle Zimmer mit Balkon. Schöne Aussicht. Dachterrasse. Kurzer Fußweg zum Seeufer. Kostenfreier Parkplatz. Via Arici, 2, Tel. (030) 9905290, www.hotelmonrepos.com.

2 AQVA Boutique Hotel③, reizvoller Außenbereich mit Liegen und Sonnenschirmen, unmittelbar am Wasser mit Pool und ausreichend Platz zum Entspannen. Direkter privater Seezugang. Moderner Neubau mit viel Glas zum See hin. 18, meist helle, eher minimalistisch designte Zimmer, auf Wunsch mit Balkon und Blick auf den Lago di Garda. Stylische und gekonnt abgestimmte Innenausstattung. Ein paar Minuten Fußweg zum Kastell und der Altstadt in nördlicher Richtung. Freundliche Hotelleitung. Via XXV. Aprile, 4, Tel. (030) 9196345, www.aqvaboutiquehotel.it.

Camping

8 Camping Sirmione, in unmittelbarer Nähe zum Strand und der Altstadt. Stellplätze für Zelt, Wohnwagen und Wohnmobil im Grünen mit altem Baumbestand. Bungalows für bis zu 4 Pers. Ferienwohnungen. Restaurant und Swimmingpool. Stellplatz plus 2 Erw. ab 30 €, Kinder 2–10 Jahre ab 5 €. Via Sirmioncino, 9, Tel. (030) 919045, www.camping-sirmione.it.

21 Camping Il Tiglio, zwischen Strand und Straße. Rund 170 Stellplätze auf ebenem Gelände mit Baumbestand. Supermarkt, Restaurant, Schwimmbad. Stellplatz plus 2 Erw. ab 26 €, Kinder 2–10 Jahre ab 4 €. Località Punta Gró, 6, Tel. (030) 9904009, www.campingtiglio.it.

Essen und Trinken

MEIN TIPP: **18 Ristorante Risorgimento,** traditionelles Lokal mit elegantem, fast ausschließlich in Weiß gehaltenem Interieur. Einige gekonnt platzierte, mitunter farbige oder hölzerne Accessoires runden das geschmackvolle Ambiente ab. Die Küche kreiert äußerst delikate Speisen, das Rinderfilet mit Steinpilzen schmeckt fantastisch. Das Risotto mit Roter Beete und Gorgonzola-Sauce ist sehr zu empfehlen (24 €). Der Weinkeller ist bestens bestückt, der Service professionell. Im Sommer bzw. bei angemessenem Wetter kann draußen gegessen werden. Mo bis So 12–14.30 und 19–22.30

Uhr, in der Nebensaison Di geschlossen. Piazza Carducci, 5/6, Tel. (030) 916325, www.risorgimento-sirmione.com.

7 Bistrot Grill da Pier, bekannt ist das Restaurant mit seiner entspannten Atmosphäre für seine hausgemachten Teigwaren und speziell für die vom Besitzer *Pier Terzi* erfundenen flambierten Maccheroni-Nudeln (15 €) – ein optisches und kulinarisches Erlebnis. Auf den Teller kommen ferner Fleisch vom Grill und leckere, selbst gemachte Nachspeisen. Vegetarisches und Fischgerichte fehlen ebensowenig. Außerhalb der Altstadt an der Hauptstraße. Tägl. 12–14 und 18.30–24 Uhr. Via Colombare, 77, Tel. (030) 9904862, www.bistrotgrill.com.

13 Osteria al Torcal, nette Osteria mit nur wenigen Tischen links und rechts der Gasse, von Grünpflanzen abgeschirmt. Im überschaubaren Innenraum weiß gedeckte Tische und rustikale Holzdecke, auf der Speisekarte u.a. dicke Spaghetti *(Bigoli)* mit Sardinen und getrockneten Aprikosen oder Risotto mit Kabeljau und Roter Beete. Mo bis Mi 19–24 Uhr, Fr bis So 12–15 und 19–24 Uhr, Do geschlossen. Via San Salvatore, 30, Tel. (30) 9904605.

11 Ristorante L'Arcimboldo, Altstadt-Lokal mit traumhaft gelegener Außenterrasse, einige der Tische stehen keine 2 m vom plätschernden Wasser entfernt, bei Sonnenschein spenden Schirme Schatten, abends sehr romantisch. Bei Regen oder Kälte kann man auch drinnen sitzen. Der Service zeigt sich aufmerksam, das italienisch ausgerichtete Essen ist zu empfehlen. Knusprige Pizzen sind ebenfalls im Angebot, aber auch z.B. frische hausgemachte Nudeln mit Sardinen vom See und Kirschtomaten oder gegrillte Thunfischstreifen mit Zitrussalat. Etwas versteckt gelegen. 12–22.30 Uhr, Di geschlossen. Via Vittorio Emanuele, 71, Tel. (030) 916 409, www.ristorantearcimboldo.com.

19 Pizzeria Scaligeri's, im Erdgeschoss eines schmalen, safranfarbenen Hauses mit kleiner Terrasse im Freien. In einer Altstadtgasse gelegen. Neben Pizzen werden u.a. Veggie Burger, Polenta und zahlreiche Salate serviert. Via Dante Alighieri, Tel. (030) 916 301.

17 Bar Ristorante Moderno, charmante, zentrale Lage an der Piazza Carducci, aber touristisch. Sehen und gesehen werden. Zumeist gut besucht, hier trifft man sich auf einen Plausch, ein Getränk oder zum Essen. Man speist ordentlich und genießt das pulsierende Leben mitten im historischen Ortszentrum. Piazza Carducci, 30, Tel. (030) 9199038.

14 Enoteca delle Antiche Mura, in der Altstadt gelegen, winziges Lokal mit rustikalem Charme, die gemischten Platten mit köstlichen Kleinigkeiten (Käse, Wurst, Oliven, belegte Brote) sehen nicht nur appetitlich aus, es schmeckt auch bestens. Dazu passt hervorragend ein Glas Wein. Ein paar Tische vor der Tür. Via Antiche Mura, 10, Tel. (030) 916259.

Einkaufen

- **Markt,** montags auf der Piazza Mercato.

1 Enoteca del Lugana, der von *Manuel Fontana* und seiner Frau *Maria López* seit vielen Jahren betriebene Weinladen offeriert neben eigenen Weinen der Familie auch zahlreiche gute Tropfen aus der Region, darunter natürlich die typischen Gardasee-Weine Lugana, Chiaretto und Rosso Riviera. Außerdem kann man u.a. Olivenöle und Spirituosen erstehen. Etwas außerhalb des historischen Zentrums. Täglich 9–19 Uhr. Viale Guglielmo Marconi, 42, Tel. (030) 916465, www.enotecadellugana.it.

15 Morelli Giulio Ceramiche Italiane, wer italienische Keramik in allen möglichen Formen und Farben sucht, wird in diesem Geschäft mit seinen Hunderten Ausstellungsstücken garantiert fündig. Freundliches und kompetentes Personal. Via Vittorio Emanuele, 64, Tel. (030) 916450.

Nützliches

- **Apotheke,** Via San Maria Maggiore, Tel. (030) 916004.
- **Post,** Lungolago Faselo Bitinico, 1, Tel. (030) 916 1195.

Pozzolengo

Eine friedliche Atmosphäre inmitten von Weingütern und leicht geschwungenen Hügeln strahlt dieser Ort rund 7 km südlich von Peschiera aus. Man fühlt sich weit weg vom Trubel des Gardasees, das ländliche Stückchen Erde lädt ein zum **Ausspannen, Wandern und Besichtigen** einiger sehenswerter Baudenkmäler. Kulinarisch sticht die hier produzierte und mit einer kommunalen Ursprungsbezeichnung versehene Salami hervor.

In der Nähe der öffentlichen Parkanlage erhebt sich die noch heute bewohnte **Burganlage auf dem Monte Fluno.** Ins Innere der nicht allzu großen Fes-

garda057 ts

tung mit ihren wenigen Häusern und den weithin sichtbaren Rundtürmen gelangt man durch einen quadratischen Turm. Das Bollwerk galt der Verteidigung gegen Übergriffe der Ungarn und wurde im Mittelalter errichtet. Nachdem die Burg verfallen war, wurde sie im 16. Jahrhundert wieder instand gesetzt.

An der Durchgangsstraße Via G. Mazzini, im Bereich der Piazza IV. Novembre, steht die stattliche **Pfarrkirche San Lorenzo** aus dem 16. Jahrhundert. Im prachtvollen Inneren mit seinen Dutzenden Säulen aus Marmor sind die 1608 von *Gian Giacomo Antegnati* erbaute und später von *Gaetano Zanfretta* restaurierte Orgel und das von dem berühmten Künstler *Andrea Celesti* geschaffene Gemälde „Kreuzabnahme und die Niederlegung Jesu" von Interesse. Zu Ehren des heiligen Lorenzo findet alljährlich am 10. August ein **Fest** mit Musik, Tanz und Feuerwerk statt.

Etwas abseits des eigentlichen Zentrums, beim San Vigilio Chervò Hotel Spa & Resort, ist ein weiteres historisches Gebäude einen Besuch wert, sofern man sich für sakrale Bauwerke interessiert. Dort steht die 1104 von Benediktiner-Mönchen erbaute **Abtei von San Vigilio** mit der noch erhaltenen Kirche samt Glockenturm und dem Klosterinnenhof mit eindrucksvollem Kreuzgang. Im 15. Jahrhundert wurde der Komplex umfänglich renoviert.

Sport

Golf Chervò San Vigilio

In der zur Pozzolengo gehörenden Ortschaft San Vigilio hat der Architekt *Kurt Rossknecht* einen Golfplatz nach seinen Vorstellungen erbauen lassen. **Geübten Golfern** stehen drei Parcours à neun Löchern (alle mit einer Länge von ca. 3 km)

☒ Der eindrucksvolle Friedhof von Pozzolengo

zur Verfügung. Ein weiterer Kurs mit neun Löchern (Par 27, Länge 1025 m) bietet sich für **Anfänger** und solche Sportler an, die ihr Spiel gezielt verbessern wollen. Greenfee 9 Löcher ab 30 €, 18 Löcher ab 58 €. Edles Clubhaus mit Restaurant. Angegliedert ist das San Vigilio Chervò Hotel Spa & Resort.

- **Infos:** Località San Vigilio, Tel. (030) 91801, www.chervogolfsanvigilio.it.

Praktische Tipps

Touristeninformation

- **Piazza Repubblica, 1,** Tel. (030) 918131, www.comune.pozzolengo.bs.it

Übernachtung

- **San Vigilio Chervò Hotel Spa & Resort**③-④, absolut ruhig gelegenes Resort der gehobenen Klasse. Luxuriöse, elegante und mit exklusiven Materialen eingerichtete Zimmer und Suiten, teils mit Ausblick auf den Golfplatz oder den Innenhof der Benediktiner-Abtei. Großzügiger Wellness-Bereich und beheiztes Hallenbad. Außenpool. Einzigartiger Bio-Naturbadeteich mit einer Größe von 1000 m^2. Exquisites Restaurant. Zum Hotel gehört ein Golfplatz (s.o.). Località San Vigilio, Tel. (030) 91801, www.chervogolfsanvigilio.it.
- **Bed & Breakfast Casa in Castello**②, ein ruhiges Kleinod in historischer Umgebung. Das Haus mit seinen vier individuell und mit teils antiken Möbeln eingerichteten Zimmern, alle mit Bad und WC, befindet sich im Bereich der aus dem 13. Jahrhundert stammenden Burg. Die Lage und der Burggarten ermöglichen einen tollen Blick über die weite Landschaft südlich des Gardasees. Via Castello, 2/8, Tel. (339) 3534070.

Desenzano del Garda

Viele Besucher des Gardasees haben diese **eher unbekannte Perle unter den Uferstädten** gar nicht auf ihrer Agenda. Völlig zu Unrecht, wie jeder bemerken wird, der den **größten Ort am See** genauer unter die Lupe nimmt. In der Stadt treffen sich Einheimische und Touristen, um gemeinsam das *Dolce Vita* zu genießen und dem normalen Alltag nachzugehen.

Die in der Römerzeit gegründete und wahrscheinlich nach einem reichen Bürger namens *Decentius* benannte Siedlung punktet mit einem **geschichtsträchtigen und attraktiven Ortskern.** Allerhand wunderbare Palazzi wie der von dem Architekten *Giulio Todeschini* entworfene Palazzo del Provveditore aus dem 16. Jahrhundert erfreuen das Auge. An der nahen Piazza Malvezzi mit dem dortigen romantischen Laubengang schlägt das urbane, italienische Herz der Stadt. Das winzige, von Restaurants, Hotels und Geschäften gesäumte malerische Hafenbecken mit der Bezeichnung **Porto Vecchio,** das schon 1274 Erwähnung fand, unterstreicht die wunderschöne Lage direkt am Wasser. Flanieren lässt es sich, zusätzlich zur weitreichenden Fußgängerzone, sehr gut an der von kleinen Parkanlagen unterbrochenen **Uferpromenade.** Angrenzend an den Altstadtbereich und den neuen Jachthafen reihen sich nach beiden Seeseiten hin sieben **Strände** aneinander, und auch der ein oder andere Campingplatz ist am See zu finden.

Desenzano del Garda ist eine **dynamische Stadt,** wie es sie selten am Gardasee gibt. Hier pulsiert das italienische Leben, Besucher aus den Nachbarstädten Brescia und Verona bevölkern die Gassen und Cafés und shoppen in den Boutiquen. Das Nachtleben ist meist in italienischer Hand, gefeiert wird bis in die Morgenstunden. Ausländische Touristen fangen gerade erst an, diesen Ort, der sich zu einem wichtigen **Handels- und Geschäftszentrum** am Gardasee entwickelt hat, für sich zu entdecken – eine gute Entscheidung.

In der reizvollen ländlichen, nur leicht hügeligen **Umgebung** ergeben sich bei Wanderungen oder Radtouren herrliche Ausblicke auf Weingüter mit ihren Rebstöcken, auf idyllische Olivenhaine und grüne Wiesen. Angebaut werden hochwertige D.O.C.-Weine wie der Lugana, der Garda Classico oder der San Martino della Battaglia.

Sehenswertes

Ein gefälliger **Ausgangspunkt** für einen Stadtspaziergang ist der **Porto Vecchio** mit der im Palazzo Todeschini untergebrachten Touristeninformation. Alle Sehenswürdigkeiten sind von hier aus in wenigen Minuten zu Fuß erreichbar.

Villa Romana

Lange Jahrhunderte war diese römische Villa mitten in der Altstadt von Desenzano del Garda von Erdmassen begraben. Erst 1921 kamen die **Reste dieses großartigen Gebäudekomplexes** aus dem 3. bis 4. Jahrhundert vor Christus zum Vorschein. Es wird angenommen, dass die imposante Villa zu einem noch größeren landwirtschaftlichen Areal gehörte, welches sich im Besitz des römischen Bürgers *Decentius* befand. Dies könnte die ursprüngliche **urbane Keimzelle** der später nach *Decentius* benannten Ansiedlung gewesen sein. Schon deshalb gehört die Villa zu den bedeutendsten ihrer Art in ganz Norditalien. Die freigelegten **mehrfarbigen Fußbodenmosaike** sind in ihrer Pracht nahezu einmalig. Die wunderbar erhaltenen Darstellungen zeigen Personen beim Fischen, bei der Weinernte oder der Jagd. Schaut man genauer hin, erkennt man, dass die Akteure nackt und meist wohlgenährt sind und über kleine Flügel verfügen; es handelt sich also um sogenannte „Amoretten", Diener des römischen Liebesgottes *Amor.*

Bei einem **Rundgang** über die angelegten Stege bekommen die Besucher dank der aufgestellten Infotafeln samt dargestellter Grundrisse ein gutes Bild über die genaue Aufteilung der Räumlichkeiten dieser einst prunkvollen Villa.

■ **Infos:** Anfang März bis Ende Oktober Di bis Sa 9–19.30 Uhr, So 14–19.30 Uhr, November bis Februar Di bis Sa 9–19.30 Uhr, geschlossen Mo und 25. Dezember, 1. Januar und 1. Mai. Eintritt: 4 €, ermäßigt 2 €, unter 18 Jahren frei. Via Crocefisso, 22, Tel. (030) 9143547.

Pfarrkirche Santa Maria Maddalena

Schon das Betreten des Gotteshauses durch das **imposante barocke Eingangsportal** aus dem 18. Jahrhundert begeistert Liebhaber sakraler Bauwerke. Von der Kirche aus dem 15. Jahrhundert, die früher an dieser Stelle stand, sind nur der Glockenturm, einige Altartafeln und die Figur der Santa Maria Maddalena aus vergoldetem Holz erhalten geblieben. Der heute **dreischiffige Dom** wurde nach Plänen des geschätzten Baumeisters *Giulio Todeschini* ab 1586 errichtet, was auf ein wohlhabendes Desenzano in der damaligen Zeit hindeutet. Geweiht wurde das sakrale Gebäude erst 25 Jahre nach Baubeginn von *Alberto Valier*, Bischof von Verona. Der aus dem 18. Jahrhundert stammende Hauptaltar mit farbigen Marmordekorationen ist einen längeren Blick wert. Beachtenswert sind auch die vielen wertvollen **Gemälde** von *Andrea Celesti*, einem berühmten venezianischen Maler des 17. Jahrhunderts, und das Altarbild „Das letzte Abendmahl" des 1696 in Venedig geborenen *Giambattista Tiepolo*, der als einer der bedeutsamsten venezianischen Maler des ausklingenden Barock und des Rokoko gilt.

Museo Civico Archeologico „Giovanni Rambotti"

Das archäologische Museum in der Nähe des Jachthafens stellt nicht nur Artefakte aus der **Bronze- und Römerzeit** aus, sondern beleuchtet auch die **Geschichte von Desenzano** bis zur Neuzeit. Im Erdgeschoss erfahren Besucher Interessantes über Desenzano in der römischen und mittelalterlichen Zeit und können den ausgestellten Sarkophag von *Attilia Urbica* bewundern. Des Weiteren zeigt die Ausstellung den **ältesten Holzpflug,** der je entdeckt wurde und über 4000 Jahre alt ist. Gewidmet ist das Haus *Giovanni Rambotti*, geboren 1817 in De-

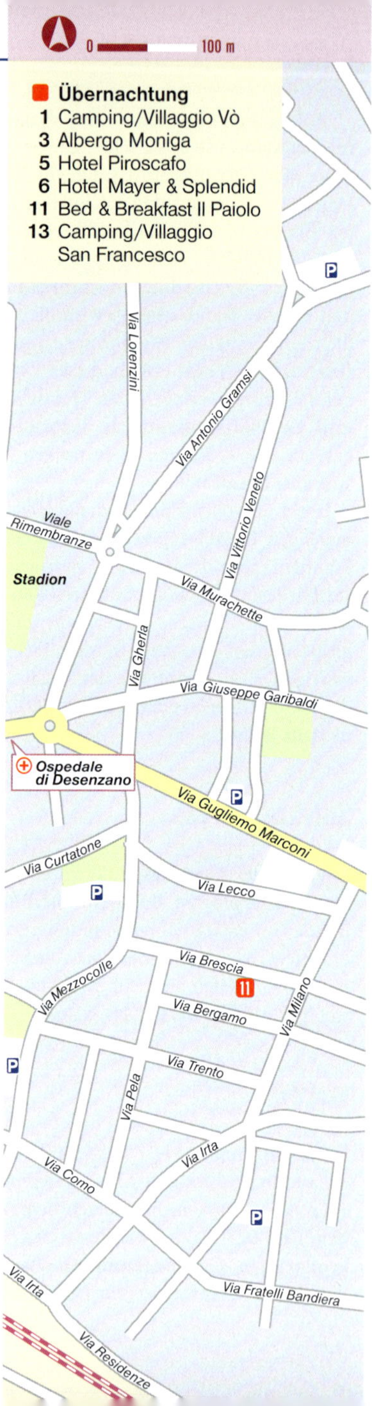

Essen und Trinken
- 2 Osteria SaporediVino
- 7 Streetfood MitiMangio
- 10 Ristorante Pizzeria Kapperi
- 12 Ristorante Revolution Linus

Einkaufen/Sonstiges
- 4 Panificio Taramella V
- 8 Le Dolcezze – Pensieri e Golosità
- 9 South Garda Boats Rental

senzano; er studierte Rechtswissenschaften, war als Notar tätig und der erste Bürgermeister der Stadt. Das Museum ist rollstuhlgerecht.

Infos: Di bis Mi 9–13 Uhr, Do, Fr 15–19 Uhr, Sa, So 14.30–19 Uhr, Mo geschlossen. Eintritt: 4 €, Audio-Guide in Deutsch 3 €. Jeden ersten So im Monat freier Eintritt. Via Anelli, 42, Tel. (030) 9144529, www.museiarcheologici.net.

Il Castello

Von der Altstadt gelangt man hinauf zu der **im Mittelalter erbauten Burg,** die wohl auf einem römischen Kastell errichtet wurde. Im 15. Jahrhundert erfuhr das Castello einen **massiven Ausbau** und eine wehrhafte Verstärkung. Zu dieser Zeit umschlossen die Mauern rund 120 Häuser und eine dem heiligen Ambrogio gewidmete Kirche. Aus dieser Epoche stammen die übriggebliebenen Mauern, die vier Türme und der Eingangswehrturm mit den Resten der Zugbrücke. Ende des 19. bis weit ins 20. Jahrhundert hinein nutzte man das Gelände als Kaserne. **Heute** können Besucher den Wehrgang entlanglaufen und vom Eingangsturm auf den See blicken. Weitere Räumlichkeiten dienen für Kunstausstellungen oder Konferenzen, im Sommer veranstaltet man im Innenhof Konzerte und Kinoabende.

Palazzo Todeschini

Den ansehnlichen Palast mit seinem auffälligen Laubengang und gut einem Dutzend Bögen entwarf der lokale Architekt *Giulio Todeschini.* Erbaut wurde er am „Alten Hafen" und 1580 fertiggestellt. Neben der dort untergebrachten **Touristeninformation** befindet sich die **Galeria Civica,** die dem in Brescia geborenen Maler *Giovan Battista Bosio* gewidmet ist (wechselnde Kunstaustellungen).

Chiesa Madonna del Carmine

Die 1844 erbaute, von dem Architekten *Pietro Rizieri Calcinardi* aus Desenzano entworfene kleine Kirche beherbergt über dem Altar eine **wertvolle Skulptur** der Madonna mit dem Jesuskind aus dem 15. Jahrhundert.

Baden

In Desenzano gibt es mehrere **an den Altstadtbereich angrenzende Strandabschnitte,** die zwischen den Campingplätzen San Francesco und Vò liegen. Zum Beispiel der mit dem Bus erreichbare **Strand von Rivoltella** mit der dortigen Villa Brunetti. In der Nähe, an der Via Zamboni, liegt der „Goldene Strand" **(Spiaggia d'Oro)** mit einer behaglichen, stylischen Bar mit Strandbetten, Liegen und aufgeschüttetem Sand – am Abend beliebt bei der jüngeren Generation.

Feste und Events

Historische Nachstellung der Schlacht von San Martino und Solferino

Jedes Jahr **im Juni** zum Jahrestag der Schlacht vom 24. Juni 1859 begeht man eine mehrtägige aktionsgeladene Gedenkveranstaltung. Die Protagonisten tragen originalgetreue historische Kostüme, kämpfen und schießen, auch Pferde kommen zum Einsatz. Es gibt Fackelzüge, Konzerte, Messen zu Ehren der Gefallenen und Tanzvorführungen.

■ **Infos:** www.solferinoesanmartino.it

Mille Miglia

Immer **im Mai** säumen Tausende Schaulustige die Straßen von Desenzano, wenn während der Mille Miglia auf Hochglanz polierte **Oldtimer** der Stadt einen kurzen Besuch abstatten. Ein kurzweiliges Festprogramm begleitet das atmosphärische Event. Die Rallye startet in Brescia (siehe Exkurs S. 348).

Praktische Tipps

Touristeninformation

■ **Via Porto Vecchio, 34,** Tel. (030) 3748726, www.provincia.brescia.it.

Verkehr und Transport

Bus

Haltestelle z.B. am Bahnhof, Via Anelli „Porto".

■ **Linie 007** nach Balbiana über Moniga und 1x täglich nach Salò.

■ **Linie 008** mehrmals täglich von Rivodelta/Bar Serenissima nach Sirmione, 1x von Desenzano Porto nach Sirmione.

■ **Linie 026** mehrmals täglich nach Verona und Brescia (Sirmione, Peschiera, Lonato).

■ **Linie 027** entlang des Westufers bis nach Riva del Garda und zurück; 9x täglich.

Bahn

■ Der **Bahnhof** findet sich südlich des Zentrums an der Viale Cavour. Desenzano liegt wie Peschiera an der Bahnlinie Venedig – Verona – Mailand.

Schiff, Fähre

■ Abfahrt am neuen Hafen. Die Boote steuern **viele Orte am Gardasee** an. Wer einen Besuch von **Sirmione** plant, nimmt, gerade im Sommer, das Schiff und spart sich Stau und Parkplatzsuche; Hin- und Rückfahrt nach Sirmione 6 €.

Übernachtung

3 **Albergo Moniga**②, Hotel in der historischen Altstadt, kaum einen Steinwurf vom Dom entfernt. Das kleine familiengeführte Haus hat einen guten Standard und elf bevorzugt mit Holzmöbeln eingerichtete Zimmer für 2 bis 4 Personen. Ruhig, trotz der tollen zentralen Lage. Frühstück in der Bar im Erdgeschoss, wo man abends im Freien gemütlich etwas trinken kann. Via Canonica, 16, Tel. (030) 914 1715, www.hotelmoniga.it.

6 **Hotel Mayer & Splendid**③, das in der siebten Generation geführte Hotel begeistert durch seine zentrale Lage mitten im Zentrum beim Hafen. Das Interieur versprüht die Eleganz vergangener Tage. Schon Kaiser *Franz I.* und *Puccini* betteten ihr Haupt in diesem seit 1824 bestehenden Haus. Nostalgikern seien die größeren Zimmer bzw. Suiten mit Balkon und Seeblick empfohlen. Im hoteleigenen Restaurant mit Seeterrasse werden Speisen mit regionalen Zutaten serviert. Kostenloser Fahrradverleih. Haustiere willkommen (ohne Aufpreis). Piazza Ulisse Papa, 10, Tel. (030) 9142253, www.hotelmayerdesenzano.it.

5 **Hotel Piroscafo**②, von den zweckmäßig und nett eingerichteten, sauberen Zimmern mit kleinem Balkon hat man einen charmanten Blick auf den Porto Vecchio und das Treiben in der Altstadt. In dem historischen Gebäude sind auch Dreibett-Zimmer vorhanden. Herrliche Frühstücksterrasse zum

Hafen hin. Seit fast 100 Jahren im Besitz der Familie *Segattini*. Via Porto Vecchio, 11, Tel. (030) 9141128, www.hotelpiroscafo.it.

11 Bed & Breakfast Il Paiolo②, im Jahr 2011 eröffnetes B & B mit drei gemütlichen Zimmern mit Parkettboden. Ruhige Lage, einige Minuten zu Fuß in die Altstadt. Kostenloser Fahrradverleih. Kostenlose Parkplätze vor Ort. Das liebevoll angerichtete Frühstück kann man im schönen Garten, auf der Terrasse oder im Winter auf dem Zimmer genießen. Via Bergamo, 32, Tel. (339) 7760769, www.ilpaiolobb.it.

Camping

13 Camping/Villaggio San Francesco, im Osten der Altstadt Richtung Sirmione gelegener Platz unmittelbar am See. Familie *Facchini* führt die gepflegte Anlage seit 1963. Neben den angebotenen Stellplätzen können auch Mobilhäuser für bis zu 6 oder 7 Personen angemietet werden. Sehr großer und einladender Pool. Restaurant. Rund 400 m langer Strand mit Wiese. Tretbootverleih. Im Sommer Mini-Club. Animation. Fußball- und Volleyballturniere, Tennis. Stellplatz plus 2 Erw. ab 26,50 €, Kinder je nach Saison teilweise kostenfrei. Strada Vicinale San Francesco, Tel. (030) 9110245, www.campingsanfrancesco.com.

1 Camping/Villagio Vò, im Nordwesten der Stadt ermöglicht diese aus 80 Stellplätzen und mehr als ebenso vielen Bungalows bestehende Ferienanlage einen Urlaub direkt am See. Privater Kieselstrand. Pool mit Liegewiese. Hunde sind willkommen, es gibt eine Hundebereich am Strand und eine Extrazone mit Stellplätzen und Ferienwohnungen speziell für Hundebesitzer. Animation und Programm schon für die Kleinsten. Abendveranstaltungen für Erwachsene mit Kabarett oder Karaoke. Restaurant/Pizzeria. Stellplatz plus 2 Erw. ab 22 €, Kinder 5–9 Jahre teils frei, sonst ab 5 €. Via Vò, 4/9, Tel. (030) 9121325, www.desenzanocampingvillage.it.

Essen und Trinken

2 Osteria SaporediVino, bei Sonne und angenehmen Temperaturen lässt es sich hier in der Fußgängerzone in der historischen Altstadt bestens speisen. Ein großer Olivenbaum spendet vor der Tür etwas Schatten. Lecker schmecken beispielsweise die *Orecchiette* mit frischem Thunfisch (14,90 €). Via Roma, 45, Tel. (030) 91208452.

10 Ristorante Pizzeria Kapperi, helles, sehr modern designtes Lokal mit herzlichem Service. Beliebt bei Einheimischen. Super Pizza, z.B. Pizza Vegetariana mit gegrilltem Gemüse 9,80 €. Wilder Reis mit Tintenfisch, Garnelen und Gemüse mit Currysauce 14,80 €. Glutenfreies Essen. Kunstausstellungen und Konzerte. Via Nazario Sauro, 7, Tel. (030) 9991893, www.kapperi.eu.

7 Streetfood MitiMangio, beim Schlendern in den Gassen der Altstadt fällt evtl. der auf Hochglanz

⌃ Am Porto Vecchio trifft man sich gerne auf einen Aperol oder zum Abendessen

polierte, aus dem Jahr 1963 stammende amerikanische Airstream-Wohnwagen auf, wenn er nicht gerade woanders unterwegs ist. Bei dieser erstklassigen Streetfood-Adresse reicht man köstlich belegte Hamburger, Pasta, feinen Fisch und biologische Weine über den Tresen. Unbedingt einen Stopp einlegen! Tel. (348) 6603664, www.almitimangio.com.

12 **Ristorante Revolution Linus,** großzügiges, erfrischend designtes luftiges Lokal mit Industriecharme im ehemaligen Gebäude der Schiffswerft Moretti. Von außen sehr auffällig, wenn auch nicht gerade sehr einladend, ganz im Gegensatz zum Innenbereich. Restaurant und Bar/Cafè in einem. Sehr beliebt bei Einheimischen. Gemischtes Publikum, auch Jüngere trinken hier in entspannter Atmosphäre am Abend einen Drink. Die Pizzen sind gut und ideenreich belegt, haben einen recht dicken Boden und sind durchaus eine Empfehlung wert. Es gibt auch zahlreiche mit Esprit zubereitete Fleisch- und Fischgerichte, und Risotto darf natürlich auch nicht fehlen. Die Inhaberfamilie, die auf frische und regionale Produkte setzt, besitzt mehrere Restaurants. Tägl. 7–24 Uhr. Via Curiel, 6, Tel. (030) 999 1697, www.revolutionristorantepizzeria.it.

Einkaufen

- **Wochenmarkt,** Piazza Matteotti, immer Di 8–13 Uhr, der größte Markt am See.
- **Bauernmarkt,** immer Do im Altstadtzentrum.
- **Antiquitäten-/Vintage-Markt,** Piazza Malvezzi, jeden ersten So im Monat außer im August.

MEIN TIPP: 8 **Le Dolcezze – Pensieri e Golosità,** kleiner, schöner und gut besuchter Laden mit einem reichhaltigen Sortiment an feinen Schokoladen aus aller Welt. Dazu Tee und viele andere süße Überraschungen. Piazza Malvezzi, 28, Tel. (030) 9141335.

4 **Panificio Taramella V,** zentral in der Altstadt gelegen, verkauft diese Bäckerei schmackhafte Brote und Brötchen. Man zahlt nach Gewicht. Eine gute Anlaufstelle für Besucher, die eine Ferienwohnung im Ort gemietet haben. Empfehlenswert, aber natürlich Geschmackssache, ist das frische Kümmelbrot. Im Angebot weitere herzhafte und süße Produkte. Piazza Malvezzi, 28, Tel. (030) 9141335.

Nützliches/Aktivitäten

- **Post,** Via Crocefisso, 23, Mo bis Fr 8.20–19.09 Uhr, Sa 8.20–12.35 Uhr.
- **Arzt: Garda Salus Poliaambulatorio,** Via Nazario Sauro, 19, Tel. (030) 9914897, www.gardasaluspoliambulatorio.it.
- **Krankenhaus: Ospedale di Desenzano,** Località Montecroce, Tel. (030) 91451, www.asst-garda.it/ospedali/desenzano.

9 **Bootsvermietung: South Garda Boats Rental,** vor dem Hotel Mayer & Splendid. Kein Führerschein notwendig. Zusätzlich Tourangebot in die Umgebung. Piazza Ulisse Papa, 5, Tel. (393) 335 347687, www.gardaboatrent.com.

Die Umgebung von Desenzano del Garda

San Martino della Battaglia

Einige Kilometer von Desenzano bzw. dem See entfernt liegt der zu Desenzano gehörende Ort San Martino della Battaglia, bekannt für Weingüter (s.u.) und seinen großen **Denkmalkomplex.** Weithin sichtbar ist der 64 Meter hohe **Turm** des Mahnmals, das an eine bei den Ortschaften Solferino und San Martino am **24. Juni 1859** stattgefundene **Schlacht** im Rahmen der italienischen Unabhängigkeitskriege erinnern soll. Auf dem Schlachtfeld standen sich 150.000 Franzosen und Italiener und fast ebenso viele österreichische Soldaten gegenüber. Das gnadenlos, mit Hunderten Kanonen geführte Gefecht, das die französisch-italienische Armee gewann, forderte über 20.000 Tote und 10.000 Verletzte. Viele der schwer verwundeten Soldaten starben meist qualvoll, da es noch keine schnelle ärztliche Versorgung auf den Schlachtfeldern gab. Dies war für den Schweizer **Henri Dunant,** der auf der Seite des französischen Kaisers stand und das furchtbare Elend vor Ort als Zivilist sah, Anstoß genug, sich für die Gründung einer internationalen neutralen Hilfsorganisation einzusetzen. So kam es, dass das **„Rote Kreuz"** ins Leben gerufen wurde. Für sein Engagement wurde *Dunant* 1901 mit dem Friedensnobelpreis ausgezeichnet.

Vom über 60 m hohen Turm in San Martino della Battaglia kann man die Umgebung gut überblicken

garda063 ts

Jedes Jahr im Juni wird die Schlacht während eines mehrtägigen Spektakels nachgestellt. Im unteren und hinteren Bereich des Mahnmal-Turmes ist ein **Kriegsmuseum** mit Uniformen, Waffen und Dokumenten zu der Schlacht untergebracht. Der Turm ist begehbar, an den Wänden innen gibt es riesige Schlachtenszenen zu sehen, an anderer Stelle Uniformen der sardinischen Armee von 1859. Wer ein Smartphone dabeihat, kann mithilfe von im **Turm** angebrachten QR-Codes Infos in deutscher Sprache abrufen. Von der **Aussichtsplattform** hat man einen grandiosen Blick über die weite Landschaft des südlichen Gardasees bis nach Sirmione.

Infos: März bis September tägl. 9–12.30 und 14.30–19 Uhr, Oktober bis Februar 9–12.30 und 14–17.30 Uhr, an Sonn- und Feiertagen durchgehend geöffnet. Eintritt: Erw. 7 €, Kinder/Jugendliche 11–18 Jahre 5 €, bis 10 Jahre 3 €.

Essen und Trinken

Osteria alla Torre, unmittelbar am Turm befindet sich dieses idyllische Lokal mit seiner beschatteten Terrasse. Auch ohne Besuch des Mahnmals einen Abstecher wert. Feine, qualitativ hochwertige und ideenreiche Gerichte, fernab von den auf Massentourismus eingestellten Restaurants an manch einer Uferpromenade. Perlhuhnbrust mit Pilzen und Bratkartoffeln 19 €. Ganzjährig geöffnet. Via Torre, 1, Località San Martino della Battaglia, Tel. (030) 9108261, www.osteriaallatorre.it.

Weingut Selva Capuzza

MEIN TIPP: Auf dem Gelände des Weinguts der Familie *Formentini* kultiviert man sechs Rebsorten, aus denen

qualitativ hochwertige Weine wie der Lugana San Vigilio, der Garda Classico Chiaretto San Donino oder der Garda Classico Groppello San Biagio entstehen. Verkostungen sind möglich. In dem zum Gut gehörenden Landhaus sollte man im dortigen **Restaurant** das exzellente Essen probieren; viele der Gerichte orientieren sich an alten Rezepten und sollen so eine Verbindung zum ländlichen Leben bewahren. Zu dieser Philosophie gehört auch die ausschließliche Verwendung lokaler Produkte. Das ausgezeichnete Personal gibt gerne Tipps für den passenden Wein. Die kulinarische Auszeit genießt man im Garten oder in historischem und charmantem Ambiente unter Gewölben aus dem 14. Jahrhundert. Etwas abgelegen vom Haupthaus, in absoluter Ruhe, werden elf **sehr schöne Ferienwohnungen** angeboten. Ein Schwimmbad und viel Platz im Grünen gibt es dazu. Eine wahre Oase zum Ausspannen.

Infos: Zur Anreise auf die Ausschilderung „Selva Capuzza" achten oder Selva Capuzza und Desenzano del Garda ins Navigationsgerät eingeben. Località San Martino della Battaglia, Tel. (030) 9910381, www.selvacapuzza.it.

Le Nintee Park

Unweit des Turmes von San Martino della Battaglia breitet sich dieser **Freizeitpark für die ganze Familie** aus. Auf mehr als vier Hektar Fläche werden Hüpfburgen, Rutschen und Schaukeln für die Kleinen und ein großes Schwimmbecken für die Erwachsenen angeboten. Man kann Volleyball, Basketball oder Fußball spielen. Für das leibliche Wohl sorgen eine Snack-Bar und eine Pizzeria, seit 2016 existiert zudem ein von 18.30 bis 24 Uhr geöffneter Grill-Park.

Infos: Ende März bis Anfang September tägl. 10–19 Uhr. Eintritt: Mo bis Fr Erw. 14 €, Kinder 5–12 Jahre 10 €, Sa/So Erw. 16 €, Kinder 5–12 Jahre 12 €; Halbtageskarten ab 14 Uhr günstiger. Via del Pilandro, 2, Località San Martino della Battaglia, Tel. (327) 0754999, www.leninfeedelgarda.it.

Lonato del Garda

Das von Touristen kaum beachtete, dennoch **sehr sehenswerte Städtchen** liegt nur wenige Kilometer vom Seeufer und Desenzano entfernt. Ruhig im Grünen gelegen und mit **viel ursprünglichem italienischem Charme** ausgestattet, hat man hier vielleicht nicht das ganz große Aha-Erlebnis, auch wenn die an die Altstadt angrenzende viskontinisch-venezianische Festung durchaus erkundenswert ist und die mächtige, weithin sichtbare Kuppel des großartigen Doms imposante Ausmaße aufweist. Der nahe, wohl dimensionierte Rathausplatz mit Lokalen samt Tischen und Stühlen unter freiem Himmel lädt zum Pausieren ein. Im Sommer lauscht man Konzerten oder besucht das Kirchfest zu Ehren von San Giovanni Battista. Bei einem Gang durch die historischen Gassen und in die nahe Umgebung offenbaren sich weitere architektonische und geschichtlich interessante Schätze wie der Zambelli-Palast oder die römischen Ziegelbrennöfen.

garda061 ts

Sehenswertes

Piazza Martiri della Libertà

Mitten im Ort, in der Nähe des Doms, breitet sich der **Hauptplatz** aus. Neben einigen Lokalen und einem Tabakgeschäft ragt die ins Auge stechende venezianische **Säule** mit dem geflügelten Löwen von San Marco auf. Lonato unterstand von der Mitte des 15. Jahrhunderts bis Ende des 18. Jahrhunderts der Republik Venedig. Sehenswert am Platz ist das Rathaus, der **Palazzo Municipale,** in dem auch die Tourismusinformation untergebracht ist. Sein heutiges Erscheinungsbild geht auf das 18. Jahrhundert zurück. Aus dem gleichen Jahrhundert stammen eine im Ratssaal befindliche Karte des Gebietes von Lonato und Deckendarstellungen, die den Agronom *Camillo Tarello* (1517–1573) aus Lonato ehren. Von besonderer Bedeutung ist der **„Celesti-Saal“,** so benannt, weil sich in ihm ein mehrere Meter großes Kunstwerk des venezianischen Malers *Andrea*

Celesti (1637–1712) aus dem Jahre 1693 präsentiert. Mit Pinsel und Farbe verewigte *Celesti* darauf Christus mit der Jungfrau und den Patron von Lonato, San Giovanni Battista. Ein dargestelltes Lazarett und der fliegende Teufel beziehen sich auf die schrecklichen Zeiten, als die Pest wütete.

Der Hauptplatz mit geflügeltem Löwen und stattlichem Dom

Basilika San Giovanni Battista

Der **im Barockstil** erbaute Dom glänzt mit einer imponierenden und mit Skulpturen geschmückten Fassade. Oberhalb des Portals und des darüberliegenden Fensters findet sich ein Wappen mit einem Löwen und drei Lilien. Für die riesige Kuppel zeichnete der Architekt *Paolo Soratini* aus Lonato (1680–1762) verantwortlich. Am Hauptaltar schuf der Maler *Giambettino Cignaroli* aus Verona ein kunstvolles Werk, das San Giovanni Battista bei der Predigt zeigt. Sehenswert ist das Renaissance-Triptychon von *Bernardino Licinio* in der Sakristei.

Infos: Gottesdienst ist Sa abends und So vormittags. Die Kirche steht an der Via Tarello nahe dem Rathaus.

Museum und Burg der Stiftung Ugo da Como

Nördlich des Palazzo Municipale und der historischen Altstadt befindet sich dieses auf einem Hügel angelegte weitläufige Areal mit der **viskontinisch-venezianischen Festung,** meist einfach **Rocca** genannt, und dem Museo Casa del Podestà. Die Burg war einst als Bollwerk gegen kriegerische Angreifer gedacht und gehört zu den beeindruckendsten Bastionen in der Lombardei. Der mit Türmen und einer zinnenbewehrten Mauer umgebene Bau misst knapp 200 Meter in der Länge und etwa 40 Meter in der Breite und bietet einen herrlichen Blick auf Lonato und Umgebung. Auf dem Gelände kann das **vogelkundliche Museum** besucht werden, dessen ca. 700 Exemplare von dem Ornithologen *Gustavo Adolfo Carlotto* Anfang des 20. Jahrhunderts zusammengetragen wurden und einen Einblick in die italienische Vogelwelt eröffnen.

Ebenfalls zur Stiftung Ugo da Como gehört das **Museo Casa del Podestà.** Das um 1450 erbaute Haus war Sitz des Podestà, des damaligen lokalen Vertreters der Republik Venedig, der jeweils zwei Jahre im Amt blieb. Ende des 18. Jahrhunderts fiel es unter die Herrschaft von Österreich, später kam es in den Besitz der Gemeinde Lonato und 1906 ersteigerte **Ugo Da Como,** Abgeordneter der Liberalpartei, den in die Jahre gekommenen Bau und ließ ihn restaurieren. Er wohnte dort bis zu seinem Tod 1941 zusammen mit seiner Frau. Da keine Erben in Sicht waren, gründete *Ugo da Como* noch zu Lebzeiten die gleichnamige **private Stiftung,** um den Erhalt der Gebäude zu sichern und ihre Geschichte vor dem Vergessen zu bewahren. Heute können die prachtvollen Räumlichkeiten mit ihren wertvollen Antiquitäten und die Hausbibliothek mit rund 50.000 Büchern besichtigt werden. Zu sehen sind u.a. der repräsentative „Rote Salon", das Zimmer von *Da Comos* Frau *Maria Glisenti,* der als Speiseraum genutzte Zinnsaal oder das Gästezimmer mit historisch wertvollen Inkunabeln.

Infos: Weihnachten (25.12.) und Neujahr (1.1.) geschlossen; Festung und ornithologisches Museum: Mai bis September tägl. 10–18 Uhr, Oktober bis April Sa/So 10–12.30 und 14 Uhr bis Sonnenuntergang, Eintritt: Erw. 5 €, Kinder bis 14 Jahre 3 €; Haus-Museum: tägl. 10–12.30 und 14–18 Uhr, Erw. 8 €, Kinder bis 14 Jahre 4 €; Festung, ornithologisches und Haus-Museum: Kombiticket Erw. 10 €, Kinder bis 14 Jahre 6 €. Via Rocca, 2, Tel. (030) 913 0060, www.roccadilonato.it.

Römische Ziegelbrennöfen

Einige Kilometer südlich des Ortszentrums von Lonato entfernt, an der Straße nach Castiglione delle Stiviere, können die schon im 2. Jahrhundert nach Christus genutzten Ziegelbrennöfen aus der Römerzeit besichtigt werden. Archäologische Arbeiten in den 1980er Jahren brachten **sechs Öfen** zutage, die der Herstellung von Dachziegeln und Ziegelsteinen dienten. Sie waren Schätzungen zufolge rund 100 Jahre in Betrieb, bevor sie aufgrund ihrer Lage in einer Senke wahrscheinlich wegen Verschlammung den Dienst einstellen mussten. Im Umkreis der römischen **„Fornaci"** entdeckte man ferner mehrere aus dem 14. Jahrhundert stammende Öfen für die Produktion von Ziegeln und die Herstellung von Kalk. Im sogenannten **„Antiquarium"** vor Ort gibt es Informationen zur Thematik. Termine für eine Besichtigung und Führungen sind auf der Webseite abrufbar.

Infos: Die archäologische Stätte ist jeden Sonntag von 10 bis 17 Uhr geöffnet. Eintritt: 2 €. Via Mantova, 54, Tel. (030) 91392216, www.fornaciromanedilonato.it.

Baden

Lido di Lonato

Ein Strand am See, feinster Sand und Palmen locken in Lido di Lonato bzw. im dortigen **Coco Beach Club.** Der Service umfasst Liegestühle, Sonnenschirme, Duschen, Umkleiden und kühle Getränke. Im „Beach-Bereich" werden Pizzen ab 10 €, Salate und Bowls gereicht. Ein

Restaurant gibt es ebenfalls. Der angrenzende öffentliche Strand ist deutlich steinigerer Natur. Abends finden Partys statt. Diskothek. Nette Atmosphäre.

- **Infos:** Via Catullo, 5, www.cocobeachclub.com.

Event

Festival der Straßenkünstler

Seit mehreren Jahren immer **Anfang August** findet diese **bunte und lebendige Spektakel** statt. Verteilt über vier Tage zeigen Dutzende Künstler in den Gassen und auf den Plätzen des Ortes ihr Können. Es gibt Wohlfühlorte zum Relaxen und zum Zusammenkommen. Zum Angebot gehören Musiker, Tänzer, Akrobaten, Jongleure aus aller Welt, ein Kunsthandwerksmarkt und typische Produkte und Essen aus der Region. Auch Programm für Kinder.

- **Infos:** www.lonatoinfestival.it

Praktische Tipps

Touristeninformation

- **Piazza Martiri della Libertà,** Mitte März bis Ende September tägl. 10–16 Uhr, 1. Oktober bis 31. Dezember Sa, So 10–16 Uhr. Tel. (030) 91392226, www.roccadilonato.it.

Verkehr und Transport

Bus

- **Linie 026** mehrmals täglich nach Verona und Brescia (Sirmione, Peschiera).

Essen und Trinken

MEIN TIPP: **Pizzeria Trattoria Ezio,** meist sehr gut besuchtes, bei Einheimischen beliebtes und von innen und außen eher unauffälliges Lokal mit großem, ruhigem Innenhof. Hier trifft man sich, Jung und Alt, Familien und Alleinstehende. Man kennt sich, man grüßt sich und man speist sehr gut und günstig. Tägl. 18.30–21.30 Uhr, Mi geschlossen. Via Corobbiolo, 6, Tel. (030) 9131778.

- **La Tana del Gufo,** Restaurant und Weinbar. Via Corte Ferrarini, 2, Tel. (030) 9919900, www.latanadelgufo.it.
- **Caffè Gelateria del Centro,** auf den Stühlen mitten auf dem Rathausplatz sitzt man bestens, schaut sich das Treiben an und lässt sich einen Eiskaffee schmecken. Ab und an Live-Musik. Piazza Vittorio Emanuele II., Tel. (327) 3289217.

Einkaufen

- **Markt,** auf der Piazza Martiri della Libertà vor dem Rathaus findet Do und Fr vormittags der Wochenmarkt statt.
- **Antiquitätenmarkt** jeden dritten So im Monat (außer im Januar) im historischen Zentrum.

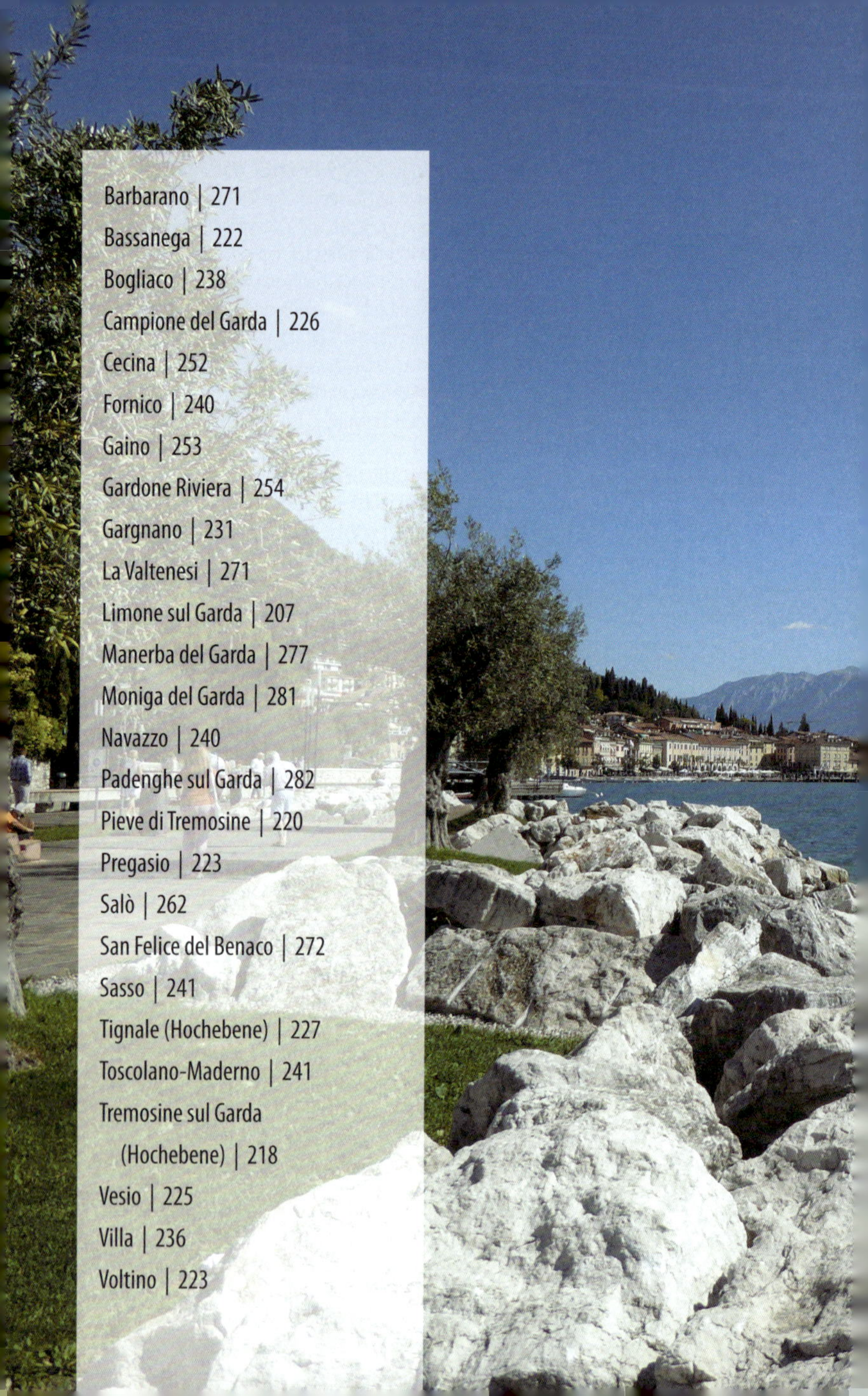

garda087 ts

4

Der Westen

»Abwechslungsreiche Landschaften mit Bergdörfern und faszinierenden Ausblicken auf den Gardasee finden sich hier kombiniert mit temperamentvollen Städten wie Salò oder romantischen Orten wie Gargnano.

‹ Unterwegs auf der Promenade von Salò

0 5 km
©Reise Know-How Garda_Kap04 3/22
Anschlusskarte Seite 24
Anschlusskarte Seite 92
Anschlusskarte Seite 162
TRENTINO ALTO-ADIGE
LOMBARDIA
VENETO
LA VALTENESI
Lago d'Idro
Lago di Valvestino
Val Toscolano
Lago di Garda
Gardesana
Ca'Rossa
Storo
Darzo
Lodrone
Bagolino
Bondone
M. Tremalzo 1974
M. Carone 1621
Pregasina
Limone sul Garda
Bassanega
Vesio
Voltino
Tremosine
Pieve di Tremosine
M. Púria 1476
Strada della Forra/ Valle di Brasa (Tal der Mühlen)
Magasa
M. Cingla 1669
Anfo
Capovalle
Valvestino
Parco Alto Garda Bresciano
Museo del Parco Alto Garda Bresciano/ Parco Avventura Flying Frogs
Pregasio
Arias
Malcesine
Prabione
Campione del Garda
Olzano
Tignale
Santuario di Monte Castello
Gardola
Aer
Oldesio
Piovere
Assenza
Idro
Lemprato
Porto di Brenzone
Magugnano
Brenzone sul Garda
Campo
Treviso Bresciano
M. Zingla 1497
Sasso
Navazzo
Gargnano
Castelletto di Brenzone
Villa
Bogliaco
Fornico
M. Pizzócolo 1582
Prada
Pai di Sopra
Grotta Tanella
Gaino
Cecina
Vobarno
Sanico
Toscolano-Maderno
Colomber
Crero
San Zeno di Montagna
Jungle Adventure Park
Albisano
Gazzane
Gardone Riviera
Roè-Volciano
Barbarano
Caprino Veronese
Salò
Castión Ver.
Torri del Benaco
Pésina
Portese
Isola del Garda
S. Giacomo
Cisano
Felszeichnungen
Costermano sul Garda
Zuane
San Felice del Benaco
Puegnago sul Garda
Gardacqua
Garda
Punta di San Vigilio
Polpenazze del Garda
Manerba del Garda
Bardolino
Affi
Cavaion Veronese
Soiano di Lago
Museo dell'Olio d'Oliva in Cisano
Cisano
Moniga del Garda
Calmasino
Sega
Padenghe sul Garda
Sirmione
Lazise
Parco Natura Viva
Thermalpark Gardasee/ Villa dei Cedri
Sedena
Desenzano del Garda
Movieland-Hollywood-Park/ Caneva-Aquapark
Pastrengo
Colà
Colombare
Gardaland Park/ Gardaland Sea Life Aquarium
Sandrà
Lonato del Garda
Rivoltella
Peschiera del Garda
San Benedetto
A4
A22

DAS WESTUFER UND SEIN HINTERLAND

Der Nordwesten bezaubert vor allem auf den Hochebenen von Tremosine und Tignale mit fantastischer Natur zum Wandern und Biken sowie ruhigen Dörfern mit oft atemberaubenden Aussichten auf das funkelnde Wasser des Lago di Garda. Am Ufer breitet sich das sehr beliebte Städtchen Limone sul Garda aus. Weiter im Süden sollte man der charaktervollen Stadt Salò ausgiebig Zeit widmen, nicht nur für einen Bummel über die Promenade. Romantikern sei der leicht zu übersehende Ort Gargnano ans Herz gelegt, der eine entspannte Atmosphäre ausstrahlt. Vom einst sehr mondänen Gardone Riviera empfiehlt sich ein Besuch der bezaubernden Isola del Garda, um ein weiteres der vielen facettenreichen Gesichter des Westufers kennenzulernen.

Limone sul Garda

Limone, Stadt der Zitronen, ist optisch, soweit man das zunächst von der durch den Ort führenden Gardesana beurteilen kann, kein Schmuckstück. Diese Wahrnehmung ändert sich rasch, sobald man die autofreien Gassen unterhalb der Durchgangsstraße betritt. Im **Altstadtbereich,** der bis zum Seeufer reicht, zeigt sich die **wahre Schönheit des Ortes** mit engen, gepflasterten Wegen und alten Mauern, an denen Kapernpflanzen gedeihen. An der belebten und großzügig gestalteten **Uferpromenade** reihen sich Bars und Restaurants mit Seeblick aneinander. Hier pulsiert Tag und Nacht das Leben. Romantischer geht es am alten **Hafen** und der dortigen Piazza zu, wo 1908 die ersten vier öffentlichen Straßenlaternen aufgestellt wurden. Für ein abendliches Picknick bei Sonnenuntergang mit Wein und Oliven oder für ein erfrischendes Bad bei heißen Tempera-

NICHT VERPASSEN!

- **Limone sul Garda:** Führung durch die Limonaia del Castel | 211
- **Pieve di Tremosine:** Blick von der „Schauderterrasse" auf den Gardasee | 220
- **Tremosine:** abenteuerliche Fahrt auf der „Strada della Forra" | 224
- **Das romantische Zentrum von Gargnano** | 232
- **Gardone Riviera:** Besuch der Anlage Il Vittoriale degli Italiani | 257
- **Stadtrundgang in Salò** | 266
- **Isola del Garda:** geführte Tour über die Privatinsel | 272

Diese Tipps erkennt man an der gelben Markierung.

turen eignet sich der **ausgedehnte Kieselstrand** im Süden. Die legendären **Zitronengewächshäuser,** die man besucht haben sollte, sind das i-Tüpfelchen auf der touristischen Agenda.

Apropos Tourismus. Es sollte nicht verschwiegen werden, dass Limone vor allem **in der Hochsaison tagsüber von Besuchern überschwemmt** wird. In immer wiederkehrenden Wellen branden die zahllosen Ausflugsschiffe an den Pier und entlassen Jung und Alt von Bord, die sich dann in die Stadt ergießen.

Wohnt man in Limone, ergeben sich vor allem am Morgen wunderbare, dem Alltag der Bewohner geschuldete **ruhige Augenblicke.** Im Straßencafé an der Piazza Garibaldi sitzend, zwischen Einheimischen, die noch schnell ein Heißgetränk vor der Arbeit an der Theke schlürfen, beobachtet man das geruhsame Erwachen des Ortes. Souvenirstände mit den obligatorischen tönernen Zitronen werden aufgebaut, der Fischhändler bringt die Tagesration frischen Fisch für die unzähligen Restaurants, die Boutiquebesitzerin arrangiert ihre modische Ware, und das Leergut vom Vortag wird abgeholt. Charmanter Alltag in Limone vor der Ankunft des ersten Schiffes.

Die **Name** Limone geht nicht, wie man beim Anblick der vielen Zitronen im Ortsbild meinen könnte, auf die gelbe Zitrusfrucht zurück, sondern hat seinen Ursprung nach Auffassung der Wissenschaft in dem Wort „Limen" (Grenze) oder „Lima" für Fluss. Andere Gelehrte sehen in dem keltischen Wort „Limo"

garda060 ts

(Ulme) einen engen Zusammenhang zur Namensgebung. Die Kelten siedelten sich um 600 vor Christus in der Region rund um den Ledrosee an. Erhalten gebliebene Schriften aus dem 10. Jahrhundert führen den Ort unter den Bezeichnungen Limon, Limonum und auch schon Limone.

Die Siedlung war lange Zeit ein einfaches **Fischerdorf,** deren Einwohner sich mit dem **Olivenanbau** ein Zubrot verdienten. Erst im 15. Jahrhundert unter dem Einfluss der Republik Venedig, auch als „Serenissima", die Glückliche, bekannt, gelang Limone ein gewisser **wirtschaftlicher Aufschwung.** Dank seines milden Klimas erlangte der Ort mit dem Bau zahlreicher **Limonaia** den Status des nördlichsten Zitronenanbaugebietes Europas. Schon *Johann Wolfgang von Goethe* bestaunte am 13. September 1786 die terrassenförmig angelegten Gärten mit ihren Zitronenbäumen, als er mit dem Schiff an Limone vorbeifuhr.

Nachdem Ende des 18. Jahrhunderts *Napoleon* in der Region das Sagen gehabt hatte, ging Limone 1815 an das lombardisch-venezianische Königreich, das Österreich unterstand. Seit 1904 nennt man den Ort Limone sul Garda, nachdem er zuvor für rund 40 Jahre Limone San Giovanni geheißen hatte. Seiner nahezu ewig bestehenden geografischen Isolation entkam das Dorf endgültig erst 1931, mit der Fertigstellung der **Gardesana.** Zuvor war Limone nur auf steilen und schmalen Pfaden von Tremosine und dem Ledrotal oder auf dem Seeweg zu erreichen. 1929 begannen die Arbeiten für die tunnelreiche Straße von Gargnano nach Riva del Garda. Das 27 Kilometer lange Bauwerk verschlang rund 32 Millionen Lire.

☐ Blick von der Promenade zum alten Hafen und den Zitronengewächshäusern

Sehenswertes

Chiesa San Benedetto und das Geburtshaus des Missionars Comboni

Oberhalb des neuen Hafens, zwischen Gardesana und Lungolago Marconi, erhebt sich eingezwängt in die Strukturen der Altstadt die **Chiesa San Benedetto.** In dem auf einer römischen Basilika im Jahr 1691 erbauten Gotteshaus sind einige **herausragende Kunstschätze** untergebracht. Neben dem von *Cristoforo Benedetti* 1724 erschaffenen Hauptaltar mit dem Altarbild aus dem 16. Jahrhundert, das die Abnahme Jesu vom Kreuz erzählt, erkennt man seitlich zwei kunstvolle Gemälde aus dem 18. Jahrhundert, erschaffen von dem berühmten Maler *Andrea Celesti,* dessen Schätze in Kirchen rund um den Gardasee zu bestaunen sind. Die Orgel schufen die geschickten Hände *Damiano Damianis* 1831, steinerne Taufbecken datiert man auf das Ende des 16. Jahrhunderts.

Eine der berühmtesten Persönlichkeiten, die in dieser Kirche getauft wurden, ist der 1831 in Limone geborene, spätere Missionar und Bischof **Monsignor Daniele Comboni.** *Comboni* verließ früh seinen Geburtsort und begann ein Studium in Verona. Hier kam er in Kontakt mit Missionaren, und so begann seine Karriere im Dienste Gottes. 1854 wurde

Limone sul Garda

er zum Priester geweiht und 1877 von Papst *Pius IX.* zum Bischof ernannt. Die meiste Zeit seines Lebens verbrachte *Comboni* in Afrika, wo er mit Hingabe seinem Projekt „Afrika durch Afrika retten“ nachging. Er starb 1881 in Khartum im Sudan an Malaria und wurde nach seiner Seligsprechung im Jahr 1996 durch Papst *Johannes Paul II.* am 5. Oktober 2003 heiliggesprochen.

Sein **Geburtshaus** und das nach ihm benannte, 1867 gegründete Säkularinstituts der Comboni-Missionare befinden sich in den Bergen oberhalb der Gardesana. Dort können, inmitten einer Limonaia und eines parkähnlichen Gartens, das ehemalige Wohnhaus samt Kinderzimmer, eine winzige Gedächtniskapelle und eine Multimediaausstellung, die über das Leben des Missionars informiert, besichtigt werden.

Infos: Multimediaausstellung April bis Ende Okt. tägl. 9–12 und 15–18 Uhr. Eintritt frei. Infos unter Tel. (0365) 954091, www.combonianilimone.it.

Chiesa San Rocco

Folgt man vom alten Hafen der Via Porto an das nördliche Ende der Altstadt, trifft man auf der linken Seite auf einige Steinstufen, die zur Kirche San Rocco führen. Das sakrale Gebäude wurde **im 16. Jahrhundert erbaut,** seine Finanzierung erfolgte durch die Limoneser, die mit der Errichtung ihren Dank Ausdruck gaben, von der damals in Norditalien grassierenden Pest verschont worden zu sein. Der Glockenturm und die Fresken sind älteren Datums. Gefeiert wird der heilige Rocco von der Gemeinde alljährlich am 16. August.

Chiesa San Pietro

Oberhalb von Limone inmitten eines Olivenhains steht die **älteste Kirche des Ortes.** Nach letzten Erkenntnissen im 9. Jahrhundert erbaut, wartet sie innen mit schönen Fresken auf, die das Abendmahl und den heiligen Peter zeigen. Sie wurden erst 1989 entdeckt und viele Jahre später restauriert. Früher pilgerten Gläubige häufig zu dem Gotteshaus, um für eine gute Ernte und Gesundheit zu beten. Heute ehrt man den heiligen Pietro meist nur noch am 29. Juni.

Museo del Turismo (Tourismus-Museum)

Mitten in der Altstadt öffnen sich die Türen zu diesem interessanten Museum im früheren Rathaus. **Auf mehreren Etagen** werden Artefakte zum Thema Tourismus ausgestellt, darunter historische Poster vom Lago di Garda, Utensilien zu dem am Gardasee gedrehten James-Bond-Film „Ein Quantum Trost“ und **sehr aufschlussreiche Informationen** zur Entwicklung von Limone, ferner wunderbare Fotos aus der Zeit der ersten Touristen, etwa beim Campen oder bei der Ankunft in der Albergo Bellavista.

Infos: April bis Oktober 10–22 Uhr. Eintritt frei. Via Comboni, 3, Tel. (0365) 954008, www.visitlimonesulgarda.com.

Limonaia del Castel

Seit 2004 können Besucher das Gelände dieses **Zitronengewächshauses** aus dem 18. Jahrhundert erkunden. Eine Inschrift

Die Zitronen von Limone

Wer Limone besucht, kommt an der gelben, sauren Zitrusfrucht nicht vorbei. **Überall in den Geschäftsauslagen** springen einem förmlich unentwegt Zitronen ins Auge: Auf jeder Art von Geschirr prangen sie, in Form von Keramikschildern für die Haustür werden sie verkauft, in mannigfaltiger Ausprägung, ob als Schnaps oder Likör, trinkt man sie, oder der Gemüsehändler bietet sie als reife Frucht feil.

In Limone, so heißt es, wurden die Zitrone und ihre Verwandten **schon im 17. Jahrhundert angebaut.** Ein Gemälde aus dem Jahre 1658, das in den Händen der Pfarrei ist, zeigt Limone und eine typische Limonaia. Die ersten Anpflanzungen werden der Familie *Bettoni* zugeschrieben, die diesen Wirtschaftszweig Mitte des 17. Jahrhunderts in der Region etablieren und so Limone zu einem gewissen Wohlstand verhelfen konnte. Die Blütezeit der Zitronengewächshäuser war Anfang des 18. Jahrhunderts. Die besten und größten Früchte der sogenannten Klasse „fine" wurden nach Polen, Ungarn und sogar nach Russland exportiert. Die weniger gut klassifizierten Exemplare verkaufte man in Italien oder in der eigenen Provinz.

Zur damaligen Zeit schätzte man die Zitronen aus Limone ganz besonders. Grund dafür waren das **fruchtige Aroma** des Saftes und der Schale, die **leuchtend gelbe Farbe** und die **eindrucksvolle Größe.** So konnte man für diese Früchte den zwei- bis dreifachen Preis im Vergleich zu Zitronen aus anderen Regionen Italiens erzielen. Aufzeichnungen aus dem Jahr 1879 dokumentieren die Produktion von rund 500.000 Zitronen. Kurze Zeit später, als andere Provinzen Italiens viel günstigere Früchte auf den Markt brachten, begann der endgültige Niedergang dieses Wirtschaftszweiges in Limone.

garda064 ts

an einem Brunnen nennt den 15. April 1786 als Gründungsdatum. Auf einer Fläche von gut 1500 m² befinden sich insgesamt acht Terrassen mit den typischen Pfeilern und Mauern sowie rund 70 im Jahr 2004 neu angepflanzten Zitrusgewächsen. Auf dem Weg durch die Anlage mit **Museum** und **Informationstafeln,** die einen über die Geschichte des Zitronenhandels und -anbaus aufklären, bekommt man beispielsweise die Bitterorange *(Citrus aurantium),* die Zitronatzitrone *(Citrus medica),* die Zitrone *(Citrus limon),* die Mandarine *(Citrus reticulata)* und die Kumquat *(Fortunella)* zu sehen, Letztere ist eine Zwergorange, die mit Schale gegessen werden kann. Wer will, kann eine Führung durch die Limonaia buchen, auch auf Deutsch.

Infos: April und Oktober tägl. 10–18 Uhr, Mai bis September 10–22 Uhr. Eintritt: 2 €, Kinder bis 10 Jahre frei. Via Quattro Novembre, 25, Tel. (0365) 954008.

Sala San Carlo

An der Via Mons. D. Comboni, nahe der Kirche San Benedetto, übersieht man leicht die **ehemalige Kirche** des heiligen Karl. Zwei Fresken oberhalb der holzernen Eingangstür zeugen von der früheren religiösen Bedeutung dieses um 1905 errichteten Gebäudes. Den Auftrag hierzu gab eine finanziell gut situierte Bewohnerin von Limone, die die Kapelle im Gedenken an ihren Gatten *Karl* erbauen ließ. In den 1930er Jahren entfernte man alle sakralen Einrichtungsgegenstände. Heute finden hier kulturelle Veranstaltungen statt.

Fischerei-Museum in der Limonaia Villa Boghi

Die Villa Boghi mit ihrem Zitronengarten knapp oberhalb der Gardesana beherbergt seit 2012 das örtliche Fischerei-Museum, das **Gerätschaften, alte Fotos und Rezepte** ausstellt.

Infos: März bis Oktober 10–22 Uhr. Eintritt frei. Via IV. Novembre, 25, Tel. (0365) 954008.

Sopino-Wasserfall

Im Norden von Limone, beim Hotel La Limonaia oberhalb der Gardesana im Bereich der Via Sopino Alto, führt ein steiler Pfad hinauf zum Wasserfall des Sopino-Baches. Ein kleines, feines Naturschauspiel.

Ciclovia del Garda (Radweg)

Von Limone sul Garda bis zur Grenze zwischen der Lombardei und dem Trentino entstand in den letzten Jahren ein **spektakulärer Radweg,** der auch von Fußgängern genutzt werden darf. Das 2 km lange Teilstück eines Radweges, der in Zukunft bis nach Riva del Garda führen soll, wurde **teils frei schwebend** an der Felswand montiert mit direktem Blick hinunter zum Gardasee. Gerade in der Hauptsaison stellt sich eine Tour mit dem Fahrrad als äußerst beschwerlich dar, weil auch zahlreiche Spaziergänger diese architektonische Meisterleistung und das Seepanorama genießen wollen.

Das Apolipo-Protein A-1 Milano

Limone steht nicht nur für gesunde und Vitamin-C-reiche Zitronen, sondern ist bei Medizinern und Wissenschaftlern wegen eines Proteins, das **vor Herzinfarkt und Arteriosklerose schützen** soll, international bekannt. 1979 hatte man routinemäßig einen in Limone geborenen Mann untersucht, der schon lange in Mailand wohnte. Die Ärzte fanden sehr deutlich erhöhte Cholesterinwerte im Blut, jedoch keinerlei feststellbare Ablagerungen und Schädigungen in den Arterien und am Herz, die im Normalfall zu erwarten gewesen wären. Bei einer umfangreichen Analyse entdeckte man ein Protein, das Fette sehr rasch aus den Blutgefäßen zur Leber „transportiert". Es wurde „Apolipo-Protein A-1 Milano" genannt.

Die Neugier der Wissenschaftler war geweckt, und so kam es zu einer groß angelegten Untersuchung des Blutes aller Einwohner von Limone. Ergebnis: Eine erstaunlich hohe Anzahl von Personen trägt dieses Protein in sich. Mit Hilfe der lokalen Kirchenregister konnte ein **Stammbaum** entwickelt werden, der aufzeigt, dass alle Proteinträger von dem Ehepaar *Cristoforo Pomaroli* und *Rosa Giovanelli* abstammen, das sich im Jahr 1644 vermählte. In den 1990er Jahren zeigten Tierversuche mit dem geklonten Protein eine deutliche Reduzierung der Plaqueablagerungen in Arterien. Im Verlauf der Jahrzehnte wurde auf internationalen Wissenschaftskongressen in Limone die **medizinische Nutzbarkeit** dieser Entdeckung weiter diskutiert und vorangetrieben. Experten der Medizinbranche gehen davon aus, dass in einigen Jahren ein Medikament auf Basis des „Apolipo-Protein A-1 Milano" auf dem freien Markt erhältlich sein wird.

Praktische Tipps

Touristeninformation

- **Via IV. Novembre, 29,** und **Piazzale de Gasperi,** Tel. (0365) 918987 und (0365) 954265, www.visitlimonesulgarda.com.
- **Limone-App „iLimone",** über AppStore und Google play, kostenlos. Tipps zu Restaurants, Unterkünften und Bars. Wanderungen und Bike-Touren.

Verkehr und Transport

- **Bus** (Haltestelle z.B. an der Bar Turista in der Via VI. Novembre 29): **Linie 202** von Brescia nach Riva del Garda und zurück; über Maderno-Toscolano, Gargnano nach Riva del Garda, nahezu halbstündlich; nach Brescia ebenfalls halbstündlich. **Linie 027** entlang des Westufers bis nach Riva del Garda und zurück, 9x täglich.
- **Schiff:** Abfahrt am neuen Hafen, in alle Richtungen, z.B. nach Malcesine ans Ostufer hin und zurück 9 €, Kinder bis 11 Jahre 5 €.
- **Taxi:** Tel. (333) 1493219 oder (335) 6559352.

Übernachtung

MEIN TIPP: **3 Hotel Garni Gianmartin**②, sehr liebevoll, zeitgemäß und hell designte Zimmer in einem historischen Gebäude. Die behaglichen Zimmer haben alle Seeblick, Wasserkocher und Kaffeemaschine. *Giovanni* und sein Team kümmern sich sehr freundlich um die Gäste. Das Frühstücksbüfett wird in der Bar im Erdgeschoss aufgetischt und ist überdurchschnittlich gut. Selbst gemachte, feine Speisen und eine ausreichende Auswahl. Tolles Preis-Leistungsverhältnis. Die Terrasse vor dem Hotel und der Bar bietet einen herrlichen Blick auf die Piazza Garibaldi, den See und das Treiben in der Altstadt. Kostenfreie Parkplätze. Piazza Garibaldi, 4, Tel. (339) 3671507, www.garnigianmartin.com.

1 Hotel Monte Baldo③, idyllische Lage am alten Hafen in der Fußgängerzone. Über dem gleichnamigen Restaurant befinden sich zwölf moderne, saubere und mit Stil eingerichtete Zimmer, die meisten davon mit tollem Blick auf den See, einige verfügen über einen Balkon. Frühstück und freundlicher Service inklusive. Kostenloses Parken auf dem öffentlichen Parkplatz. Via Porto, 29, Tel. (0365) 954 021, www.montebaldolimone.it.

10 Casa Albergo Sorriso②, familiär und herzlich geführtes Hotel mit 14 Zimmern, teils mit Balkon und herrlichem Ausblick. Zentrale Lage. Nur für Erwachsene. Sehr gutes, reichhaltiges Frühstück, das bei warmen Temperaturen auf der schönen Terrasse eingenommen werden kann. Leckeres Abendessen im Haus. Keine Tiere erlaubt. Via Capitelli, 11, Tel. (0365) 914087, www.albergosorriso.org.

15 Hotel La Fiorita②, modern eingerichtetes, familiengeführtes Hotel mit zeitgemäß ausgestatteten, sauberen Zimmern. Vom Balkon bester Ausblick auf den See. Man wird herzlich aufgenommen und umsorgt. Netter Pool mit Liegen. Restaurant. Spa-Bereich mit Sauna und Dampfbad. Privatparkplatz. Tennisplätze in direkter Nähe. Etwa 600 m südlich der Altstadt gelegen, Via Fasse, 5, Tel. (0365) 954 020, www.albergolafiorita.com.

12 Garda Suite Hotel④, nur wenige Minuten vom Strand und der Altstadt entfernt, 2015 neu eröffnet. Geschmackvolles, modisches Design. 21 großzügig geschnittene Zimmer mit Balkon/Terrasse und Seeblick, manche mit Jacuzzi-Whirlpool. Außenpool mit Liegen. Via Lungolago Marconi, 60, Tel. (0365) 954026, www.hghotels.com.

14 Hotel Ideal④, das Hotel mit seinen rund 180 Zimmern liegt in bester Lage unmittelbar am Strand. Zwei Außenpools, einer davon direkt am See. Hallenbad. Sandtennisplätze. Wellness-Bereich mit Finnischer Sauna und Türkischem Bad. Via IV. Novembre, 32, Tel. (0365) 95711, (0365) 954231, www.hotelideal.net.

☑ Rund um die Chiesa San Rocco

garda065 ts

Camping

21 Camping Nanzel, rund 1 km südlich des Zentrums direkt am See gelegener kleiner Platz, seit 1961 von der Familie *Piantoni* geführt. Stellplätze und Bungalows für bis zu vier Personen zwischen Olivenbäumen. Restaurant. Stellplatz plus 2 Erw. ab 27 €, Kinder 4–10 Jahre 6,50 €. Via IV. Novembre, 3, Tel. (0365) 954155, www.campingnanzel.it.

19 Camping Park Garda, der baumbestandene Platz am Strand südlich der Altstadt verfügt über Stellplätze für Zelte und Camper. Zusätzlich können Chalets und Bungalows gemietet werden. Schöne Poolanlage mit Liegen und Sonnenschirmen. Kinderbecken. Restaurant und Bar. Supermarkt. Stellplatz plus 2 Erw. ab 32 €, Kinder 3–11 Jahre ab 5,50 €. Via IV. Novembre, 10, Tel. (0365) 954550, www.hghotels.com.

Essen und Trinken

11 Ristorante Pizza Incontro, feines Restaurant mit ausgezeichneter und raffinierter Küche, viel mehr als eine klassische Pizzeria. Nicht günstig, aber ganz und gar jeden Cent wert. Einfach mal probieren: mit Kardamom marinierter Zackenbarsch mit Topinambur-Creme, Curry und pikanter Romanesco-Sauce (25 €). Di bis Do 18–23 Uhr, Fr bis So 12–15 und 18–23 Uhr. Via Caldogno, 1, Tel. (0365) 954303, www.ristoranteincontrolimone.it.

9 Bar Bellavista, das Restaurant mit riesigem Außenbereich liegt in bester Lage. Beim Essen auf der Terrasse hat man den Gardasee bestens im Blick und kann die vorbeischlendernden Menschen beobachten. Das Essen ist ordentlich, die Aussicht womöglich besser. Es gibt Pizza und Pasta sowie zahlreiche Fisch- und Fleischgerichte, z.B. Fleischspießchen vom Grill mit Pommes frites. Warme Küche 11.30–22 Uhr. Via Lungolago Marconi, 20, Tel. (0365) 954001.

2 Ristorante Le Palme, im gleichnamigen Hotel untergebrachtes Lokal mit herrlicher Terrasse zum See. Via Porto, 36, Tel. (0365) 954681, www.lepalmelimone.com.

6 Osteria Al Vecchia Fontec, versteckt in einer Altstadtgasse gelegen. Hinter einem mächtigen Holzportal und steinernem Rundbogen öffnet sich ein atmosphärischer Innenhof mit wenigen Tischen. Das kulinarische Portfolio bietet kreative und nicht alltägliche Gerichte mit regionalem Charakter, z.B. *Carne Salada* mit Bohnen oder Kartoffelcremesuppe mit Kastanien und Trüffel. Reservierung empfohlen. Tägl. 12–22 Uhr, Do geschlossen. Via della Corda, 21, Tel. (0365) 954185.

5 Ristorante Gemma, schon die tolle Lage am See und an der Piazza Garibaldi ist einen Besuch wert. Doch hier gibt es nicht nur visuelle Schmankerl, sondern auch ausgezeichnete Fischgerichte. Wer morgens in Limone unterwegs ist, sieht die Anlieferung des frischen Fischs. Auf der Speisekarte finden sich auch Fleisch- und Pastagerichte sowie vegane und vegetarische Kost. Piazza Garibaldi, 12, Tel. (0365) 954014, www.ristorantegemma.it.

MEIN TIPP: **1 Ristorante Monte Baldo,** alteingesessenes Restaurant in toller Lage am alten Hafen. Man wird zuvorkommend bedient. In dem rustikalen und behaglichen Restaurant von *Mario* und *Daniele* kommen qualitativ hochwertige und schmackhafte Speisen aus der Region auf den gedeckten Tisch: gekochter Hecht *(Luccio)* auf „Limoneser Art" mit Polenta 13,80 €, Tagliatelle mit Kaninchenragout *(Le tagliatelle al ragù di coniglio)* 13,80 €. In den oberen Stockwerken ist das gleichnamige Hotel untergebracht. Via Porto, 29, Tel. (0365) 954021, www.montebaldolimone.it.

MEIN TIPP: **7 Pasticceria Piva,** in den schmalen Gassen der Altstadt verkaufen *Rosanna* und *Claudia* süße Backwaren aus eigener Produkti-

> Am alten Hafen laden Cafés und Restaurants zu einer Pause ein

on. Der Familienbetrieb besteht seit 1960. Man sollte die hausgemachten Torten und die Kekse probiert haben. Riesige Grappa-Auswahl. Bei Sonnenschein sitzt man gemütlich draußen auf der farbenprächtig bepflanzten Terrasse. März bis November 9–19 Uhr. Via Cortili, 12, Tel. (0365) 954196.

18 **Osteria Da Livio,** der seit den 1970er Jahren bestehende Familienbetrieb offeriert seinen Gästen rustikale und schmackhafte Kreationen aus der Küche. Regionale Käsesorten, Tiroler Schinken und typische Pastagerichte. Der Garten ist urgemütlich, der Empfang und die Bewirtung herzlich. Etwas abseits der Altstadt in ruhiger Natur beim Geburtshaus des Missionars *Comboni* gelegen. Via Tovo, 4, Tel. (0365) 954203, www.osteriadalivio.it.

17 **Pizzeria Tovo,** abseits der Altstadt, oberhalb der Gardesana, stehen in diesem Lokal mit seinem großen Außenbereich mit Seeblick Pizzen in riesiger Auswahl im Vordergrund. Familiengeführter Betrieb in ruhiger Lage. Via Tamas, 17, Tel. (0365) 954064.

6 **Roxy Bar,** das Ambiente ist nicht das modernste, und der erste Eindruck verleitet den vorbeischlendernden Gast nicht dazu, dieser Bar und Eisdiele unbedingt einen Besuch abstatten zu wollen. Doch *Stefano* betreibt diese unter Eingeweihten bekannte Lokalität seit 1983 und verkauft köstliches, selbst gemachtes Eis. Über 30 Sorten lassen sich probieren. Außerdem Pizza, Panini und Toast. Mai bis Oktober 8–24 Uhr. Via Comboni, 20.

Einkaufen

■ **Markt,** jeden ersten und dritten Di des Monats im historischen Zentrum.

8 **Delicatessen,** die Besonderheit dieses Geschäfts an der Promenade ist die riesige Auswahl an natürlichen Trockenfrüchten. Die lose Ware wird nach Gewicht abgerechnet (meist 100 g/2 €). In den Körben finden sich Mango, Pfirsich, Ananas, Melone, Zitrone und vieles mehr. Zusätzlich stehen regionale Spezialitäten in den Regalen. Lungolago Marconi, 14, Tel. (339) 8263748.

4 **Salami-Haus,** in dem kleinen Laden in der Altstadt etwas oberhalb des Sees verkaufen die Besitzer ausnehmend gute Salami in unzähligen Varia-

garda066 ts

tionen: mit Knoblauch, mit Chili oder einfach „Rustico". Sehr freundliche und ausführliche Beratung. Via Antonio Moro, 12, Tel. (0365) 954013.

Sport und Aktivitäten

13 **Surfing Lino,** Windsurfen, Kitesurfen, S.U.P. und Kajakausleih. Windsurf-Schnupperkurs 3 Std./ 70 €. Spiaggia Foce Fiume S. Giovanni, Tel. (338) 409 7490, www.surfinglino.com.

20 **Limone Watersports,** Kitesurfen (Probekurs in der Gruppe 140 €/1 Tag), Katamaran-Segeln, S.U.P. Via IV. Novembre, 3, Tel. (348) 8975467, www.limonewatersports.com.

16 **Circolo Tennis Limone,** Tennisschule, Privatstunden sind möglich. April bis Oktober tägl. 8–21 Uhr. Via Fasse, Tel. (0365) 954280, www.circolitennis.com.

Nützliches

- **Post,** Via Caldogno, 1, Tel. (0365) 954746, Mo bis Fr 8.20–13.20 Uhr, Sa 8.20–12.20 Uhr.
- **Apotheke,** Via IV. Novembre, 29, 8.45–12.45 und 15–19 Uhr, Do, So geschlossen, im Sommer tägl. geöffnet.
- **Ärztlicher Dienst für Touristen,** Via Capitelli, 13, Tel. (0365) 954516, tägl. 9–13 und 15–19 Uhr.
- **Tierärztin: Dott.ssa Sara Cavazza** (spricht deutsch), Via Lungolago G. Marconi, 19, Tel. (335) 5750375.

[>] Blick auf die Hochebene von Tremosine sul Garda

Die Hochebene von Tremosine sul Garda

Fantastische Ausblicke, üppige Vegetation mit Wiesen und Wäldern, im Hochsommer ein erfrischendes Klima im Gegensatz zur Uferzone und zahlreiche Wandermöglichkeiten auf einer Höhe von 400 bis knapp 700 Metern charakterisieren diese **absolut besuchenswerte Gegend.** Bei einem Gang abseits der ausgetretenen Pfade trifft man schon mal auf einen herzlichen Bauern, der einem zum selbst gebrannten Schnaps einlädt und gerne über seine Heimat, seine Olivenbäume und Weinreben plaudert.

Die im **Parco Alto Garda Bresciano** liegende Gemeinde Tremosine zählt **18 Orte,** die teils nur aus einigen wenigen Häusern bestehen und daher kaum vom Tourismus vereinnahmt werden. Hauptort und Besuchermagnet ist das an einer steilen Felswand erbaute **Pieve di Tremosine** mit Restaurants, Geschäften und der „Terrazza del Brivido" (s.u.).

Erste Ansiedlungen waren wohl etruskischer Natur, wie eine in Voltino gefundene Inschrift vermuten lässt. Auch die **Ortsbezeichnung „Tremosine"** könnte aus dieser antiken Zeit stammen und sich auf eine Person namens *Tremusina* beziehen. Die Einwohner dieser seit mindestens 1268 bestehenden Gemeinde nennt man übrigens „Tremosinesi". Der einzige am See zu findende Ort der Gemeinde Tremosine ist Campione del Garda. 2010 erhielt Tremosine die Auszeichnung „Borgo più bello d'Italia" und darf sich damit offiziell als eines der schönsten Dörfer Italiens bezeichnen.

Neben den gut ausgeschilderten Strecken für Wanderer und Mountainbiker begeistert die Hochebene **sportlich Aktive** vor allem aufgrund der bereitstehenden **Tennisplätze.** Bei kühleren Temperaturen lässt es sich beispielsweise im Ortsteil Bassanega, im gleichnamigen Hotel, vorzüglich spielen.

Man erreicht Tremosine sul Garda auf unterschiedlichsten Wegen. Entspannt präsentiert sich die langsam emporschlängelnde Straße von Limone über Bassanega und Voltino hinauf nach Pieve & Co. Eine kleine Herausforderung für jeden Autofahrer stellt dagegen die Fahrt durch das wilde Brasatal auf der **„Strada della Forra"** (siehe Exkurs S. 224) dar, die schon für spektakuläre Filmszenen herhalten musste – definitiv einer der eindrucksvollsten Straßenverläufe am Gardasee. Schmale, einspurige Tunnel, jedoch mit Ampeln entschärft, Wasserfälle und steile Felswände stehen auf dem Programm der genussreichen Tour, die entweder von Pieve zur Gardesana oder bei einem Abzweig an der Gardesana zwischen Campione del Garda und Limone hoch nach Pieve führt.

Jahrhundertelang waren die Hochebene und ihre Siedlungen **nur über Wanderwege und Maultierpfade zu erreichen.** Das änderte sich erst 1913, als die von dem „Poeten der Steine", dem 1862 geborenen *Arturo Cozzaglio,* entworfene Straße durch das Brasatal für den Verkehr freigegeben wurde.

garda-11 ts

Touristeninformation

■ **Pro Loco Tremosine,** Piazza Marconi, 1, Tremosine sul Garda, Tel. (0365) 953185, www.infotremosine.it.

Sport und Aktivitäten

■ Siehe **„Rundwanderung ab Pieve di Tremosine"** im Kapitel „Wanderungen".

Kulinarisches aus Tremosine sul Garda

Bei einer Wanderung oder einem Spaziergang stößt man auf der Hochebene überall auf Weidegrund und grasende Kühe. Aus deren **Milch** entstehen qualitativ hochwertige und nur hier produzierte **Käsesorten.** Der „Garda" ist ein typischer, rund zwölf Monate gereifter Käse der Region, seine Herstellung erfolgt aus entrahmter Milch von Kühen der braunen Rasse, die ausschließlich in der Landwirtschaft der **Genossenschaft Alpe del Garda** gezüchtet werden. Die Genossenschaft wurde im Jahr 1980 gegründet und umfasst heute eine eigene Molkerei und eine Viehzucht. Wer lieber Weichkäse mag, entscheidet sich möglicherweise für den „Formagella Tremosine", einen mindestens 40 Tage alten Käse, leicht gelöchert mit duftendem Geschmack. Vor Ort in der Verkaufsstelle werden noch einige andere Käsesorten, Fleisch und Wurst und weitere typische Spezialitäten aus Tremosine angeboten. Die Produkte können auch im Online-Shop gekauft werden.

■ **Caseificio Sociale Alpe del Garda,** Soc. Coop. RL., Via Provinciale, 1, Tel. (0365) 953 050, www.alpedelgarda.it. Tägl. 9–19 Uhr.

Pieve di Tremosine

Die Lage von Pieve ist einzigartig: Der Ort liegt auf einer Höhe von 423 m unmittelbar an einem Felsvorsprung. Ein Aussichtspunkt im Zentrum, liebevoll **„Schauderterrasse" (Terrazza del Brivido)** genannt, eröffnet nahe der Restaurants und der Kirche einen grandiosen, nahezu senkrechten Blick hinunter auf den Gardasee und die dort verlaufende Gardesana. Kein Ort für Menschen mit Höhenangst, alle anderen jedoch werden begeistert sein und die Sicht auf die gegenüberliegende Uferseite mit dem Monte Baldo genießen.

Ebenfalls einen herrlichen Panoramablick bietet die **Pfarrkirche San Giovanni Battista** mit ihrem Vorplatz. Das sakrale Gebäude ist dem heiligen Johannes der Täufer geweiht und besitzt einen romanischen Glockenturm, der Zeugnis ablegt über das ursprüngliche Bauwerk aus dem 12. Jahrhundert. Das heutige Aussehen der Kirche geht auf einen Neubau aus dem 17. Jahrhundert zurück. Ein Blick hinein lässt das Herz von Kunstfreunden höher schlagen, da wertvolle Holzschnitzereien von *Giacomo Lucchini*, wunderschöne Altarbehänge von *Domenico Corbarelli* und sehenswerte Gemälde von *Francesco Barbieri* oder *Giovanni Battista Avrera* ins Auge fallen.

Praktische Tipps

Übernachtung

■ **Hotel Paradiso**②, Herberge mit fantastischem Panorama: Nur die senkrechte Felswand trennt das Hotel vom tief darunterliegenden Gardasee. Tolle Außenterrasse. Schönes Schwimmbad mit Kinderbecken. Klassisch eingerichtete, einfache 2- bis 4-

Bettzimmer mit Holzmöbeln und Balkon oder Terrasse, teils mit Seeblick. Gutes Preis-Leistungs-Verhältnis. Via Europa, 19, Tel. (0365) 953012, www.terrazzadelbrivido.it.

Hotel Miralago②, unvergleichliche Aussicht und zentrale Lage. Die meisten Zimmer sind modern eingerichtet, die romantische Suite verfügt über eine Luxus-Eckbadewanne im Schlafbereich. Ganz in der Nähe des Hotels befinden sich zwei Tennisplätze und ein Schwimmbad. Im Haus das namensgleiche Restaurant. Piazza Cozzaglio, 2, Tel. (0365) 953001, www.miralago.it.

Hotel Stella D'Oro②, wer in Tremosine wohnen möchte und dazu auf einen Gang durch ein Städtchen mit Geschäften, Cafés und Restaurant nicht verzichten will, ist in diesem an einer Straße liegenden Haus mit 20 Zimmern richtig aufgehoben. Man wohnt nur wenige Minuten vom Zentrum entfernt. Pool und gepflegter Garten. Umfangreiches Frühstück, Bar im Erdgeschoss. Via Cavalieri Vittoriosi Veneto, 1, Tel. (0365) 918703, www.stelladorohotel.it.

Bed & Breakfast Val di Brasa②, in dem restaurierten mehrstöckigen Heuschober sind mehrere einfache Zimmer, alle mit eigenem Bad, untergebracht. Teils mit Zugang zum Garten oder mit Balkon. Aufenthaltsraum und kleine Bibliothek. Bei Sonnenschein frühstückt man im Garten. Via De Giacomi, 13, Tel. (0365) 951005, www.valdibrasa.it.

Agriturismo al Franet②, der auf einer Höhe von 800 m gelegene Bauernhof besitzt vier Apartments und zwei Doppelzimmer. 2012 erfolgte ein ökologisch ausgerichteter Ausbau: moderne Holzheizanlage, Solarzellen, Wasseraufbereitungsanlage. Angenehme Vermieter. Es gibt einen Kinderspielplatz und einen Gemüsegarten. Frühstück ist buchbar. Ziegenkäse aus eigener Produktion. Sehr kinderfreundlich. Hunde willkommen. Via Nevese, 29, Tel. (0365) 953428, www.agriturismoalfranet.it.

Residence delle Rose②, angenehm kleine Anlage mit 15 stilvoll und zeitgemäß eingerichteten Apartments für bis zu acht Personen, alle mit Balkon oder Terrasse. Am Pool kann man Gegrilltes und Snacks verköstigen. Wellness-Bereich mit Sauna und Ruhezone. Neun Tennisplätze (Sand), Einzel- und Gruppenunterricht, auch spezielle Kinderkurse. In der zum Hotel gehörenden Pizzeria schmecken die Pizzen aus dem mit Holz befeuerten Ofen sehr lecker. Via Cavalieri Vittorio Veneto, 14, Tel. (0365) 953366, www.ferienwohnungdellerose.com.

Essen und Trinken

MEIN TIPP: **Trattoria da Angelo,** etwas versteckt in einer von der Piazza Cozzaglio abgehenden Gasse erwartet den Gast dieses charmante Restaurant mit beschaulichem Innenhof. Umgeben von alten Gemäuern aus dem 17. Jh. serviert der freundliche Besitzer leckeres *Carpaccio di Carne Salada* mit Ruccola und Käse aus Tremosine oder *Filetto di Persico* (Barschfilet) mit Kapern und Tomaten. Via Comunale, 4, Tel. (0365) 953529.

garda068 ts

Die „Schauderterrasse" (Terrazza del Brivido) in Pieve di Tremosine

Ristorante Miralago, hauptsächlich aufgrund seiner spektakulären, über der steilen Felswand hängenden Räumlichkeiten bekanntes Restaurant mitten im Zentrum. Man speist über einem 400 m tiefen Abgrund. Die Fernsicht ist einmalig. Auf der Speisekarte finden sich Lasagne aus dem Ofen, *Tagliatelle ai Porcini* (Bandnudeln mit Steinpilzen) und zahlreiche Fisch- und Fleischgerichte. Sonntags serviert man außerdem den aus Fleisch, Kartoffeln und Salbei bestehenden Spieß, eine regionale Spezialität. Über dem Restaurant befindet sich das gleichnamige Hotel. Piazza Cozzaglio, 2, Tel. (0365) 953 001, www.miralago.it.

Volksbrauch Caccia allo S-Ciapì

Ein **Riesenspaß für Kinder und die Familie,** der alljährlich **am Ostersonntag** mitten in Pieve für ausgelassenes Vergnügen sorgt! Das wichtigste Utensil für das Spektakel sind **hart gekochte Hühnereier. Gefärbt** werden dürfen diese jedoch nur mit Naturfarben (Rote Beete, Asche usw.) oder mit Lebensmittelfarbe in Pulverform. Wer sein Ei zum Beispiel mit Wasserfarben bunt gestaltet, wird disqualifiziert.

Das **traditionelle Spiel** vollzieht sich folgendermaßen: Zwei Personen, jeweils mit einem Ei in der Hand ausgestattet, schlagen dieses auf des Gegners Ei. Wessen Ei dabei zu Bruch geht, verliert. Der Gewinner bekommt das Ei des Verlierers. Es werden mehrere Runden ausgetragen, bis der endgültige Sieger im Finale mit dem Pokal „Lo S-Ciapì di Tremosine" gekürt wird, den er ein Jahr lang sein Eigen nennen darf und an Ostern des nächsten Jahres wieder abgeben muss. Es dürfen bis zu 256 Eier teilnehmen.

Bäckerei 57 Bonta, Familienbetrieb seit 1957. Im Sommer sitzt man auf dem Platz vor dem einladenden Geschäft mit seinen mit Gebäck und süßen Köstlichkeiten gefüllten Glasvitrinen. Ein paar Sitzgelegenheiten sind auch im Verkaufsraum vorhanden. Piazza Marconi, 8, Tel. (0365) 916904.

Einkaufen

Boutique del Giocattolo, gerne führt *Mauro* – ihm gehört auch das Uhren- und Juweliergeschäft nebenan, seine Kundschaft durch das kleine, mit allerlei Spielwaren vollgestellte Geschäft. Besonders stolz ist er auf seine epochale Auswahl an originalen Ferrari-Modellen, denn sein Laden ist offizieller Ferrari-Point. Piazza Cipani, 4, Tel. (0365) 953091.

Babols – Lo Scrigno Incantato, *Lucia* betreibt diesen Laden direkt an der Durchgangsstraße neben dem Municipio von Pieve und verkauft außer Geschenkartikeln, Kleidung und Haushaltswaren ein ganz besonders erwähnenswertes und außergewöhnliches Produkt: Nach dem Motto „Vom Segel zur Tasche" findet man hier von *Elena Filippini* entworfene kleine und große Taschen der von ihr ins Leben gerufenen Marke KEVLOVE. Inspiriert für diese außergewöhnliche Geschäftsidee wurde sie durch die vom Vater geführte Segelmacherei. Die bunten und einzigartigen Taschen bestehen aus Kevlar, Dacron, Nylon und Haken und Ösen. Am Gardasee gibt es die Produkte von *Elena Filippini* nur in Pieve zu kaufen. Via Papa Giovanni XXIII., 7, Tel. (0365) 953075.

Bassanega

Das Dorf direkt am Beginn von Tremosine, 2 km bergan von Limone entfernt, hat neben dem **Hotel Bazzanega mit seinem Tenniscamp** nicht allzu viel zu bieten. Die Aussicht ist jedoch, wie in den meisten Ortschaften von Tremosine, nicht zu verachten.

Übernachtung

Hotel Bazzanega③, auf einem riesigen Areal erbaute, herrlich gelegene Ferienanlage mit Seeblick. Sportlich liegt der Fokus auf Tennisspielen: Fünf Sand- und ein Kunstrasenplatz (teils mit Flutlicht) stehen samt Trainer zur Verfügung. Es werden Tenniscamps angeboten (www.tennisschule-breakpoint.de). Gäste können sich zwischen Zimmern und Apartments entscheiden. Ca. 2 km von Limone entfernt. 2 Pools, Minigolf, Spielplatz. Restaurant. Via A. Volta, 69, Tel. (0365) 917128, www.hotelvillagebazzanega.info.

Voltino

Der als „Aussichtsterrasse" bezeichnete Ort der Gemeinde Tremosine liegt auf einer Höhe von 568 m. Neben der **ruhigen Atmosphäre** und dem tollen Panorama ist die dem heiligen Lorenz geweihte Dorfkirche einen Stopp wert. Sie bestand schon Ende des 12. Jahrhunderts, und am Fuße des Glockenturms kann man einen Grabstein entdecken, dessen Aufschrift immer noch Rätsel aufgibt. Direkt an der Straße, im Infohäuschen von Pro Loco Tremosine, kann man sich mit Prospekten und Wandertipps über die Region versorgen.

Übernachtung

Hotel Le Balze③, in ruhiger Lage und mit herrlicher Fernsicht. Die 81 einladenden, ohne viel schmückendes Beiwerk eingerichteten Hotelzimmer verfügen alle über einen Balkon oder einen eigenen Garten. Familienzimmer vorhanden. Entspannen kann man sich im Hallenschwimmbad, der Finnischen Sauna oder im Türkischen Dampfbad. Schöner Garten mit Sonnenschirmen und Liegen. Hoteleigenes À-la-carte-Restaurant. Tennis-Enthusiasten können ihrem Sport auf 13 (!) Sandplätzen ausgiebig nachgehen. Tennistraining für Anfänger bis Könner. Tenniscenter mit Pizzeria. Mountainbike-Verleih. Via Delle Balze, 8, Tel. (0365) 917155, www.hotellebalze.it.

Hotel Garnì Bel Sito②, mit Herz geführtes familiäres Hotel mit 16 Zimmern, alle mit Balkon. Wunderbares Frühstück mit Bio-Produkten. Sehr empfehlenswert sind die Zimmer mit Seeblick. Kleiner Pool mit Liegen und Sonnenschirmen. Sehr gutes Preis-Leistungs-Verhältnis. Via Castelgarda, 1, Tel. (0365) 917114, www.belsitohotel.it.

Sport und Aktivitäten

SKYclimber, seit 2003 etablierter Veranstalter von Aktivitäten unter freiem Himmel. Die ausgebildeten Guides rund um *Thomas Engels* bieten Canyoning-, Klettersteig- und Mountainbike-Touren an. Familientouren mit Kindern ab 6 Jahren. Alle Touren jeweils ab 44 €. Via Dalco, 3, Tel. (335) 293237, www.skyclimber.it.

Pregasio

Pregasio oder Pregàs ist **winzig** und hat neben einer reizvollen landschaftlichen Kulisse und dem Blick auf das rund 70 m tiefer, einige Kilometer entfernt liegende Pieve keine überragenden Attraktionen zu bieten. Namensgeber für das Dorf sind die Waldflächen auf der Hochebene, die im Althochdeutschen „Gas" genannt werden. Die Kirche des Ortes, 1564 erbaut, ist dem heiligen Markus gewidmet. Am 25. April, dem Tag des Schutzheiligen, veranstaltet man ein Fest mit Tanz und Musik. Für Aktive sei der in den Fels geschlagene **Wanderweg 267** nach Campione del Garda erwähnt.

Übernachtung

Hotel Villa Selene③, nahe der Dorfkirche kann man sich hier in einem ruhigen und kleinen Haus in netter familiärer Atmosphäre verwöhnen lassen.

Die „Strada della Forra“ und das Tal der Mühlen

Manche nennen diese Straße die schönste des gesamten Gardasees. Die Fahrt entlang des Wildbaches vom Seeufer nach Pieve de Tremosine **durch enge Schluchten und felsige Tunnel** ist ein kurviges Abenteuer. Nicht umsonst wurde hier die Anfangsszene bzw. Verfolgungsjagd zwischen einem Aston Martin und einem Alfa Romeo für den James-Bond-Film „Ein Quantum Trost“ gedreht.

Doch zurück: Am **18. Mai 1913** war es soweit, die Öffentlichkeit fieberte der **Eröffnung der Strecke** entgegen. In einer feierlichen Zeremonie übergab an diesem Tag der damalige Bürgermeister *Domenico Milesi* die Straße dem Verkehr. Doch bis dahin war es ein langer und schwieriger Weg gewesen. Es mussten Besitzer von Grundstücken enteignet und Schlechtwetterperioden überstanden werden. Zahlreiche Arbeitsunfälle, vier davon mit tödlichem Ausgang, verzögerten den Baufortschritt. Schlussendlich jedoch erstrahlte das technische Meisterwerk mit seinem Verlauf durch die tiefe Schlucht wie ein geschliffener Juwel und begeistert seitdem Abertausende Besucher.

Das **Brasatal,** das sich hoch nach Villa hin immer weiter öffnet, war schon von der Mitte des 19. Jahrhunderts an ein industrialisierter Ort mit zahlreichen Mühlen, einer Gerberei und einer Nagelschmiede. Für die nötige Energie sorgte die Wasserkraft des Brasa-Wildflusses. Die Gerberei stand am Oberlauf und schloss ihre Pforten 1912. Im Jahr 1920, stellte auch die Nagelschmiede ihren Betrieb ein. Einzig die **Mühlen,** in denen Mais und Weizen verarbeitet wurden, hielten länger durch, bis sich im Jahr 1961 der Mühlstein der einzig verbliebenen Mühle zum letzten Mal drehte. Überreste dieser Gebäude sind überall im Tal zu entdecken.

garda069 ts

Seit 1967 heißt Familie *Ghidotti* ihre Gäste willkommen. Die Lage ist herrlich, die elf Zimmer mit Balkon sind komfortabel. Sauna, Solarium. Mountainbikes. Via Lò, 1, Tel. (0365) 953036, www.hotelvilla selene.com.

Essen und Trinken

■ **Ristorante San Marco,** an der nicht allzu stark befahrenen Straße gelegenes Restaurant mit Terrasse, großem Innenbereich und schönem Seeblick. Freundliches Personal und gute Gerichte aus der Region. Via Ventinove Aprile, 3, Tel. (0365) 918172.

Vesio

Im Brasatal, auf einer Höhe von 618 m gelegen, ist das **beschauliche Dorf** mit seinen vielen aus dem 18. und 19. Jahrhundert stammenden Häusern einen Abstecher wert. Die barocke **Pfarrkirche San Bartolomeo** erbaute man in der zweiten Hälfte des 18. Jahrhunderts. Das hübsche Altarbild mit der von Engeln umringten Maria schuf der Maler *Gian Domenico Cignaroli* im Jahr 1761. Reizvoll ist ferner die von dem venezianischen Orgelbauer *Gaetano Callido* restaurierte Kirchenorgel. **Wanderer** können vom Ort aus auf markierten, offiziellen Wegen das nahe gelegene Valle di Bondo oder den 1182 m hohen Dalvra Alta erkunden.

Übernachtung

■ **Hotel La Fenice – Sole②**, in freundlichen Farben gestaltete, behagliche Zimmer mit Terrasse oder Balkon. Mehrere geräumige Suiten. Das auf einer Höhe von 600 m errichtete Hotel bietet einen Wellness-Bereich mit Sauna, Dampfbad und Whirlpool. Salzgrotte. Großzügig dimensionierter Pool unter freiem Himmel. Das hoteleigene Restaurant ist spezialisiert auf Wild- und Fischgerichte. Piazza Vittorio Veneto, 8, Tel. (0365) 917037, www.hotel lafenice.it.

■ **Hotel Residence La Pertica③**, großzügig geplante, ruhig gelegene Ferienanlage mit einigen wenigen Zimmern und zahlreichen Apartments für zwei bis sieben Personen. Der gepflegte Außenbereich verfügt über einen großen Pool mit angrenzender Wiese. Zusätzlich beheiztes Hallenbad. Drei Tennis-Sandplätze in direkter Nähe. Kurse möglich. Fahrradverleih. Via Dalvra, 2, Tel. (0365) 951162, www.residencelapertica.com.

Essen und Trinken

MEIN TIPP: **Ristorante Spaghetteria Bar Da Nando,** nur eine kurze Wegstrecke von Vesio entfernt, im benachbarten Ortsteil Villa, befindet sich dieses Lokal. Es verbindet gute italienische Küche, Live-Musik und eine familiäre, freundliche Atmosphäre, sodass man das Gefühl hat, bei Freunden zu speisen. Schon 1972 begrüßte *Ferdinando Dalo* Gäste in seiner Spaghetteria im Zentrum des Dörfchens Villa de Tremosine, nur wenige Autominuten vom Gardasee entfernt und trotzdem fernab vom Touristentrubel. Heute heißt seine Tochter *Eleonora* die Gäste willkommen, während ihre Schwester in der Küche die Speisen zubereitet und die Söhne für die Bewirtung zuständig sind. Ob Spaghetti, Makkeroni, Tagliatelle, Tortellini oder Gnocchi, man kann zwischen 30 handgemachten Nudelgerichten mit Produkten aus der Umgebung auswählen. Fleisch- und Fischgerichte gibt es auch sowie köstliche Vor- und Nachspeisen. Abgerundet wird das Menü von einer passenden Weinbegleitung. Von Zeit zu Zeit, traditionell am Sonntag, können die Gäste Live-Musik zum Essen genießen oder am Karaoke-Abend teilnehmen. Bei schönem Wetter kann auf der Terrasse mit Blick auf den Garten oder auch auf der kleinen Terrasse vor der Tür mit Blick auf das Gässchen gegessen werden. Im Da Nando kann man gut essen, aber vor allem eines: sich wohlfühlen. Vicolo Largo, 10, Tel. (0365) 951230, www.danando.info.

Campione del Garda

Einer der ungewöhnlichsten Orte am Gardasee ist der einzige am See gelegene Ortsteil von Tremosine: Campione del Garda. Früher nur mit dem Boot oder über steile Pfade (Wanderweg 267 zwischen Campione und Pregasina) erreichbar, gelangt man in heutiger Zeit mit dem Auto über eine im Tunnel befindliche, leicht zu übersehende Ausfahrt zu dieser kleinen Ansiedlung direkt am Wasser mit einem jung-dynamischen Hostel, einer 5-Sterne-Hotelruine und Top-Bedingungen für Surfer und Segler. Zum einzigartigen Portfolio gehören noch ein traditionsreiches Restaurant, eine prächtige Pfarrkirche, eine imposante, steil aufragende Felswand und ein netter Kiesstrand mit Bar. Geschaffen hat die **winzige Landzunge** der Fluss San Michelle, der sich seit ewigen Zeiten durch eine Schlucht den Weg hinunter zum Lago di Garda gegraben hat.

Die wirtschaftliche und gesellschaftliche Entwicklung von Campione ist untrennbar mit einer von der Familie *Feltrinelli* 1896 eröffneten **Baumwollspinnerei** verbunden. Weit über 500 Menschen arbeiteten in der Fabrik und wohnten in kasernenartigen Unterkünften. Es gab eine Schule und ein kleines Theater. Ein hartes und gewöhnungsbedürftiges Leben, insbesondere wenn man bedenkt, dass die Siedlung bis in die 1930er Jahre nur mit dem Schiff zu „entern“ war. Im Jahr 1981 machte die Fabrik dicht.

Von den Fabrikgebäuden sind nur noch ein paar Ruinen erhalten, zwischen deren Mauerresten Jachten und Motorboote im Trockendock liegen. Einige der alten Wohnblocks sind aufwendig restauriert und erneuert worden und strahlen eine moderne Atmosphäre aus. Zusammen mit dem in zeitgemäßer Architektur gestalteten Hostel läuteten sie eine **neue Epoche** für diesen einst dem Untergang geweihten Ort ein, der nun sehr beliebt ist bei Sportlern und Tagesausflüglern. Ein unübersehbares, ganz spezielles Charakteristikum stellt die riesige, seit Jahren **verlassene Baustelle** dar, auf der ein Luxus-Resort mit allem Komfort entstehen sollte. Einige wetterfeste Bauplanen künden noch von den hochtrabenden Plänen der Architekten und Innengestalter. Man spricht von fehlenden Baugenehmigungen und anderen Ungereimtheiten, die zu einem Stopp dieses millionenschweren Unterfangens geführt haben sollen.

Praktische Tipps

Übernachtung

Mein Tipp: **Hostel Campione Univela**①-②, klare Linien, klare Strukturen und alles an Komfort, was man für ein paar entspannte oder sportliche Tage in Campione benötigt. Tolle Lage am Wasser mit weitläufigem Areal. Äußerst beliebt bei Seglern, Windsurfern und Kitesurfern. Die Zimmer sind freundlich, zweckmäßig und gut durchdacht. Zwei- und Mehrbettzimmer. Fitnessraum. Sehr gutes Frühstück. Strand mit Liegestühlen. Restaurant mit gesunden Gerichten, veganer Küche und hausgemachten Nudeln. Vorbereitungsort des italienischen Segelverbandes für Olympia. Segelschule SailLaser. Via R. Cozzaglio, 1, Tel. (0365) 791102, www.campioneunivela.it.

Essen und Trinken

■ **Ristorante Da Guido,** seit 1980 betreibt *Guido Castellini* das auf See- und Meerfisch spezialisierte Lokal neben der Kirche. Renke, Seesaibling, Carpione vom Grill. Pizza gibt es auch. *Martha, Guidos* Frau, kocht sehr gut, das Ambiente ist klassisch und wohnlich mit vielen Fotos, Holzmöbeln und Gemälden. Große Außenterrasse. Die Begrüßung erfolgt herzlich durch die Betreiber und den nicht auf den Schnabel gefallenen Familien-Papagei. Via Monsignor Giacomo Tavernini, 9, Tel. (0365) 916999, www.ristorantedaguido.it.

Sport und Aktivitäten

Segelschule SailLaser, bestens ausgestattete und professionell geleitete Segelschule. Segelkurse Junior (8–15 Jahre) und Erwachsene (ab 16 Jahren), 2 Tage ab 280 €, 4/5 Tage ab 410 €. Vermietung von Segelbooten ab 1 Std./35 €. Kindersegelcamps im Sommer. Via R. Cozzaglio, 1, Tel. (366) 4433674, www.n-sail.it.

Die Hochebene von Tignale

Südlich von Tremosine breitet sich ein weiteres, hoch über dem Gardasee liegendes, hügeliges und für Wanderungen und Mountainbike-Touren bestens geeignetes Areal aus; es zählt ebenso zum Naturpark Parco Alto Garda Bresciano. Auf einer Höhe zwischen rund 410 und 650 Metern verteilen sich **auf einer weiten Fläche insgesamt sechs Orte:** der Hauptort **Gardola** (556 m), **Piovere, Oldesio, Olzano** (647 m), das malerische und klitzekleine **Aer** sowie **Prabione** mit dem Informationszentrum des Naturparks Oberer Gardasee in der Provinz Brescia. Urlauber schätzen hier die frische, klare und kühlere Luft, vor allem im Sommer, wenn es in den Städten am See schon einmal für den ein oder anderen zu heiß werden kann. Unbedingt einen Ausflug wert ist die zwischen Prabione und Gardola an einem steilen Felsvorsprung erbaute Wallfahrtskirche Santuario di Monte Castello, die allerdings nur über eine sehr kurvige und zum Schluss auch sehr steile Straße zu erreichen ist.

Mit dem Auto erkundet man das landschaftlich abwechslungsreiche Gebiet von Norden her über Tremosine sul Garda oder über die von der Gardesana nördlich von Gargnano in die Berge abzweigende Straße Richtung Tignale und Piovere.

Sehenswertes

Wallfahrtskirche Santuario di Monte Castello

Vor dem Erreichen der Kirche in 683 Metern Höhe ist eine **steile Anfahrt** zu bewältigen, bevor ein atemberaubender und eindrucksvoller Panaromablick über weite Teile des Gardasees als Belohnung winkt. Wer Zeit hat, kann von Gardola aus hinaufwandern. Die auf einem steil zum See abfallenden Felsen im 13. Jahrhundert auf den Ruinen einer alten Festung aus dem Jahr 1000 erbaute Sakralstätte durchlief im Laufe der Jahrhunderte einige **bauliche Veränderungen,** insbesondere im 17. Jahrhundert. Betritt man die vor nicht allzu langer Zeit restaurierte bedeutende Wallfahrtskirche, gibt es **herausragende Kunstschätze** zu sehen, darunter das Deckengemälde „Krönung der heiligen Jungfrau Maria“ aus der Werkstatt *Giottos* (14. Jahrhundert). Beachtenswert, neben Bildern von *Andrea Celesti,* ist ein inhaltsreiches Gemälde von *Andrea Bertanza*. Es erzählt die Geschichte um den Banditen *Zuan Zanone*, der am 17. August 1617 mit seinen gesetzlosen Getreuen den schon in die Jahre gekommenen Ritter „Cavalier Giovanni" entführte. Die aufgebrachten Einheimischen ließen sich nicht lange bitten, nahmen die Spur der Verbrecherbande auf und konnten den Gefangenen unversehrt befreien. Die Banditen wurden in den Bergen um Tignale gestellt. Bei dem anschließenden Handgemenge verloren die Räuber ihr Leben.

Von der Kirche ist ein 20 Minuten dauernder **Weg zum Gipfelkreuz des 779 Meter hohen Monte Cas** ausgeschildert, der sehr empfehlenswert ist und weitere tolle Ausblicke offenbart. Die Tour lässt sich mittels des Wanderweges 266 verlängern. Es geht rund um den Gipfel durch Kastanienwälder, bis man die Straße nach Gardola erreicht und von dort rasch wieder an der Kirche ist. Im Bistro auf der Aussichtsterrasse serviert man Kleinigkeiten. Das Gebäude hinter der Kirche ist das 1950 gegründete Haus der Spiritualität der Diözese Brescia.

Infos: Von Ostern bis Oktober tägl. 9–18 Uhr. Via Chiesa.

Museo del Parco Alto Garda Bresciano

Das **Informations- und Besucherzentrum in Prabione** widmet sich der Förderung und dem Schutz des Gardesaner Hinterlandes. In zahlreichen Räumen erfährt man Interessantes zur Landschaft, zu den Tieren, die durch die Wälder streunen, und den Pflanzen, die am Wegesrand wachsen. Gezeigt werden kurze Filme und etliche Ausstellungsstücke. Außerdem werden Mountainbikes vermietet (4 Std./20 €, 1 Tag/25 €). Schließlich befindet sich wenige Meter vom Zentrum entfernt ein kleiner **Erlebnisgarten,** in dem man mit allen fünf Sinnen die Natur erkunden kann.

Infos zum Parkzentrum: April bis Oktober Mo bis Fr 10–12 und 15–17 Uhr, So 10–12 und 14–17 Uhr, Sa geschlossen. Tel. (0365) 761642, (0365) 71449.

Sport und Aktivitäten

Parco Avventura Flying Frogs

Der **Abenteuerpark** ist vom Besucherzentrum des Naturparks in Prabione zu Fuß erreichbar und hat einiges zu bieten. Die unterschiedlichen **Kletterparcours** heißen „Die fliegenden Frösche", „Die übermütigen Frösche" oder „Die schelmischen Kaulquappen" und können teilweise schon von Kleinkindern bewältigt werden. Großen Spaß bringt ferner die flotte Seilrutsche.

Infos: Mai bis September tägl. 10–18 Uhr, Sa ab 13 Uhr, in den restlichen Monaten teils nur am Wochenende geöffnet. Ab 8 €. Località Quader, Tel. (0365) 73354 und (0365) 761642, www.flyingfrogstignale.com.

Sonstiges

Wandertipp: Wanderung von Piovere nach Aer und zurück. Siehe „Wanderungen".

Praktische Tipps

Touristeninformation

■ **Ufficio Unico del Turismo,** Via Europa, 5, Tignale-Gardola. Mo bis Fr 9–12 Uhr. Tel. (0365) 73354, www.tignale.org.

■ **Gardola Touristik Service (GTS Viaggi),** Hotelbuchungen und weitere Infos. Piazza Umberto, 1, Tignale-Gardola, Tel. (0365) 760082, www.gtstignale.it.

Übernachtung

■ **Casa Silvana**②, Unterkunft im charmanten, sehr ruhigen und kleinsten Ort von Tignale, mit uriger Bar im Erdgeschoss. Familie *Brunori* vermietet einfache und behagliche Wohnungen für bis zu acht Personen, maximale Größe 80 m². Alle Unterkünfte verfügen über einen Südbalkon mit herrlichem Seeblick. In der kleinen, gepflegten Anlage kann man sich im Pool erfrischen. Zusätzlich Kinderbecken, Garten, Liegen und Grillstelle. Via Pegol, 5, Tignale-Aer, Tel. (366) 4400207, www.casasilvana.it.

■ **Agriturismo Al Lambic**③, Familie *Bettanini Virdia* betreibt diesen Bauernhof mit seinen restaurierten Ställen, Gewölbekellern, Scheunen und dem imponierenden Herrenhaus. Dort sind vier Zimmer mit Deckenfresken und antiken Möbeln für Gäste vorgesehen. In anderen bestens renovierten Gebäuden aus dem 14. Jahrhundert können insgesamt sieben liebevoll gestaltete Wohnungen (max. 8 Personen) gemietet werden. Terrasse und Jacuzzi. Zum Betrieb gehören ein viel gelobtes Restaurant und ein Reiterhof (Ausritte und Unterricht möglich, Gäste können auch ihre eigenen Pferde mitbringen). Hunde erlaubt. Via S. Zenone, 1, Tignale-Prabione, Tel. (0365) 73402, www.agrilambic.it.

■ **Panorama La Forca**②, größere Ferienanlage mit rund 50 Apartments für bis zu sechs Personen. Ruhige Lage etwas abseits vom Zentrum von Gardola. Halbpension buchbar. Attraktives Außenschwimmbad mit Aussicht über die Berge mit Kinderbecken, Liegen und Sonnenschirmen. Hallenbad. Kinderspielplatz. Sauna und Solarium. Hunde auf Anfrage. Località La Forca, Via di Narò, Tignale-Gardola, Tel. (0365) 760082. Buchbar zum Beispiel unter www.gtstignale.it oder www.booking.com.

■ **Hotel Castello**②, kleine, familiengeführte gepflegte Herberge mit 15 einfachen Zimmern und wunderbarem Ausblick in die Hochebene und auf den Gardasee. Zimmer teils mit Balkon. Zentral in Gardola gelegen. Restaurant mit Außenterrasse. Sauna, Türkisches Dampfbad, Whirlpool und Ruhezone. Via Castello, 16, Tignale-Gardola, Tel. (0365) 73041, www.albergocastello.it.

■ **Hotel Astra**②, die sauberen und schönen Zimmer sind alle mit Balkon ausgestattet. Im Garten wartet ein Pool auf die Gäste. Sehr gutes Frühstück. Restaurant/Bar. Freundlicher und aufmerksamer Service. In der Nähe bietet sich die Möglichkeit zum Tennisspielen. Via Trento, 13/B, Tignale-Gardola, Tel. (0365) 73037, www.hotelastra.it.

Essen und Trinken

■ **Agriturismo Al Lambic,** neben den angebotenen Unterkünften findet sich hier in traumhafter Umgebung ein Restaurant, das exzellente Speisen zubereitet. Die aus meist eigenen, regionalen und besten Zutaten gekochten Gerichte wie Kaninchen, Kastanientortellini oder Lachsforelle lassen sich stilvoll zwischen alten Möbeln in der historischen Brennerei genießen. Bei schönem Wetter kommen die Teller auf die Tische im Garten. Unbedingt probieren sollte man den hausgemachten Grappa, der den reizvollen Namen „Rugiada delle Alpi“ (Tau der Alpen) trägt und schon seit Generationen hier hergestellt wird. Nur gut 500 Liter dieser hochprozentigen Köstlichkeit verlassen alljährlich die Brennerei. Via S. Zenone, 1, Tignale-Prabione, Tel. (0365) 73402, www.agrilambic.it.

■ **Osteria-Enoteca La Miniera,** direkt neben der Kirche servieren *Silvia* und *Sergio* im gemütlichen

Gastraum ihres netten Restaurants sehr leckeres Risotto oder heimisches Wild. Den typischen Bresciäner Fleischspieß mit Kartoffeln und Salbei, „Spiedo" genannt, bekommen die Gäste nur sonntags. Bei Sonnenschein sitzt man im Garten mit reizvollem Blick auf die Berge. Via Chiesa, 9/A, Tignale-Gardola, Tel. (0365) 760225, www.gardaminiera.it.

Bar Roma, am Hauptplatz von Gardola trifft man sich in dieser Bar, Einheimische machen Pause bei einem Grappa oder Kaffee. Man gönnt sich einen Snack oder ein hausgemachtes Eis. Freundlicher Service und helle, große Räumlichkeiten. Piazza Umberto, 1, Tignale-Gardola.

Piccolo Bar, draußen an den zwei Tischen oder drinnen in der überschaubaren Bar trinkt man einen gut gemischten Aperol Spritz, einen Groppello oder einen Bardolino. Auch Hefeweizen und Guinness sind im Angebot. Via Roma, 7, Tignale-Gardola.

Einkaufen

Latteria Turnaria di Tignale, die für Besucher offenstehende Olivenölmühle der landwirtschaftlichen Genossenschaft Cooperativa Latteria Turnaria produziert hochwertiges Öl (nativ extra)

garda070 ts

aus biologischem Anbau. Gepresst werden die Sorten Casaliva und Gargnà. Gerne erklären die Mitarbeiter den Herstellungsprozess. Neben dem köstlichen Olivenöl werden biologische Marmelade, Olivenpaste und Honig verkauft. Mo bis Fr 8–12 Uhr. Via Manzoni, 1, Tignale-Gardola, Tel. (0365) 73471, www.latteriaturnaria.it.

Das überschaubare, romantische Gargnano

Gargnano

Die Gemeinde Gargnano besteht aus **insgesamt 13 Ortsteilen** und erstreckt sich auf einer Fläche von über 78 km^2. Neben den drei am See liegenden Ortsteilen Gargnano (Sitz der Gemeinde), Villa und Bogliaco umfasst sie noch einige im bergigen Hinterland verstreute Ansiedlungen wie Navazzo, Sasso und Liano, die zu dem seit 1989 bestehenden **Parco Alto Garda Bresciano** gehören. Manche bestehen nur aus wenigen Häusern und sind nicht unbedingt einen Besuch wert.

Ein wenig versteckt, idyllisch, stilvoll und mit einer ruhigen, charmanten mediterranen Ausstrahlung präsentiert sich **Gargnano sul Garda am Ufer des Gardasees.** Das **malerische alte Fischerdorf** mit geschichtsträchtiger Vergangenheit hat einen **romantischen Hafen,** dessen angrenzende Restaurants, Cafés und Herbergen eine entspannte Zeit fernab von touristischem Gewühl versprechen. Die Atmosphäre ist selbst im Hochsommer noch ursprünglich und fast intim. Zwischen prachtvollen Palästen und Villen wird gelebt, gearbeitet und das Dolce Vita genossen. Einmal im Jahr, im September, fokussieren sich Segelfreunde aus aller Welt auf die im Ortsviertel Bogliaco stattfindende **Centomiglia,** die wohl berühmteste Segelregatta der Welt, die auf einem See stattfindet. 1951 erstmalig ausgetragen, gewann damals die Jacht „Airone" von *Umberti Peretti Colò* vom Segelclub Venedig.

Der Ort Gargnano zählt zur berühmten **Brescianer Riviera,** ein Küstenbereich, der sich bis Salò erstreckt und bestückt ist mit wundervollen, Hunderte Jahre alten Palazzi und stattlichen Häusern, die als prachtvolle Hotels oder schmucke Sehenswürdigkeiten bis heute eine hohe Anziehungskraft ausüben.

Schaut man sich am Hafen die Fassaden der Häuser genauer an, wird man überrascht von **im Mauerwerk steckenden Kanonenkugeln.** Dies ist keine dekorative Verzierung oder das Werk eines ortsansässigen Künstlers, sondern es sind Relikte, die an ein mehrtägiges Bombardement im Juli 1866 erinnern. Damals, während der Kämpfe des „Risorgimento", einer Bewegung, die sich für einen unabhängigen italienischen Nationalstaat einsetzte, griffen österreichische Kriegsschiffe das Fischerdorf an. Dort hatten sich italienische und französische Schiffe verschanzt, die tagelang Widerstand leisteten. Im Oktober 1870 kam es dann zur ersehnten Einheit Italiens, 1871 wurde Rom Hauptstadt; zuvor war es Florenz.

Ein weiterer historischer Eintrag von Gargnano in die Geschichtsbücher geht auf die während des Zweiten Weltkriegs vom Deutschen Reich unterstützte und getragene faschistische „Italienische Sozialrepublik", auch bekannt als **„Repubblica di Salò"**, zurück. Sie existierte von September 1943 bis zum Kriegsende 1945, *Benito Mussolini* war Staatschef. Er lebte in der Villa Feltrinelli und führte seine Amtsgeschäfte im Palazzo Feltrinelli (zu beiden s.u.).

▷ Ganz nah am Wasser gebaut – die Promenade von Gargnano

Sehenswertes

Als Startpunkt für eine **Entdeckungstour durch das Ortszentrum** Gargnanos sind die an der abschüssigen Ortseingangsstraße linksseitig gelegenen Parkplätze gut geeignet. Von hier gelangt man vorbei an der Kirche San Francesco auf der Via Roma zum Hafen und dem ehemaligen Rathaus. Dort steht noch ein winziger Parkplatz zur Verfügung.

Kirche und Kloster San Francesco

Das Kloster, **gegründet 1266** von dem von *Franz von Assisi* ins Leben gerufenen Franziskaner-Orden, hat einen schönen quadratischen **Innenhof** umgeben von einem Säulengang mit Rundbögen im venezianischen Stil. Schaut man sich die Kapitelle genauer an, springen einem Fische, Vögel und manch Zitrusfrucht ins Auge. Der Kreuzgang stammt aus den Anfängen des 14. Jahrhunderts und enthält unter anderem ein **Wappen** der Gemeinde Gargnano aus dem 15. Jahrhundert, auf dem ein auf den Hinterläufen stehender Wolf erkennbar ist, der eine Lilie zwischen den Vorderläufen hält, identisch mit dem heutigen Wappen. Die ursprüngliche Kirche mit ehemals drei Schiffen stellte man 1289 fertig. Im 17. oder 18. Jahrhundert baute man das Gotteshaus zu einem einschiffigen sakralen Gebäude um. Den Innenraum schmücken **Gemälde** der Künstler *Andrea Bertanza* und *Andrea Celesti*. Bevor der gesamte Komplex 1912 zu einem schützenswerten Denkmal erklärt wurde, nutzte man die Räumlichkeiten beispielsweise Ende des 19. Jahrhunderts als

Lagerstätte für Zitronen. Verantwortlich zeichnete die damals gegründete „Società Lago di Garda", ein Zusammenschluss aus Landwirten und Grundbesitzern, die sich durch die gemeinsame Vermarktung ihrer Zitronen und Oliven einen wirtschaftlichen Vorteil erhofften. Der Sitz der Società war in Gargnano, und eben auch im Franziskanerkloster.

Infos: Heilige Messe Mo bis Fr 8.30 Uhr, Sa 18 Uhr, So 8 Uhr.

Rathaus

Das ehemalige Gemeindehaus direkt am Hafen fällt durch seine **klassische Architektur** und den mit Säulen versehenen Arkadengang auf. Das von *Giovanni Traffegnini* entworfene Bauwerk stammt aus dem 16. Jahrhundert und wird heute für **Ausstellungen** genutzt.

Palazzo Feltrinelli

Unweit des Hafens an der Piazza Vittorio Veneto erhebt sich das stattliche, Ende des 19. Jahrhunderts als Privatwohnsitz für *Giuseppe Feltrinelli* erschaffene palastartige Gebäude (nicht zu verwechseln mit der weiter nördlich am Seeufer stehenden Villa Feltrinelli, s.u.). Wer genau den Palazzo der einflussreichen Familie entworfen hat und wem seine **architektonische Einzigartigkeit** zuzuschreiben ist, bleibt bis heute mehr oder weniger im Dunkeln. Man geht davon aus, dass entweder *Alberico Belgiojoso*

garda071 ts

oder *Francesco Solmi* den Bau plante, wobei ein Schild vor dem Palast *Solmi* als Architekt ausweist. Während der faschistischen Regierung am Ende des Zweiten Weltkriegs war das Gebäude, wie viele in Gargnano, beschlagnahmt und diente als öffentliches **Quartier von Benito Mussolini.** Die Villa Feltrinelli dagegen nutzte der „Duce" als private Unterkunft. Heute lernen hier im Sommer ausländische Studenten der Universität von Mailand.

Pfarrkirche San Martino

Von der Piazza Vittorio Veneto gelangt man bergauf zur mächtigen Pfarrkirche San Martino, die auf den Resten eines weitaus kleineren dreischiffigen Gotteshauses vermutlich aus dem 12. Jahrhundert errichtet wurde. Mit dem Bau des **imposanten Doms** begann man im März 1785, ein neuer Chor und ein Presbyterium entstanden, und im Juli 1788 konnte das Dach vollendet werden. Danach unterbrach man die Arbeiten für mehrere Jahrzehnte, möglicherweise spielten finanzielle Aspekte eine Rolle. Erst 1837 wurde unter der Anleitung des Brescianer Architekten *Rodolfo Vantini* die endgültige Fertigstellung in Angriff genommen, die nach weiteren zehn Jahren Bautätigkeit gefeiert werden konnte. Zu bestaunen war nun ein eindrucksvolles, lichtdurchflutetes elliptisches Kirchenschiff mit **Kuppel.** Wenige Jahre später wurde das zentrale Kuppelauge mit Blech ausgekleidet, wodurch sich der Lichteinfall deutlich reduzierte. Im Inneren finden sich **Gemälde** des 1712 verstorbenen *Andrea Celesti* („Das Wunder des heiligen Albert von Trapini"), von *Andrea Bertanza* und *G. Bettino Cignaroli.* Bei manchen Werken wie der Darstellung eines Bruders der Bruderschaft „Disciplina" mit typisch weiß-schwarzer Kutte und einer mit einem Totenkopf versehenen Krone ist der Künstler unbekannt.

Villa Feltrinelli

Das ebenfalls von der wohlhabenden Verleger-Familie *Feltrinelli* in Auftrag gegebene, heute unter **Denkmalschutz** stehende Bauwerk liegt wenige hundert Meter nördlich vom Hafen von Gargnano. Erbaut zwischen 1892 und 1899 als Sommerresidenz, diente die schmucke Villa während der faschistischen „Italienischen Sozialrepublik" von 1943 bis 1945 dem zuvor als Staatschef Italiens abgesetzten „Duce" **Benito Mussolini** als Wohnsitz. Der weitgehend machtlose Chef der Marionettenrepublik wurde von deutschen SS-Männern bewacht.

Die stattliche und stilvolle Villa Feltrinelli mit ihrem herrlich angelegten Park wurde dann zu **einer der edelsten und teuersten Luxusherbergen am Gardasee** umgebaut und beherbergt heute gut betuchte Gäste. 1997 kaufte der berühmte Hotelier *Robert H. Burns* die neogotische Villa und ließ sie restaurieren, originalgetreu renovieren und von der kalifornischen Innenarchitektin *Pamela Babey* luxuriös einrichten. Nach fünf Jahren Bauzeit und einer Investition von über 30 Millionen Euro war die Zeit gekommen, die ersten Gäste willkommen zu heißen. Die 20 Suiten und zwei separaten Cottages glänzen durch ihre Einzigartigkeit und die Vielzahl an kostbaren Antiquitäten mit teils Original-Möbelstücken der Feltrinelli-Familie. Die zwei Jahre andauernde Suche von *Robert H. Burns* nach geeigneten, seinen hohen Ansprüchen genügenden Badewannen für die Villa brachte ihm den Spitznamen „Bob The Bathroom Burns" ein. Wer also den finanziellen Background besitzt, um in der exklusiven Herberge nächtigen zu können, badet in einer Wanne von *Jacob Delafon* aus französischem Porzellan. Wessen monetäre Situation keine Übernachtung in der Villa zulässt, genießt möglicherweise die einzigartige Atmosphäre bei einem Dinner mit Seeblick im angeschlossenen Restaurant, das auch Gästen von außerhalb offen steht.

■ **Infos:** Die Villa Feltrinelli ist von April bis Oktober geöffnet. Junior-Suite inkl. Frühstück ab 1450 €. www.villafeltrinelli.com/de.

Praktische Tipps

Touristeninformation

■ **Associazione Turistica Gargnano,** Piazzale Boldini, 2, Tel. (0365) 791243, www.gargnanosulgarda.it.

Verkehr und Transport

Bus

■ **Linie 202** von Brescia nach Riva del Garda und zurück. Über Maderno-Toscolano und Gargnano nach Riva del Garda, nach Gargnano nahezu halbstündlich, bis nach Riva del Garda 3x täglich. Nach Brescia halbstündlich.

■ **Linie 027** entlang des Westufers bis nach Riva del Garda und zurück, 9x täglich.

Schiff

■ Bootsanlegestelle nahe des Hafens, die Schiffe fahren **in sehr viele Orte am Gardasee.** Neben den „normalen" Schiffen gibt es Schnellboote, die Tickets hierfür sind etwas teurer. Ziele sind unter anderem Sirmione, Limone, Bardolino, Lazise und Desenzano. Preisbeispiel: Gargnano – Sirmione ab 19,60 €. Ermäßigung mit der Garda Lake Promotion Card/Welcome Card.

Parken

■ An der **Zufahrtsstraße** in den Ort Gargnano, weitere Parkplätze am **Hafen** (kostenpflichtig).

Übernachtung

MEIN TIPP: **Hotel Garni Riviera**③, der Blick auf den See von der Frühstücksterrasse ist ein Traum. Das sehr engagiert und liebevoll von *Gianfranco* geführte kleine Hotel überzeugt durch saubere und lichte Zimmer. Je nach Zimmerkategorie mit Balkon und freiem Blick Richtung Ostufer. Angenehmer, aufmerksamer und freundlicher Service. Gratis WLAN im Zimmer. Gute Tipps für Aktivitäten in der Umgebung. Via Roma, 1, Tel. (0365) 72292, www.hotelgarniriviera.com.

■ **Appartamento Gargnano Centro**③, zentrale Unterkunft auf zwei Etagen mit Terrasse und Blick über die Dächer von Gargnano. Zwei Schlafzimmer, bis zu fünf Personen, offenes Schlafzimmer in der zweiten Etage mit hölzerner Dachschräge. Gut ausgestattete Küche mit Backofen. Piazza Feltrinelli, 9. Buchbar z.B. über www.booking.com.

■ **Bed & Breakfast San Rocco**②, nur drei Zimmer hat diese moderne, zentral gelegene und saubere Herberge über dem gleichnamigen guten Restaurant; daher manchmal etwas lauter. Die Inhaber sind zuvorkommend, der Hafen nur einen Steinwurf entfernt. Das typisch italienische Frühstück kann auch auf der gemütlichen Terrasse an der nicht allzu befahrenen Straße eingenommen werden. Via Don Primo Adami, 28, Tel. (331) 9986476.

Essen und Trinken

Um das **Hafenbecken** herum und an der kurzen **Uferpromenade** gibt es die meisten Restaurants und Cafés, alle auch mit Tischen und Stühlen im Außenbereich und schönem Blick auf den Gardasee.

Mein Tipp: **Bar l'Officina,** am Platz vor dem Palazzo Feltrinelli kredenzen seit Ende 2014 *Francesca* und *Stefano* tolle Weine und andere, nicht nur alkoholische Getränke. Von Einheimischen gern besuchtes, sehr gemütlich eingerichtetes Lokal für einen Aperitif und eine leichte Mahlzeit zwischendurch. Auf der schmalen, ums Eck verlaufenden Terrasse lässt es sich wunderbar den Abend bei einem Drink genießen. Hin und wieder kleine Feste mit Live-Musik. Der Lokalname und die rudimentäre Malerei auf der Außenwand erinnern daran, dass hier vormals in einer Werkstatt Zweiräder repariert wurden. Tägl. 8–21.30 Uhr, Do geschlossen. Piazza Vittorio Veneto, 6, Tel. (340) 1439842.

■ **Caffè Olimpia,** tolle Lage an der Uferpromenade. Gute Eisbecher, kleine Snacks, Kuchen und Kaffeespezialitäten. Man wird freundlich bedient. Eine Empfehlung. Di geschlossen. Lungolago Zanardelli, 9, Tel. (338) 8447791.

■ **Ristorante La Tortuga,** eines der besten und edelsten Restaurants in Gargnano und Umgebung. Seit den späten 1960er Jahren existiert dieses feine Lokal, das 1980 und 2018 mit einem Michelin-Stern belohnt wurde. Familie *Filippini* setzt seit jeher auf höchste Qualität und die Verwendung regionaler Produkte. Via XXIV. Maggio, 5, Tel. (0365) 71251, www.ristorantelatortuga.it.

Einkaufen/Nützliches

■ **La Cartolibreria,** Laden direkt am Hafenbecken. Gutes Kartenmaterial für Wanderungen und Ausflüge am Gardasee. Reiseführer, Postkarten und anderes. Piazza Feltrinelli, 10, Tel. (0365) 72836.

■ **Post,** Via San Martino, 1, Tel. (0365) 71130.

garda075 ts

Villa

Südlich des Gemeindesitzes Gargnano liegt malerisch der angrenzende Ortsteil Villa, von dessen Hafenmole man den Dom und die Arkaden des ehemaligen Rathauses von Gargnano erblicken kann. Villa ist einen Tick abgeschiedener und ruhiger als Gargnano, insbesondere in der Nebensaison. Das **farbenfrohe Häuserarrangement rund um das** von Orangenbäumen gesäumte **Hafenbecken** mit seinen wenigen Fischer- und Segelbooten lohnt in jedem Falle das Verlassen der nahen Gardesana Occidentale.

◁ Altes Haus am winzigen Hafen von Villa

Einer der berühmtesten Gäste von Villa war der 1885 geborene englische Schriftsteller und Dichter **David Herbert Lawrence,** der zusammen mit *Frieda Weekley von Richtofen* vom 18. September 1912 bis zum 30. März 1913 in dem kleinen Fischerdorf lebte. Sein wohl bekanntester Roman ist „Lady Chatterley und ihre Liebhaber". Untergebracht waren die beiden in einem möblierten Apartment in der damaligen Villa Igea des Ehepaares *De Paoli* in der Via Colletta 44 (Nähe Hotel du Lac). Hier beendete *Lawrence* seinen Roman „Söhne und Liebhaber" und schrieb die Gedichte „Sonntagnachmittag in Italien" *(Sunday Afternoon in Italy)* und „Ein Frühlingsmorgen" *(Spring Morning).* Die Zeit in Villa inspirierte ihn vor allem zu einer umfangreichen Textpassage in seinem Reisetagebuch „Italienische Dämmerung" *(Twilight in Italy)* aus dem Jahr 1916. Eine Marmortafel an der Hauswand erinnert heute an den mehrmonatigen Aufenthalt.

Übernachtung

MEIN TIPP: **Hotel du Lac**③, in einem roten, aus dem 19. Jahrhundert stammenden Gebäude zwischen Seeufer und schmaler Ortstraße hat Familie *Arosio* seit einigen Jahrzenten Reisenden eine rundum charmante Unterkunft zu bieten. Die zwölf eher im antiken Stil eingerichteten und kürzlich renovierten Zimmer verfügen teils über liebliche, kleine Balkone und freie Sicht auf den Gardasee. Winziger Innenhof mit stattlicher Palme. Stilvolles, empfehlenswertes Restaurant La Bissa mit angrenzender, sehr hübscher und mit Pflanzen dekorierter Seeterrasse. Via Colletta, 21, Tel. (0365) 71107, www.hoteldulacgardasee.de.

■ **Hotel Baia D'Oro**④, eine seit 1958 bestehende familiäre Institution mit wenigen und harmonisch eingerichteten Zimmern mit hervorragendem Restaurant und herrlicher Terrasse, auf der man mit dem Plätschern des Wassers im Ohr und einem wundervollen Seeblick in Ruhe frühstücken kann. Größere Umbau- und Renovierungsarbeiten erfolgten 2009. Von einem Hotelsteg gelangt man direkt in den See zum Schwimmen. Bootsausflüge machbar, private Bootstour ab 250 €. Via Donatori di Sangue, 13, Tel. (0365) 71171, www.hotelbaiadoro.it.

■ **Hotel Palazzina**③, die Unterkunft der Familie *Segala,* die sie schon seit über 40 Jahren führt, liegt zwar nicht direkt am Hafen von Villa, bietet jedoch als eines der wenigen Häuser in Ufernähe einen recht großen Swimmingpool. Vom Pool, der Terrasse und dem Speiseraum und den Balkonen der Zimmer herrlicher freier Seeblick. Toller Garten mit alten Olivenbäumen. Sehr familienfreundlich. Aufmerksames Personal. Via Libertà, 10, Tel. (0365) 71118, www.hotelpalazzina.it.

Essen und Trinken

■ **Bar Osteria al Porto di Villa,** man sollte sich unbedingt ein Getränk oder je nach Gusto z.B. einen Teller klassische Spaghetti Carbonara auf der am Wasser liegenden Außenterrasse am Hafenbecken gönnen. Wahrscheinlich einer der schönsten Plätze in Villa. Der Innenbereich der von der Familie *Bommartini* geführten Bar ist rustikal italienisch eingerichtet. Piazza di Villa, 1, Tel. (335) 5719851.

Einkaufen

■ **Studio/Galerie Panc,** diese Galerie der gebürtigen Nürnbergerin *Sabine Frank* ist ein Highlight in Sachen Kunst in der Gegend. In den Räumen und Schaufenstern eines ehemaligen Lebensmittelgeschäftes am Hafen von Villa empfangen den Besucher unzählige ästhetische Brote und Plätzchen, eingerahmt und lange haltbar. Die in Gargnano lebende *Sabine Frank* verewigt ihre individuellen und fantasievoll gemalten „Leckereien" auf teils weit über hundert Jahren alten Geschäftsbriefen oder Urkunden. Ihre wunderbaren Werke finden hin und wieder auch Einzug in Bücher, z.B. in das Buch von *Karola Fuhr* „Backen wie gemalt. Pfälzische Weihnachtsplätzchen" von 2015, das die Künstlerin *Frank* mit unzähligen Bildern bereichert und illustriert hat. Europaweit sind ihre Werke seit Jahrzehnten auf Ausstellungen zu sehen. Piazza Villa, 12, Tel. (339) 8716181, www.sabine-frank.de.

Bogliaco

Südlich von Villa schließt sich Bogliaco an. Wie Villa und Gargnano besitzt auch Bogliaco einen **entzückenden Ortskern** mit einem ebenso pittoresken Hafenbecken. Ferner sind einige Sehenswürdigkeiten und die weltberühmte Segelregatta Centomiglia jährlich im September von Interesse.

Der Lorbeer

Der Anbau von Lorbeer an der Riviera del Garda, vor allem im Gebiet um Gargnano, ist **ab dem 13. Jahrhundert** dokumentiert. Aus dem Lorbeer stellte man Öl her, das vornehmlich nach Deutschland und Frankreich für die dortige Pharmaindustrie exportiert wurde. Die Gesellschaft *Società Lago di Garda,* lange Zeit mit Sitz in Gargnano, stellte als letzter Betrieb bis 1987 **Lorbeeröl** hier. Um das Produkt zu gewinnen, erntete man im Oktober die Lorbeerbeeren und kochte sie anschließend fünf Stunden. In Kriegszeiten fand das Öl für die Seifenherstellung Verwendung. Aufgrund seiner antiseptischen und die Durchblutung steigernden Eigenschaften wird das Öl auch heute noch als Heilmittel genutzt. Die Blätter fanden und finden, wie allseits bekannt, in der Küche Verwendung.

Der **Bettoni-Palast** ist einer der größten Paläste am Gardasee und war womöglich in früheren Zeiten einer der schönsten seiner Art. Vor der Fertigstellung der Gardesana Occidentale in den 1930er Jahren fügte sich der von *Amerigo Pierallini* angelegte italienische Garten und der nach dem Entwurf von *Adriano Cristofori* erbaute Palazzo aus dem 18. Jahrhundert zu einem harmonischen architektonischen Gesamtkunstwerk. Heute lässt die viel befahrene Straße bei der Vorbeifahrt meist nur einen kurzen Blick durch das gusseiserne Tor auf eine riesige Exedra mit Nischen und Skulpturen zu. Die üppig gestaltete Konstruktion soll sich an den Stil und die Bauten von Schloss Schönbrunn in Wien anlehnen. Noch heute ist der Palazzo im Besitz der Familie *Bettoni.* Wer einen Blick auf die Fassade des Palastes und Richtung Gargnano werfen möchte, kann dies von der Uferseite her realisieren. Nur im April öffnet sich die prachtvolle Grünanlage während einer Art Gartenschau wenige Tage für die Öffentlichkeit.

Im Ortszentrum steht die **Chiesa Santi Martiri,** von außen nicht sehr beeindruckend, aber mit kunstvollen inneren Werten. Sehenswert sind an den Seitenwänden einige von *Andrea Celesti* geschaffene Kunstwerke, die das Abendmahl in Emmaus und die Vertreibung der Händler aus Levi zeigen. Ein anderes Gemälde stellt ein Gastmahl im Hause von *Simon Levi* dar. Darauf ist u.a. die Frauenmode des 17. Jahrhunderts dargestellt. Das ebenfalls aus dem 17. Jahrhundert stammende Altarbild beeindruckt durch seine dramatische Atmosphäre und konnte noch nicht eindeutig einem Künstler zugeordnet werden.

Eine weitere Kirche, die **Chiesa San Pier d'Agrino,** erreicht man mit einem Spaziergang von Bogliaco hinauf Richtung Fornico, einem weiteren Ortsteil der Gemeinde Gargnano. Die ursprünglich romanische Kirche wurde im 16. Jahrhundert massiv umgestaltet. In dem dreischiffigen Gotteshaus lassen sich eindrucksvolle Gemälde von *Andrea Celesti* ausmachen. Sehenswert ist ferner eine aus der brescianischen Schule stammende, im 15. Jahrhundert geschnitzte Holzstatue, die den segnenden San Pier d'Agrino darstellt.

Essen und Trinken

Ristorante Pizzeria Il Gabbiano, die Terrasse bietet einen Blick auf den Hafen, man wird nett bedient und das Preis-Leistungs-Verhältnis stimmt. Spezialität Fisch. Tagliatelle mit Steinpilzen 10 €, Forellenfilet vom Grill 8 €. Mo geschlossen. Piazza Nazario Sauro, 12/14, Tel. (0365) 791284.

Ristorante Allo Scoglio, auf See- und Meerfisch spezialisiertes Lokal mit stilvoll eingedeckten Tischen und Stühlen im Garten (Seeblick!) oder im Innenbereich. Auf den Teller kommen beispielsweise gut zubereiteter Hecht mit regionaler Polenta, Miesmuscheln und Venusmuscheln. Via Barbacane, 2, Tel. (0365) 71030, www.alloscoglio.it.

Der Bettoni-Palast ist heute noch in Privatbesitz

garda-12 ts

Fornico

Fornico liegt inmitten von Olivenhainen und Zitronenbäumen und ist über kurvige Straßen von Bogliaco über Villavetro zu erreichen. Ein Spaziergang durch die urigen, mit Kopfsteinpflaster versehenen und durch steinerne Rundbögen verbundenen Gassen lässt den Gardasee in der Ferne ein wenig verblassen und richtet den Blick auf die Geschichte der alten Gebäude und ihrer Bewohner. In den Genuss dieses **abgeschiedenen und touristisch kaum bekannten Ortes** kommt man bei einem Essen in der Trattoria oder bei einem Aufenthalt im einzigen Bed & Breakfast vor Ort.

Essen und Trinken

Trattoria Fornico, an der Dorfstraße gelegene Gaststätte mit viel Lokalkolorit und einheimischem Publikum. Mo bis So 12–14 Uhr, Mi bis So 18.30–22 Uhr. Im Angebot sind u.a. hausgemachte Tagliatelle mit Tomaten, Spaghetti mit See-Sardinensoße oder eine gemischte Fleischplatte vom Grill. Via Sole, 13, Tel. (0365) 71058, www.ristorantefornico.it.

Navazzo

Dieser Ortsteil von Gargnano ist über eine Serpentinenstraße, die von der Gardesana in Gargnano abzweigt, zu erreichen – eine beliebte Strecke für Radsportler, die Steigungen mögen. Navazzo selbst präsentiert sich mit seinen an der Straße gebauten Häusern eher unauffällig. Schaut man sich um, stellt sich der **winzige Ort** mit seinem Hotel, der tollen Pizzeria und der herrlichen Berglandschaft als ein vorzüglicher Platz dar, um Touren zu unternehmen.

Übernachtung

Hotel Tre Punte②, in den Hügeln von Gargnano bietet dieses Hotel 19 saubere, rustikal eingerichtete Zimmer. Ausgezeichnete Lage für Ausflüge in den Parco Alto Garda Bresciano. Die freundliche Betreiberin versorgt Gäste bei Bedarf mit Informationen zu verschiedenen Wanderrouten in der Region. Das Frühstück wird liebevoll zubereitet und bietet eine gute Auswahl. Kostenloses Parken. Kleine und mittelgroße Hunde erlaubt. Verleih E-Mountainbike 30 €/Tag. Via Monsignor G. Tavernini, 50, Tel. (0365) 791178, www.hoteltrepunte.com.

Essen und Trinken

Mein Tipp: **Ristorante Pizzeria Running Club,** typisch lokale Küche, doch viele Gäste kommen wegen der köstlichen Pizza. Dabei werden auch weitere Anfahrtswege nicht gescheut. Oder man holt sich mit der Vespa eine „Pizza to Go". Großer Innenbereich und kleine Terrasse mit einigen Tischen gegenüber auf der anderen Straßenseite. Meist sehr gut besucht, eine Reservierung wird empfohlen. Via Monsignor G. Tavernini, 50, Tel. (0365) 791217, www.pizzeriarunningclub.it.

Sasso

Zwischen Gargnano und Navazzo führt eine von der kurvenreichen Hauptstraße abbiegende Strecke in den Ortsteil Sasso (560 m). Die meisten Besucher kommen hierher, um sich die an eine Felswand schmiegende Kapelle San Valentino auf einer Höhe von 772 Metern anzuschauen. Der am Ortsende beginnende, ausgeschilderte **Wanderweg Nr. 31** bietet beste Ausblicke auf den Gardasee (Hin- und Rückweg ca. 1 Std.).

Wann genau die **Kapelle San Valentino** erbaut wurde, lässt sich nicht präzise sagen. Schriftliche Notizen deuten darauf hin, dass die Bewohner von Gargnano das Gebäude um 1638 errichteten, als die Pest in der Region wütete. Der „Schwarze Tod" kostete damals wohl rund 400 der 3000 Einwohner das Leben. Um der Seuche zu entgehen, flüchteten viele Menschen in die abgelegene felsige Region rund um den Monte Comér und überlebten so. Als Dank für das „geschenkte" Leben stifteten sie die sogenannte **„Pestkapelle".** In anderen offiziellen Berichten findet sich erst um 1673 eine Notiz über die Pilgerstätte San Valentino. Sicher ist, dass in den zu besichtigenden einfachen Kammern mehrere Einsiedler wohnten, die quasi die Pflichten eines Pfarrers übernahmen und sich um die Gemeinde kümmerten.

Übernachtung

■ **Residence Hotel Montegargnano**②, ruhig gelegene Unterkunft, die gerne Biker beherbergt. *Graziella* und *Alain* umsorgen ihre Gäste mit oder ohne Zweirad aufs Beste. Hotelzimmer und Ferienwohnungen mit Blick auf den See. Frühstück und Halbpension möglich. Gepflegter Pool. Via Sisengla, 41, Tel. (0365) 71389, www.montegargnano.it.

Toscolano-Maderno

Das seit 1928 aus den beiden Ortschaften Toscolano und Maderno bestehende Städtchen ist auf den ersten Blick keine reizvolle Schönheit oder gar eine romantische Perle am Westufer des Gardasees. Die meisten Urlauber stoppen hier auch gar nicht erst, sondern nutzen die gut ausgebaute **Gardesana,** um rasch nach Norden oder Süden zu gelangen. Die historischen Zeugnisse, den breiten Strand und die urigen Gassen würdigen sie oft nur mit einem kurzen Blick beim Vorbeifahren – ein Fehler bei genauer Betrachtung der Örtlichkeiten. Denn nicht nur die **voneinander getrennten Ortskerne** mit ihren Kirchen, Cafés und herrlichen Palazzos sind sehenswert, sondern auch die **Umgebung** mit dem wunderschönen Papiermühlental, das man zu Fuß erkunden kann. Die beiden Ortsteile sind durch eine kilometerlange Uferpromenade miteinander verbunden.

Geschichte

Es besteht die begründete Vermutung, dass auf dem Boden von Toscolano eine **römische Siedlung** bestand, die im Jahr 243 nach Christus durch einen gewaltigen Erdrutsch ausgelöscht wurde. Bisher konnten Archäologen nur einzelne historische Relikte wie die römische Villa Nonii-Arii entdecken. Bei der ehemaligen Ansiedlung soll es sich um die einstige Stadt **Benaco** gehandelt haben, die dem See seinen ursprünglichen Namen

garda074 ts

gab. Einen Beweis dafür gibt es bis dato nicht.

Im 14. Jahrhundert entfaltete sich der Ort zu einem wichtigen **Wirtschaftszentrum** der Region, Motor für diese Entwicklung waren die wilden Wasser des Toscolano-Flusses. Ihre Kraft nutzte man, um die im Tal erbauten **Papiermühlen** anzutreiben. Das feine und hochwertige Papier fand seinen Weg bis in die Druckereien Venedigs und sogar bis in den fernen Orient. Neben der reinen Papierherstellung baute man parallel die **Kunst des Buchdrucks** aus. *Martin Luther,* der große Reformator, benutzte eine in Toscolano gedruckte lateinische Bibel für seine so folgenreiche Übersetzung ins Deutsche. Die letzte dieser Produktionsstätten schloss Mitte des 20. Jahrhunderts ihre Pforten. Eine moderne Papierfabrik existiert noch in Toscolano nahe am See.

Ende des Zweiten Weltkriegs war der Ort, wie Salò und Gargnano, Sitz wichtiger Einrichtungen der von den deutschen Nationalsozialisten protegierten und offiziell von *Mussolini* als Staatschef geführten faschistischen „Italienischen Sozialrepublik“. In der Villa Bianchi in Maderno beispielsweise, gut an dem Schriftzug „Hotel Golfo“ erkennbar, befand sich damals für etwas weniger als zwei Jahre der Sitz der Faschistischen Partei Italiens.

⌃ Die Basilika Sant'Andrea stammt aus dem 12. Jahrhundert

› Denkmal „Bella Italia“ des Bildhauers Leonardo Bistolfi

Sehenswertes in Maderno

Maderno ist der **südlich des Flusses Toscolano** in Richtung Salò gelegene Stadtteil.

Basilika Sant'Andrea

Die **romanische Basilika** in Sichtweite der Gardesana stammt aus dem 12. Jahrhundert und wurde vermutlich auf den Resten eines Tempels aus dem 5. Jahrhundert nach Christus erbaut. Der Glockenturm ist auf das Jahr 1469 datiert. Die **Fassade,** deren Form auf das dreischiffige Innere hinweist, erhält ihre Helligkeit durch vielfarbigen Marmor und ist am **Portal** reich mit Intarsien verziert; zu erkennen sind Tiere wie Adler, Taube und Lamm. Ebenso findet sich die Darstellung der Jungfrau Maria mit dem Jesuskind. Das sakrale Bauwerk stellt eines der schönsten Beispiele des romanisch-lombardischen Baustils dar, wobei veronesische Elemente hinzukommen. In der **Krypta,** die 1580 geschlossen und erst 1962 wiederöffnet wurde, befand sich in dem dortigen Sarkophag früher die Reliquie des heiligen Ercolano, die heute ihren Platz in der nahen Pfarrkirche Sant'Ercolano gefunden hat. Interessant ist ferner das Madonnenbild von *Paolo Veneziano.*

■ **Infos:** 8.30–11.30 und 14.30–18 Uhr.

Denkmal „Bella Italia" und Anker

Das **Denkmal** nur wenige Meter neben den nahen Cafés Richtung Salò zeigt eine Frau, deren Körper nur spärlich von wallendem Stoff verhüllt wird. Das Kunstwerk des 1859 in Casale Monferrato geborenen Bildhauers *Leonardo Bistolfi* soll an den 1903 verstorbenen Politiker *Guiseppe Zanardelli* erinnern, der sich für die Belange der Region einsetzte.

Überquert man beim Denkmal die Hauptstraße und geht kurz am Seeufer entlang und am kleinen Bootshafen vorbei, trifft man auf einen 478 kg schweren, Ende des 19. Jahrhunderts hergestellten und 2011 aus dem See geborgenen **Anker.** Dieser war für ein großes Marineschiff bestimmt, diente jedoch von 1915 bis 1918 „nur" als Verankerung für eine imposante Boje aus Stahlblech, die den Ankerplatz dreier kleiner Militärschiffe der ehemaligen Königlich-Italienischen Marine markierte.

garda075 ts

Toscolano-Maderno

Übernachtung
2 Bed & Breakfast Sergio il Gufo
3 Atlante Yoga B&B
9 Hotel Milano
10 Hotel Maderno
12 Casa Gardenia
13 Villaggio Turistico Maderno
14 Camping Promontorio
15 Camping Riviera
16 Camping La Foce
17 Camping Toscolano
18 Hotel Sorriso
21 Agriturismo San Lorenzo di Persegno

Essen und Trinken
5 Osteria L'Antico Pozzo
7 Ristorante Pizzeria La Bussola
8 Gelateria Calchera
11 Osteria Gatto d'Oro
20 KYMA Beachbar & Food

Einkaufen/Sonstiges
1 Cisco Sport
4 Panetteria Perolini

Sport
19 Autonoleggio Garda
22 Agriturismo und Reiterhof Scuderia Castello

0
200 m
©Reise Know-How
GardaF25 3/22
CAMISTERO
21 22 Gaino
Bogliaco, Cecina
SS45bis
Via Abate Galiani
Via Porto
Wallfahrtskirche Madonna del Benaco
Zahnarzt
Via Tassoni
Via Trieste
Via Pulciana Gaino
Via Ludovico Ariosto
Via Gasparo da Salò
Centro Medico Toscolano
Pfarrkirche Santi Pietro e Paolo
20
Strand
Via Trento
Via 20 Settembre
Via Canossi
Via Nicolo Tartaglia
Via Statale Toscolano
Via Amerigo
Römervilla Nonii-Arii
Parco Bernini
19
"Alte Brücke"
SS45bis
Via Leonardo da Vinci
Viale Giovanni Caboto
Papierfabrik
Via Volta
Via Nicolo Copernico
Via Galileo Galilei
18
Via Luigi Galvani
Via Enrico Fermi
Viale Guglielmo Marconi
TOSCOLANO
Markt
Via Gaetano Donizetti
Via Vicenzo Bellini
Via Giuseppe Verdi
Via Enrico Fermi
Via Regionale
Via Religione
Strand
Via Promontorio
17
Via 25 Aprile
Via Martiri della Residenza
16
Torrente Toscolano
Hauptstrände
15
Via Promontorio
14
Hauptstrände
12
13
Viale Ugo Foscolo
Leopardi
Lago di Garda
Via Lungolago Giuseppe Zanardelli

Pfarrkirche Sant'Ercolano

Einen Steinwurf entfernt erhebt sich die Pfarrkirche Sant'Ercolano. **Erbaut** wurde sie **1775 auf den Ruinen einer mittelalterlichen Burg,** die vermutlich ab dem 8. Jahrhundert direkt am See stand und mit vier Türmen ausgestattet war. Seit 1825 befinden sich im Inneren der Kirche die sterblichen Überreste des heiligen Ercolano. Die Festivitäten zu Ehren von San Ercolano finden alljährlich am 12. August statt. Sehenswert sind eine Altartafel des bekannten Künstlers *Andrea Celesti* und ein Altarbild von *Paolo Caliari*.

Altstadt

Die Altstadt von Maderno erkundet man am besten über die **Via Benamati** mit ihren Geschäften, Kneipen und prächtigen Palästen.

Eher unscheinbar präsentiert sich die Fassade des **Palazzo Gonzaga** in der Via Benamati 12. Der Großteil des ehemals prachtvollen Dogenpalastes aus dem 17. Jahrhundert wurde im 19. Jahrhundert vom damaligen Besitzer zerstört, um, so erzählt man sich, einen kostbaren Schatz zu Tage zu befördern. Im Inneren finden sich Fresken des Malers *Giovan Benedetto Castiglione* (1609–1664). Heute wer-

Gioco Romano – das römische Spiel

Wer in Toscolano-Maderno einen Spaziergang unternimmt, stößt vielleicht auf ein Plakat mit dem Hinweis auf eine Veranstaltung namens **„Tombola Bingo Figurata".** Dabei handelt es sich um ein altes und nur noch wenig bekanntes Spiel im Bingo-Stil, das nur in dieser Gardaseeregion und einigen Nachbargemeinden für Unterhaltung sorgt. Die eigentliche Bezeichnung ist **„Gioco Romano",** bei den Einheimischen in Toscolano-Maderno jedoch ist die Dialektbezeichnung **„Le Cartèle"** geläufig. In Gargnano wiederum kennen die Leute es als **„El Fuff".**

Wie dem auch sei: Das Spiel besteht aus **90 Bingokarten,** auf denen jeweils eine Ziffer und ein Gegenstand zu erkennen sind. Die grob darstellten Motive entstammen zum großen Teil dem einfachen Leben der bäuerlichen Gesellschaft, wo wohl auch der Ursprung dieses früher hauptsächlich von Frauen genossenen Freizeitvergnügens zu suchen ist. Man erkennt Tiere, Werkzeuge, Gebäude, Musikinstrumente oder unbekannte Symbole, die möglicherweise auf **vergangene Sitten und Gebräuche** zurückzuführen sind. Und hierin liegen die Besonderheit und manchmal auch Schwierigkeit beim „Römischen Spiel". Denn es wird nicht, wie beim bekannten Bingo üblich, die gezogene Zahl genannt, sondern die Teilnehmer müssen die auf der Karte erkennbare Darstellung im Dialekt beschreiben oder interpretieren. Einige der ursprünglichen Symbole können im Laufe der Zeit auch durch neuere Abbildungen ersetzt worden sein.

In Maderno wird das „Bingo Figurata" ab und an im Sommer auf der Piazza San Marco und in Toscolano am Hafen veranstaltet.

den in ausgewählten Räumlichkeiten Ausstellungen veranstaltet.

Bei Hausnummer 79 trifft man auf den **Palazzo Bulgheroni,** heute Villa Lucia, mit einer stilvoll angelegten Parkanlage mit Marmortreppe und einer terrassenförmig gestalteten **Limonaia,** eine der ältesten ihrer Art am Gardasee. Das Areal gehörte in früheren Zeiten der Familie *Gonzaga* und später einmal dem Grafen *Rizzardi* von Maderno.

Sehenswertes in Toscolano

Sobald man den Toscolano-Fluss von Maderno Richtung Norden überquert hat, befindet man sich im gleichnamigen Ortsteil. **Über den Fluss** führt neben der „modernen", 1908 erbauten Straßenbrücke auch die **„Alte Brücke"** aus den Anfängen des 16. Jahrhunderts. An der Hauptstraße auf der rechten Seite erblickt man die stattliche Pfarrkirche Santi Pietro e Paolo.

Pfarrkirche Santi Pietro e Paolo

Unübersehbar steht an der Gardesana die **dreischiffige Renaissancekirche** mit ihrer schlichten Fassade, die den heiligen Peter und Paul geweiht ist. Äußerst sehenswert sind die über 20 **Gemälde** des venezianischen Malers *Andrea Celesti,* der 1712 in Toscolano starb. Die Gewölbemalereien des Hochaltars und der Apsis stammen ebenfalls von diesem berühmten Künstler und sind als „Sixtinische Kapelle des Celesti" bekannt. *Celesti* musste seine Wirkungsstätte Venedig unfreiwillig verlassen, da es ihm der Doge *Andrea Grimani* übel nahm, dass der Künstler ihn mit Eselsohren auf der Leinwand verewigt hatte. Blickt man im 1584 fertiggestellten Gotteshaus auf den Boden, zeigen sich etliche Grabsteine wichtiger Familien Toscolanos aus der Zeit des 16. und 17. Jahrhunderts.

Wallfahrtskirche Madonna del Benaco

Wenige Schritte entfernt stößt man auf die Wallfahrtskirche Madonna del Benaco mit **Fresken** aus dem späten 15. Jahrhundert und den Wappen einiger Adelsfamilien aus der Gegend. Sie ist der Schutzpatronin der Toscolaner geweiht.

Römervilla Nonii-Arii

Geht man von der Pfarrkirche auf der Via Caboto Richtung See, gelangt man kurz vor dem Eingang zur Papierfabrik zu der **überdachten Ausgrabungsstätte** einer römischen Villa. Das Wohngebäude gehört zu den bedeutendsten archäologischen Funden aus der Römerzeit am Gardasee und wird der Familie *Nonii* zugeschrieben. Das zur damaligen Zeit einflussreiche Geschlecht besaß weitreichende Besitztümer in der Region. Eine gefundene Inschrift weist auf *Marcus Nonius Macrinus* hin, der im 2. Jahrhundert nach Christus die Stellung als Prokonsul Asiens innehatte und als Legatus von Kaiser *Marc Aurel* diente. Die monumentale Villa lag parallel zum Seeufer, besaß einen großen Garten mit einem fast 50 Meter langen und 6 Meter breiten Brunnenbecken und zahlreiche Zimmer, von denen Mauerreste und Mosaikfußböden erhalten geblieben sind.

Parco Bernini

Über die Gardesana Richtung Norden erreicht man den auf der linken Straßenseite liegenden Bernini-Park mit dem angeblich größten Baum am Gardasee: Das Prunkstück der Grünanlage mit Bar ist eine **Himalajazeder** mit einem Stammdurchmesser von über 2 Metern. Zwei ebenfalls stattliche Libanonzedern ergänzen das florale Spektrum. Ein Parkeingang befindet sich kurz nach der von der Durchgangsstraße nach rechts abgehenden Via Galileo Galilei.

Baden

Der breite **Hauptstrand** zieht sich entlang der in Toscolano befindlichen Campingplätze und ist kieseliger Natur. Eine weitere Bademöglichkeit ist der ebenfalls mit Kieseln bedeckte **Lido Azzuro** in Maderno; Vermietung von Sonnenschirmen und Liegen. Ein **kleiner Strandbereich** liegt bei der Papierfabrik im Norden von Toscolano.

Badeschuhe sind grundsätzlich empfehlenswert. Einige **Lokale** sorgen am Seeufer für das leibliche Wohl.

Die Geschichte der Papiermühlen

Die Anfänge der Papiermühlen an den Ufern des Wildbaches Toscolano liegen im Dunkeln. Ein exaktes Datum, wann die erste Produktionsstätte ihren Dienst aufnahm und wie viele dieser einfachen Betriebe zu Beginn existierten, gibt es nicht. Sicher ist, dass schon **1381** im Tal Papier hergestellt wurde. Weitere Dokumente beschreiben im 15. Jahrhundert bereits eine rege Tätigkeit in allen bedeutenden Ortschaften im Tal. So konnte sich hier dank der vorhandenen Wasserkraft und der immer besser werdenden Papierqualität das **erste große Papierzentrum der Republik Venedig** mit rund 60 Fabriken entwickeln.

Doch der Aufschwung erhielt einen massiven Rückschlag, als Anfang des 17. Jahrhunderts die **Pest** die Bevölkerung dahinraffte und damit auch zahlreiche Papiermacher ihr Leben verloren. Man benötigte viele Jahrzehnte, um sich neu zu positionieren und 1720 wieder mit 38 Papiermanufakturen den Markt mit Papier versorgen zu können.

Ende des 18. und Anfang des 19. Jahrhunderts begann mit technischen Innovationen die **Industrialisierung** der Papierherstellung. Während sich in Europa viele Fabrikanten den Veränderungen und der Modernisierung öffneten, arbeiteten die meisten Papierhersteller im Toscolano-Tal weiter mit den alten Handwerkstechniken. So kam es, dass im Laufe des 19. Jahrhunderts fast alle technisch veralteten und nicht mehr konkurrenzfähigen Produktionsstätten schließen mussten. Die letzte Fabrik, und zwar im Ort Maina Inferiore, schaltete 1962 für immer ihre Maschinen ab.

Siehe zum Thema auch „Wanderung im Tal der Papiermühlen" auf S. 293.

Praktische Tipps

Touristeninformation

■ In **Maderno,** Via Sacerdoti, 1, Tel. (0365) 546 083, www.comune.toscolanomaderno.bs.it.

Verkehr und Transport

Bus

Bushaltestellen entlang der Gardesana in Maderno und Toscolano, an der Pfarrkirche in Maderno und im Bereich der Brücke zwischen den Ortsteilen.

■ **Linie 202** von Brescia nach Riva del Garda und zurück. Über Maderno-Toscolano und Gargnano, 3x täglich.
■ **Linie 027** entlang des Westufers bis nach Riva del Garda und zurück, 9x täglich.
■ **Linie 005** nach Salò.
■ **Infos** unter www.visitgarda.com/de/buslinien-gardasee.

Schiff/Autofähre

■ **Schiffsanlegestelle in Maderno, Verbindungen** mehrmals täglich nach Süden u.a. über Salò, Garda, Bardolino, Sirmione bis nach Desenzano del Garda. Nach Norden u.a. über Gargnano, Malcesine, Limone bis nach Riva del Garda, ebenfalls mehrmals täglich.
■ Wer mit dem Auto von Maderno nach Torri del Benaco am östlichen Seeufer übersetzen möchte, kann die in der Hochsaison ca. alle ½ Stunde verkehrende **Fähre** nutzen. Fahrzeit 25 Min., Auto inkl. Fahrer ab 10,70 €, weiterer Erw. 6,50 €, Kind 3,60 €.
■ **Infos** unter www.navigazionelaghi.it.

☒ Hunger und Durst – Fremdwörter in Maderno

Parken

■ In Maderno gibt es einen großen **kostenpflichtigen Parkplatz** an der Durchgangsstraße gegenüber dem Hotel Maderno.

Taxi

■ **Autonoleggio Garda,** Via Leonardo da Vinci, 19, Tel. (328) 4843778 und (328) 4843787.

Übernachtung

9 **Hotel Milano**③, hervorragende Lage unmittelbar am See in Maderno an der Fähranlegestelle. Schöner Pool und Zimmer mit Balkonen zum See. Man wohnt in einem neugotischen Palazzo und in einem modernen Anbau. 45 Zimmer und eine Suite. In dem Haus wurde im August 1898 die Sopranistin *Giuseppina Cobelli* geboren, eine weltbekannte Sängerin, die mit ihrer Stimme an der Mailänder Scala oder in der Reale dell'Opera in Rom die Zuschauer verzückte. Via Lungolago Zanardelli, 12, Tel. (0365) 540595, www.hotelmilanomaderno.com.

garda-19 ts

2 Bed & Breakfast Sergio il Gufo②, herrliche, zentrale Lage mitten in der autofreien Altstadt von Maderno. Das im Juni 2014 von *Arianna* in einem Haus aus dem 18. Jahrhundert eröffnete B & B verfügt über drei Wohnungen mit Küche/Küchenzeile. Familiäre Atmosphäre. Einrichtung je nach Zimmer aus den 1960er oder 1970er Jahren. Frühstück vegan oder glutenfrei möglich. Via Benamati, 73, Tel. (0365) 690440, www.sergioilgufo.com.

10 Hotel Maderno③, die 35 Zimmer sind in einem schönen historischen Jugendstilgebäude nahe der Hauptstraße untergebracht. Ordentliche Hotelanlage mit großzügigem Pool, kleinem Kinderbecken und Garten. Via Statale, 12, Tel. (0365) 641070, www.hotelmaderno.it.

12 Casa Gardenia②, sehr ruhig in Maderno gelegene, mit viel Grün arrangierte Apartmentanlage mit zehn Einheiten. Die gut ausgestatteten Wohnungen für maximal vier Personen verfügen über Balkon oder Terrasse mit reizvollem Blick auf den See oder den Garten. Freundliche Betreuung. Parkplatz. Zur Promenade sind es zu Fuß nur wenige Minuten. Hunde auf Anfrage. Via Foscolo, 131, www.casagardeniamaderno.it.

3 Atlante Yoga B&B①, kleines, unweit des Sees liegendes Bed & Breakfast. Die Zimmer mit Bad sind geschmackvoll, einfach und individuell eingerichtet. Angenehmes Miteinander. *Dario* und *Claudia* laden bei Interesse ihre Gäste zum Yoga ein. Via Garibaldi, 76, Tel. (328) 1236326, www.atlanteyogabnb.com.

21 Agriturismo San Lorenzo di Persegno②, vollkommen ruhig und abseits des Trubels gelegene Unterkunft mit geschmackvoll eingerichteten, gut ausgestatteten Apartments. Rund 4 km von Toscolano-Maderno in den Hügeln gelegen und nur über einen teils unbefestigten Weg zu erreichen. Besonders für Naturliebhaber und Wanderer zu empfehlen. Via Camerate, 39, Tel. (329) 3103384, www.sanlorenzodipersegno.it.

18 Hotel Sorriso③, in Toscolano betriebenes gepflegtes Haus mit sauberem Pool und palmenbestücktem Garten. Ruhige Lage. Der See und der Strand sind zu Fuß in kurzer Zeit erreichbar. Die 24 Zimmer sind zweckmäßig eingerichtet. Hübsche Suite. Neben den DZ gibt es auch Zimmer für bis zu fünf Personen. Reichhaltiges Frühstück. Via Religione, 5, Tel. (0365) 540855, www.hotelsorriso.de.

Camping

Die Campingplätze bzw. Feriendörfer haben **Seezugang** und liegen meist ruhig direkt am Toscolano-Fluss.

13 Villaggio Turistico Maderno, das Feriendorf in Maderno direkt am Strand bietet komplett mit Dusche/WC und Küche ausgestattete Mobil Homes für 2 bis 6 Personen ab 60 €. Snackbar an der Promenade. Via Lungolago Zanardelli, 5, Tel. (0365) 548068, www.villaggiomaderno.it.

14 Camping Promontorio, in Maderno nur wenige Meter vom schönen und großen Strand entfernt. Rund 100 Stellplätze mit teils altem Baumbestand. Bar und Restaurant. Gepflegter Campingplatz mit guten sanitären Anlagen. Eröffnung in den 1950er Jahren und damit der erste vor Ort. Einige Apartments. Haustiere willkommen. Stellplatz plus 2 Erw. ab 30 €, Apartments für max. 4 Pers. ab 85 € plus 50 € Endreinigung. Via Promontorio, 73, Tel. (0365) 541540, www.campingpromontorio.it.

15 Camping Riviera, der Platz in Maderno am See und am Ufer des Flusses verfügt über Stellplätze, Ferienwohnungen, ein Schwimmbad mit Liegen, Pizzeria/Bar und Minimarkt. Hunde erlaubt. Stellplatz plus 2 Erw. ab 26 €. Via Promontorio, 59, Tel. (0365) 643039, www.camping-riviera.com.

17 Camping Toscolano, innerhalb der Mauern eines alten Klosters aus dem 14. Jahrhundert in Toscolano befindlicher Platz mit privatem Strand, Restaurant, Bar und jeweils einem Pool für Erwachsene

> Pfarrkirche Sant'Ercolano in Maderno

und Kinder. Tennis- und Fußballplatz. Stellplatz in Seenähe plus 2 Erw. ab 40 €, Haustiere 3,50 €. Apartments für zwei bis sechs Personen, Bungalows für bis zu fünf Personen. Via Religione, 88, Tel. (0365) 641584, www.hghotels.com.

16 **Camping La Foce,** in Toscolano unmittelbar am See und am Fluss ruhig gelegen. Bungalows. Restaurant. Hunde zugelassen. 7–23 Uhr geöffnet. Stellplatz plus 2 Erw. ab 19 €. Via Religione, 44, Tel. (0365) 641372, www.camplafoce.com.

Essen und Trinken

7 **Ristorante Pizzeria La Bussola,** in Maderno an der Basilika mit Blick auf den See gelegenes Lokal mit großer Außenterrasse und guten Pizzen und leckerer Pasta. Gutes Preis-Leistungs-Verhältnis. Piazza San Marco, 10, Tel. (0365) 541554.

11 **Osteria Gatto d'Oro,** die in Maderno liegende „Goldene Katze" macht ihrem Lokalnamen alle Ehre. Auf der schmalen überdachten Terrasse und im Innenraum ist das Katzenmotiv allgegenwärtig und die Dekoration ein wenig kitschig und überbordend. Je nach Geschmack des Betrachters, aber ein visuelles Erlebnis so oder so. Die sehr freundliche Besitzerin serviert fantasievolle Gerichte, die Weinauswahl ist gut. Etwas versteckt in der Nähe des Fähranlegers. Via Fratelli Bianchi, 41, Tel. (339) 6219493.

5 **Osteria L'Antico Pozzo,** von außen sehr schön mit Blumen dekoriertes Lokal, das in der „Stube" mit vielen Fotos bekannter Musiker und Musikerinnen wie *Amy Winehouse* überrascht. Kleines Speisenangebot. Als Spezialität wird jeden So ab 12.30 Uhr Fleisch vom Spieß mit Polenta serviert. Gemütlicher Außenbereich im Hinterhof. Mo geschlossen. Via Benamati, 24, Tel. (0365) 642356.

8 **Gelateria Calchera,** sicher eine der besten Eisdielen im Ort mit ausgezeichneter Auswahl und bester Qualität. Seit 1986. Piazza San Marco, 50, Tel. (0365) 641549, www.gelateriacalchera.com.

20 **KYMA Beachbar & Food,** am Strand zwischen der Pfarrkirche Santi Pietro e Paolo und der Papierfabrik kann man sich in diesem Lokal nach einem

garda076 ts

Bad im See stärken. Große Terrasse. Breite Auswahl an Getränken und Speisen: Burger, Paella, Sandwiches, Fisch- und Fleischgerichte. Via A. Vespucci, Tel. (0365) 644195.

Einkaufen

Markt, jeden Do 8–13 Uhr an der Viale Marconi in Toscolano.

1 **Cisco Sport,** *Andreis Francesco* bietet in seinem seit Anfang 2016 bestehenden Laden ausgefallene und nicht alltägliche Dinge rund ums Fahrrad an. Außerdem findet sich manche Rarität auf zwei Rädern in dem individuell mit echten Birken und Kinostühlen eingerichteten Geschäft. Gürtel aus Fahrradmantel, tolle Taschen mit teils recycelten Bikematerialen, dazu Sonnenbrillen und Shirts. Der engagierte, freundliche *Andreis* organisiert auch Zweiradtouren in die Umgebung. Ein Besuch lohnt sich definitiv. Via Promontorio, 7, Tel. (347) 0390887.

4 **Panetteria Perolini,** neben zahlreichen süßen selbst gebackenen Kleinigkeiten und Pizza gibt es hier in der Altstadt von Maderno die „Torta Maderno" und die „Torta Rosa" als lokale Spezialität. Probieren unbedingt empfohlen! Das eher unscheinbare Geschäft erkennt man gut an den seitlich an der Fassade angebrachten „Gemälden", die die historische Altstadt und einen zwei Kuchen auf den Händen tragenden Konditor in Peroloni-Kluft zeigen. Via Benamati, 26.

Nützliches

Post, in Toscolano, Piazza Matteotti, 13. Mo bis Fr 8.20–13.35 Uhr, Sa 8.20–12.35 Uhr.

Ärztliche Versorgung: Centro Medico Toscolano SS. Pietro e Paolo, Via Trento, 87, Mo bis Fr 9–12.30 und 14–20 Uhr, Sa 9–12.30 Uhr. Tel. (0365) 1881107 und (348) 9764294, www.centromedicotoscolano.it.

Zahnarzt, Via Trento, 157, Tel. (333) 4967676.

Sport und Aktivitäten

22 **Agriturismo und Reiterhof Scuderia Castello,** eine gute Adresse fürs Wanderreiten in den Hügeln rund um den See. 1½-stündiger Ausritt 50 €. Auch für Anfänger. Zusätzlich acht Zimmer, alle mit Balkon oder Terrasse. Via Castello, 10, Tel. (0365) 644101, www.scuderiacastello.it.

19 **Autonoleggio Garda – Fahrrad- und Fahrzeugverleih,** hier wird fast alles an fahrbaren Untersätzen verliehen: Im Angebot sind Mountainbikes, City-Bikes, Tandems und 2- oder 4-sitzige rote Rikschas (ab 10 €/Std.) zum Selberradeln. E-Bikes kosten 30 € für 12 Std. Ein unvergessliches Erlebnis ist die Fahrt mit einer typisch italienischen, dreirädrigen **Ape Calessino** für max. 3 Personen. Außerdem gibt es einen Taxiservice. Via Leonardo da Vinci, 19, Tel. (328) 4843778 oder (0365) 643670, www.autonoleggiogarda.it.

Die Umgebung von Toscolano-Maderno

Oberhalb von Toscolano-Maderno verstecken sich **in den Hügeln** einige kleine Dörfer, von denen an dieser Stelle zwei vorgestellt seien: Cecina und Gaino.

Cecina

Klein und hübsch präsentiert sich das Dorf mit Blick auf den Gardasee. **Enge Gassen,** die nur mit schmalen Fahrzeugen zu passieren sind, **historische Steinhäuser** und mit Rundbögen gestaltete Durchgänge laden zu einem Bummel zu Fuß ein. Am Ortseingang steht die winzige San-Giorgio-Kirche und im Ortskern die Chiesa di S. Antonio di Padova in Messaga.

Übernachtung

■ **San Giorgio Resort**③, wirklich reizvoll gelegenes Resort am Ortseingang von Cecina mit elf sehr geschmackvoll gestalteten Apartments unterschiedlicher Größe. Ab zwei Personen. Liegewiese und Pool mit traumhaftem Blick auf den See und die andere Uferseite mit dem Monte Baldo. Verleih von Mountainbikes und E-Bikes. Der Golfplatz Bogliaco ist ca. 500 m entfernt. Hunde nicht erlaubt. Via San Giorgio, 72, Tel. (335) 275854, www.sangiorgioresort.com.

Sport und Aktivitäten

■ **Bogliaco Golf Resort** (18-Loch-Platz), 1912 erstmals eröffneter Golfclub. Green Fee für einen Tag ab 49 € (je nach Saison). Kurse auch für Anfänger. Via del Golf, 21, Tel. (0365) 643006, www.golfbogliaco.com.

Gaino

Der idyllische Ort in den Bergen hat eine **winzige Altstadt** und **zwei sehenswerte Kirchen** etwas außerhalb des Zentrum auf einer Anhöhe gelegen. Neben der neuen Pfarrkirche Santa Maria di Gaino steht die alte, aus dem 15. Jahrhundert stammende Pfarrkirche San Michele mit ihren drei Altären und zwei angrenzenden Gebäuden. Von hier oben blickt man direkt hinunter auf die Papierfabrik und die beiden zusammengewachsenen Orte Toscolano und Maderno.

Sport und Aktivitäten

■ **Wandertipp:** Wanderung/Spaziergang durch das Tal der Papiermühlen (siehe „Wanderungen“).

Nur wenige Touristen finden den Weg nach Cecina

garda077 ts

Gardone Riviera

Prächtige Villen, altehrwürdige Hotels und bezaubernde Parkanlagen machen diesen von der Gardesana zerschnittenen und oft bei der Durchfahrt kaum wahrgenommen Ort zu einem charmanten und mit einer ordentlichen Portion Eleganz gewürzten Kleinod. Am Ufer dominieren das in der glanzvollen Vergangenheit von internationalen Berühmtheiten wie *Winston Churchill* oder Kaiser *Wilhelm II.* als Domizil gewählte Grand Hotel Gardone Riviera und eine breite, liebevoll angelegte **Promenade** mit zahlreichen Lokalitäten zum gediegenen Ausgehen. In den Ortsteilen oberhalb der Gardesana wie Gardone Sopra ist der von *André Heller* umgestaltete **botanische Garten** mit seinen Teichen und Pflanzen aus aller Welt eine Augenweide. Monumental, protzig und selbstverliebt gibt sich dagegen das als Denkmal ausgewiesene **Anwesen Il Vittoriale degli Italiani** des umstrittenen Dichters *Gabriele D'Annunzio,* ebenfalls im hügeligen Hinterland von Gardone Riviera.

Geschichte

Gardone Riviera hatte seine Blütezeit im 19. und 20. Jahrhundert, als sich das Dorf zu einem vornehmen und beliebten Kurort mit Weltniveau entwickelte. Eine entscheidende Rolle für den kometenhaften **touristischen Aufschwung** und das aufkommende internationale Interesse spielte der 1875 nach Gardone angereiste Österreicher **Luis Wimmer.** Der Ingenieur und spätere Pionier des dortigen Hotelgewerbes verliebte sich insbesondere aufgrund des milden Klimas in die Region rund um Gardone Riviera und begann zunächst mit dem Bau des Grand Hotels Gardone. Etwa zur gleichen Zeit publizierte der deutsche Arzt **Ludwig Rohden** Ergebnisse über seine Untersuchungen über die positiven Auswirkungen des milden Klimas von Gardone auf die menschliche Gesund-

garda078 ts

heit. *Rohden* praktizierte im Winter in Gardone und starb dort 1887. Beide Herren kurbelten, jeder auf seine Art, so den **Kurtourismus** an und machten aus Gardone einen kosmopolitischen Luxusurlaubsort für die reiche Elite und den Adel. Es entstanden vornehme Hotels und Villen im Jugendstil und im Art déco. Als 1921 neben anderen schillernden Künstlern, einflussreichen Politikern und geistreichen Intellektuellen der Dichter *Gabriele D'Annunzio* den Ort und die Villa Cargnacco für sich entdeckte, erlebte die sogenannte Brescianer Riviera ihre absolute Blütezeit.

Unübersehbar – das Grand Hotel Gardone Riviera

Das Grand Hotel Gardone

Alles begann mit dem jungen **Luis Wimmer** und seiner Liebe zum Gardasee und dem milden Klima rund um Gardone Riviera. Schon bei seinem ersten Besuch 1875 war es um den 1842 in Retz (Österreich) geborenen Herrn *Wimmer* geschehen. Grund für seine Reise nach Gardone Riviera war die angeschlagene Gesundheit seiner Frau *Emilia Holzgärtner.* Zusammen mit ihr und den zwei Töchtern kaufte er ein Grundstück samt Villa in Cargnacco. Später machte *Gabriele D'Annunzio* daraus das noch heute zu besichtigende „Il Vittoriale degli Italiani".

Eine Idee ließ den studierten Ingenieur *Wimmer* schon kurz nach der Ankunft nicht mehr los; er wollte eine sinnvolle Beschäftigung für sich finden und gleichzeitig etwas Gutes für den Ort Gardone tun. So kam er auf die Idee, ein kleines **Hotel** am Seeufer zu bauen. Es erhielt den Namen **Pizzoccolo** und nahm 1884 erstmals Gäste auf. *Luis Wimmer* erlebte jedoch die Eröffnung und damit die Realisierung seines Traumes nicht mehr, denn er starb im jungen Alter von 41 Jahren am 14. August 1883.

garda079 ts

In den ersten Monaten nach der Inbetriebnahme war kaum ein Zimmer gebucht, das Haus nahezu verwaist. Erst als der in Arco praktizierende deutsche Lungenfacharzt und Klimatologe **Dr. Ludwig Rohden** neue ansprechende Unterkünfte für seine zahlreichen Kurpatienten benötigte und auf seiner Suche zufällig auf die gesundheitsförderlichen klimatischen Aspekte von Gardone stieß, kam das touristische Geschäft ins Rollen. In der Saison 1885 wurden 26 Gäste gezählt, ein Jahr später schon 45 und 1887 steigerte sich ihre Zahl weiter. Es wurde Zeit, das Pizzoccolo zu vergrößern.

Im Laufe der nächsten Jahre, unter der Regie von *Wimmers* Witwe und mit Hilfe von *Angelo Fuchs* und dem Schweizer *Karl Lützelschwab,* wandelte sich die vormals überschaubare Herberge zu einem modernen Hotelkomplex, dem **Grand Hotel Gardone;** 300 nach Süden ausgerichtete Zimmer sorgten dafür, dass die Gäste während ihres längerfristigen Gesundheitsaufenthaltes nicht den gewohnten Komfort ihres meist feudalen Zuhauses missen mussten.

Das damalige **Verwöhnprogramm** bot den Luxus einer Zentralheizung, elektrisches Licht in allen Räumen, Personenaufzüge und 25.000 m^2 Gärten und Parkanlagen. Hauptsaison für Kuren war der Winter, entsprechend ergaben sich Öffnungszeiten von September bis Mai. Heute empfängt das Grand Hotel Gardone Riviera seine Gäste von Frühling bis Herbst. Im Laufe der Zeit nächtigten in der Nobelherberge **Berühmtheiten** wie der Dichter *Paul Heyse,* Nobelpreisträger für Literatur im Jahre 1910, *Sir Winston Churchill,* der Dichter *Gabriele D'Annunzio,* König *Georg von Sachsen,* der Autor *William Somerset Maugham* und *Vladimir Nabokov* („Lolita").

■ **Infos:** www.grandhotelgardone.it

Sehenswertes

Il Vittoriale degli Italiani

Das riesige Anwesen ist ein **spektakuläres Museum,** das viele Attraktionen zu bieten hat: das größte Amphitheater am Gardasee (1500 Sitze), Alleen, Plätze, Gärten und Parks mit Brunnen, Wasserläufen und einem künstlichen Weiher. Die von **Gabriele D'Annunzio** „Prioria" genannte Villa auf dem Gelände zeigt sich noch heute genauso, wie der Dichter sie in den 1920er Jahren einrichten ließ. In den Zimmern sind Tausende von Einrichtungsgegenständen und Kunstwerken aufbewahrt, die an sein bewegtes Leben und umstrittenes Wirken erinnern.

Die **von Mauern umgebene Anlage** erstreckt sich über eine Fläche von ungefähr neun Hektar; zu ihr gehört auch ein **Turm** mit einem kleinen **Hafen** am See. Es ist eines der meistbesuchten Museen Italiens mit ungefähr 200.000 Besuchern im Jahr. Im Vittoriale befinden sich auch ein Torpedoboot, eines des ersten Flugzeuge der Kriegsgeschichte, ein Fiat Modell 4, und ein Automobil der Marke Isotta Fraschini.

Im **„Schifamondo"** genannten Flügel sind das Auditorium und das **Kriegsmuseum** untergebracht. Der Kreuzer „Puglia", der dem Dichter von der Kriegsmarine geschenkt wurde, ist besonders eindrucksvoll: Das Schiff steht auf einer Anhöhe umgeben von den Bäumen des Parks. Auf dem höchsten Hügel befindet sich das **Mausoleum** mit den Sarkophagen von *D'Annunzio* und einigen seiner treuen Begleiter, darunter *Giancarlo Maroni,* ein italienischer Architekt, unter dessen Leitung der ehemalige Wohnsitz von *D'Annunzio* entstand.

In den **Gärten** der Prioria begegnen wir zahlreichen Sehenswürdigkeiten wie dem Obstgarten mit der schmucken Figur einer nackten Frau, die *Napoleone Martinuzzi* schuf. An anderer Stelle, an der Viale di Aligi, trifft man auf die Fontana del Delfino, einen Brunnen, in dessen Mitte eine von einem Delfin begleitete Aphrodite auftaucht. Vom Garten gelangt man zu zwei kleinen Bächen, die *D'Annunzio* „Acqua Pazza" und „Acqua Savia" nannte.

Im großen **Freilichttheater,** das in einem herrlichen Park mit großartiger Aussicht liegt, wird in den Monaten Juli und August ein anspruchsvolles Kulturprogramm mit Ballett, Operetten, Prosa und Kabarett sowie klassischer und leichter Musik geboten.

■ **Infos:** Via del Vittoriale 12, Tel. (0365) 296511, www.vittoriale.it. Eintritt inkl. Führung durch die Villa 16 €. Tickets und Termin für die Besichtigung online verfügbar. Es ist möglich, auch nur den Park zu besuchen.

Chiesa San Nicolò

Im oberhalb der Gardesana liegenden **Stadtviertel Gardone Sopra,** gegenüber vom Vittoriale, erhebt sich die Kirche San Nicolò mit ihrer **auffälligen hellen Fassade** und dem steinernen, derben und mit einer Uhr versehenen Glockenturm. Das sakrale Gebäude, 1704 fertiggestellt, beruht auf den Entwürfen des Architekten *Paolo Soratini* aus dem nahen Lonato. Errichtet auf einem alten Bauwerk aus dem 14. Jahrhundert, lassen sich im Inneren einige sehr ansehnliche **Gemälde** bewundern, so zum Beispiel ein Werk des berühmten Malers

Gardone Riviera

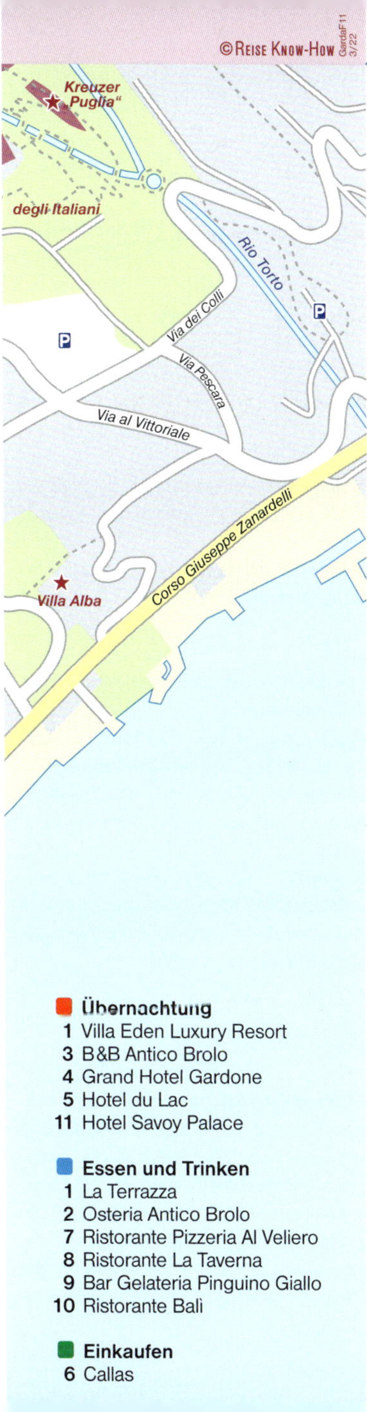

Andrea Celesti (1637–1712), das San Nicolò mit dem heiligen Faustino zeigt. Weitere Kunstwerke wurden von den Malern *Zenon Verones* (1484–1553) und *Palma il Giovane* (1570–1596) geschaffen. Sehenswert sind auch die 14 Bilder des Kreuzweges von *Augusto Lozzia* und die Figur der Madonna di Fraole, die während einer Prozession im Oktober feierlich geehrt wird.

Botanischer Garten „Arturo Hruska“

1901 kam der berühmte Zahnarzt und Naturalist *Arturo Hruska,* der das Klima am Gardasee zu schätzen wusste, nach Gardone. Um sein Wohnhaus herum legte er zwischen 1910 und 1971 einen etwas mehr als 1½ Hektar großen botanischen Garten an, der **mehr als 500 Pflanzenarten aus allen Kontinenten und unterschiedlichen Klimazonen** vereint: Magnolien, Primeln aus dem Tibet, Bambusrohre jeder Größe, Iris und grünende Farne, u.a. der seltene *Osmunda regalis.* Die Auswahl an subtropischen Pflanzen ist groß, eine Vielzahl an Wasserpflanzen gedeiht in kleinen Teichen, u.a. zwischen typischen Wasserspielen der japanischen Landschaftsarchitektur, es finden sich dichte Bambuswälder, Felsen, Spalten und Schluchten betten die Blumen des Alpenbereichs ein. Der Garten ist seit 1988 im Besitz der André-Heller-Stiftung des berühmten österreichischen Multimedia-Künstlers.

Infos: Fondazione André Heller, Via Roma, 2, Tel. (336) 410877, www.hellergarden.com. Tägl. geöffnet von März bis November 9–19 Uhr. Eintritt: Erw. 12 €, Kinder (6–11 Jahre) 5 €.

Villa Alba

Die im klassizistischen Stil Anfang des 20. Jahrhunderts erbaute Villa mit ihrer auffälligen Freitreppe findet man direkt an der Gardesana. Der Entwurf stammt von dem deutschen Architekten *Schäfer*, der sich bei diesem **imposanten Bau** mit Säulengängen, Loggia und dem mit Figuren geschmückten Giebel von der Akropolis in Athen inspirieren ließ. Das Schmuckstück war lange Jahre im Besitz der Familie *Langensiepen*, bis in den 1960er Jahren die Gemeinde das Grundstück samt Villa erstand und hier das erste **Kongresszentrum** am Gardasee einrichtete. Eine Besichtigung ist nicht möglich.

Baden

Lido Rimbalzello

Das schöne und großzügige Bad am Ende der Promenade im Süden von Gardone verfügt über eine **große Liegewiese,** Sonnenschirme und ein aufgeschüttetes Sandareal mit **direktem Zugang zum See** (Eintritt ab 40 €, 2 Pers. inkl. zwei Liegen und Sonnenschirm am Strand). Im **Restaurant** bzw. der Pizzeria kann man das gesamte Jahr über speisen. Der dazugehörige **Abenteuerpark** hat unterschiedlich schwierige Kletterrouten und eignet sich für die gesamte Familie (Familienkarte für 2 Erw. plus 2 Kinder ab 30 €, Juni bis August tägl. 10–20 Uhr).

■ **Infos:** www.rimbalzellovillage.it und www.rimbalzelloadventure.com.

Praktische Tipps

Touristeninformation

■ **Corso della Repubblica, 8,** Tel. (0365) 20347.

Verkehr und Transport

Bus

Haltestelle an der Gardesana beim Grand Hotel Gardone.

■ **Linie 202** von Brescia nach Riva del Garda und zurück. Über Maderno-Toscolano und Gargnano, 3x täglich.

■ **Linie 027** entlang des Westufers bis nach Riva del Garda und zurück, 9x täglich.

Schiff

■ Anlegestelle zentral beim Grand Hotel Gardone. **Verbindungen** über Salò, Garda und Sirmione nach Desenzano, 8x täglich, auch Schnellboot. Richtung Riva del Garda über Gargnano, Maderno, Brenzone und Malcesine mehrmals täglich, ebenfalls mit dem Schnellboot möglich.

Parken

■ **Gebührenpflichtige Parkplätze** befinden sich direkt oberhalb der Gardesana. An der Promenade gibt es keine Parkmöglichkeiten.

Übernachtung

4 **Grand Hotel Gardone**③, die gewaltige, mehrere 100 m lange altehrwürdige Residenz (siehe Exkurs S. 256) verfügt über Zimmer aller Kategorien. Sehr zu empfehlen sind die modernen, großzügigen und gepflegten Räumlichkeiten in den oberen Etagen mit Balkon und einzigartigem Seeblick. Die Aussicht vom Bett über das Wasser bis hin zum Ostufer des Gardasees ist traumhaft. Großer Frühstücksraum mit ebensolcher Terrasse direkt am See. Schöner Pool mit Liegen und Sonnenschirmen. Private, begrünte Promenade mit Bänken und Liegeflächen, die einen direkten Einstieg zum Baden ermöglichen. Stilvolle Bar (abends Live-Musik), in der schon so manche berühmte Persönlichkeit einen Drink zu sich nahm. Im À-la-carte-Restaurant mit nur wenigen Tischen lässt es sich in intimer Atmosphäre hervorragend speisen. Angemessen hochpreisig. Beispielsweise eine tolle Location für ein feierliches Geburtstags-Dinner. Corso Zanardelli, 84, Tel. (0365) 20261, www.grandhotelgardone.it.

5 **Hotel du Lac**②, beste Lage an der Uferpromenade. Das Hotel verfügt über 39 mit Parkettboden und klassischen Holzmöbeln ausgestattete Zimmer, die schönsten bieten direkten Blick auf den See. Es stehen auch Drei- und Vierbettzimmer zur Verfügung. Fahrradverleih, Fahrradkeller, Privatgarage für Pkw auf Anfrage (10 €/Tag). Bar und Restaurant mit Terrasse. Via Repubblica, 58, Tel. (0365) 21558, www.hotel-dulac.net.

MEIN TIPP: 3 **B&B Antico Brolo**②, im oberhalb der Gardesana befindlichen Ortsteil von Gardone gelegene, 2016 eröffnete hübsche Herberge mit vier sehr gemütlichen, modern und geschmackvoll eingerichteten Zimmern und Suiten. Persönliche Atmosphäre. Überdurchschnittlich gutes Frühstück. Im Haus ist auch eine empfehlenswerte Osteria untergebracht; tolle Qualität, aber nicht ganz günstig. Via Carere, 10, Tel. (0365) 21421, www.ristorante anticobrolo.it.

11 **Hotel Savoy Palace**③, Anfang des 20. Jahrhunderts erbautes Hotel, das Berühmtheiten wie *Gabriele D'Annunzio* und *Winston Churchill* beherbergte. Während der faschistischen „Italienischen Sozialrepublik" (1943–1945) fungierte die Edelherberge als Hospital für Soldaten und Zivilisten. Heute offeriert das Haus teils im Jugendstil eingerichtete Zimmer, die höherpreisigen Räumlichkeiten bieten zudem Balkon und Seeblick. Das feine Restaurant wartet mit einer herrlichen Terrasse mit Blick auf das Wasser auf. Schwimmbad. Via Zanardelli, 2/4, Tel. (0365) 290588, www.savoypalace.it.

1 **Villa Eden Luxury Resort**④, oberhalb von Gardone Riviera, dem einst mondänen und bei der internationalen High Society früher so beliebten Urlaubsziel, entstand ein exklusives Resort, das mit Fug und Recht als einzigartig am Gardasee bezeichnet werden kann. Ein 78 Hektar großes Anwesen mit Parkanlage für Gäste, die unaufdringlichen Luxus und ausgefallene meisterhafte Architektur lieben und nicht auf den Euro achten müssen. Fünf internationale Stararchitekten kreierten ein Juwel mit privaten Villen, Apartments und einem 5-Sterne-Boutique-Hotel für höchste Ansprüche, abseits des Touristentrubels und dennoch nur wenige Minuten Autofahrt vom Seeufer entfernt. Wer gut zu Fuß ist, gelangt in 10–15 Minuten nach Gardone Riviera. Das Hotel empfängt die Gäste mit neun luxuriösen Zimmern und Suiten, die hell und offen konzipiert wurden und über einen Balkon mit Blick auf den fernen Gardasee verfügen. Das auffällige Gebäude mit der mit blauen Glasmosaiken verkleideten Fassade entwarf der aus Südtirol stammende Kultdesigner und Architekt *Matteo Thun* – ein architektonisches Kunstwerk par excellence. Für Entspannung und das leibliche Wohl sorgen ein kleiner beheizter Innen- und Außenpool, ein Spa- und Wellness-Bereich sowie das **Gourmet-Restaurant** 1 **La Terrazza,** das auch Gäste von außerhalb verwöhnt. Das exquisite Frühstück serviert das freundliche Personal bei schönem Wetter auch gerne auf der Sonnenterrasse, ein herrlicher Start in den Tag. Via Ronciglio, 51a, Tel. (0365) 520027, www.villa-eden-gardone.com.

Essen und Trinken

Die meisten Restaurants, Bars und Cafés finden sich an der **Uferpromenade,** weitere Lokale und Geschäfte gibt es auch in der parallel dazu verlaufenden Straße Corso Repubblica.

10 **Ristorante Balì,** elegantes und feines Lokal, in dem exzellent gekocht wird. Direkt am See gelegen. Anders als der Restaurantname suggeriert, kommen hier keine indonesischen Spezialitäten, sondern traditionelle, raffinierte italienische Gerichte auf den Teller. Lungolago D'Annunzio, 44, Tel. (0365) 20705, www.ristorantebali.it.

8 **Ristorante La Taverna,** in zweiter Reihe ohne direkten Seeblick. Rustikale und deftige italienische Küche ohne Schnickschnack, dafür frisch und gut zubereitet. Man wird freundlich empfangen und herzlich bedient. Corso della Repubblica, 34, Tel. (0365) 20412.

7 **Ristorante Pizzeria Al Veliero,** eines der nebeneinander liegenden Lokale an der Uferpromenade. Große Außenterrasse mit Seeblick. Freundliche Bedienung. Gutes Essen. Reichhaltige Auswahl an Pizzen, überdies Pasta, Fisch (z.B. Gardasee-Blaufelche vom Grill) und Fleischgerichte (z.B. Rumpsteak vom Grill). Lungolago D'Annunzio, 12, Tel. (0365) 21558, www.ristorantealveliero.net.

9 **Bar Gelateria Pinguino Giallo,** seit 1987 wird hier hausgemachtes Eis mit Bio-Milch und Fair-Trade-Produkten hergestellt. Schöner Außenbereich in der Fußgängerzone mit Blick auf die Promenade und den See. Neben tollen Eisspezialitäten gibt es Toasts, Sandwiches, Frucht- und Milchshakes und ein klassisches Getränkesortiment. Frühstück. Zwei Kugeln Eis kosten 2,50 €. Corso della Repubblica, 43, Tel. (0365) 20074, www.pinguinogiallo.com.

2 **Osteria Antico Brolo,** oberhalb des botanischen Gartens kommen traditionelle und gut gemachte Speisen auf die Tische, die unter anderem in einem romantischen Innenhof oder in den Räumen eines aus dem 17. Jahrhundert stammenden Hauses stehen. Hausgemachte Pasta und Dolci, leckerer Gardaseefisch. Ein Besuch lohnt sich. Seit 2016 sind über der Taverne vier behagliche Zimmer zu buchen. Via Carere, 10, Tel. (0365) 21421, www.ristoranteanticobrolo.it.

> Die Auswahl an Restaurants und Cafés an der Promenade von Salò ist riesig

Einkaufen

6 **Callas,** das in zweiter Reihe am See befindliche Geschäft bietet ein ansehnliches Sortiment an schönen Taschen, Schuhen und Accessoires. Tägl. 10–20 Uhr. Corso Repubblica, 37/39, Tel. (339) 8760161.

Salò

In einer lang gezogenen, windgeschützten und oft sonnigen Bucht breiten sich die Häuser dieser reizenden Stadt aus. **Die zum Parco Alto Garda Bresciano zählende Stadt halten viele für die schönste am Westufer des Sees.** Das versteht man gut, wenn man die gepflegte und schön gestaltete kilometerlange Seepromenade Lungolago Zanardelli entlangflaniert. Cafés und Restaurants am Wasser wechseln sich ab, im südlich gelegenen Hafen funkeln nicht zu protzige Jachten, im Schatten der schön verzierten Arkadengänge öffnen Läden ihre Türen, und Hotels in historischen Gebäuden bieten Zimmer mit Seeblick.

Es herrscht eine lockere und gleichzeitig stilvolle Atmosphäre in dieser **geschichtsträchtigen und kulturell interessanten Stadt.** In den Altstadtgassen erzählen die verschiedenen Viertel mit ihren Jahrhunderte alten Adelspalazzi, den prunkvollen Kirchen und den romantischen Plätzen ihre ganz eigene Version der Vergangenheit. Die Gegenwart offenbart ein lebendiges urbanes Gefüge mit noch authentischem italienischem Charakter gepaart mit deutlich erkennbaren touristischen Strukturen, die die Harmonie des Ortes jedoch nicht aus dem Gleichgewicht bringen.

Geschichte

Es ranken sich legendäre Geschichten um die **Gründung der Siedlung,** möglicherweise soll der Etrusker *Saloo,* Sohn des *Osiris* von Ägypten, seine Hand im Spiel gehabt haben. Wirklich sicher ist, dass Salò wie auch Riva del Garda von den **Römern** besiedelt war. Fundstücke aus dieser Zeit sind im Archäologischen Museum ausgestellt. Im späten **Mittelalter** wurde die Stadt von den Mailänder *Visconti* regiert, erhielt immer mehr Privilegien, kam zu Einfluss und Reichtum und wurde auf Wunsch von *Beatrice della Scala,* der Gemahlin von *Bernabò Visconti,* zur **Hauptstadt der „Magnifica Patria".** Unter dieser Bezeichnung firmierten ab 1334 rund 30 Gemeinden des westlichen Gardasees.

Mitte des 15. Jahrhunderts gelangte die Verwaltungsstadt Salò zur Republik Venedig, die bis 1797 bestand. Im 19. Jahrhundert erhielt Salò das Stadtrecht. Der **Tourismus** nahm langsam Fahrt auf und sorgt für einen bis heute anhaltenden wirtschaftlichen Aufschwung. 1901 zerstörte ein **Erdbeben** zahlreiche Gebäude oder beschädigte sie so schwer, dass sie abgerissen werden mussten. Die neu entstandenen Freiflächen boten die Möglichkeit zur **Umgestaltung;** so entstanden die Plätze Sant'Antonio und Zanardelli sowie die Uferpromenade, deren westlicher Abschnitt 1989 in den Genuss einer Rundumerneuerung kam und nur noch von Fußgängern benutzt werden darf. Ein weiteres Beben im Jahr 2014 richtete zum Glück nur geringfügigen Schäden an, zum Beispiel am Palazzo Magnifica Patria.

Im Zweiten Weltkrieg, von September 1943 bis April 1945, war Salò **Hauptstadt der faschistischen „Italienischen Sozialrepublik"** *(Repubblica Sociale Italiana),* deren „Staatschef" *Benito Mussolini,* von den deutschen Nationalsozialisten als politische Marionette eingesetzt, im benachbarten Gargnano in der Villa Feltrinelli wohnte und dort von *Hitlers* Soldaten bewacht wurde. Bei einem Gang durch Salò trifft man auf insgesamt 17 Hinweistafeln an Bauwerken, die darüber informieren, welche Funktion das jeweilige Gebäude während der Repubblica Sociale Italiana innehatte.

garda082 ts

Trobiolo
Via Sant'Angela Merici
Via dei Colli
Via Silvio Pellico
Via Belvedere
Via Oberdan
Via Pietre Rosse
Via Pietre Rosse
Via della Rocchetta
Via Giuseppe Garibaldi
Solita Marconi
Largo Dante Alighieri
Porta dell'Orologia
Piazza Angelo Zanelli
Via San Carlo
Hauptflaniermeile
Via Teatro Vecchio
Via Tre Corone
Giuseppe Zanardelli
Via 4 Novembre
Via Trieste
Piazza Vittorio Emanuele II
Via Gasparo da Salò
Via San Bernardino
Via Cavour
Lungolago
Denkmal von Gasparo da Salò
Via Bezzecca
Via Orti
Via Santa Maria Maddalena
San Bernardino da Siena
Piazza Sergio Bresciani
Markt
Via Pietro da Salò
Via Canottieri
Ospedale Civile di Salò
Via Fossati
Società Canottieri Garda Salò
Via Marco Leonesio
Hafen
Piazza M. della Libertà
Taxiboot
Via Pietro da Salò
Rio Brezzo
Via Giovanni Da Ulma
Via Pompeo Molmenti
Via Ferdinando Bertoni
Via Pietro da Salò
Via Papa Giovanni XXIII

Übernachtung
1 B & B Panorama Cinque
2 Lake Garda Hostel
4 Hotel Bellerive
8 Aromi Piccolo Hotel
11 Locanda del Benaco
14 Hotel Vigna
16 Hotel Salò du Parc
17 Hotel Laurin
18 Hotel Spiaggia d'Oro

Essen und Trinken
3 Ristorante Qb Duepuntozero
5 Pasticcerie Vassalli
7 Ristorante Gallo Rosso
10 Bar Italia
12 Osteria di Mezzo
15 Ristorante Rosa
19 Taverna Floriana

Einkaufen/Sonstiges
6 Piccolo Lord Shoes
9 Cedral Tassoni Shop & Drink

Sehenswertes

Vorbemerkung: Große **Parkplätze** und **Parkhäuser** sind unweit der Altstadt und der Hauptattraktionen zu finden. Stellt man beispielsweise sein Auto auf dem Parkplatz an der **Piazza M. della Libertà** ab, gelangt man zu Fuß in wenigen Minuten an das Westende der Altstadt und wenige Meter weiter an die Uferpromenade; von hier aus lässt sich Salò bestens erkunden. In der Stadt findet man immer wieder **Infotafeln** über die Geschichte, die Viertel und interessante Gebäude.

Im Hafengebiet mit seinen Segelschiffen und Jachten ist die **Società Canottieri Garda Salò** (www.canottierigarda.it) eine Erwähnung wert. Die Rudergesellschaft besteht seit 1891 und fördert den Segel-, Schwimm- und Rudersport auf dem Gardasee. Schon früh können Kinder und Jugendliche das Rudern und Segeln erlernen oder ausprobieren, ob ihnen diese Sportarten zusagen. Die bis dato daraus entstandenen Wettkampfmannschaften konnten auf Regatten schon große Erfolge für sich verbuchen.

Das **Denkmal von Gasparo da Salò** steht wenige Meter weiter am Beginn der eigentlichen Seepromenade und ehrt den Begründer der Brescianer Schule im **Geigenbau.** Die bronzene Skulptur zeigt ihn beim Herstellen einer Geige. Alljährlich findet ein nach ihm benanntes Violin-Festival in Salò statt. Das auf dem Sockel zu lesende Zitat von *Gabriele D'Annunzio* lautet übersetzt: „… man weiß nicht, ob er die Geige aus der Brust zieht oder ob er die Geige öffnet, um sein Herz darin zu verwahren." Außerdem wird der 1540 in Salò geborene *Gasparo* als Erfinder der Violine bzw. der Geige benannt. Ob das so stimmt, ist aus wissenschaftlicher Sicht nicht geklärt. Sicher ist, dass er einer der ersten großen Geigenbauer überhaupt war und dies schon im 16. Jahrhundert. Der berühmte Geigenbauer *Antonio Stradivari* lebte und wirkte erst ein Jahrhundert später.

Etwas zurückversetzt vom Hafen und der Promenade erhebt sich die **Chiesa San Bernardino da Siena.** Den Baubeginn dieses Gotteshauses nahe des Uhrentors datiert man auf das Jahr 1476. Tritt man in das helle, hohe Kirchenschiff ein und schaut sich um, sind Gemälde des berühmten *Andrea Celesti* und ein Altarbild von *Zenon Veronese* zu bestaunen (tägl. 8–12 und 15–18 Uhr).

Durch die **Porta dell'Orologia,** das Uhrentor, gelangt man in den Altstadtbereich. Das einst wichtigste Tor der westlichen Stadttore liegt an der Piazza Vittorio Emanuelle II. Ursprünglich im 15. Jahrhundert erbaut, trug es zunächst den Namen „Porta della Rocca" wegen einer nahen Befestigungsanlage. Das heutige Bauwerk samt Uhrwerk und Darstellung eines geflügelten Löwen entstand zwischen 1769 und 1772.

Von hier aus gelangt man in die **Fußgängerzone** rund um die parallel zur Uferpromenade verlaufenden, schmalen Hauptflanierstraßen **Via San Carlo** und **Via Mattia Butturini** mit Geschäften, Restaurants, Cafés und schönem historischem Altstadtambiente.

An der Promenade, an der Piazza Zanardelli im Übergang der Via San Carlo zur Via Mattia Butturini, steht eine **Skulptur,** die **Giuseppe Zanardelli** darstellt, einen 1826 in Brescia geborenen Staatsmann, der Salò oft besuchte und als damaliger hochrangiger Politiker Anfang des 20. Jahrhunderts mitverantwortlich war für den Bau der neuen Uferpromenade, nachdem beim Erdbeben von 1901 vieles in Salò zerstört worden war und sich Platz für Neues bot.

Geht man weiter am Ufer entlang, stößt man auf den **Palazzo della Magnifica Patria.** Das am Ufer unmittelbar an der Piazza Vittoria mit seinen stilvoll gestalteten Arkaden ins Auge stechende Gebäude stammt aus dem 16. Jahrhundert. Namensgeber war ein 1334 gegründeter Zusammenschluss von rund 30 Gemeinden des westlichen Gardasees, bezeichnet als „Magnifica Patria". Während der Zeit der „Italienischen Sozialrepublik" (1943–1945) war in den Räumlichkeiten das Dolmetscherbüro untergebracht.

Direkt nebenan und durch einen mit Wappen geschmückten Bogengang verbunden, steht ein heute als **Rathaus** genutztes Gebäude, welches im 14. Jahrhundert erbaut und 1901 beim großen Beben zerstört wurde. 1905 war der Wiederaufbau beendet. Das Haus beherbergt einige Gemälde von Malern, die im 17. und 18. Jahrhundert am Gardasee geboren wurden. In der Ratskammer beeindruckt ein Freskenbild von *G. Andrea Bertanza* mit dem Titel „Trionfo della Croce" (Triumph des Kreuzes).

Über die von der Piazza Vittoria abgehende Via Duomo erreicht man den **Duomo Santa Maria Annunziata.** Den Mitte des 15. Jahrhunderts erbauten Dom am Ostende der Promenade entwarf *Filippo delle Vacche* aus Caravaggio im Stil der späten Gotik. Das größte und bedeutendste Gebäude der Stadt mit seiner unvollendeten Fassade betritt man durch ein respektables Renaissanceportal aus dem Jahr 1509. Im dreischiffigen Innenraum sind **wundervolle Kunstwerke** aufbewahrt, darunter das gotische Altarbild von *Bartolomeo di Isola Dovarese* mit Holzfiguren des Künstlers *Pietro Bussolo* oder Gemälde von *Zenon Veronese* und *Andrea Celesti*. Die aus dem 16. Jahrhundert stammende Orgel ist ein Werk des bekannten Brescianer Orgelbauers *Gian Giacomo Antegnati*. Beachtet werden sollte ferner das hölzerne Kruzifix in der Taufkapelle von *Hans von Ulm* aus dem Jahre 1499 (tägl. 8.30–12 und 15.30–19 Uhr).

Ein wenig außerhalb der Altstadt wurde 2015 das **MuSa – Museo di Salò** eröffnet, das sich thematisch verschiedensten Aspekten der Stadt widmet. Aufschlussreich sind die multimedialen Informationen zur faschistischen „Italienischen Sozialrepublik" während der letzten Jahre des Zweiten Weltkriegs. Man erfährt Interessantes über den berühmten Geigenbauer *Gasparo da Salò* (1540–1609), dessen *Contrabasso Biondo* ausgestellt ist, oder kann die anatomischen Präparate des Arztes *Giovan Battista Rini* (1795–1856) bestaunen. Vieles über die Geschichte von Salò erfährt man obendrein.

Infos: April bis Ende Mai Fr, Sa, So 10–18 Uhr, Juni bis Ende September Do bis So 10–18 Uhr, Oktober bis Anfang Januar Fr, Sa, So 10–18 Uhr. Eintritt: 9 €, ermäßigt 7 €. Via Brunati, 9, Tel. (0365) 20553, www.museodisalo.it.

Event

Festival Violinistico Internazionale „Gasparo da Salò"

Das mehrwöchige Violin-Festival findet alljährlich **im Sommer** statt und lockt hochkarätige Musiker, Künstler und Tausende Besucher an. An zahlreichen

Abenden spielen berühmte Orchester und Streicher auf den unterschiedlichsten Plätzen, zum Beispiel auf dem Vorplatz des Doms von Salò, klassische Musik. Das musikalische Event mit **stimmungsvollen Darbietungen unter freiem Himmel** ist nach dem bekannten Geigenbauer und Musiker *Gasparo Bertolotti* alias *Gasparo da Salò* benannt, der im Mai 1540 in Salò das Licht der Welt erblickte.

Praktische Tipps

Touristeninformation

- **Piazza S. Antonio, 4,** Tel. (0365) 21423, Mo bis Sa 10–15 und 15.30–19.30 Uhr, Di nur 10–15 Uhr, So 10–13 und 15.30–19 Uhr.

Verkehr und Transport

Bus

- **Linie 202** von Brescia nach Riva del Garda und zurück. Über Maderno-Toscolano und Gargnano, 3x täglich.
- **Linie 027** entlang des Westufers bis nach Riva del Garda und zurück, 9x täglich.
- **Linie 005** über Barbarano und Gardone Riviera nach San Michele und zurück, 5x täglich.

Schiff

- **Verbindungen** über Garda und Sirmione nach Desenzano, 8x täglich, auch Schnellboot. Richtung Riva del Garda über Maderno, Brenzone und Malcesine mehrmals täglich, ebenfalls mit dem Schnellboot möglich.

Taxi

- **Tel.** (0365) 43516

Taxiboot

- Vermietung von Booten **mit oder ohne Fahrer.** Touren ab 1 Std., Abfahrt im Hafen Sirena. Tel. (368) 362 1110, www.taxiboatsalo.it.

Übernachtung

11 Locanda del Benaco③, Herberge in bester Lage an der Seepromenade. Das familiengeführte Hotel überzeugt mit modernem Design, tollem Frühstücksbüfett und zuvorkommendem Service. Sehr gutes Essen im Hotelrestaurant mit schöner Außenterrasse. Die 13 Zimmer und Suiten haben teils Seeblick und Balkon. Lungolago Zanardelli, 44, Tel. (0365) 20308, www.locandadelbenaco.com.

17 Hotel Laurin③, in einer prachtvollen Villa untergebrachtes Hotel der Familie *Rossi* mit hohem Romantikfaktor. Das Interieur versprüht den edlen Charme vergangener Tage. Herrschaftliches Jugendstilambiente mit sehenswerten Deckenmalereien des Künstlers *Angelo Landi* und filigranen Mosaikfußböden. Während der „Italienischen Sozialrepublik" war das repräsentative Gebäude der Sitz des Außenministeriums. Garten mit Pool. Einige Zimmer sind nicht gerade überdimensioniert. Leider befindet sich das Haus an der verkehrsreichen Hauptstraße. Ein kulinarisches und visuelles Erlebnis der positiven Art stellt ein Abendessen im exquisiten und renommierten Restaurant Buon Ricordo im wunderschönen Speisesaal dar. Viale Landi, 9, Tel. (0365) 22022, www.hotellaurinsalo.it.

2 Lake Garda Hostel②, unweit des Zentrums und des Sees bietet dieses saubere Hostel gut 20 moderne, in kräftigen Farben freundlich eingerichtete Zimmer. Im Angebot sind Doppelzimmer mit eigenem Bad, Drei- und Vierbettzimmer, Familienzimmer und auch gemischte oder nur für Frauen gedachte Schlafsäle. Frühstück, Dachterrasse mit Liegestühlen, entspannte Atmosphäre und kostenlose Parkplätze inklusive. Kicker und Billardtisch im Frühstücks- und Gemeinschaftsraum. Via Bertoni, 16, Tel. (0365) 20152, www.lakegardahostel.com.

4 Hotel Bellerive④, elegantes Hotel am Jachthafen mit edel und modern eingerichteten Zimmern und Suiten, teils mit Seeblick. In einer Villa neben dem Haupthaus sind sechs Wohnungen untergebracht, die Platz für bis zu vier Personen bieten. Aufmerksamer Service, schöner Pool und privater Parkplatz. Im Hotel befindet sich das hervorragende Restaurant 100 km. Via Pietro da Salò, 11, Tel. (0365) 520410, www.hotelbellerive.it.

14 Hotel Vigna②, dieses seit mehreren Generationen von der Familie *Bassetti* geführte Hotel an der Uferpromenade besticht durch persönlichen und sehr freundlichen Service. Zu empfehlen sind die frisch renovierten Zimmer mit Balkon und freiem Blick auf den Gardasee. Alle Zimmer sind mit Naturholzparkett ausgestattet. Reichhaltiges Frühstück. Kein Restaurant. Garagenplatz für Pkw 8 €/Tag. Lungolago Zanardelli, 62, Tel. (0365) 520144, www.vignagardasee.com.

Mein Tipp: **1 B & B Panorama Cinque**②, sehr gemütliches und mit überlegtem modernen Design kreiertes Bed & Breakfast mit wenigen komfortablen Zimmern im Ortsteil Campoverde oberhalb der Altstadt. Die herzlichen Betreiber *Monica* und *Simone* tischen jeden Morgen in der rund 10 Minuten zu Fuß vom Zentrum gelegenen Herberge ein leckeres Frühstück mit selbst gemachter Marmelade und anderen, auch herzhaften, Speisen auf. Sehr geschmackvoll eingerichteter Gemeinschaftsraum. Privater Parkplatz. Via del Panorama, 5, Tel. (0365) 42598, www.panoramacinque.com.

16 Hotel Salò du Parc④, schöner, großer, zum Hotel gehörender Park mit altem Baumbestand und direktem Zugang zum See. Das Zentrum von Salò ist zu Fuß in wenigen Minuten erreicht. Alle ruhig gelegenen 43 Zimmer und Suiten verfügen über einen Balkon und Blick auf den Gardasee. Schöner Pool. Via Cure del Lino,1, Tel. (0365) 290043, www.saloduparc.it.

8 Aromi Piccolo Hotel②, kleines, gemütliches Hotel mit zwölf meist unterschiedlich aussehenden, mit Parkettboden ausgestatteten Gästezimmern. Das sehr angenehm geführte Hotel liegt an einer Durchgangsstraße. Je nach Lust und Laune bucht man ein Zimmer mit Seeblick oder mit Terrasse, teils behindertenfreundlich. Private Garage 8 €. Via Francesco Calsone, 34, Tel. (0365) 22049, www.aromipiccolohotel.com.

Essen und Trinken

5 Pasticcerie Vassalli, seit 1930 süße Leckereien herstellende Konditorei, die parallel zur Uferpromenade liegt. Ob man nun drinnen oder draußen in der schönen Fußgängerzone der Altstadt sitzt, mag Geschmackssache sein. Dass die hochwertigen, mit viel Fingerspitzengefühl und auch für das Auge ästhetisch kreierten Küchlein und Plätzchen eine Lab-

garda084 ts

▷ Süße Köstlichkeiten mit Niveau

sal für die Geschmacksnerven sind, ist nahezu unbestritten. Es bereitet großes Vergnügen, an der meterlangen Glasauslage entlangzuschreiten, um der freundlichen Bedienung dahinter aufzuzeigen, ob man ein *Bacetti di Salò,* ein typisch italienisches Stück Sbrisolona-Kuchen oder doch lieber eine Auswahl an hausgemachten Pralinen an den Tisch gebracht haben möchte. Via San Carlo, 86, Tel. (0365) 20752, www.pasticceria-vassalli.it.

7 **Ristorante Gallo Rosso,** für die wenigen Tische in stilvoll-klassischem Ambiente kreiert *Paolo Benaglio* schmackhafte Gerichte, wobei das Augenmerk auf verschiedenen ersten Gängen und Desserts liegt. Kein Außenbereich. In einer kleinen Seitengasse, abgehend von der Flaniermeile Via San Carlo gelegen. Reservierung empfohlen. Tägl. 12–14 und 19–22 Uhr, Mi geschlossen. Vicolo Tomacelli, 4, Tel. (0365) 520757, www.thegallorosso.com.

10 **Bar Italia,** Dutzende mit weißen Leinen bestückte „Regiestühle" laden auf der Terrasse am See zu einem Aperitif, Cappuccino oder Cocktail ein. Das Interieur, besonders die Bar, ist stylisch, Bilder mit Szenen aus berühmten Filmklassikern schmücken die Wände. Einheimische wie Urlauber treffen sich hier gerne für ein Plauderstündchen. Lungolago Zanardelli, 24, Tel. (0365) 21479, www.baritalia1920.com.

12 **Osteria di Mezzo,** in der Altstadt unweit des Seeufers gelegenes Lokal mit Esprit und nur einem knappen Dutzend Tischen. Man speist gemütlich und mit Stil in einem historischen Gebäude. Es wird auf Qualität und lokale und hausgemachte Produkte Wert gelegt. Exzellente Weine. Via di Mezzo, 10, Tel. (0365) 290966, www.osteriadimezzo.it.

3 **Ristorante Qb Duepuntozero,** in dem geschmackvoll eingerichteten Restaurant mit seiner großen Glasfront und dem ufernahen Außenbereich lässt es sich sehr gut speisen. Auf der Karte stehen Thunfisch-Tartar, Kalbsgeschnetzeltes und hausgemachte Nudeln. Die Lage am Hafen ist äußerst einladend. Di bis So 12–14 und 19–22 Uhr, Mo geschlossen. Via Pietro da Salò, 23, Porto Sirena, Tel. (0365) 520421, www.qbduepuntozero.it.

15 **Ristorante Rosa,** mit modernem, hauptsächlich in hellen Tönen gehaltenem Mobiliar eingerichtetes Lokal. Große Außenterrasse auf der Promenade. Seit 2000 betreibt *Corrado Molignoni* das Restaurant und das dazugehörige Hotel Duomo. Vorzügliches Essen und professionelle Weinberatung. Tägl. 19–22 Uhr, an Sonn- und Feiertagen auch 12.30–14.30 Uhr. Lungolago Zanardelli, 63, Tel. (0365) 21026, www.ristoranterosasalo.it.

Einkaufen

- **Wochenmarkt,** Parcheggio Pedrazzi, jeden Sa 8–13 Uhr.

6 **Piccolo Lord Shoes,** wer Kinderschuhe sucht und sich beim Stöbern nicht von Damenpumps oder Herrensneakers ablenken lassen möchte, ist in diesem Geschäft mit „Fußschmuck" nur für die Kleinen richtig. Eine noble Adresse. 9.30–12.30 und 15.30–19.30 Uhr. Via San Carlo, 59, Tel. (0365) 22214, www.piccololord.com.

9 **Cedral Tassoni Shop & Drink,** Kleinod in der Fußgängerzone. Verkauft werden hausgemachte Sodas, zum Beispiel mit Zitronengeschmack *(Cedrata),* oder Tonic Water und etliche andere, mitunter hochprozentige Köstlichkeiten. Im holzvertäfelten Geschäftsraum samt Theke kann man an einigen Tischen diverse Cocktails oder Longdrinks kosten, z.B. Gin Tonic. 11–13 und 16–22 Uhr, Mi, Sa auch bis 24 Uhr, Mo geschlossen. Via S. Carlo, 28, Tel. (0365) 22686, www.tassonishop.it.

Nützliches

- **Post,** Via Canottieri, Tel. (0365) 440811.
- **Krankenhaus: Ospedale Civile di Salò,** Piazza Bresciani, 5, Tel. (0365) 2971.

Barbarano

Zwischen Salò und Gardone Riviera befindet sich der kleine, **zu Salò gehörende Ortsteil** Barbarano, der sich rechts und links der Gardesana ausbreitet und rasch auf dieser durchquert ist, ohne wirklich aufzufallen. Schaut man genau hin, entdeckt man eine recht große Parkanlage, ein Mini-Hafenbecken und ein paar Restaurants und Hotels. Leider nur von außen zu betrachten, und dies am besten von der Seeseite aus, ist der pompöse **Palazzo Terzi-Martinengo.** Der lang gestreckte Komplex mit seinem Wachturm – diesen erkennt man direkt an der Gardesana – und der imponierenden Gartenanlage wurde 1566 im Auftrag von Marquis *Sforza Pallavicino*, einem Oberbefehlshaber der Republik Venedig, errichtet. Seit Mitte des 17. Jahrhunderts ist die riesige Villa in Privatbesitz der Familie *Martinengo* und kann daher nicht besichtigt werden.

Übernachtung

18 **Hotel Spiaggia d'Oro**③, Hotel am Hafenbecken in einem Gebäude aus dem 19. Jahrhundert, 36 komfortable, elegante Zimmer, auf Wunsch mit Balkon und Seeblick. Sehr ruhige Lage und herrlicher Garten mit Pool und Panoramaaussicht. Eigener Seezugang. Man wird herzlich empfangen. Im Restaurant kann man sehr gut essen, eine abendliche Fahrt zum Dinner nach Salò oder Gardone Riviera muss daher nicht sein. Via Spiaggia d'Oro, 15, Tel. (0365) 21043, www.hotelspiaggiadoro.com.

Essen und Trinken

19 **Taverna Floriana,** Lokal an der wenig befahrenen Straße zum Hafen mit guter italienischer Küche. Ein paar Tische stehen vor dem Restaurant. Via Spiaggia d'Oro, 10, Tel. (0365) 20233, www.floriana ristorante.com.

La Valtenesi

Die **Region zwischen Salò und Desenzano del Garda** zeigt sich deutlich graziler als die nördlich angrenzende Brescianer Riviera mit ihren Bergen im Hinterland. Das Valtenesi stellt sich für das Auge des Betrachters beruhigend und fast schon lieblich dar. Grund hierfür ist die eiszeitlich geprägte **Moränenlandschaft,** die sich leicht hügelig, mit vielen grünen Wiesen und flach zum Gardasee hin abfallend präsentiert. Zypressen, Olivenbäume und Rebstöcke vervollständigen das Bild einer schmucken Gegend mit malerischen Dörfern und Ruinen trutziger mittelalterlicher Burgen. Unbedingt einen Besuch wert ist die nahe bei San Felice del Benaco auftauchende Isola del Garda (s.u.).

Liebhaber qualitativ hochwertiger Genussmittel können sich ebenfalls freuen, denn die fruchtbaren Böden des Valtenesi haben einige Kostbarkeiten hervorgebracht. Hier entstehen **erlesene Weine** wie der fruchtige und duftende Chiaretto del Garda, ein Roséwein, der schon 1967 als einer der ersten italienischen Weine eine kontrollierte Ursprungsbezeichnung erhielt. Ein weiterer begehrter Tropfen aus der Region ist der Groppello, nicht so bekannt wie der Bardolino von der Ostseite des Sees, aber dennoch ein sehr guter Wein mit rubinroter Farbe und dunkelwürzigem Aroma. Ferner produziert man in der Gegend ausgezeichnetes **Olivenöl** extra vergine. Deutlich mehr Spürsinn und Ortskenntnis verlangt das Entdecken des **weißen Trüffels.** Dabei handelt es sich um eine der begehrtesten Sorten, zu finden zwischen Oktober und Dezember; die Haut ist glatt und weiß-gelblich, das Aroma intensiv.

Zum Valtenesi gehören **sieben Gemeinden:** San Felice del Benaco, Manerba, Polpenazze, Moniga, Padenghe, Puegnagno und Soiano – die wichtigsten seien im Folgenden vorgestellt.

San Felice del Benaco

Das alltägliche Leben in diesem friedvollen, **nicht direkt am See** liegenden Ort spielt sich am Platz vor der Pfarrkirche und in den wenigen angrenzenden, gepflegten Altstadtgassen ab. Die Häuserdächer überragt die Ruine des Schlosses von San Felice. Zu dem von sanften Hügeln umgebenen Städtchen zwischen dem Golf von Salò und dem Golf von Manerba gehört der kaum 2 km entfernte **Hafen San Felice.** Dieser ist ein malerisches Ziel, um am See einen Badestopp einzulegen oder etwas zu trinken. Die beste Möglichkeit für einen Sprung in den Gardasee besteht an der kieseligen **Baia del Vento,** dem schönsten Strand von San Felice, mit Liegen, Sonnenschirmen und einem kleinen Restaurant. Wer einigermaßen gut zu Fuß ist, kann die zur Gemeinde San Felice del Benaco gehörenden Orte **Portese** (s.u.) und das auf einem Hügel erbaute **Cisano** (s.u.) ohne Schwierigkeiten erreichen, teils auf sehr beschaulichen Wegen durch die charmante ländliche Natur mit Blick auf die zum Greifen nahe Isola del Garda.

Isola del Garda

Eine klare Empfehlung ist der Besuch der im Besitz der Familie *Borghese Cavazza* befindlichen Insel mit der **prachtvollen, im neugotischen venezianischen Stil erbauten Villa,** in der einige Familienmitglieder in getrennten Wohnungen mit ihren Familien leben. Der **imposante Turm** wurde in Anlehnung an die Architektur des Dogenpalastes in Venedig erbaut. Architekt dieses 1880 in Auftrag gegebenen Kunstwerkes mit seinen orientalischen, gotischen und barocken Stilelementen war der bekannte Baumeister *Luigi Rovelli.* Sein Studium absolvierte er unter *Camillo Boito* an der Kunstakademie von Mailand. Als Baumaterialien wurden Sandstein, Marmor und Stahlbeton verwendet.

Im Rahmen einer organisierten **Insel-Führung** durch einige Räume des Gebäudes, die naturnahen Parkanlagen und den Englischen und Italienischen Garten erfährt man Interessantes über die Familie, die Architektur, die Gemälde und die artenreiche Pflanzenwelt. Touren beginnen ab den Häfen Barbarano, Gardone Riviera, Portese, Sirmione, Torri del Benaco, Bardolino, Garda, Maderno, Salò, Manerba del Garda und San Felice del Benaco. Dauer der Führung ca. 2 Stunden, Besichtigung ab Ende März bis Mitte Oktober. **Preis** für eine Tour inkl. Bootsfahrt, Führung, Willkommensgetränk und Olivenölprobe je nach Abfahrtsort ab 35 € (Erw.) bzw. 19 € (Kinder 5–12 Jahre). Führung auf Deutsch, Englisch oder Italienisch.

■ **Infos:** Tel. (388) 4971640, www.isoladelgarda.com.

Die **Ursprünge** von San Felice reichen weit in die Vergangenheit zurück. Pfahlbauten und römische Grabsteine zeugen von der frühen Besiedlung beispielsweise durch die Römer, die diesen Ort „Sinus Felix", Glückliche Bucht, nannten.

Sehenswertes

Pfarrkirche San Felice

Die mitten in der Altstadt aufragende Kirche ist **drei Heiligen gewidmet:** dem heiligen Felice, dem heiligen Adauto und der heiligen Flavia. Ihre **Reliquien** finden sich in dem aus Carraramarmor hergestellten **Hauptaltar,** den der Künstler *G. Emanueli* (1817–1894) erschuf. Nachdem das früher an dieser Stelle existierende antike Kirchlein im Jahre 1706 von französischen Soldaten geplündert und teilweise zerstört worden war, entschied man sich das Gotteshaus mit Hilfe des berühmten Architekten *Antonio Corbellino* aus Brescia neu aufzubauen. Es entstand ein **barocker Bau** in Form eines lateinischen Kreuzes. Neben dem Hauptaltar sind vor allem die **Fresken** der Kuppeln einen Blick nach oben wert; gemalt wurden sie von *Carlo Inncenzo Carloni* (1686–1775). 1781 wurde die Kirche geweiht.

Schlossruine von San Felice

Die erste bekannte Erwähnung des Schlosses stammt aus dem Jahre 1330, als die Scaliger die Region Brescia auf kriegerische Art und Weise vereinnahmen wollten. Das Areal mit dem erhaltenen **Turm** und dem alten **Friedhof** kann besichtigt werden.

Palazzo Rotingo

Seit 1993 ist der im 18. Jahrhundert von der adligen Familie *Rotingo* aus Salò erbaute Palast der **Sitz der Gemeinde von San Felice,** was die Aufschrift „Municipio" an der Fassade über der EU-Flagge verdeutlicht. Das Geburtshaus des Bildhauers *Angelo Zanelli* (1879–1942) steht in der Via XX. Settembre nahe dem Ortszentrum. Das Innere schmücken dekorierte Kassettendecken aus Holz und fein gemalte Fresken.

Santuario della Madonna del Carmine

An der Via Carmine im Süden, rund 500 Meter vom Zentrum entfernt, steht auf einem großzügigen Areal diese **Wallfahrtskirche** aus dem 15. Jahrhundert, die am 17. Januar 1482 vom Karmelitaner *Giorgio Vink* geweiht wurde. Seit Jahrhunderten pilgern Gläubige aus aller Welt an diesen frommen Ort, um zu beten und die kostbaren Fresken auf sich wirken zu lassen, die von gottesfürchtigen Menschen in Auftrag gegeben wurden. Im Jahr 1770 wurde das Kloster unter Zwang durch die Herrschenden der Republik Venedig geschlossen; erst fast 200 Jahre später, 1952, konnten die Karmeliter ihr Heiligtum wieder in Besitz nehmen. Seit 1994 ist es ein Marienzentrum des Karmelitenapostolats.

■ **Infos:** Tägl. 7–12 und 15–18 Uhr. Via Carmine, 11, www.santuariodelcarmine-sanfelice.it.

Chiesa San Fermo

Die kleine Kirche steht auf der **Halbinsel von San Fermo** gegenüber der Isola del Garda. Einst erhob sich an dieser Stelle eine Burg, die jedoch 1279 zerstört wurde. Den **reizenden Garten** des aus dem 15. Jahrhundert stammenden Gotteshauses nutzt man gerne für Hochzeiten. Früher gehörte das Kirchlein in so malerischer Lage zur Gemeinde Manerba.

Praktische Tipps

Touristeninformation

- **Piazza Municipio,** Tel. (0365) 558160.

Verkehr und Transport

- **Bus, Linie 006** von San Felice del Benaco nach Portese, 10x täglich. Richtung Manerba und Moniga mehrmals täglich. **Linie 007** 4x täglich bis Salò und 5x täglich nach Desenzano. **Linie 009** 13x nach Brescia.
- **Schiff,** vom Hafen in Portese fahren Schiffe nach Salò, Gardone, Garda, Sirmione und Desenzano.
- **Bootstour** mit Führung zur Isola del Garda jeden So 14.15 Uhr.

Übernachtung

MEIN TIPP: **Barchi Resort Apartments & Suites**③, der freundliche und hilfsbereite Besitzer *Federico Barchi* vermietet sieben individuell gestaltete und wohnlich eingerichtete Apartments, die sehr gut gepflegt sind. Die in der Altstadt bzw. wenige Meter von der Altstadt entfernt liegenden Unterkünfte sind auf die Villa Venezia und die Villa Castello verteilt. In der Villa Venezia existieren Apartments zwischen 170 und 50 m², im anderen Haus liegt die Quadratmeterzahl zwischen 130 und 70. Den kleinen Garten mit Jacuzzi dürfen alle Gäste nutzen. In der direkten Umgebung findet sich ein gut sortierter Supermarkt. Der nächste Strand ist ca. 1 km entfernt. Via Castello, 1 und Via Dietro Castello, 16, Tel. (335) 417620, www.barchiresort.com.

- **Olea Dei Apartments**②, großes Landhaus mitten in einem traumhaften Park mit altem Baumbestand und vielen Obstbäumen. Eine Oase der Ruhe. Vermietet werden fünf komfortabel ausgestattete Apartments mit komplett eingerichteter Küche. Klimaanlage. Die Größe der Räumlichkeiten variiert zwischen 40 und 110 m² und ist für zwei bis acht Personen geeignet. Ein 12 m langer Pool und ein

▽ Pfarrkirche San Felice

garda085 ts

Grillplatz stehen allen Gästen zur Verfügung. Haustiere willkommen. Zwischen Cisano und San Felice gelegen. Via Zublino, 61, Tel. (0365) 1903647, www.oleadei.it.

■ **Bed & Breakfast Castello 7**②, helle und zeitgemäß eingerichtete Zimmer mit eigenem Bad, teilweise mit Balkon. Sehr gutes Frühstück, zentrale Lage. Zuvorkommender Besitzer. Via Dietro Castello, 7, Tel. (327) 5926863.

■ **Bed & Breakfast Corte delle Muse**②, kleines, romantisches B & B mit drei stilvoll eingerichteten Zimmern in einem Haus aus dem 17. Jahrhundert mitten im Ortszentrum. Toller Innenhof mit Gewölbegang. Sehr freundliche und engagierte Besitzerin, familiär-italienische Atmosphäre. Liebevoll zubereitetes Frühstück. Hunde willkommen. Via Guglielmo Marconi, 9, Tel. (0345) 6068546, www.cortedellemuse.com.

Camping

■ **Camping Fornella,** von der Familie *Cavazza* – ihnen gehört auch die nahe Privatinsel Isola del Garda – geführter Platz mit Stellplätzen für Zelte, Wohnwagen und Wohnmobile. Direkt am See oder unter Olivenbäumen. Komplett eingerichtete Mobil Homes mit Küche. Beheiztes Freibad. Strand. Bootsverleih. Restaurant/Pizzeria. Animation. Hunde willkommen, Hundestrand. Stellplatz plus 2 Erw. ab 30,10 €, Kinder 4–8 Jahre ab 5 €, in der Nebensaison zum Teil auch gratis. Via Fornella, 1, Tel. (0365) 62294, www.fornellacamping.com.

■ **La Gardiola,** der kleine Platz befindet sich direkt am Ufer beim Porto di San Felice gegenüber der Rocca di Manerba. Es gibt Stellplätze für Wohnwagen, Wohnmobile und Zelte, außerdem sogenannte Mobile Homes, feste Unterkünfte für zwei bis sechs Personen mit Kochnische, Schlafzimmern und Badezimmer. Entlang des Areals erstreckt sich ein kieseliger Strand. Behindertengerechte Sanitäranlagen. Bar mit Frühstücksangebot. Stellplatz mit 2 Pers. ab 31,50 €, mit 3 Pers. ab 38,50 €. Via Gardiola, 36, www.campinglagardiola.com.

Essen und Trinken

■ **Ristorante/Weinbar La Dispensa,** direkt am Hauptplatz in der Altstadt serviert man in diesem gemütlichen, italienisches Flair versprühenden Lokal manch kulinarische Köstlichkeit. Der Fisch ist empfehlenswert, der Service sehr aufmerksam und die Weinkarte erlesen. Kleine, zum Platz hin durch Pflanzen abgeschirmte Terrasse. Das Preisniveau ist gehobener Natur. Mo geschlossen, sonst 19–22.30 Uhr. Piazza Municipio, 10, Tel. (0365) 557023.

■ **Panificio Caprini,** beliebte Bäckerei in der Altstadt. Gute Brotauswahl und leckere süße Naschereien für unterwegs oder das Frühstück. Ein Genuss ist die *Torta di Rose.* Di bis Sa 7.15–12.30 und 16.15–19 Uhr, So 7.15–12.30 Uhr. Piazza Municipio, 5, Tel. (0365) 559 203.

■ **Trattoria Bar Centrale,** das typisch italienische Restaurant ohne viel Schnickschnack überrascht mit sehr gutem Essen, moderaten Preisen und freundlichem Personal. *Penne All'Arrabbiata* 6 €, Seebarsch vom Grill 12 €. Einige Sitzplätze finden sich draußen. Tägl. außer Mo 12–14 und 19–21 Uhr. Via Giuseppe Zanardelli, 2, Tel. (0365) 62420.

■ **Pizzeria Ristorante Baia del Vento,** einfaches, ordentliches Strandrestaurant in schöner Lage an der Baia del Vento. Zu Fuß von San Felice erreichbar. Gutes Preis-Leistungs-Verhältnis. Die Pizzen (*Margherita* 6,50 €) schmecken sehr gut. Meeresfrüchte-Salat 12 €, *Spaghetti Bolognese* 9 €. Via Baia del Vento, 7, Tel. (0365) 626094.

Einkaufen/Nützliches

■ **Markt,** jeden Mi 8–13 Uhr im Zentrum.

■ **Cooperativa Agricola San Felice de Benaco,** zwischen San Felice und der Baia del Vento unmittelbar an der Via delle Gere befindet sich der Direktverkauf der örtlichen, 1946 gegründeten Kooperative. Im großen Geschäftsraum sind kalt gepresste Olivenöle ausgestellt, die ausschließlich aus Oliven vom Brescianer Gardaseeufer stammen. Aufgrund der Herkunft und der qualitativ hochwertigen Herstellung dürfen die Öle die gesetzlich geschützte

Herkunftsbezeichnung (D.O.P.) „Garda Bresciana" tragen. Verkauft werden außerdem Weine, Käse- und Wurstspezialitäten und andere typische Erzeugnisse des Valtenesi und der Brescia-Region. Kostenlose Ölverkostungen. Mo bis Sa 9–12.30 und 15.30–19 Uhr, So 10–12.30. Via delle Gere, 2, Tel. (0365) 62341, www.oliofelice.com.

■ **Post,** Piazza Innocenzo Moniga, 1, Tel. (0365) 62026.

Portese

Portese gehört wie Cisano zur Gemeinde San Felice und ist hauptsächlich wegen seines **beschaulichen Hafens** mit ein paar Jachten, altem Baumbestand und dem langen Kiesstrand erwähnenswert. Vom Hafen fahren Schiffe beispielsweise nach Gardone oder Sirmione. Ein paar Lokale mit Außengastronomie hübschen die Örtlichkeit wohldosiert auf. Im **winzigen Altstadtkern** etwas abseits des Sees zeigt sich das normale italienische Leben. Die Reste einer mittelalterlichen Burg sind ebenfalls zu entdecken. Die Pfarrkirche San Giovanni Battista ist Johannes dem Täufer geweiht und beherbergt ein sehenswertes Gemälde von *Grazio Colossali*, das die Geburt des Heiligen thematisiert.

Übernachtung

■ **Agriturismo Punta del Corno**②-③, in einem restaurierten Landhaus aus den 1930er Jahren sind insgesamt fünf Unterkünfte auf zwei Etagen untergebracht. Schöner Garten mit Oliven- und Obstbäumen. Einrichtung hauptsächlich mit Holzmöbeln. Ein Einbettzimmer und ein Doppelzimmer mit separatem Badezimmer. Der Privatstrand ist in wenigen Minuten durch den Wald erreichbar. Mindestaufenthalt zwei Tage. Inklusive Frühstück. Via Roseti, 17, Tel. (335) 5214930, www.puntadelcorno.it.

■ **Hotel Villa Luisa Resort**③, modern designtes, 2010 eröffnetes Hotel mit etwa 50 Zimmern rund 1 km vom Hafen von Portese entfernt. Weitläufige Parkanlage mit Pool. Panorama-Dachterrasse mit Whirlpools und Sonnenliegen. Im Restaurant serviert man leckere Speisen aus der Region. Ansprechender Wellness-Bereich auf 300 m² mit Finnischer Sauna und Türkischem Dampfbad. Shuttle-Service zum See. Ganzjährig geöffnet. Via Palazzo, 1, Tel. (0365) 62185, www.hotelvillaluisa.com.

MEIN TIPP: **Gran Fausto Flats**③, zwei mit gehobenem Standard eingerichtete Apartments (50 und 100 m²) für bis zu sechs Personen in grandioser Lage unmittelbar am Hafen von Portese mit Blick auf den Gardasee und die gegenüberliegenden Berge. Der Besitzer und Architekt *Roberto Paiola* schuf eine helle, komfortable und gemütliche Unterkunft. Jeweils mit großer Terrasse/Veranda. Im Erdgeschoss sorgt sich ein Restaurant mit Sitzgelegenheiten im Freien um hungrige und durstige Gäste. Kostenfreier Parkplatz. Der Name von Hotel und Restaurant ehrt den berühmten, 1960 verstorbenen Radfahrer *Fausto Coppi*, Gewinner der Tour de France und des Giro d'Italia. Piazzale Marinai d'Italia, 1, Porto Portese, Tel. (366) 8704971 oder (335) 272108, www.granfaustoflats.com.

Camping

■ **Camping Eden,** auf dem Gelände mit Privatstrand können Chalets, Mobil Homes und Stellplätze für Zelte, Wohnwagen und Camper gebucht werden. Chalets mit max. zwei Schlafzimmern, Mobil Homes max. ca. 30 m² groß. Schwimmbad und Restaurant. Hunde willkommen. Stellplatz plus 2 Erw. ab 33 €, Kinder 2–8 Jahre ab 7 €. Via Preone, 45, Tel. (0365) 62093, www.camping-eden.it.

Essen und Trinken

■ **Ristorante Da Osvaldo,** von der Familie *Morosi* geführtes Lokal, das sich auf köstliche Grillspezialitäten versteht. Auf den Rost kommen Süß- und Salzwasserfische, Fleisch darf auf der Speisekarte selbstverständlich auch nicht fehlen, Pastafreunde bestellen hausgemachte Nudeln. Eine kleine Auswahl: Schweinekotelett vom Grill, Gardasee-Renke vom Grill, hausgemachte Bandnudeln mit Steinpilzen. Bei trockenem Wetter sitzt man draußen am Hafen unter altehrwürdigen Bäumen und genießt das Essen und den Ausblick. Tägl. außer Di 12–14 und 19–21 Uhr. Piazzale Marinai d'Italia, 5, Tel. (0365) 62108, www.ristoranteosvaldo.it.

Ristorante/Pizzeria/Bar Gran Fausto, am Hafen werden im Freien gute Pizzen und zum Nachtisch Eis aufgetischt. Sehr schöne Lage. Im Haus sind zwei ansprechende Apartments (s.o.) untergebracht. Piazzale Marinai d'Italia, 1, Porto Portese, Tel. (0365) 62402.

Cisano

Weiter Richtung Salò trifft man auf das bäuerliche Cisano, eine **auf einem Hügel** erbaute Siedlung mit typischen Landhäusern der Region.

Übernachtung

Bed & Breakfast Il Piccolo Paradiso②, familiäres B & B mit großen, hellen Zimmern, teils mit Balkon, privatem Garten und Seeblick. In der Suite steht eine freistehende Badewanne zur Verfügung. Man wird im „Kleinen Paradies" sehr freundlich empfangen. Via Padre Francesco Santabona, 26, Tel. (0365) 40010, www.ilpiccoloparadiso.net.

Camping

Camping Village Weekend, familienfreundlicher Platz nur wenige hundert Meter vom See und einem Strand entfernt. Stellplätze, teils mit Seeblick. Verschiedene Bungalow-Varianten. Spielplatz, großer Pool und separates Kinderbecken mit Rutsche. Miniclub, Ponyreiten und Indoor-Spielbereich. Pizzeria. Stellplatz plus 2 Erw. ab 20,50 €, Kinder 4–12 Jahre ab 7 €, in der Nebensaison teils gratis. Via Vallone della Selva, 2, Tel. (0365) 43712, www.weekend.it.

Manerba del Garda

Der mit einer reichen Historie und attraktiven Landschaft und Uferzone gesegnete Ort zeigt sich **verstreut auf einem weiten Areal** angesiedelt. Aus der Ebene erhebt sich in Seenähe der **Parco Archeologico Naturalistico** samt Besucherzentrum mit dem mächtigen, 216 Meter hohen und bei einem Spaziergang erlebbaren Felsblock **Rocca di Manerba.** Von seinem leicht zu erreichenden Gipfel schweift der Blick über ausgedehnte

Der Spiedo – eine regionale Spezialität

In der Region rund um Manerba sind einige typische Gerichte erhalten geblieben, die die lange landwirtschaftliche Tradition der Bauern auf kulinarische Art und Weise widerspiegeln. Probieren sollte man auf jeden Fall „Spiedo": Wie der Name deutlich ausdrückt ein **Spieß,** jedoch ein besonderer. Normalerweise verwendet man **Fleischstücke** vom Schwein, Huhn oder Kaninchen, die abwechselnd mit **Kartoffeln** und **Salbei** aufgespießt werden. Anschließend verbringt man die langen Spieße in ein als „Tamburo" bezeichnetes Gestell und grillt sie mehrere Stunden langsam über offener Glut. Verwendung findet das Holz der Olivenbäume oder der Rebstöcke. Während der Zubereitung gießt man immer wieder Butter über den Spiedo, um das Fleisch saftig zu halten. Serviert wird die rustikale Köstlichkeit mit Polenta. Guten Appetit! In der Osteria Ai Colli im Ortsteil Crociale steht dieses Gericht auf der Speisekarte.

Teile des südlichen Gardasees. Das aus den **Ortsteilen** Crociale, Balbiana, Campagnola, Pieve Vecchia, Solarolo, Gardoncino und Montinelle zusammengefügte Manerba del Garda hat viele, **abwechslungsreiche Gesichter:** mittelalterliche Gassen und romantische Kirchen in Solarolo fernab dem Wasser, dann wieder stimmungsvolle Plätze am See wie der reizende Porto Dusano oder die Landzunge Punta Belvedere mit der davor gelagerten, von Zypressen gesäumten Insel San Baggio.

Sehenswertes

Parco Archeologico Naturalistico

Den Rocca-Felsen samt Parco Archeologico Naturalistico **erreicht man vom Ortsteil Montinelle** aus über die Via della Rocca. Die Ausschilderung führt zu einem Parkplatz am Beginn des Weges zum Gipfelkreuz. Der Archäologische Naturpark umfasst rund 100 Hektar und verfügt über ein **Besucherzentrum** mit angeschlossenem Café und dem **Museo Civico Archeologico della Valtenesi,** das sich auf zwei Stockwerken ausgiebig der Geschichte und Natur des Rocca-Felsens widmet. Dem Besucher offenbaren sich im Erdgeschoss Ausgrabungsgegenstände und Informationstafeln, die aufzeigen, dass der Felssporn aufgrund seiner exponierten Lage schon seit der mittleren Steinzeit (8000 bis 5000 vor Christus) besiedelt war. Ausgestellt ist ferner ein Modell der Burg auf dem Felsen. Weitere Zeugnisse archäologischer Art fanden sich in nächster Nähe am Ufer bei **Pieve Vecchia,** wo man auf Reste einer römischen Villa stieß. Heute steht an dieser Stelle die Pfarrkirche Santa Maria in Valtenesi. Im Obergeschoss des Museums werden die landschaftlichen Besonderheiten einschließlich Flora und Fauna thematisiert. Draußen am Parkplatz startet die **800 Meter lange Strecke zum Rocca di Manerba** hinauf. Entlang des gesamten Pfades sind Infotafeln aufgestellt, die in italienischer, englischer und deutscher Sprache Auskunft darüber geben, was der Besucher bei seinem Spaziergang durch das geschichtsträchtige Areal zu sehen bekommt. Beispielsweise drei der ursprünglich vier **Mauerringe** der mittelalterlichen Festungsanlage aus dem 12./ 13. Jahrhundert, wobei der innerste den Gipfel und das dortige Kreuz einfasst. Die endgültige Zerstörung der **Burg,** die zu dieser Zeit unter der Kontrolle von Banditen war, veranlasste 1576 ein gewisser *Soranzo,* der im Namen der Republik Venedig handelte.

Vom Rocca di Manerba ergibt sich ein **traumhafter Ausblick** auf die weite Umgebung mit Salò, der Isola del Garda und der nahen Isola San Baggio.

Mit ersten **archäologischen Ausgrabungen** begann man 1881, dabei kam eine römische Nekropole, also eine Begräbnis- und Weihestätte, ans Tageslicht. Erste Zeugnisse für eine prähistorische Besiedlung kamen in den 1950er Jahren zum Vorschein. Im Verlauf der nächsten Jahrzehnte führte man beginnend mit dem Jahr 1971 immer wieder langjährige archäologische Programme durch, unter anderem in Kooperation mit der Universität von Padua und der Universität von Birmingham (1995–2001). So entstand letztendlich der Archäologie- und Naturpark zum Schutz der für die Nachwelt wertvollen Funde.

■ **Parco Archeologico Naturalistico – La Rocca Besucherzentrum/Museum,** Eintritt frei, kostenloser Audioguide in deutscher Sprache für das Museum und den Rundgang zur Rocca. April bis Sept. Mo bis So 10–18 Uhr, Di geschl., Okt. bis März Mi bis Fr 9–13 Uhr, Sa/So 10–17 Uhr. Via Rocca, 20, Tel. (339) 6137247, www.riservaroccamanerba.com.

Solarolo

Der Ortsteil Solarolo liegt etwas südlicher als Montinelle, erhöht mit Aussicht auf das Valtenesi mit seinen Olivenbäumen und Weinstöcken. Der **urige Dorfcharakter,** die Gassen, ein paar Geschäfte und der großzügige Piazza Aldo Moro vor der prächtigen Fassade der **Pfarrkirche Santa Maria Assunta** lohnen einen kurzen Abstecher. Das geräumige Gotteshaus wurde 1781 von Bischof *Morosini* von Verona geweiht. Stattet man dem neuklassizistischen Gebäude einen Besuch im Inneren ab, erkennt man einige Kunstschätze wie den aus vielfarbigem Marmor erschaffenen Altar oder die hölzerne Statue der Madonna mit Kind aus dem 15. Jahrhundert. Die Orgel erbaute 1845 *Francesco Marchesini.* Ebenfalls an der Hauptstraße, aber deutlich kleiner und unauffälliger, steht die Chiesa San Giovanni Battista Decollato; errichtet Mitte des 18. Jahrhunderts, gehörte die Kirche einst den Malteserrittern.

Praktische Tipps

Touristeninformation

■ **Via Zanardelli, 17,** Tel. (0365) 552745, www.manerbaservizituristici.eu.

Verkehr und Transport

■ **Bus, Linie 006** von Manerba nach San Felice und Portese oder nach Desenzano. **Linie 007** nach Desenzano oder nach Salò über San Felice, 4x täglich. **Linie 027** entlang des Westufers bis nach Riva del Garda und zurück, 9x täglich. **Linie 009** Richtung Portese oder Brescia, sehr oft am Tag.

■ **Schiff,** Verbindungen bis nach Garda und Desenzano, Stopps u.a. in Moniga, Sirmione, Salò und Limone. Mehrmals täglich.

Übernachtung

■ **Hotel Borgo dei Poeti Wellness Resort**③, edles Nachtquartier in ruhiger Lage mit beheiztem Schwimmbecken, Türkischer und Finnischer Sauna sowie Bio-Aroma-Sauna. Die sehr gute Küche überzeugt mit typischen Spezialitäten der Region und auch internationalen Speisen auf hohem Niveau. Vicolo del Poggio, 11, Tel. (0356) 551775, www.hotelborgodeipoeti.com.

■ **Agriturismo La Filanda**②, auf einem weitläufigen Areal stehende ländliche Herberge mit unterschiedlich großen Wohnungen, die meist in den ehemaligen landwirtschaftlichen Gebäuden untergebracht sind. Apartments mit ein bis vier Zimmern, teilweise mit privatem Garten oder auf zwei Etagen. Rustikal, funktionell und wohnlich. Großer Pool mit Liegen und Sonnenschirmen. Kinderplanschbecken. Beckenbereich. Grillplätze. Hunde sehr willkommen. Via del Melograno, 35, Ortsteil Montinelle, Tel. (0365) 551012, www.agriturismolafilanda.it.

MEIN TIPP: **Hotel Florence**②, mit individuellem Charme, farblicher Raffinesse und Sinn für dekorative Kleinigkeiten eingerichtete Zimmer. Das von *Viviana* und *Nicola* sehr persönlich geführte, 1997 erbaute Hotel bietet 20 Zimmer, einen Pool und ein angegliedertes Restaurant, in dem auf Qualität und saisonale Zutaten geachtet wird. Frühstück mit vielen selbst gemachten Produkten. In der Nähe des Strandes Zocco San Sivino. Via Seselle, 45, Tel. (0365) 1903197, www.florencegarda.it.

Camping

■ **Camping San Biagio,** in charmanter Lage auf der Landzunge Punta Belvedere breitet sich dieser

Platz mit 161 Stellplätzen aus. Terrassenförmig angelegt mit mediterraner Vegetation und Seezugang. Bungalows mit Veranda. Restaurant in der renovierten Villa Belgioioso (17. Jahrhundert). Stellplatz plus 2 Erw. ab 33 €, Kinder 3–11 Jahre ab 6 €. Via Cavalle, 19, Tel. (0365) 551549, www.camping sanbiagio.net.

Camping La Rocca, reizvoller Platz mit viel Wiese in unmittelbarer Nähe zum Archäologie- und Naturpark Rocca di Manerba und der Punta Belvedere. Neben Stellplätzen sind Wohnungen und Maxicaravans zu mieten. Stattlicher Pool und direkter Zugang zum Strand. Animation. Restaurant und Mini-Market. Tennisplatz, Fußballplatz, Volleyplatz. Kinderspielplatz. Stellplatz plus 2 Erw. ab 19 €, Kinder 3–11 Jahre ab 4,50 €. Via Cavalle, 22, Tel. (0365) 551738, www.laroccacamp.it.

Essen und Trinken

Osteria Ai Colli, in dem gemütlichen Lokal mit nur wenigen Tischen kommen regionale Gerichte frisch auf den Teller. In der Osteria wird die lokale Spezialität „Spiedo con Polenta" serviert (siehe Exkurs S. 277). Via dei Colli, 76, Ortsteil Crociale, Tel. (0365) 551160.

Ristorante Dalie e Fagioli, eine kulinarische Überraschung der positiven Art. Direkt an der viel befahrenen Durchgangsstraße zwischen Manerba und Salò eröffneten 2012 *Antonella* und *Fabio* dieses von außen unscheinbare Restaurant. Drinnen offenbart sich ein lichtes, edles Ambiente mit stilvoll in Weiß gedeckten Tischen, einer breiten Fensterfront und einer Gemütlichkeit ausstrahlenden Holzdecke. Köstlich ist das Gericht „Bubba": Dahinter verstecken sich in knusprigem Blätterteig eingeschlagene Garnelen mit Ingwer (14 €). Lamm in der Auflaufform mit Schmelzzwiebeln und Rosmarin kostet 21 €. Die Besitzer achten sehr auf regional hergestellte hochwertige Produkte; auf der Speisekarte sind z.B. die Lieferanten des Fleisches oder des Olivenöls aufgeführt. Tägl. 12–14 und 19–22 Uhr, Do geschlossen. Via Campagnola, 45, Tel. (0365) 1903311, www.dalieefagioli.it.

Einkaufen

MEIN TIPP: **Weingut, Ölmühle und Brauerei Avanzi,** schon 1931 gründete *Giovanni Avanzi* das bis heute sehr erfolgreiche Familienunternehmen und begann damals mit den Anbau von Wein. Seit 2007 umfasst die Kellerei 3000 m². Im angrenzenden Geschäft können qualitativ hochwertige Weine (D.O.C.) erstanden werden, z.B. der junge Groppello Bellerive Garda Classico, der exzellente Lugana Sirmione oder der mit internationalen Auszeichnungen dekorierte Chiaretto Valtenesi, der berühmteste Avanzi-Wein. Eine Weinprobe ist kostenlos. Zusätzlich produziert die Familie Olivenöl extra vergine und als Besonderheit der Region noch einige Biersorten. In der angrenzenden rustikalen Wirtschaft können drinnen oder draußen „La Bionda" (100% Pilsener), „Cinchios" (dunkler Weizenbock), „La Rocca" (Belgien Tripple 6,8 Vol.-%) und weitere Sorten bei einem gemütlichen Beisammensein verköstigt werden. Dazu werden Schnitzel, Hähnchen, Hamburger und Pizzen gereicht. Weingeschäft tägl. 9–20 Uhr, Tel. (0365) 551013, www.avanzi.net. Bierwirtschaft Mo bis Do und So 16–1 Uhr, Fr und Sa 16–2 Uhr, Tel. (0365) 550847, www.manerba brewery.it. Via Trevisago, 19.

Sport und Aktivitäten

Bootsverleih: Nautica Benaco, Verleih von Booten, die mit und ohne Führerschein gefahren werden dürfen. Via Belvedere, 4, Tel. (0365) 654 074, www.nauticabenaco.it.

Fahrradverleih, an sieben verschiedenen Stellen bzw. Stationen in Manerba del Garda lassen sich über einen Automaten Fahrräder ausleihen; das genaue Procedere ist ausführlich vor Ort erklärt. Bis zu 45 Minuten kostenlos, über 3 Std. kosten 5 €. **Stationen** mit Fahrrädern finden sich in Solarolo am Piazza Aldo Moro an der Pfarrkirche Santa Maria Assunta, in Montinelle am Piazzale Simonati, beim Strand Romantica Via Verde, am Porto Torchio und Dusano, am Centro Sportivo an der Via IV. Novembre und in Crociale an der Via Gassman. www.bicincitta.com.

Moniga del Garda

Der unaufgeregte und ruhige Ort weist im Altstadtbereich, der sich eine kurze Wegstrecke vom See entfernt befindet, eine **Burg** aus dem 13. Jahrhundert mit einem **urigen Wohnviertel** auf, das man erkunden sollte. Gegenüber steht die 1454 geweihte **Pfarrkirche San Martino,** die zu den ältesten ihrer Art im Valtenesi zählt und mit fünf Altären protzen kann. Richtig Leben in die Gassen kommt einmal im Jahr während des Rosé-Weinfestes „Italia in Rosa". Ein Abstecher zum Hafen **Porto di Moniga** mit seinen Motorbooten und Jachten lohnt sich. Die Uferzone bietet einen langen, breiten **Kiesstrand** und ein paar schöne Möglichkeiten zum Draußensitzen. Man sagt, der Ortsname Moniga beziehe sich auf die Göttin Diana Muchina, deren Tempel einst in dieser Region gestanden haben soll.

Weinfestival „Italia in Rosa"

Bei dem traditionellen und weit über die Gemeindegrenzen hinweg geschätzten Weinfest dreht sich alljährlich **im Juli** mehrere Tage lang alles um Chiaretto- und andere **Roséweine** und -Sektsorten. Im örtlichen Schloss können an Degustationsständen die feinen Tropfen von über 100 Kellereien verköstigt werden.

- **Infos:** www.valtenesiinrosa.it.

Praktische Tipps

Touristeninformation

- **Piazza San Martino, 1,** Tel. (0365) 502015.

☐ Abendstimmung am Porto di Moniga

garda086 ts

Verkehr und Transport

■ **Bus, Linie 006** von Moniga del Garda nach Portese, 10x täglich. Richtung Manerba mehrmals täglich. **Linie 007** 3x täglich bis Salò und 3x täglich nach Desenzano. **Linie 009** nach San Felice und Portese mehr als 10x und nach Brescia ebenso oft.

■ **Schiff,** nach Manerba und Garda 1- bis 2x täglich. 1x täglich nach Riva del Garda. Nach Peschiera del Garda und Desenzano del Garda über Sirmione jeweils 2x täglich.

Übernachtung

■ **Bed & Breakfast Vieulif**③, unweit des Kastells trifft man in einem modernen Neubau mit sechs gepflegten und geräumigen Zimmern auf herzliches Personal. Sehr gute Auswahl beim Frühstück. Die beiden sogenannten „Blauen Zimmer" besitzen ein eigenes Badezimmer. Via Carlo Alberto, 48, Tel. (335) 8194524.

Camping

■ **Camping San Michele,** großes Gelände direkt am See mit Stellplätzen, Mobil Homes mit und ohne Seeblick sowie Bungalows. Schwimmbad. In den Sommermonaten Animation. Mini-Market. Stellplatz plus 2 Erw. ab 25 €, Kinder 3–12 Jahre ab 6 €. Via San Michele, 8, Tel. (0365) 502026, www.campingsanmichele.it.

Essen und Trinken

■ **Weingut Civielle mit Vinothek,** knapp 1 km von der Pfarrkirche San Martino entfernt. Auf über 80 Hektar Fläche produziert man qualitativ hochwertigen biologischen Wein und dazu mehrere Grappasorten. Die Ursprünge des Weinkellers gehen auf das Jahr 1920 zurück. Zu kaufen und zu verköstigen gibt es u.a. den roten Groppello, den Chiaretto-Roséwein und den weißen Lugana, die allesamt das D.O.C.-Zertifikat tragen. Vom eigenen Olivenhain stammt das ebenfalls nach biologischen Grundsätzen hergestellte Olivenöl. Via Pergola, 21, Tel. (0365) 502002, www.cantinelapergola.it.

■ **Ristorante und Eisdiele La Darsena,** die Lage am Hafen mit Tischen wenige Meter vom Strand ist wunderschön. Die Lokalität ist einfach, zweckmäßig und italienisch. Es gibt leckeres Eis aus eigener Herstellung sowie hauptsächlich Pizzen und Pasta. 12–24 Uhr. Via del Porto, 8, Tel. (0365) 503890.

■ **Ristorante Antica Corte,** uriges, geschmackvoll eingerichtetes Lokal in der Altstadt. Schöner Innenhof. Man isst typisch italienisch: Fisch, Fleisch, Pizza und Pasta. Via Cialdini, 10, Tel. (0365) 502399.

Einkaufen/Aktivitäten

■ **Markt,** jeden Mo bis ca. 13.30 Uhr im Zentrum.

■ **Bootsverleih Pollini,** Boote mit und ohne Führerschein. Auch Motorroller-Verleih. Via Pergola, Tel. (0365) 671007 und (347) 9102746, www.pollininautica.it.

Padenghe sul Garda

Schon von Weitem ist sie zu sehen, die auf einer Erhöhung erbaute **Burg,** die das Bild des Ortes prägt und bewohnt ist. Das kolossale Bauwerk stammt in Teilen noch aus dem 10. Jahrhundert, manche Abschnitte errichtete man im 15. Jahrhundert. Padenghe gehört mit Manerba del Garda und Moniga del Garda zu einem weitläufigen Gebiet, das durch eine weite, leicht hügelige Landschaft mit Seeanschluss und viele, oft noch gut erhaltene Kastelle aus dem frühen Mittelalter dominiert wird. Im Ortsbereich am Fuße des Hügels ist das Rathaus sehenswert, das im restaurierten **Palazzo Barbieri** aus dem 18. Jahrhundert untergebracht ist. Er besitzt ein Portal aus Naturstein, einen Kreuzgang mit Säulen und innen eine makellose Marmortreppe. Schön anzusehen ist auch die barocke **Pfarrkirche Santa Maria** mit Gemälden von *Paolo Veronese.* Im

Bereich des Jachthafens und der Uferzone gibt es einen langen **Kieselstrand** mit netten Strandbars und Restaurants. In der Frühphase der Besiedlung lebten die Menschen am Seeufer, bis die ungarische Invasion durch die Magyaren im 10. Jahrhundert sie zwang, sich im hügeligen Hinterland niederzulassen, wo dann die Festung entstand.

Mittelalterfest „Padenghe Medievale"

An einem Wochenende, meist **Ende August,** geht es hoch her in dem kleinen Ort. Straßenkünstler, Trommler, Jongleure, Falkner und historische Umzüge begeistern die Gäste. Kulinarisch versorgt wird man an Essensständen, die Spezialitäten aus der Region anbieten. Höhepunkt der zweitägigen Festivität ist das immer am Sonntag auf der Burg abbrennende Feuerwerk.

Praktische Tipps

Touristeninformation

■ **Im Rathaus** an der Via Italo Barbieri, 3, Tel. (030) 9908889, www.comune.padenghesulgarda.bs.it.

Verkehr und Transport

■ **Bus, Linie 006** von Padenghe sul Garda nach Portese, 10x täglich. Richtung Manerba und Moniga mehrmals täglich. **Linie 007** 3x täglich bis Salò und 3x täglich nach Desenzano. **Linie 009** nach San Felice und Portese mehr als 10x und nach Brescia ebenso oft.

■ **Schiff,** nach Manerba und Garda 1- bis 2x täglich. Nach Peschiera del Garda und Desenzano del Garda über Sirmione jeweils 2x täglich.

Übernachtung

■ **Bed & Breakfast Castello**②, wer im Burgviertel angemessen übernachten möchte, findet in dieser Herberge zwei schön eingerichtete Zimmer mit rustikaler und romantischer Atmosphäre zu einem fairen Preis. Nette Betreiberin. Kostenloser Parkplatz. Etwa 2 km vom See entfernt. Via Castello, 6, Tel. (339) 1837781, www.castellobb.net.

■ **Hotel Francesco**②, kleines Hotel mit zehn sauberen, gefliesten Zimmern, von denen einige Seeblick und Balkon bieten. Der öffentliche Strand befindet sich im Grunde vor der Haustür, über die Durchgangsstraße hinweg. Ein Privatstrand ist in wenigen Minuten zu Fuß erreicht. Das Personal ist freundlich und aufmerksam. Gutes Preis-Leistungs-Verhältnis. Eisdiele mit eigener Produktion im Haus. Privatparkplatz. Via G. Marconi, 18/20, Tel. (030) 9908829, www.hfrancesco.com.

Essen und Trinken

■ **Ristorante Ketty,** Top-Pizzen und klassische italienische Küche. Insbesondere für Gäste interessant, die auf den nahen Campingplätzen übernachten oder einen Tag am Strand verbringen. Das Lokal, das zu dem gleichnamigen Hotel gehört, befindet sich an der Hauptstraße, nahe dem Seeufer. Via Guglielmo Marconi, 8, Tel. (030) 9907027, www.hotelketty.com.

■ **Ristorante Aquariva,** modern und minimalistisch designtes schönes Restaurant direkt am Jachthafen mit Blick auf den See. Sehr empfehlenswertes Essen, traditionelle italienische Küche mit kreativen Variationen. Tägl. 12–14.30 und 19.30–22.30 Uhr, Sonntagabend und Mo geschlossen. Via Guglielmo Marconi, 57, West Garda Marina, Tel. (030) 2077191, www.aquariva.it.

garda134 ts

5 Wanderungen

» Unzählige Wandertouren durch wunderschöne Natur hat die Region rund um den Gardasee zu bieten. Man kann wählen, ob man Berge, Täler, Hochebenen oder sanft gewellte Hügellandschaften erkunden möchte.

GPS-Tracks

Für die im Buch vorgestellten Wanderungen stehen auf www.reise-know-how.de die GPS-Tracks im Format gpx zum kostenlosen Download bereit. Sie finden die Daten auf der Produktseite dieses Titels.

< Hinreißend schön zeigt sich das Valle delle Cartiere, das Papiertal, bei Toscolano-Maderno

WANDERN RUND UM DEN SEE

Wandern liegt hoch im Kurs bei Urlaubern und Einheimischen. Die herrliche Landschaft verleitet geradezu unaufhörlich dazu, den Rucksack zu schnüren und loszugehen. Rund um den Gardasee existieren Dutzende ausgeschilderte und bestens gepflegte Wanderwege. Insbesondere die Bergregionen des Nordens, der Monte Baldo im Osten und die Hochebenen von Tignale und Tremosine im Westen sind ein Eldorado für aktive Menschen. Eher unbekannt ist das Terrain im Süden, das mit Weinanbaugebieten und kaum Steigungen punktet.

NICHT VERPASSEN!

- **Rifugio San Pietro:** herrlicher Blick zum See hinunter | 289
- **Weinverkostung:** auf der Wanderung rund um Custoza | 290
- **Panorama-Wanderung:** mit grandiosen, atemberaubenden Treppenkonstruktionen am Fels | 305
- **Ausblick von der Rocca di Garda:** weite Aussichten hinunter auf Garda und Bardolino | 312

Diese Tipps erkennt man an der gelben Markierung.

Die vorgestellten Wanderungen sind durchweg **Halbtagestouren** und **von einfacher bis mittlerer Schwierigkeit.** Die Auswahl richtet sich vor allem an Menschen mit **durchschnittlicher Kondition,** die neben einer vormittäglichen Stadtbesichtigung oder einer entspannten Badesession am Nachmittag in den restlichen Stunden des Tages noch ein wenig die grandiose Landschaft genießen möchten, ohne sportliche Höchstleistungen verbringen zu müssen. Gerade die Panorama-Tour in Torbole oder die Erkundung des Papiertals bei Toscolano-Maderno lassen sich bestens **mit Kindern** bewältigen. Je nach Alter und Begeisterungsfähigkeit der Sprösslinge sind jedoch auch alle anderen Strecken für Familien geeignet. Achten sollte man auf die angegebene Tourdauer, da es sich dabei um reine Gehzeiten handelt. Wer unterwegs in die Hütte einkehrt, sich im nahen Schwimmbad abkühlt oder das Museum am Wegesrand besucht, sollte diese Wohlfühlmomente, die Zeit kosten, bei der Tagesplanung bedenken.

Selbstverständlich muss bei den Ausflügen immer auf **gutes Schuhwerk** und **genügend Essen und Trinken** geachtet werden. Gerade in den Bergregionen und je nach Jahreszeit ist die **richtige Kleidung** (Regen-, Fleecejacke etc.) ein wichtiger Aspekt, der nicht vernachlässigt werden darf.

[>] Die erste Etappe ist fast geschafft; nur noch wenige Meter bis zum Rifugio San Pietro

Rundwanderung ab Canale di Tenno

Charakter

Kurze, jedoch teils mit steilen Passagen im Auf- und Abstieg versehene Wanderung mit längeren Waldabschnitten. Zwischendurch ergeben sich immer wieder lohnenswerte Ausblicke in die Umgebung von Tenno und auf den Gardasee. Auf halber Strecke befindet sich das **Rifugio San Pietro** mit herrlicher Aussicht und großer Wiese für ein Picknick. Bis 2021 konnte man hier einkehren, auf dem Spielplatz toben und etwas essen und trinken; nun hofft man auf einen neuen Pächter bzw. Besitzer. Die Wanderung ist **größtenteils ohne technische Schwierigkeiten,** nur eine wenige hundert Meter lange Strecke unmittelbar nach dem Rifugio ist schmaler und steiler, dafür mit einem Stahlseil als Handlauf gesichert. Eine gewisse **Kondition und Trittsicherheit** werden empfohlen.

- **Länge:** Rundweg ca. 5,6 km
- **Dauer:** 2 Std. reine Laufzeit
- **Höhenunterschied:**
jeweils rund 370 m im An- und Abstieg

Ausgangs- und Endpunkt

Ausgangs- und Endpunkt ist **Canale di Tenno.** Rund um den Ort gibt es einige **Parkplätze.** Einige kostenlose Parkplätze *(Parcheggio Pubblico)* befinden sich neben den ausgeschilderten Stellflächen für Gäste des B & B La Piazzetta di Canale.

Anfahrt mit dem Auto

Canale erreicht man von Riva del Garda aus über die in die Berge führende **Straße nach Tenno.**

Man verlässt den Parkplatz bergab und biegt direkt auf den asphaltierten Weg nach rechts ab. So gelangt man nach wenigen Minuten ins historische Zentrum von **Canale** und zum B & B La Piazzetta di Canale auf der Villa Canale, 35. Nun sollte man auf die an den Wänden aufgemalte Ausschilderung des Wanderweges B 406 bzw. 406 achten. Der Weg führt aus dem Ort hinaus, ein Schild weist die Höhe des Ortes mit 598 m aus, und der **Wanderweg 406** führt **Richtung Castil und Ballino.** Sobald man die letzten Häuser hinter sich gelassen hat, geht es zwischen zwei Steinmauern bergauf. Wir

garda127 ts

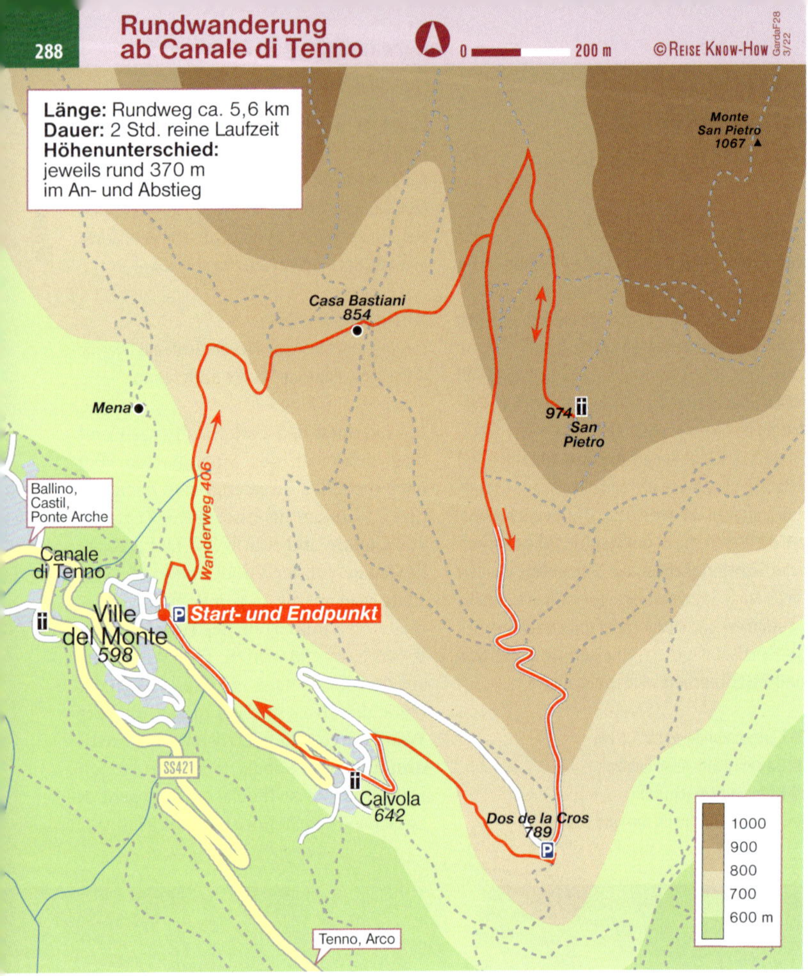

folgen dem Weg nach rechts Richtung Rifugio San Pietro. Die rot-weiß markierte Strecke führt nun eine Zeit lang deutlich ansteigend durch den Wald. Nachdem man nach etwa 1 km ein kleines **Steinhaus** auf der rechten Seite passiert hat, verändert sich der Charakter der schattigen Strecke weiterhin kaum. Nach einem erneuten Anstieg befreit sich der Pfad von der dichten Waldvegetation und gibt die Sicht auf Wiesen, die Umgebung und den Gardasee frei. Der nun ebene Weg stößt kurz danach auf ein Ferienhaus namens **Casa Bastiani** auf 854 Metern Höhe, ein guter Ort, um eine erste Rast nach dem doch anstrengenden 30-minütigen Anstieg einzulegen. Rund um die Casa Bastiani sind einige Holztische und Bänke aufgestellt, die sich bestens für ein Picknick eignen.

Außerdem finden sich auf den freien Flächen Gemüsegärten. Anschließend folgt man weiterhin dem rot-weiß markierten Weg 406 zum Rifugio San Pietro. Die Strecke wird nun wieder steiler, der Pfad bleibt steinig und führt wieder in den Wald hinein bis zu einem mit Holzgeländer umfriedeten Bereich um eine Quelle. Wenig später kommt man an ein hölzernes Jesus-Kreuz und einen aus Stein gemauerten Durchgang mit Rundbogen. Direkt dahinter befindet sich das **Rifugio San Pietro** auf 974 Metern Höhe; man erreicht es nach 2,8 km und rund 1 Stunde Gehzeit. Hier oben – der Ort ist auch gut mit dem Mountainbike zu erreichen – wird man für die Anstrengung des Aufstiegs mit einem grandiosen Ausblick bis hinunter zum Gardasee auf Riva del Garda belohnt. Auf der angrenzenden großen Wiese kann man bei schönem Wetter wunderbar eine Rast einlegen.

Unterhalb des Rifugio verläuft der eigentliche Weg Richtung Ausgangspunkt; dieser ist leider seit einiger Zeit gesperrt. Wann er wieder begehbar ist, ist unbekannt. Daher führt die weitere Strecke nun zunächst zurück auf dem bekannten Weg **Richtung Casa Bastiani,** bis man ca. 200 m vor der Casa erneut auf den bekannten asphaltieren Weg trifft; hier geht es nun nach links. Dieser Strecke folgt man eine ganze Weile.

Im weiteren Verlauf tauchen erste Häuser, Gärten und Weinstöcke auf. Auf der asphaltierten Straße nun weiter bergab, bis man an einen rechts liegenden Platz mit der Bezeichnung **Dos de la Cros** auf 789 Metern Höhe kommt, wo ein großes, auffälliges Holzkreuz steht. Hier an der linken Straßenseite an der Leitplanke erkennt man eine Wegbeschilderung (Nr. 401), der man **Richtung Calvola** folgt. Der Pfad führt talwärts zunächst erneut durch den Wald, bis sich die Landschaft öffnet und wieder den Blick in die ländliche Umgebung freigibt. An der nächsten quer verlaufenden asphaltierten Straße gehen wir geradeaus und besuchen den schmucken Ort **Calvola** mit seinen schmalen Gassen und gepflegten Steinhäusern. Am Ende des Ortes treffen wir wieder auf die Straße und halten uns rechts. An der nächsten scharfen Linkskurve nehmen wir den dort nach rechts abzweigenden Weg, der geradewegs zurück nach **Canale di Tenno** und dem Parkplatz führt.

garda-20 ts

> Wegweiser an der Casa Bastiani

Wanderung durch die Weinberge von Custoza

Charakter

Im Südosten von Peschiera führt diese **einfache, ohne übermäßige Steigungen verlaufende Wanderung** durch Felder, Wälder und Weinberge. Aufgrund der hügeligen Landschaft sind schöne und weite Ausblicke fast während der gesamten Tour möglich. Am Start- bzw. Endpunkt erwartet die Wanderer ein mit herrlichen Grünflächen und Liegewiesen ausgestattetes Schwimmbad für eine erfrischende Abkühlung. Familienfreundlich.

- **Länge:** rund 8 km
- **Dauer:** 1¾ Std., reine Laufzeit
- **Höhenunterschied:** jeweils 130 m im An- und Abstieg

Ausgangs- und Endpunkt

Parkplatz am **Wasserpark Picoverde in Custoza.** Der Park zeichnet sich durch seine herrliche Lage mit wunderbarem Blick über die Umgebung aus. Schwimmbecken mit abgetrenntem Kinderbereich, mehrere Spaßrutschen. Liegewiese. Restaurant. Via Ossario, 19, Custoza, Tel. (045) 516025, www.picoverde.it.

Einkehr und Übernachtung

2 **Corte Vittoria – tutta natural,** Café mit Sitzmöglichkeiten. Selbst hergestellte Produkte: Eis, Käse, Marmelade, Honig. Via Valle Molini, 20, Custoza, Tel. (045) 516 104, www.cortevittoria.it.

1 **Country House Casino di Caccia**③, stilvolle Herberge mit Pool und Restaurant. Via Ossario, 64, Custoza, Tel. (045) 516271, www.casinodicaccia.it.

4 **Hotel Corte Belvedere**②, ruhiges Landhotel mit acht geräumigen Zimmern direkt neben dem Wasserpark. Tolle Lage, ab 2019 mit Pool. Via Ossario, 23/A, Custoza, Tel. (045) 516139, www.cortebelvedere.com.

Weinverkostung und -verkauf

3 3 **Azienda Agricola/Cantina Tabarini,** Via Ossario, 27, Custoza, Tel. (045) 516362, www.cantinatabarini.com.

Anfahrt mit dem Auto

Von Peschiera del Garda nach Süden **Richtung Valeggio sul Mincio;** von dort sind es nur noch wenige Kilometer nach Custoza.

Vom **Parkplatz am Wasserpark** gehen wir auf der schnurgeraden Zufahrt zurück Richtung Straße, von der wir gekommen sind. Der Weg führt nach links, die Asphaltstraße hinunter und eröffnet einen weiten Blick über die herrliche, leicht hügelige Landschaft mit Waldinseln und Weinbergen. Zuvor zeigt sich eine **Infotafel** mit einem großen historischen Foto und der Überschrift „Il Sego della Vecia". Die Abbildung einiger gut gelaunter verkleideter Kavalleristen erinnert an eine traditionelle Veranstaltung der theatralischen Art, die 1952 in der Region letztmalig stattfand und bei der teils bis zu 150 Schauspieler und Statisten aktiv waren. Wenige Minuten später erreicht man, an einer Kurve gelegen, die von den Brüdern *Damiano* und *Silvio* geführte 3 **Cantina Tabarini,** die Custoza-Weißwein und Bardolino herstellt, ausschenkt und in Flaschen verkauft. Auf der wenig befahrenen Straße, die im Verlauf einen Rechts-Links-Schlenker macht, kommt man je nach Jahreszeit vorbei an rotem Klatschmohn, duftendem Jasmin oder blühenden Apfelbäumen. Schilder am Wegesrand weisen auf die Weinstöcke eines weiteren, rund 140 Hektar großen Weingutes der Familie *Bonomi* hin. Das 5 **Weingut Monte del Frà** (www.montedelfra.it) blickt auf eine lange Geschichte zurück, erste gesicherte

Wanderung durch die Weinberge von Custoza

Erwähnungen aus dem 15. Jahrhundert nennen als Besitzer die Mönche von Santa Maria della Scala in Verona.

Bei Kilometer 1 treffen wir auf ein weiteres Gut, die **Azienda Agricola Antica Corte Bagolina.** Wir folgen dem

Weg bergab; erst kommt eine scharfe Linkskurve, dann eine Rechtskurve mit weiterhin schöner Sicht über die ländliche Ebene. Es geht vorbei am 1 **Country House Casino di Caccia,** wo man stilvoll nächtigen und speisen kann. Auf der gegenüberliegenden Straßenseite befindet sich eine **Übersichtskarte,** auf der Custoza, der größere Nachbarort Sommacampagna und ein Großteil der Wanderstrecke eingezeichnet sind. Wenig später stößt man linker Hand auf eine hinter einem Tor versteckt liegende Hofanlage namens „Monte Godi". Eine Infotafel klärt darüber auf, dass es sich hierbei um das ehemalige, mit einer Kirche versehene Anwesen des einstigen Grafen *Ottolini von Custoza* handelt.

Wir gehen weiter bis zu einer **Gabelung,** halten uns dort links und gelangen für einige hundert Meter auf eine größere Straße. Nach einer ausgedehnten Rechtskurve nehmen wir an einem stattlichen, **unübersehbaren Baum** den Pfad nach links. Wir gelangen so auf einen breiten, ebenen Feldweg mit angrenzendem Bewässerungsgraben. Kurze Zeit später, nach knapp 4 km Wegstrecke, ist eine **Kreuzung** erreicht, an der man sich nach links wendet. Nun verläuft die Tour durch ein auch im Hochsommer Schatten spendendes **Waldstück** mit einem parallel zum Weg dahinplätschernden Bach. Sobald man das schützende Blätterdach nach rund 200 Metern verlässt, führt der Weg leicht ansteigend nach links hinauf, ein Wegweiser zeigt die genaue Richtung. Vor einem geschlossenen Tor führt ein kurzer schmaler Pfad hinauf auf einen ebenen Weg und vorbei an einem Haus und einem Bambus-Wäldchen. Man trifft erneut auf einen Wegweiser und folgt diesem nach rechts. Wieder zeigen sich zahlreiche Weinstöcke. Linker Hand lässt sich das Beinhaus von Custoza (s.u.) in der Ferne erblicken. Nun trifft man auf ein **Schild,** das für den weiteren Verlauf eine **„lange" oder „kurze" Wanderstrecke** ausweist. Wir halten uns rechts, nehmen also die „kurze" Strecke, die grundsätzlich vom 15. September bis 30. Januar empfohlen wird, da zu dieser Zeit die „lange" Strecke durch Jagdgebiet führt. Nach wenigen Minuten stoßen wir auf eine asphaltierte Straße, gehen geradeaus und biegen nach einigen Gebäuden nach links ab. So erreichen wir den Eingang zum Gelände von 2 **Corte Vittoria – tutta natural,** ein perfekter Ort, um auf etwa halber Strecke eine Pause einzulegen. Das selbst gemachte Eis ist sehr köstlich, man bekommt Kaffee in den bekannten Varianten und wer möchte, kann sich mit ökologisch hergestelltem Käse versorgen.

Verlässt man Corte Vittoria, führt der weitere Weg nach links erneut auf der Straße entlang. Sobald man die nächste **Gabelung in der Ansiedlung Molini** erreicht, hält man sich wiederum links. Wir laufen vorbei an einem Resort mit riesigem Garten, Swimmingpool und Kinderspielplatz, bis wir auf einen nach links abbiegenden, ansteigenden Schotterweg treffen; dort befindet sich ein **Schild** mit der Aufschrift „Sentiero-Natura – Camminacustoza". Nun folgt ein kurzes Stück bergauf und kurz danach erreicht man die ersten Häuser von **Custoza,** einen Friedhof und weitere Infotafeln zum Thema „Il Sego della Vecia". Ringsum wird weiterhin großflächig Wein angebaut. Nach der 1792 geweihten **Pfarrkirche San Pietro** führt die Wanderung links die Via Ossario hinauf

Richtung ausgeschilderter Tourismusinformation. Dann folgen wir der Straße einfach weiter bis zum **Ausgangspunkt.**

Wer möchte, kann noch einen Abstecher zum weithin sichtbaren und ausgeschilderten **L'Ossario di Custoza** unternehmen. Das fast 40 Meter hohe, achteckige Beinhaus wurde am 24. Juni 1879 fertiggestellt und ist die letzte Ruhestätte für die sterblichen Überreste der italienischen und österreichischen Soldaten, die während der Italienischen Unabhängigkeitskriege von 1848 und 1866 ihr Leben lassen mussten. Im Juli 1848 kam es bei der sogenannten „Ersten Schlacht von Custoza" zu einem blutigen Scharmützel zwischen dem Heer des Königreichs Sardinien-Piemont und der österreichischen Armee unter Feldmarschall *Johann Joseph Wenzel Graf Radetzky.* Der Feldmarschall und seine Soldaten konnten den Gegner vernichtend schlagen. Tausende Soldaten starben. Während des Dritten Italienischen Unabhängigkeitskrieges kam es im Juni 1866 zur „Zweiten Schlacht von Custoza". Wieder trafen italienische und österreichische Soldaten aufeinander und erneut siegten die Österreicher, diesmal unter *Albrecht Friedrich von Österreich.*

Wanderung im Tal der Papiermühlen

Charakter

Einfache und nicht zu lange Wanderung auf meist breiten, teils steinigen Wegen durch ein sehr reizvolles Tal mit wunderbaren Ausblicken auf die Berge und den Fluss. Unterwegs finden sich immer wieder interessante Relikte aus der Zeit, als hier noch viele Papiermühlen die Kraft des Wassers nutzten. **Informationstafeln** entlang der Strecke und ein gut gemachtes **Museum mit Café** geben ausführlich Aufschluss über die hiesige Papierherstellung. Bei sommerlichen Temperaturen bietet der Fluss Toscolano eine willkommene Erfrischung für heiße Füße. Sehr gut für Familien geeignet.

- **Länge:** ca. 6 km
- **Dauer:**
Hin- und Rückweg ca. 1½ Std. reine Laufzeit
- **Höhenunterschied:**
jeweils ca. 350 m im An- und Abstieg

Ausgangs- und Endpunkt

Parkplatz einige Meter vor dem **Papiermuseum.**

Einkehr

1 Café Al Museo, Museo della Carta, April bis Mitte Oktober tägl. 10–18 Uhr, Mitte Oktober bis Anfang November Sa/So 10–18 Uhr. Eintritt für das Museum: Erw. 7 €, Kinder 6–18 Jahre und Personen über 65 Jahre 5 €. www.valledellecartiere.it.

Anfahrt mit dem Auto

In Toscolano, in der Nähe des Flusses, folgt man der Straße kurz **Richtung Gaino,** um dann nach links abzubiegen in Richtung der Ausschilderung „Valle delle Cartiere".

Vom **Parkplatz beim Papiermuseum** gehen wir zunächst auf einem asphaltierten Weg leicht bergan, rechts erheben sich die Felswände des Tals, links fließt der Toscolano. Nach einigen Tunneln sieht man auf der linken Seite über den Fluss hinweg das Papiermuseum, das man am besten auf dem Rückweg besichtigt, so kann man den Besuch mit einer Rast im dortigen **1 Café** verbinden. Man befindet sich nun im sogenannten Maina-Abschnitt des Tals mit dem Ort **Maina Inferiore.** Hier entstand im 15. Jahrhundert die erste Papiermühle, die

Wanderung im Tal der Papiermühlen

0 100 m ©Reise Know-How GardaF32 3/22

sukzessive bis ins 19. Jahrhundert ausgebaut, mit Wohnungen für die Arbeiter und den Direktor erweitert und 1962 geschlossen wurde. Heute ist in dem Gebäudekomplex das **Papiermuseum** untergebracht.

Die Strecke verläuft entlang der rechten Talseite auf einer **Schotterpiste,** Schilder verbieten hier das Schwimmen im rund 20 Meter tiefer fließenden Fluss. Die **Zypressen,** die man überall im schmalen Tal sieht, gehören zu einem in Etappen durchgeführten Aufforstungsprogramm, das man im 19. Jahrhundert startete, als man sich bewusst wurde, dass durch die Abholzung der umliegenden Wälder der Boden durch Ausschwemmung stark in Mitleidenschaft gezogen wurde. Das Holz benötigte man zur Herstellung von Kohle und diese wiederum zur Befeuerung der Maschinen in den Papierfabriken.

Auf dem weiteren Weg kommen wir an einigen Häusern vorbei; einem nach rechts führenden Pfad nach Gaino schenken wir keine Beachtung und erreichen dann eine große **Steinbrücke,** die uns nach links über den Fluss auf die andere Talseite führt. Am Ende der Brücke biegen wir nach rechts und folgen der Beschilderung Nr. 19 Richtung Gaino, Fornico und Sasso. Wenige Meter weiter erreichen wir eine Art Gehöft mit einigen Gebäuden im Ort **Maina Superiore,** darunter die Villa der Unternehmerfamilie *Maffizzoli,* die Anfang des 19. Jahrhunderts ihre erste **Papierfabrik** besaßen. Als einer der ersten Produzenten im Tal betrieben sie eine innovative Maschine namens „Holländer“, die die Stampfwerke zum Zerkleinern des Faserbreis überflüssig machte und so die Herstellung deutlich beschleunigte. Das nach einem Brand im Jahr 1881 neu erbaute Werk in Maina Superiore hatte für damalige Verhältnisse außergewöhnlich große Ausmaße, war drei Stockwerke hoch, 75 Meter lang und 15 Meter breit; es war der bedeutendste Produktionskomplex der gesamten Region.

Auf der weiteren Etappe links des Flusses können die **Überreste der Fabrik** besichtigt werden, wie die einst im ersten Stock angesiedelten drei Leimkessel, die sogenannten „Caldare“, die zur Gewinnung von tierischem Leim für die Imprägnierung des Papiers benötigt wurden. Wendet man wenig später den Blick nach rechts auf die gegenüberliegende Talseite, erkennt man mit etwas Mühe die Überreste der Ansiedlung **Vancinelle,** die damals mittels einer Brücke von Maina Superiore aus erreichbar war.

Im Verlauf des weiteren Weges sieht man zwischen den Olivenbäumen, dem hier wachsenden Efeu und einigen Robinien immer wieder **Reste von Industriegebäuden,** auf deren Mauern der Milzfarn, die Mauerraute oder das Mauer-Glaskraut vorzüglich gedeihen. Außerdem liegen hier und da durch die Gletscher der Eiszeit von den Bergen ins Tal transportierte **Findlingsblöcke, Vago** genannt, die teils von Menschenhand geschaffene Löcher aufweisen. Diese Steine nutzte man während der Zeit der Papiermühlen, um etwa das Wasser des Wildbaches auf Mühlräder umzuleiten.

Der Weg entfernt sich vom Bachbett, führt leicht auf schottrigem Untergrund nach oben und erreicht eine weitere Brücke, die uns erneut auf die rechte Talseite bringt. Auf der **Brücke** eröffnet sich ein grandioser Blick in die bergige Landschaft und hinunter ins rund 30 Meter tiefer liegende Bachbett. Danach halten wir uns links, folgen dem ansteigenden Weg und stoßen auf eine Ortschaft namens **Caneto.** Erste Papiermühlen gab es hier Ende des 15. Jahrhunderts. Wenig später treffen wir auf eine **Abzweigung,** deren nach rechts führender Pfad in 15 Minuten auf den Wanderweg 19 nach Gaino stößt. Wir halten uns geradeaus und genießen bei heißem Wetter die nun schattige Wegstrecke, die uns zum nächsten Etappenziel bringt, dem **„Gatto“.** Blickt man nach links, finden sich über eine Treppe erreichbare Ruinen einer alten Papierfabrik, die bereits 1471 Erwähnung fand. Diese spannenden Zeugen historischer Produktionsstätten entdeckte man erst bei archäologischen Ausgrabungen im Jahr 2002, zuvor war das gesamte Areal mit Erde und Vegetation bedeckt. Wir spazieren geradeaus und ein Stück abwärts und gelangen so direkt an das Ufer des flachen Baches, der über eine kurze **Betonbrücke** überquert werden kann; hier besteht die Möglichkeit einer Abkühlung. Danach lenken wir unsere Schritte nach rechts, um wenig später erneut den Wasserlauf über eine **Brücke** zu queren.

Nun endet die Strecke an einem **Privatgelände,** und man muss über eine weitere Brücke und durch ein Tor zurück auf die linke Seite des Bachbettes gehen. In diesem Bereich befindet sich ein Gelände der Pfadfinder.

Über ein paar geradeaus und bergauf verlaufende Meter durch den Wald kommt man an eine Gabelung, an der wir den rechten Abzweig nehmen. Rechts plätschert der ehemalige Wildbach, und es stellt sich die Frage: Gehen wir rechts oder links? Wir halten uns rechts und gelangen so zu einem alten, dunklen **Militärtunnel,** der uns nach wenigen Metern wieder an die frische Luft bringt und ein Wasserbecken freigibt. Ein idyllischer Ort. Da es hier kein Weiterkommen gibt, laufen wir zurück zur letzten Gabelung und halten uns rechts. Das Tal wird immer enger, wir befinden uns kurz vor der **Schlucht von Covoli,** dem letzten Ort im Papiermühlental. Unsere Wanderung endet an einem **verschlossenen Eisentor,** das den weiteren Weg auf einem Betonsteg durch die Schlucht versperrt. Früher gelangte man über diese abenteuerliche Strecke zum Wasserwerk von Covoli, 1899 als erstes Werk im Tal zur Stromerzeugung erbaut. Ob und wann der renovierungsbedürftige Schluchtenweg wiedereröffnet wird, ist ungewiss, da die finanziellen Mittel zur Sanierung fehlen.

Auf der gleichen Strecke wandern wir zurück bis zum Museum bzw. Parkplatz.

Rundwanderung ab Pieve di Tremosine

Charakter

Meist auf breiten asphaltierten Wegen verlaufende Rundwanderung mit grandiosen Ausblicken von der Hochebene Tremosine auf den See und die Bergwelt des Monte Baldo. Im Verlauf der Strecke kurze steinige und schmale Waldpasssage. **Technisch** insgesamt **ohne Schwierigkeiten.** Familienfreundlich, jedoch nicht für Kinderwagen geeignet.

[>] Blick auf Campione del Garda, das nur durch einen Tunnel erreichbar ist

■ **Länge:** 6,5 km
■ **Dauer:** reine Gehzeit 2 Std.
■ **Höhenunterschied:**
jeweils 265 m im Auf- und Abstieg

Ausgangs- und Endpunkt

Kostenloser großer Parkplatz am Ortseingang von **Pieve di Tremosine** gegenüber der Casa Katia und einem Lebensmittelladen.

Einkehr

1 **Restaurant San Marco,** Via Ventinove Aprile, 3, Tremosine sul Garda/Pregasio, Tel. (0365) 918 172. Zahlreiche Restaurants in Pieve di Tremosine.

Anfahrt mit dem Auto

Über die kurvenreiche, steile und mit schmalen Tunneln versehene Straße **durch das Brasa-Tal,** Abzweig zwischen Campione del Garda und Limone. Oder direkt von Limone Richtung Tremosine sul Garda über Bazzanega und Voltino.

Vom **Parkplatz am Ortseingang von Pieve di Tremosine** halten wir uns links Richtung Ortsmitte und gehen auf einem Fußgängerweg bis zum nächsten Kreisverkehr an der Piazza Fossato. Dort folgen wir der Ausschilderung „Pieve Centro“ bzw. laufen leicht bergauf Richtung Pregasio. Links erreichen wir dann den Platz an der Via Roma mit einem Springbrunnen und Restaurants, ein beliebter Treffpunkt der Einheimischen. Wir setzen die Wanderung durch den Ort fort, lassen ein paar Geschäfte hinter uns und treffen dann auf der rechten Seite auf ein altes, offenes Waschhaus mit zwei, drei Informationstafeln. Weiter geht es entlang der sich leicht dahinschlängelnden Durchgangsstraße, bis man hinter dem Hotel Paradiso, nach rund 750 Metern, auf den nach links hinunterführenden **Wanderweg 202** stößt.

garda128 ts

0
200 m
©Reise Know-How
GardaF30 3/22
700
600
500
400
300 m
Länge: 6,5 km
Dauer: reine Gehzeit 2 Std.
Höhenunterschied:
jeweils 265 m im An- und Abstieg
Via Cavalieri di Vittorio Venero
SP38
Start- und Endpunkt
Pieve di Tremosine
413
Altes Waschhaus
ALTSTADT
"Schauderterrasse"
Residence Piccola Italia
Via L. Turri
Via Europa
Mezzema
Castone
Riva del Garda
Via Mezzema
Hotel Paradisio
Via Cortili
Wanderweg 202
Arias
Via Coste
Via Vagne
Viale Belvedere
C. Estre 682
SS45bis
Via San Marco
Wanderweg 205
Viale XXV Apile
1
Chiesa di San Marco
Pregasio
478
Lago di Garda
Campione del Garda
Salò
Essen und Trinken
1 Restaurant San Marco

Von nun an achten wir im weiteren Verlauf der Wanderung auf die rot-weiße Wegmarkierung.

Entlang des asphaltierten Weges wachsen Olivenbäume, bunte Wiesen breiten sich aus, auch einige Häuser finden sich, einschließlich der Möglichkeit im Direktverkauf Olivenöl zu erwerben. Fast die gesamte nächste Zeit genießt man den **Blick auf den Gardasee** Richtung Süden und steuert auf die fast senkrechte Felswand zu, an deren Fuß sich **Campione del Garda** ausbreitet. Verlässt man unterwegs kurz die asphaltierte Strecke für ein paar Meter, ist ein unvergleichlicher Blick auf die wenigen Gebäude von Campione del Garda zu erhaschen und ein tolles Foto für die Freunde daheim schnell im Kasten.

Auf Asphalt läuft man weiterhin bergab, es wird waldiger und die Aussicht präsentiert sich teilweise stark eingeschränkt. An einem Haus mit Tor endet der breite Weg, und man erkennt rechter Hand eine Mauer, einen Zaun und einen dort nach rechts in den Wald abbiegenden, **steil bergauf führenden, steinigen Pfad.** Die mit den bekannten rot-weißen Markierungen gekennzeichnete Strecke führt nun unter dicht belaubten Bäumen hindurch, links ein gut 1,50 Meter hoher Zaun und unter den Füßen ein unebener Boden mit Wurzeln und Geröll.

Nachdem man wieder in freieres Gelände mit offenen Weiden gelangt ist, trifft man auf mehrere Schilder. Wir gehen Richtung Pregasio auf dem „202“ bergab auf erneut breitem Weg, der kurz darauf wieder bergan und in den Ort **Pregasio** führt. Das Gotteshaus, welches man passiert, stammt aus dem Jahr 1564 und ist dem heiligen Markus gewidmet. Nicht ganz ungelegen, nach rund 3,6 km Wegstrecke und 1 Stunde Gehzeit, erscheint wenige Meter später das **1** **Restaurant San Marco** mit seiner Terrasse, auf der man sich nach Bewältigung der halben Tourenstrecke stärken kann.

Am Restaurant San Marco nimmt man die gegenüberliegende Straße **Via San Marco** hinauf Richtung Residence Altogarda, **Wegmarkierung 205 Richtung Mezzema.** Es geht vorbei an blumengeschmückten Häusern. Der Blick auf die andere Seeseite nach Malcesine ist fantastisch. Die Via San Marco verwandelt sich auf dem Weg bei Mezzema nach Norden in die **Via Coste** – nun sind wir etwa 4,6 km gelaufen –, und kurz danach kommen wir auf die **Via Cortili.** Durch den Ort geht es nun bergab auf der **Via Mezzema** nach Pieve di Tremosine. Wir lassen die Residence Piccola Italia links liegen und kommen so nach einigen Minuten auf die **Via Europa,** der wir nach links zurück in das Zentrum von **Pieve di Tremosine** und zum Ausgangspunkt folgen.

Rundwanderung ab Piovere

Charakter

Rundwanderung über die **Hochebene von Tignale.** Die Strecke führt von Piovere in das malerische und vom Tourismus kaum wahrgenommene Dörfchen Aer und auf einer anderen Etappe wieder zurück. Landschaftlich sehr abwechslungsreiche Tour durch Waldgebiete und offene Areale mit wunderbarer Fernsicht auf den Gardasee. **Teils schmale, felsige und steile Passsagen,** die durch Drahtseile gesichert sind; diese sind jedoch sehr kurz. Der überwiegende Teil der Wanderung verläuft über breite, oft asphaltierte und **einfach zu bewälti-**

Rundwanderung ab Piovere

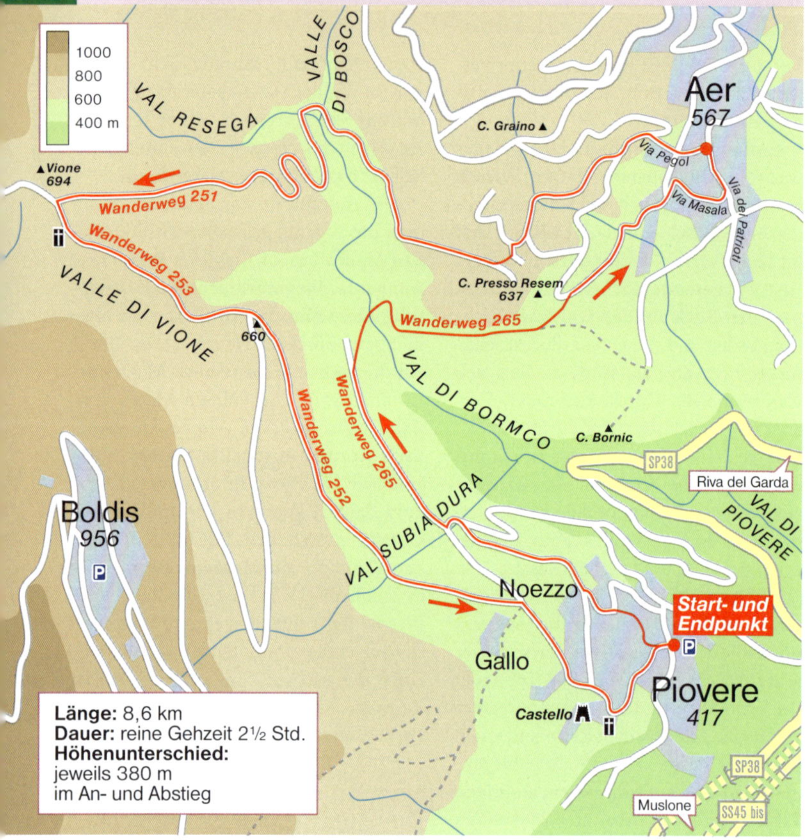

gende Wegabschnitte. Aufgrund von Steigungen sollte eine gewisse **Grundkondition** vorhanden sein.

- **Länge:** 8,6 km
- **Dauer:** reine Gehzeit 2½ Std.
- **Höhenunterschied:**
jeweils 380 m im An- und Abstieg

Ausgangs- und Endpunkt

Kostenfreier Parkplatz an der **Piazzale Chiara d'Assisi in Piovere.**

Einkehr und Übernachtung

In den Dörfern **Piovere** und **Aer** (Bar Silvana).

Anfahrt mit dem Auto

Zwischen Gargnano und Campione die von der Gardesana abbiegende **Straße nach Tignale** nehmen und später der Ausschilderung nach Piovere folgen. Über die Hochebene von Tremosine gelangt man nach Süden fahrend ebenfalls nach Piovere.

▷ Der schmale Weg ist teilweise durch Handläufe aus Drahtseil gesichert

Vom **Parkplatz in Piovere** begeben wir uns zunächst nach rechts nach oben in den Ort hinein. Man kommt auf dem steilen Abschnitt an dem ein oder anderen Café vorbei und trifft an den Häuserwänden schon auf die rot-weißen Markierungen des **Wanderweges 265.** An der Vicolo Porte biegt man rechts ab und verlässt so langsam den Ort.

Vorbei an Obstbäumen, Tennisplätzen und einem Spielplatz, immer mit weitem Blick über den Gardasee, verläuft der Weg ein Stück ohne wesentliche Steigung. Dann weiter auf asphaltierter Straße bergauf bis zu einer Spitzkehre und dort an den Garagen geradeaus, bis kurz danach der **Wegweiser „265 Piovere – Aer“** erreicht ist.

Nun läuft man in den **Wald** hinein, die Steigung präsentiert sich sehr moderat. Zwischendurch kurzer geteerter Abschnitt, dann erneut steinige Strecke und danach auf den nach unten führenden steilen **Abzweig nach Tignale – Aer (265)** achten. Alsdann stößt man auf die **Talsohle,** den Bach, vom Wasser glatt geschliffene Felsen und kleine Wasserbassins. Hier starten oft Canyoning-Touren. Wenige Minuten später folgt eine kurze, etwas anspruchsvollere, mit einem Handlauf aus Drahtseil gesicherte schmale Passage über Felsenstufen steil bergauf. Der Weg durch den Wald steigt danach weiterhin ordentlich an, Geländer aus dicken Seilen helfen und geben Halt beim Wandern. Wir folgen immer den Hinweisschildern nach Tigniale – Aer. Die Bäume lichten sich, und man gelangt nach gut 2,5 km Gehstrecke in freies, **offenes Gelände** mit grünen Wiesen, Weinreben und einem fantastischen Blick auf den Gardasee und den idyllisch gelegenen Ausgangsort der Tour.

Erste Häuser links des Wanderweges tauchen auf, und schon bald, nach zuletzt einigen Treppen und einem Torbogen, steht man in den Gassen des malerischen Ortes **Aer.** Hier lädt die Bar Silvana, in der auch übernachtet werden kann, zu einem erfrischenden Getränk ein. Eine kurze Erkundung des Dorfes lohnt sich.

Auf der **Via Masala** erreicht man die **Via dei Patrioti.** Nach rechts verläuft der Wanderweg 265, wir biegen jedoch nach links ab, passieren einen alten Mühlstein und müssen uns kurz später erneut für das Abbiegen nach links oder rechts entscheiden – wir wählen den asphaltierten Weg nach links, **Via Pegol,** und folgen der Straße. Nun befinden wir uns auf dem **Wanderweg 251** auf der

garda129 ts

Wanderung Torbole – Monte Brione

0 200 m ©Reise Know-How GardaF27 3/22

Via San Valentino. Dieser Straße folgen wir eine Weile. Anschließend überrascht die ausgeschilderte, breite Etappe mit einem erneuten Anstieg. Der „251“ geht dann scharf nach links in den „253“ und anschließend in den **„252“ nach Piovere** über, dem man nun ein ganzes Stück folgt. Am Ende, vor Piovere, präsentiert sich der Weg gut dimensioniert und mit asphaltiertem Untergrund. Am Ort trifft man erneut auf den bekannten Wanderweg mit der Nr. 265 und geht durch die steilen Straßen des Dorfes zurück zum Parkplatz, dem Ausgangspunkt unserer Rundwanderung.

[>] Bunker- und Geschützanlagen auf dem Monte Brione

Wanderung Torbole – Monte Brione

Länge: 9,5 km
Dauer: 2 Std.
Höhenunterschied: jeweils 340 m im An- und Abstieg

Charakter

Die **technisch einfache Wanderung** verlangt im Aufstieg auf den Monte Brione eine **gewisse Kondition und Trittsicherheit.** Die Strecke hinauf führt über unzählige, teils mit Holz verkleidete Stufen mit fast fortwährend herrlichen Ausblicken auf den See und Torbole. Bänke laden zum Ausruhen ein, während der Blick in die Ferne schweift. Zwischendurch trifft man auf mehrere militärische Bunker- und Verteidigungsanlagen aus dem 19. und 20. Jahrhundert. Der Rückweg ist als sehr moderat in Bezug auf Anstrengung und Kondition zu bezeichnen. Es geht meist über breite Forstwege oder verkehrsarme asphaltierte Straßen hinunter bis zum Forte San Nicolò. Hin- und Rückweg von Torbole zum Forte San Nicolò sind identisch.

Ausgangs- und Endpunkt

Zollhaus am Hafen von **Torbole.**

Einkehr

In **Torbole** gibt es eine große Auswahl an Restaurants, Bars und Cafés.

Anfahrt mit dem Auto

Nach **Torbole** zu dem am Hafen liegenden Zollhaus; dort kann an der Straße geparkt werden.

Der **Startpunkt** der Wanderung liegt zentral mitten in **Torbole** am pittoresken Zollhaus. Von hier aus geht es vorbei an der roten **Casa Beust** Richtung Seeufer

garda130 ts

und Riva del Garda. Wir lassen die Chiesa di Santa Maria al Lago rechts liegen, treffen auf ein kleines Hafenbecken und rund 1 km weiter auf die moderne **Brücke über den Sarca-Fluss.** Nach der Brücke verläuft der Weg nach links Richtung See und Promenade. Wir passieren eine Segelschule, eine Holzbrücke und einen Spielplatz, bis wir nach gut 1,5 km auf die Uferstraße stoßen. Auf dem Rad- und Fußweg laufen wir nach links, genießen den Blick auf den Gardasee und erreichen so als nächstes das **Forte San Nicolò,** eine zwischen 1860 und 1862 erbaute Befestigungsanlage. Im Bereich des Fußweges dort führt eine von einer hohen Mauer flankierte schmale Steintreppe knapp 70 Stufen hinauf auf eine Straße; nach rechts ist dann der **Wanderweg „Sentiero Monte Brione“** ausgeschildert. Die folgende, mit Treppen angelegte, teils steile Strecke führt durch bewaldete Abschnitte, bietet erste Ausblicke auf den Gardasee und ist mancherorts durch neue Drahtzäune, die vor einem Absturz schützen, begrenzt. Nach rund 2,5 km lädt eine hölzerne Bank mit Aussicht auf ganz Torbole zu einer Rast ein. Kurz danach trifft man auf das sogenannte **Forte Garda,** eine beeindruckende, von 1904 bis 1907 erbaute gepanzerte Anlage, die im Inneren bis zu 200 Soldaten Platz bot – für damalige Verhältnisse ein äußerst moderner Militärbau aus Stahlbeton und der erste seiner Art im Trentino. Die Bewaffnung bestand aus vier 10-cm-Turmhaubitzen, einigen Maschinengewehrbatterien und Kanonen.

Beim Fort auf dem bekannten Weg über angelegte Treppenstufen weiter bergan entlang des aus Betonguss und Trapezblech konstruierten Daches des Forte Garda. Der **gut gesicherte Weg** führt entlang des Bergrandes, zwischendurch erläutert eine Infotafel die Entwicklung des von hier oben sehr gut zu sehenden Sarca-Flusses. Im weiteren Verlauf zeigen sich durch Olivenhaine führende, flachere Abschnitte teils ohne Stufen. In der Ferne erkennt man den Ort Nago. Kurz darauf, nach rund 4 km, ist auf einer Anhöhe die zwischen 1898 und 1900 erbaute, frei stehende **Batteria di Mezzo** erreicht, die bis zu 150 Soldaten Platz bot. Die Verteidigungsanlage sollte den Monte Baldo und das Areal zwischen Riva und Arco schützen.

Wir folgen dem Wegweiser „Sentiero Monte Brione“; erneut geht es über mit Holzbohlen angelegte Treppen nach oben, bis ein stattliches, zu Ehren gefallener Soldaten errichtetes **Kreuz** erreicht ist. Anschließend, an der nächsten Weggabelung, halten wir uns links und gehen wieder bergab hinunter zur Batteria di Mezzo und nehmen den breiten, auch von Mountainbikern genutzten Weg rechts entlang mit schöner Zypressenallee. Der Weg, der sich nun in weiten Kehren Richtung See schlängelt, ist breit und schottrig und stellt eine Art Forstweg durch das Naturreservat Monte Brione dar.

Nach einem Schlagbaum und rund 5 km Gehstrecke ist eine **asphaltierte Straße** erreicht. Nun geht es entspannt geradeaus und leicht bergab, dabei trifft man auf weitere Militäranlagen wie das von der Beleuchtungsabteilung Nr. 1 des K.u.K. Festungsartilleriebataillons Nr. 4 in den Fels gehauene und mit einem Eisentor versehene **höhlenartige Bauwerk.** In dieser Kehre, in der sich auch eine Karte vom nördlichen Gardasee findet, gehen wir geradeaus Richtung See, vorbei an auf Terrassen angepflanzten Olivenbäumen und einer Steinmauer. Rechts unter uns breitet sich Riva del Garda aus.

Im weiteren Verlauf trifft man auf eine **Gabelung,** deren linker Abzweig auf den bekannten, schon absolvierten Hinweg führt, daher nehmen wir den rechten, **steinigen Pfad bergab.** Am letzten Olivenbaum auf der rechten Seite biegen wir in einem 90°-Winkel rechts ab und gehen vorsichtig steil hinunter, bis der nächste asphaltierte Abschnitt erreicht ist. Die weitere Wanderung verläuft nach links und moderat bergab, eine blaue Wegmarkierung mit der Ziffer 77 sollte erkennbar sein. Es läuft sich nun angenehm auf einer breiten, von Olivenhainen begrenzten Straße. Man stößt nach etwa 6,5 km auf erste Gebäude wie das 1 **Hotel Benacus** (Karte S. 302) oder die Residence Marina, bis man wenig später an eine scharfe Rechtskurve kommt, an der sich rechtsseitig die bekannte Steintreppe hinunter zum Seeufer und dem **Forte San Nicolò** befindet. Die restliche Strecke zurück nach **Torbole** zum Zollhaus ist identisch mit dem Hinweg.

Wanderung von Torbole Richtung Tempesta

Charakter

Oberhalb von Torbole führt diese tolle Ausblicke eröffnende und **einfache Panorama-Wanderung** an der Bergflanke des Ostufers Richtung Süden und dem Ort Tempesta. Absoluter Höhepunkt der Halbtagestour sind die teils am senkrechten Fels errichteten **stählernen Treppenkonstruktionen** mit mehreren hundert Stufen; die Treppen sind breit und durch ein massives und hohes Gelände absolut sicher. Ein Ausflug auch für Kinder. Etwas **Schwindelfreiheit** ist Voraussetzung. Der übrige Streckenverlauf besteht aus **angenehm breiten, steinigen bis kieseligen Passagen** mit zahlreichen Infotafeln, die die örtliche Flora und Fauna kurz erläutern und auch etwas zur Geologie aussagen. Wer nur den Hinweg der Wanderung meistern möchte, kann in Tempesta an der Gardesana den Bus zurück nach Torbole nehmen.

- **Länge:** Hin- und Rückweg ca. 8,6 km
- **Dauer:** 2½ Std. reine Laufzeit
- **Höhenunterschied:**

jeweils rund 310 m im An- und Abstieg

Ausgangs- und Endpunkt

Parkplatz oberhalb von **Torbole.** Wer ohne Auto vor Ort ist, kann vom Zentrum in Torbole aus den Hinweisschildern nach „Le Busatte" folgen. So gelangt man ebenfalls zum Ausgangspunkt bzw. zum Restaurant Le Busatte und dem Adventure Park.

Anfahrt mit dem Auto

Nach **Torbole** und dort vom Zentrum, von der Piazza Goethe, auf der Via Pontalti bergauf zum Parkplatz.

Wir starten am **Panoramaparkplatz oberhalb von Torbole** und verlassen diesen über einen Weg parallel zur bergauf führenden Straße. Am Ende des Parkplatzes trifft man auf mehrere Schilder und Treppen. Ein Weg führt zurück nach Torbole, wir entscheiden uns für die nach links ansteigenden Treppen. Nach ein paar Dutzend Stufen kommt man auf die bekannte Straße und quert diese. Anschließend folgt man dem gegenüberliegenden Fußweg weiter bergauf, bis man erneut auf die Straße trifft. Nun sind es ein paar Dutzend Meter bis zu einer scharfen Rechtskurve. Dort zeigen **Hinweisschilder** mit der Aufschrift

Wanderung von Torbole Richtung Tempesta

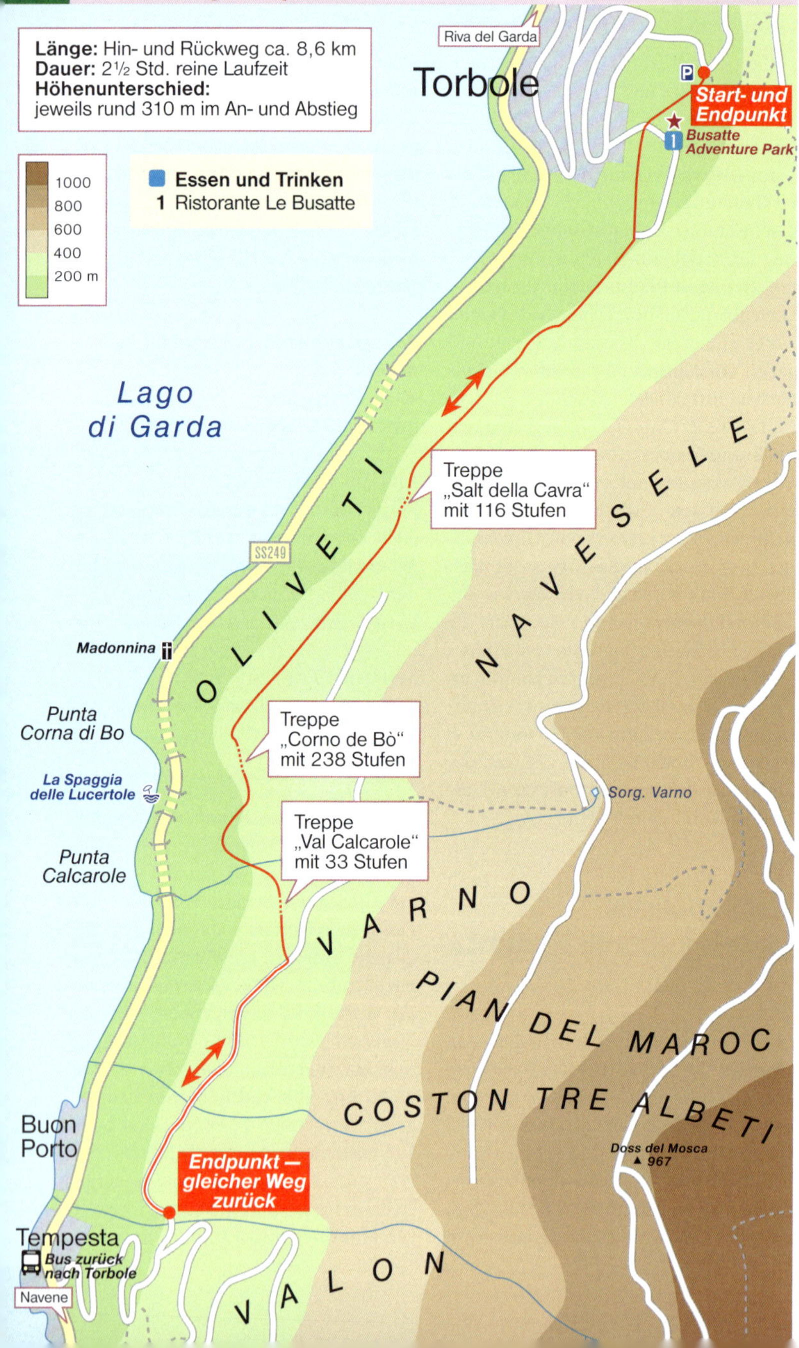

„Le Busatte – Parco ricreativo-sportivo" und „Sentiero Panoramico, Busatte – Tempesta" den richtigen Weg, bis man zu einem weiteren Parkplatz gelangt. Nun ist man direkt beim 1 **Ristorante Le Busatte** mit seiner großen Liegewiese und dem angrenzenden BMX-Park, der am Samstag- und Sonntagnachmittag geöffnet ist, allerdings nur, wenn es nicht regnet. Wenige Meter weiter hat sich der **Busatte Adventure Park** etabliert, der für die ganze Familie einen Kletterparcours mit verschiedenen Schwierigkeitsgraden anbietet. Wer Lust hat, kann hier auf dem Hin- oder Rückweg einen Stopp einlegen.

Die Wanderer folgen der **Ausschilderung „Busatte – Tempesta"** und lassen den Park rechts liegen. Mountainbike-Freunde finden in diesem Bereich gut markierte Touren. Nun sind es nur noch wenige Minuten, bis sich ein erster herrlicher Blick auf den Gardasee, Torbole und Riva del Garda bietet. Zwischendurch informieren auf diesem Abschnitt Tafeln über den zwischen den Felsblöcken wachsenden **Judasbaum** und den **Perückenstrauch.**

Die Wanderung führt weiter über einen breiten, kaum mit Anstiegen versehenen Weg, der fast immer die Sicht auf den See, die Berge und das V-förmige Ledro-Tal auf der Westseite freigibt. Hin und wieder finden sich am Hang immergrüne **Steineichen** und die vor allem in Nordamerika in hügeligen und bergigen Arealen beheimatete winterharte **Weißeiche.** Mit etwas Glück kann man am Himmel den Schwarz-Milan, Falken oder auch einen Bussard entdecken.

Nach gut 2 km gelangt man an die erste stählerne Treppenkonstruktion **„Salt della Cavra"** mit 116 Stufen und einem hohen, sicheren Geländer – eine grandiose Aussicht ist garantiert. Rund 1 km weiter muss ein weiteres Meisterwerk der Ingenieurskunst bewältigt werden: Die teils sehr ausgesetzt an der Felswand installierte, breite und absolut sichere Treppe **„Corno de Bò"** verfügt über 238 Stufen. Anschließend folgen einige Waldpassagen, die besonders im Hochsommer angenehmen Schatten bieten. Nur etwa 10 Minuten später zeigt sich

Der Judasbaum

Der Judasbaum *(Cercis siliquastrum)* ist ein nur mehrere Meter groß werdender **Laubbaum mit nahezu runden Blättern und schönen pinkrosa Blüten.** Auffällig sind auch die bis zu knapp 10 cm langen Hülsenfrüchte, die essbare, mehlige und energiereiche Samen enthalten. Der Name des Baumes geht auf die Legende zurück, dass sich an einem solchen Baum *Judas Iskariot,* einer der zwölf Jünger aus dem Neuen Testament, erhängt haben soll.

Der Perückenstrauch

Der Perückenstrauch *(Cotinus coggygria),* engl. *Smoketree,* ist in Italien auch unter dem Namen **Albero della Nebbia** (Nebelbaum) bekannt. Bis ins frühe 19. Jahrhundert nutzte man die Zweige und Blätter aufgrund ihres **hohen Tannin-Gehaltes** zur Färbung und Haltbarmachung von Leder. Seinen Namen erhielt das Gewächs mit seinem orangerot bis scharlachrot gefärbten Herbstlaub wahrscheinlich aufgrund seiner **buschigen und feinen Fruchtstände,** die im Sommer und Herbst das Aussehen der gesamten Pflanze dominieren.

die letzte Treppe „Val Calcarole“ des Panoramaweges, die „nur“ über 33 Stufen verfügt und kaum ausgesetzt ist. Anschließend gelangt man auf einen breiten, steinigen **Forstweg,** der, laut Schild, die Wanderer in 30 Minuten hinab nach Tempesta an die Gardesana führt, wo die Möglichkeit besteht, den Bus zurück nach Torbole zu nehmen.

Wer noch Zeit und Lust hat, dem sei der **Rückweg** über die schon bekannten stählernen Bauwerke empfohlen, die in diese Laufrichtung einen ganz neuen Reiz versprühen und weitere spektakuläre Aussichten im Angebot haben. Nach rund 2½ Stunden ist der Ausgangspunkt am Parkplatz in **Torbole** wieder erreicht.

Absolut sicher und dennoch atemberaubend – die Treppenkonstruktionen auf dem Panoramaweg

Rundwanderung von Bardolino zur Rocca di Garda

Charakter

Familienfreundliche Wanderung zunächst am Seeufer entlang bis Garda. Dann folgt ein **nicht allzu steiler Aufstieg auf die Rocca di Garda** mit ihren steil abfallenden Felswänden und einem faszinierenden Ausblick auf Garda und Bardolino. Auf dem zumeist auf breiten Wegen verlaufenden Rückweg kann man die Landschaft genießen.

- **Länge:** ca. 9,5 km
- **Dauer:** 3 Std.
- **Höhenunterschied:** jeweils 330 m im An- und Abstieg

Ausgangs- und Endpunkt

Bewachter Parkplatz in **Bardolino** an der Via G. Leopardi, 2, direkt an der Gardesana nahe der Kirche San Severo.

garda131 ts

Anfahrt mit dem Auto

Über die Gardesana bis nach **Bardolino** zum Parkplatz in der Via G. Leopardi, 2.

Wir starten am **Parkplatz in Bardolino** und gehen Richtung Gardesana; dort angekommen, nehmen wir die Unterführung zur Kirche San Severo auf der anderen Straßenseite. Das romanische Bauwerk lassen wir rechts liegen und gehen geradeaus den leicht abschüssigen Weg auf der Borgo Giuseppe Garibaldi ins **Zentrum von Bardolino.** Auf dem Weg zum See kreuzen wir zwischendurch die Via Dante Alighieri und spazieren durch die Fußgängerzone weiter schnurstracks auf der Via Goffredo Mameli an Restaurants und Bars vorbei, bis der Hafen links auftaucht. Weiter geht es auf der **Promenade;** auf der rechten Seite kann man herrschaftliche Villen wie die Villa Terzi oder die Villa delle Magnolie begutachten. Kurz danach fällt ein **Denkmal** mit einer Büste, zwei Porträtreliefs und der Inschrift „A Cesare Vittorio Gianfranco Betteloni" auf: Bei den drei abgebildeten männlichen Personen handelt es sich um berühmte Dichter aus der Familie *Betteloni,* den Vater *Cesare* (1808–1858), den Sohn *Vittorio* (1840–

Rundwanderung von Bardolino zur Rocca di Garda

1910) und den Enkel *Gianfranco* (1876–1948). Sehr bekannt ist das von *Cesare Betteloni* stammende Gedicht „Il Lago di Garda“, das ein Loblied auf den See und seine Bewohner anstimmt.

Nach dem Denkmal gelangt man durch den öffentlichen **Giardino Marinai d'Italia** mit Wiese, Olivenbäumen und Bootsvermietung. An einer kleinen **Landzunge** macht der Weg fast eine 180°-Wende und stößt dann auf ein Restaurant und einen Liegenverleih. Wir halten uns einfach immer geradeaus und folgen dem Uferweg bis zum **Centro Nautico Bardolino.** Hier heißt es nach rechts abbiegen und nach rund 50 Metern, vorbei am Camping San Nicolò, links abbiegen. Im weiteren Verlauf kommt man immer wieder an großen Campingplätzen (La Rocca, Serenella) vorbei, am Seeufer wechseln sich zum Liegen geeignete Grünflächen und Kieselstrände ab, und kleine Beach-Restaurants laden zu einer Erfrischung und einem Snack ein.

Als nächstes erreichen wir die Gemeindegrenze von Bardolino und kommen nach **Garda.** An der Promenade nutzen wir die erste steinerne Treppe, die hinauf zur Gardesana führt, und lenken die Schritte nach links. An der nächsten Linkskurve verläuft die Wanderung nach rechts über die Straße hinweg. Die Strecke zur **Rocca Vecchia** ist nun mit einem „A“ ausgeschildert. Nach ein paar Steinhäusern findet man ein weiteres Hinweisschild zur Rocca. Es folgen zahlreiche Steintreppen steil bergauf, die wenig später in einen schmalen, steinigen Schotterweg übergehen. Sobald die Häuser passiert sind, beginnt auch schon ein bewaldetes Areal. Man folgt der Ausschilderung. Gerade bei sommerlichen Temperaturen ist diese teils schattige Episode sehr angenehm. Am Ende der etwas anstrengenden Etappe trifft man nach etwa 1 Stunde auf einen **Rastplatz** mit Holztischen und Bänken. Hier verzweigt sich der Weg.

Wir entscheiden uns weiter für die Richtung zur Rocca Vecchia und gehen nach rechts wieder bergauf durch waldiges Terrain. Nach einigen Metern informiert eine Tafel über die im Bereich der Rocca di Garda erbaute Burg, und es finden sich **Tunneleingänge,** die man auf keinen Fall erkunden sollte: Im gesamten Bereich des Berges wurden zu Kriegszeiten Gänge in die Felsen geschlagen, die heute teils ungesichert an steil abfallenden Felshängen enden; Schilder warnen vor dem Betreten.

Wir bleiben auf dem felsigen Pfad und genießen hier und da den Blick in die hügelige Umgebung. Nun sind es nur noch wenige Minuten, bis man auf ein ebenes, weitläufiges Areal mit Bäumen und Grasflächen gelangt. Das erste Etappenziel, der markante **Rocca di Garda** zwischen den Orten Garda und Bardolino, ist erreicht.

Im Mittelalter stand hier eine **mächtige Festung,** die flachen Bereiche dienten als Ackerflächen. Bekannt wurde die Burg durch ein durchaus spektakuläres Ereignis: Hinter den dicken Mauern hielt der Markgraf *Berengar* vor vielen Jahrhunderten die später heiliggesprochene **Adelheid von Burgund,** Tochter des Königs *Rudolf II. von Burgund* und der *Bertha von Schwaben,* gefangen. Doch sie verweigerte sich dem Grafen, lehnte eine Heirat ab und floh schlussendlich mit Hilfe eines Priesters mit ihrer Tochter aus der Festung. Der deutsche Kaiser *Otto I.* stellte sich auf *Adel-*

heids Seite, besiegte den Markgrafen und führte sie im Jahr 951 zum Traualtar; so wurde *Adelheid* deutsche Kaiserin. Sie starb am 16. Dezember 999 in Seltz im Elsass/Frankreich.

Archäologen entdeckten manch historisches Relikt und einige **Überreste** der Burg, doch sind diese geschichtsträchtigen Überbleibsel schwer zu finden. Hinweisschilder oder gar ein touristischer Informationspfad zu den archäologischen Ausgrabungsstätten gibt es, trotz starkem Engagement der einheimischen Bevölkerung, nicht. Es heißt, die politischen Entscheider in Garda und Bardolino konnten sich nicht auf ein gemeinsames Vorgehen einigen, um das von der EU für dieses Projekt vorgesehene und schon bewilligte Fördergeld abzurufen.

An verschiedenen, mit Holzgeländer gesicherten Stellen eröffnen sich auf der Rocca **tolle Ausblicke:** Im Süden entdeckt man Bardolino, Richtung Norden erkennt man die Häuser von Garda, am gegenüberliegenden Ufer erhebt sich der spitze Fels der Rocca di Manerba, davor zeigt sich die Isola del Garda, und auch die weit in den See ragende Halbinsel von Sirmione ist zu sehen.

Wenige Schritte von der Gardesana entfernt geht es in Garda hinauf zur La Rocca

garda132 ts

Nach einer Pause gehen wir zurück zu dem weiter bergab liegenden bekannten Rastplatz, folgen dort der **Ausschilderung nach Bardolino** und nehmen die Strecke nach rechts. Der leicht abfallende Weg führt teils beschattet an Weinstöcken vorbei.

Die Wanderung führt bergab über eine kaum befahrene Asphaltstraße mit zahlreichen schön gelegenen Unterkünften wie der Casaliva auf der **Strada di Sem.** Wir folgen dieser Straße einige hundert Meter und stoßen auf eine Hauptstraße, die wir queren; geradeaus geht es in die **Strada Colombarone.** Bei der Gabelung mit der Strada delle Tezze biegen wir rechts ab und bleiben auf der Strada Colombarone, die später in die **Strada Palai** übergeht. Fast auf der gesamten Strecke befinden sich links und rechts des Weges mit roten und weißen Trauben behangene Weinstöcke, Olivenbäume und Zypressen. Es geht jetzt die gesamte Zeit moderat nach unten, bis wir wieder auf die Hauptstraße treffen. Nun folgen wir der Straße nach links bis zur **Gardesana;** von hier sind es dann nach links gehend nur wenige Minuten bis zum Ausgangspunkt.

☐ Weiter Ausblick von der Rocca di Garda

garda133 ts

garda101 ts

6

Verona

»Die Stadt ist während eines Gardasee-Urlaubs unbedingt einen Tagesausflug wert. Es locken Paläste, Museen und eine quirlige, angenehme Atmosphäre. Und nicht zu vergessen die römische Arena und das Haus der Julia.

< Blick auf die Chiesa Sant'Anastasia am Ufer der Etsch

ÜBERBLICK

Seit Jahrhunderten schon wird Verona von Dichtern, Künstlern und Reisenden immer wieder aufs Höchste gepriesen. Im Jahr 2000 erhob die UNESCO die komplette Altstadt zum Weltkulturerbe. Wer also auf seiner Reise an den Gardasee einen Abstecher nach Verona unternehmen möchte, sollte sich im Klaren sein, dass diese großartige Stadt nicht an ein oder zwei Nachmittagen vollständig entdeckt werden kann. Um den schier unendlich vielen geschichtlichen Zeugnissen aus römischer Zeit, dem Mittelalter, der Scaliger-Zeit, der venezianischen Epoche oder der österreichischen Herrschaft den wohlverdienten und zeitlich angemessenen Respekt zu zollen, ist eigentlich ein mehrtägiger Trip vonnöten. Auch wenn die Zeit während einer Stippvisite vielleicht drängt, empfiehlt es sich, nicht nur die Highlights „abzuhaken", sondern auch etwas abseits der Haupttourismusströme auf Erkundungstour zu gehen, um so vielleicht die „wahre" Atmosphäre und das „echte" Leben dieser tollen Stadt erfahren zu können, die heute 260.000 Einwohner zählt.

NICHT VERPASSEN!

- **Piazza Brà und Arena:** Herz und Wahrzeichen der Stadt | 321
- **Stadtviertel Carega:** Verona ganz bodenständig und authentisch | 325
- **Scaliger-Grabmäler** | 327
- **Casa di Giulietta:** wer hat noch nicht davon gehört, vom Haus von Romeos Julia? | 329

Diese Tipps erkennt man an der gelben Markierung.

Bei einem Besuch der Stadt stehen natürlich einige **Sehenswürdigkeiten** auf der Agenda, die man unbedingt kennengelernt haben sollte. Da wären zum Beispiel der weltberühmte Balkon, auf dem *Shakespeares* literarische *Julia* dem Liebeswerben *Romeos* lauschte, und die römische Arena, in der früher Gladiatorenkämpfe und heute grandiose Operninszenierungen veranstaltet werden. Natürlich ist auch die quirlige Fußgängerzone rund um die Via Guiseppe Mazzini ein Teil des „Pflichtprogramms".

Angenehm und ruhig zeigt sich das direkt am Flussufer liegende **Stadtviertel Carega** mit urigen Trattorias und dem Dom. Alternativ angehaucht und von der Universität geprägt präsentiert sich das alte **Veronetta-Viertel** mit dem Giardino Giusti, einem der schönsten Renaissancegärten Italiens. Eine außergewöhnlich schöne Aussicht auf die Stadt offenbart das auf einem Hügel thronende **Kastell San Pietro.** Durch die Ebene unterhalb schlängelt sich die Etsch, an deren Ufern sich ein urbanes Meer aus roten Backsteinhäusern und wehrhaften Türmen, aus Mauern mit Schwalbenschwanzzinnen, prächtigen Palästen und gepflegten Parkanlagen ausdehnt.

Geschichte

Erste Spuren menschlicher Besiedlung stammen aus der **Jungsteinzeit** und wurden am Fuße des San-Pietro-Hügels am Fluss gefunden. Rund 200 Jahre vor Christus befanden die **Veneter** dieses Areal als strategisch und siedlungstechnisch günstig, ließen sich dort nieder und knüpften enge Bande mit den Römern. Auch diese erkannten die **bevorzugte Lage an der Etsch** mit San Pietro als Aussichtspunkt, und so verlieh *Julius Caesar* 49 vor Christus Verona die römische Bürgerschaft. Verona wuchs an Größe und Bedeutung, wurde **Municipium** und erlebte die Blütezeit unter Kaiser *Vespasian.* In dieser Zeit entstanden beeindruckende Bauwerke wie das Römische Theater am Colle San Pietro, die Arena oder der Triumphbogen Arco dei Gavi am Ufer der Etsch.

Im frühen **Mittelalter** erhob der Langobarden-König *Albuin* Verona zur Hauptstadt seines Reiches. Ende des 8. Jahrhunderts schlug *Karl der Große* die Langobarden und so kam die Region unter fränkische Herrschaft. Im Verlauf der Jahrhunderte gab es etliche kriegerische Auseinandersetzungen, bis 1262 die einflussreiche Adelsfamilie der **Scaligeri** die Macht übernahm und Verona zu neuer Stärke und Ansehen verhalf. Mit der Herrschaft von *Alberto della Scala* und *Cangrandes I.* veränderte sich das Aussehen der Stadt massiv. Es wurden weitere Stadtviertel wie das Veronetta-Viertel in die neuen Wehranlagen mit mächtigen Mauern und Türmen einbezogen und beispielsweise die Festung Castelvecchio mit der Ponte Scaligero bzw. Ponte di Castelvecchio erbaut.

garda091 ts

Der Palazzo Maffei, davor die Marmorsäule mit dem geflügelten Markuslöwen, dem Herrschaftszeichen Venedigs

Flughafen Verona Villafranca, Brescia
San Zeno Maggiore, Trient
San Bernardino
Porta Palio
Uniklinik Verona, Bahnhof, Mantua, Modena
Parcheggio Tribunale
Parcheggio Cittadella
Via Santo Stefano
Via S.
San Giorgio Maggiore
Farinata Uberti
Piazza Vittorio Veneto
Via del Mille
V. Nino Brixio
Viale D'Annunzio
Via Rovereto
Via Ederle
Via Anzani
Via Risorgimento
Via M. Todeschini
Via IV Novembre
Via Prato Santo
Lungadige Giacomo Matteotti
Ponte Garibaldi
Lungadige Riva Battello
Duomo di Santa Maria Matricolare
Piazza Duomo
Via Duomo
CAREGA-VIERTEL
Via Garibaldi
Via Sole
Via Pigna
Via A. Verità
Via Forti
Fiume Adige (Etsch)
Lungadige Panvinio
Via Libera
Via Cadrega
Via S. Mamaso
Loggia del Consiglio
Via Rosa
Via S. Salvatore Vecchio
Via Sant'Eufemia
Via della Republica
Arsenale
Franz Josef I
Piazza Arsenale
Piazzale Cadorna
Ponte della Vittoria
Santa Eufemia
Via Emilei
Via Sant Eufemia
Palazzo Maffei
Gardello-Turm
Case dei Mazzanti
Piazza delle Erbe
Piazza dei Signori
Arco della Cota
Torre dei Lamberti
Corso Porta Borsari
Lungadige Campagnola
Via Diaz
Via Pellicciai
Via Quattro Spade
San Lorenzo
Corso Cavour
Via Cantore
Via Guiseppe Mazzini
Via Scala
Via Stella
Arco dei Gavi
Ponte di Castelvecchio
Castelvecchio
Via Orberdan
Via Alberto Mario
Via Sant'Nicolò
Via Anfiteatro
Via S. Cosimo
Museo Civico d'Arte
Via Cattaneo
Liston-Promenade
Arena
Piazza Mura Gallieno
Via Leoncino
Via Roma
Museo Lapidario Maffeiano
Garten
Piazza Brà
Via degli Alpini
Palazzo Barbieri, Gran Guardia Nuova
Palazzo della Gran Guardia
Stradone Maffei
Via Guglielmo Marconi
Corso Porta Nuova
Vicolo Santa Caterina
Piazza Cittadella
Via degli Pallone
1 2 6 7 8 9 10 11 12 13 14 15 16 17 18 19 20 21
322 323 324 325 326 327 328

Übernachtung
1 Hotel Delser
9 Albergo Mazzanti
12 Hotel Aurora
14 Hotel Accademia
17 Bed & Breakfast Vicolo 22
19 Bed & Breakfast Quo vadis
20 Hotel Milano & SPA

Einkaufen
4 Lo Scarabocchio
11 Enoteca Oreste Dal Zovo
16 Hellas Store
21 Gastronomia Stella

Essen und Trinken
2 Caffè & Parole
3 Restaurant Antica Torretta
5 Gelateria Ponte Pietra
6 Osteria a la Carega
7 Bar Archivio
8 Osteria Macafame
10 Ristorante Sant'Eufemia
13 Gelateria Come una Volta
15 Osteria La Tradision
18 Ristorante Flora
22 Caffè Carducci
23 Osteria Ai Osei

Anfang des 15. Jahrhunderts kam es erneut zu einem Machtwechsel. Von nun an gehörte Verona zur **Republik Venedig** und dies bis 1796. Zwischenzeitlich verwandelten die Veroneser die alten Festungsanlagen aufgrund des Aufkommens effektiver Feuerwaffen in ein kaum einnehmbares Bollwerk mit noch dickeren Mauern und gut bewaffneten Verteidigungsposten. Auch ein breiter, freier und hervorragend einsehbarer Bereich um die Stadtmauern wurde angelegt. Doch all dies nützte wenig, denn Ende des 18. Jahrhunderts konnte **Napoleon** mit seinen Soldaten Verona an sich reißen. Nach dem kurzen Intermezzo unter französischer Befehlsgewalt übernahmen die **Österreicher** die Macht, bis Verona 1866 nach den italienischen Unabhängigkeitskriegen an das neu gegründete italienische Königreich fiel. Diese Monarchie existierte bis 1946 und wurde dann durch die heutige Italienische Republik abgelöst.

Stadtrundgang

Ein geeigneter **Ausgangspunkt** für eine Erkundungstour ist die **zentrale Piazza Brà** mit der Arena und dem Palazzo della Gran Guardia. Von hier sind alle Sehenswürdigkeiten und beschriebenen Stadtviertel gut zu Fuß zu erreichen. In der Nähe befinden sich außerdem einige Parkhäuser und Parkplätze. Der Hauptbahnhof liegt ca. 1,5 km entfernt im Süden. Da der Besuch Veronas im Kontext dieses Buches als ein ein- oder zweitägiger Ausflug während eines Gardasee-Urlaubs angelegt ist, werden zwar viele Se-

garda092 ts

[>] Piazza Brà und die Arena aus dem 1. Jahrhundert nach Christus

henswürdigkeiten der Stadt beschrieben, aber auf eine komplette Auflistung verzichtet. Für umfassende Informationen seien Interessierte auf den „CityTrip Verona“ aus dem Reise Know-How Verlag verwiesen.

Piazza Brà und Arena

Der Platz ist wohl der **beliebteste Treffpunkt** der Einheimischen und auswärtigen Besucher. Man sitzt in einem der zahlreichen Straßencafés an der **Liston-**

garda093 ts

Promenade, unterhält sich und sieht die Leute flanieren. Die Idee für den sehr geschätzten und stark frequentierten Liston hatte 1770 der Statthalter *Alvise Mocenigo*. Die **urbane Kulisse** rundum strotzt nur so vor antiken und historischen Bauwerken der Spitzenklasse. Ein aus drei Kreisen bestehender, 1873 angelegter Garten mit hohem, altem Baumbestand sorgt für einen grünen Farbtupfer zwischen hochherrschaftlichen Fassaden und dem römischen Mauerwerk der weltberühmten Arena.

Der Platz, zur Zeit der Lombarden eine als „braida" bezeichnete wiesenähnliche Freifläche, wurde erst **im 12. Jahrhundert in den ummauerten Stadtbereich integriert** und entwickelte sich im 17. und 18. Jahrhundert langsam zu einem bedeutenden Platz. Immer mehr repräsentative Gebäude entstanden und 1845 erhellten erstmals Gaslaternen die nächtliche Szenerie.

Arena

Die Arena dominiert die Piazza Brà. Sie ist das **Wahrzeichen der Stadt** und in aller Welt berühmt. Erbaut wurde das zu den größten und besterhaltenen antiken Amphitheatern der Welt zählende epochale Juwel **im 1. Jahrhundert nach Christus.** Zu Beginn stand das heute noch knapp 138 Meter lange Bauwerk aufgrund seiner **kolossalen Ausmaße** außerhalb der eigentlichen römischen Stadt. Erst im 3. Jahrhundert schützte ein wehrhafter Mauerring Siedlung und Theater. 1117 richtete ein starkes Erdbeben massive Schäden am Gebäude an, unter anderem stürzte die Außenmauer ein. Daher existiert nur noch der zweigeschossige Innenring.

⌃ Von der Piazza Brà gelangt man in die Haupteinkaufsstraßen

Selten ging es in früheren Jahrhunderten friedvoll in der Arena zu. Erst kämpften **Gladiatoren** gegeneinander auf Leben und Tod, später fanden kaum weniger gefährliche **Ritterturniere** statt, und zu späteren Zeiten ließ man hin und wieder Zuschauer **Stierkämpfe** bejubeln; 1805 saß *Napoleon* im Publikum. Zu Ehren des 100. Geburtstages von *Giuseppe Verdi* fand am 10. August 1913 die erste Inszenierung einer Oper statt, die Geburtsstunde der berühmten **Opernfestspiele,** die bis heute alljährlich von Ende Juni bis Ende August Kunstinteressierte aus der ganzen Welt in ihren Bann ziehen.

■ **Informationen** zu den Aufführungen und Tickets bekommt man beispielsweise auf der offiziellen Website www.arena.it.

■ **Besichtigung der Arena:** Di bis So 9–19 Uhr, an Tagen, an denen Aufführungen geplant sind, variieren die Öffnungszeiten für die Öffentlichkeit. Eintritt: Erw. 10 €, Kinder 8–13 Jahre 1 €, Senioren ab 60 Jahren und Studenten (bis 30 Jahre) mit Ausweis 7,50 €; jeden ersten So im Monat von Oktober bis Mai 1 €. Behinderte frei. Kostenlos mit Verona Card. www.turismoverona.eu.

Palazzo della Gran Guardia

Gegenüber der Arena trifft man auf den Palazzo della Gran Guardia, der ab Anfang des 17. Jahrhunderts erbaut wurde. Er diente als **Quartier, Sitz und trockener Paradeplatz für die Stadtwache.** Der von dem bekannten Baumeister *Dominic Curtoni* entworfene „Palast der Großen Wache" mit seiner auffälligen, mit 13 Bögen verzierten Fassade wurde 1853 fertiggestellt, also erst rund 240 Jahre nach Baubeginn. Finanzielle Schwierigkeiten sorgten für die langjährige Verzögerung. Heute nutzt man den imposanten Palazzo nahe der Arena für **Ausstellungen, Veranstaltungen und Feierlichkeiten.**

Museo Lapidario Maffeiano

In dem 1745 gegründeten und 1982 modernisierten Museum neben dem Palazzo della Gran Guardia ist eine interessante und äußerst umfangreiche Sammlung u.a. von Fundstücken mit griechischen, etruskischen und römischen Inschriften **(Epigraphik)** untergebracht.

■ **Infos:** Di bis So 8.30–14 Uhr, Mo geschlossen. Eintritt: Erw. 4,50 €, Kinder 8–13 Jahre 1 €. Kostenlos mit Verona Card. www.turismoverona.eu.

Palazzo Barbieri

Ein weiterer schmucker Blickfang an der Piazza Brà ist der Palazzo Barbieri. Er entstand **1836** nach dem Entwurf von *Giuseppe Barbieri* und erinnert mit seiner frontalen Freitreppe und dem mit hohen Säulen versehenen Portikus samt Satteldach an einen römischen Tempel. Das Gebäude, in dem sich aktuell die Gemeindeverwaltung befindet, kann nicht besichtigt werden.

Museo della Radio d'Epoca

Das sehenswerte Radio-Museum südlich der Piazza Brà ist zurzeit **geschlossen.** Es soll saniert und dann neu eröffnet werden; wann dies sein wird, ist nicht bekannt. Ursprünglich zeigte das Museum in mehreren Räumen einen eindrucksvollen Querschnitt durch die Radiogeschichte. Beispielsweise fand sich hier ein Nachbau der „Cabina Radio" der „Titanic", und man konnte rund 700 Fernseh- und Radiogeräte aus vielen Jahrzehnten bestaunen, beginnend im 19. Jahrhundert – eine Reise in die **Vergan-**

genheit von TV und Hörfunk. Unter den Exponaten fanden sich auch Stücke mit Seltenheitswert wie der original „Sony Watchman“ aus dem 1988 gedrehten Film „Rain Man“ mit *Dustin Hoffman* und *Tom Cruise.*

Infos: Zurzeit geschlossen. Informationen unter www.museodellaradio.com bzw. auf Facebook: www.facebook.com/VR900.

Burg Castelvecchio und Museum

Von der Piazza Brà gelangt man **über die Via Roma** in wenigen Minuten zu Fuß zu der an der Etsch liegenden Festung Castelvecchio, dem dort untergebrachten Museum und der den Fluss überquerenden Ponte di Castelvecchio.

In der zweiten Hälfte des 14. Jahrhunderts ließ *Cangrande II.*, Sohn von *Mastino II. della Scala,* an der Etsch die mit Wehrgraben geschützte **Burg** errichten, da er sich als Herrscher in den wenig geschützten Stadtpalästen nicht mehr sicher fühlte. Der große Innenhof wurde als Waffenplatz genutzt, die **Ponte di Castelvecchio** sollte als Fluchtweg dienen. Nach den Scaligern nutzten die Herrscher der nachfolgenden Jahrhunderte das Gelände vorwiegend für militärische Zwecke. 1926 zog in die bestehenden Räumlichkeiten ein städtisches Museum ein, um der Öffentlichkeit eine Kunstsammlung zu präsentieren. Eine erneute Veränderung ergab sich 1964, als der venezianische Architekt *Carlo Scarpa* eine umfassende, möglichst originalgetreue Instandsetzung der historischen Baustrukturen in die Hand nahm und umsetzte. In dem heute **mehrstöckigen Museumsgebäude** kann der Besucher eine Vielzahl an wertvollen Kunstwerken und Skulpturen des 14. Jahrhunderts antreffen. Bedeutend und in Italien nahezu einmalig ist die **riesige Gemäldesammlung** von Werken, die der Venezianischen Schule entstammen. Dazu zählen Arbeiten von berühmten Malern wie *Andrea Mantegna* (1431–1506), *Paolo Veronese* (1528–1588), *Vittore Carpaccio* (1465–1526) und den Brüdern *Giovanni* und *Gentile Bellini* (15./16. Jahrhundert). In den 29 Ausstellungsräumen finden sich außerdem Kunstwerke, die bis ins 18. Jahrhundert datieren, aber auch archäologische Funde und Waffen.

Infos: Mo geschlossen, Di bis So 10–18 Uhr. Eintritt: Erw. 6 €, Kinder 8–14 Jahre 1 €. Kostenlos mit Verona Card. Corso Castelvecchio, 2, Tel. (045) 806 2611, www.museodicastelvecchio.it.

Arco dei Gavi

Neben der Burg Castelvecchio steht auf einem kleinen Platz der Arco dei Gavi, ein **Triumphbogen** aus dem 1. Jahrhundert nach Christus. Errichtet wurde das aus weißem regionalen Kalkstein bestehende Bauwerk von dem römischen Architekten *Lucio Vitruvio Cerdone* mit dem Zweck, die damals einflussreiche römische Familie *Gavia* zu ehren. Im Laufe der Geschichte verlagerte man immer wieder den Standort des Tores, das

[>] Der Duomo di Santa Maria Matricolare mit dem 75 m hohen Glockenturm ursprünglich an der Via Postumia stand. Während der französischen Besatzung durch *Napoleon* zerlegte man das Monument. Erst 1932 fand der Arco dei Gavi wieder zu alter Größe und kann daher heute an der Etsch besichtigt werden.

Stadtviertel Carega

Der weitere Weg führt entlang der Etsch mit tollem Blick auf die gegenüberliegende Uferseite Richtung Norden ins Carega-Viertel **rund um die Via Cadrega.** Das Viertel präsentiert sich ohne viel Pracht, Prunk und internationale Modelabels, sondern authentisch und bodenständig italienisch. Dorthin gelangt man vorbei an der Ponte della Vittoria über den **Uferweg Lungadige Panvinio.** Zuletzt biegt man rechts in die Via Libera ein und erreicht so die dann nach links führende Via Cadrega und wenige Meter später auf der rechten Seite die empfehlenswerte Osteria a la Carega (siehe „Essen und Trinken"). Weiter geradeaus „stolpert" man über die eindrucksvolle Kathedrale von Verona.

Im Mittelalter nannte man das Konglomerat aus kleinen Gassen „Caliari-" oder „Calegari-Viertel". Die *Caliari* oder *Calegari* waren die **Ledergerber,** die zusammen mit den **Schuhmachern** die größte Fraktion von Handwerkern in diesem Stadtviertel ausmachten. Außerdem lebten und arbeiteten hier die *Casolini,* die **Käsemacher,** und es existierte ein kleines wasserradbetriebenes Sägewerk. Der Sprachwissenschaftler *Giovanni Rapelli* führt den Viertelnamen „Carega" daher auf den Begriff „Calegari" bzw. „Caregari" zurück. Eine weitere, nicht unplausible These zum Namen des Viertels hat ihren Ursprung in der Römerzeit. Bis Mitte des 18. Jahrhunderts stand auf der Piazzetta Ottolini eine dem römischen Richter *Annone* gewidmete **Stele.** Dieser Gedenkstein brach entzwei

garda094 ts

und sah fortan wie eine Cathedra (lat. für Stuhl) aus. Aus Cathedra wurde in der veronesischen Sprache das Wort „Carega". Und so wurde der Stuhl das „Wahrzeichen" für dieses Viertel. Die antike Stele kann heute noch im Museo Lapidario Maffeiano betrachtet werden.

Kathedrale/ Duomo di Santa Maria Matricolare

Der Dom in seiner heutigen Gestalt stammt **aus dem 12. Jahrhundert** und wurde auf der durch das Erdbeben von 1117 zerstörten Vorgängerkirche aus dem 8./9. Jahrhundert errichtet. Zuvor gab es an dieser Stelle schon eine Basilika aus dem 4. Jahrhundert, deren Mosaikböden im Bereich der Kirche Sant'Elena zu sehen sind, die zum Domkomplex gehört. Imponierend ist das **zweistöckige Portal** an der Fassade aus dem Jahr 1139 mit zwei Säulen tragenden Löwen. Im Laufe der Geschichte ergaben sich immer wieder Umbauten, die die Kirchenschiffe, die Fassade und den 75 Meter hohen, frei stehenden Glockenturm, den Kampanile, betrafen. Erklingt das Geläut des Turmes, erzeugen **neun Glocken** ein harmonisches und durchdachtes **Konzert nach „Veroneser Art"**. Diese Tradition des Glockenspiels stammt aus der Renaissance und wurde im weiteren Verlauf optimiert, sodass der Glöckner extra für solche Gelegenheiten geschriebene Sonaten in Perfektion spielen kann. In Verona werden solche einzigartigen Glockenturm-Konzerte des Öfteren inszeniert.

Im Inneren, in der **Kapelle Cartolari-Nchesola,** sticht besonders das Werk „Mariä Himmelfahrt", bekannt auch unter der italienischen Bezeichnung „Assunta", des berühmten Malers *Tiziano Vecellio* hervor. Ferner ist in der Kirche das Grabmal des in Verona verstorbenen Papstes *Lucius III.* zu sehen.

Der gesamte **Domkomplex Complesso della Cattedrale** besteht neben Kathedrale und Glockenturm noch aus der Kirche Sant'Elena, dem Baptisterium S. Giovanni in Fonte und dem Pfarrmuseum mit sakralen Fundstücken aus verschiedenen Jahrhunderten.

Infos: Besichtigung Kirche Sant'Elena, Baptisterium und Pfarrmuseum März bis Oktober 10–17.30 Uhr, So 13.30–18 Uhr, November bis Februar 10–17 Uhr, So 13.30–17 Uhr. Eintritt: 3 €, ermäßigt 2 €, Kinder bis 11 Jahre frei. Kostenlos mit Verona Card. www.chieseverona.it/en.

Chiesa Sant'Anastasia

Der weitere Weg führt vom Dom über die Via Duomo und die Via Massalongo ins Zentrum zunächst zur Kirche Sant' Anastasia **am Ufer der Etsch** und danach zur Piazza dei Signori und Piazza delle Erbe. Die Chiesa Sant'Anastasia könnte auch „Die Unvollendete" heißen. Man begann mit dem Bau Ende des 13. Jahrhunderts, zur Zeit der Scaliger, und benötigte über ein Jahrhundert, um den Großteil des gotischen Sakralgebäudes fertigzustellen. Obwohl Pläne für die Fassade vorlagen, wurde sie niemals vollendet. Erst 1471 wurde die Kirche dem heiligen Petrus geweiht, dessen Name sich jedoch nie als Bezeichnung für die Kirche durchsetzte. Das links neben dem Kirchenportal über einem Torbogen zu sehende Grabmal im gotischen Stil mit dem auffälligen spitzen Baldachin ist die letzte Ruhestätte des *Guglielmo di Castelbarco,* Heerführer im Dienste der Scaliger.

Im Kircheninneren wird man überrascht von einer **Vielzahl an Kunstschätzen,** wie sie in diesem Umfang in Verona kaum ein zweites Mal anzutreffen ist. Prächtig geschmückte Kapellen und kunstvoll gestaltete Altäre begeistern neben Gemälden und Werken von *Girolamo Libri* (1477–1555) und *Altichiero da Zevio* (1330–1390). Wohl eine der beeindruckendsten **Fresken** in der Kirche gehört zur Kapelle der *Pellegrinis,* einer damals reichen Veroneser Familie. Es ist eines der ganz großen Meisterwerke von *Antonio di Puccio Pisano* (1395–1455), besser bekannt unter dem Namen *Pisanello,* das den Titel „Sankt Georg und die Prinzessin von Trapezunt" trägt. Nicht außer Acht gelassen werden sollten ferner die **zwei achteckigen Weihwasserbecken** links und rechts im Eingangsbereich. Getragen werden die Marmorkunstwerke von jeweils einem Buckligen; das linke Becken stammt aus dem Jahre 1495 und ist eine Arbeit von *Gabriele Caliari,* das rechte erschuf *Paolo Orefice* im Jahr 1591.

Infos: März bis Oktober 9–18 Uhr, So 13–18 Uhr, November bis Februar 10–17 Uhr, So 13–17 Uhr. Eintritt 3 €. Kostenlos mit Verona Card. www.chieseverona.it/en.

Palazzo del Podestà

Von der Piazza Sant'Anastasia geht man auf dem Corso Sant'Anastasia Richtung Südwesten und biegt dann nach links in die schmale und mit Restaurants bestückte Via delle Fogge ein und steht wenig später auf der **Piazza dei Signori,** die von mehrstöckigen Palästen, die mehrheitlich nicht besichtigt werden können, gesäumt wird und in deren Mitte ein 1865 errichtetes Denkmal zu Ehren *Dante Alighieris* steht, das den Dichter in nachdenklicher Pose zeigt.

Der mit ghibellinischen Schwalbenschwanzzinnen bewehrte **Palazzo del Podestà** an der Piazza dei Signori wurde Anfang des 14. Jahrhunderts von dem Scaliger *Cangrande I.* bewohnt. Er war ein Freund *Dantes,* der in diesem Gebäude häufig zu Gast war. Sehr schön hebt sich das 1533 von *Michele Sanmicheli* erbaute helle Portal vom Rest des Bauwerks ab, das auch unter der Bezeichnung Palazzo del Governo firmiert.

Loggia del Consiglio

Angrenzend an den Palazzo del Podestà entstand in der zweiten Hälfte des 15. Jahrhunderts dieser **prächtige Renaissance-Palast** mit dem eleganten Säulengang und den mit Marmorarbeiten dekorierten Doppelbogenfenstern. Blickt man zum Dach hinauf, erkennt man mehrere Skulpturen, die beispielsweise *Plinius den Älteren,* einen römischen Gelehrten, darstellen.

Chiesa Santa Maria Antica und Scaliger-Grabmäler

Verlässt man den Platz rechts vom Palazzo del Podestà, stößt man direkt auf die kleine Kirche Santa Maria Antica und die angrenzenden Scaliger-Grabmäler. Das **im romanischen Stil 1185 erbaute Gotteshaus** wurde später als Familienkapelle der Scaliger genutzt. Über dem Eingangsportal befindet sich ein von vier Hunden gestützter Sarkophag, das Grabmal von *Cangrande I.* In dem durch einen schmiedeeisernen Gitterzaun von der Kirche abgetrennten Außenbereich kommt man zwangsläufig ins Staunen. Hier sind weitere, äußerst kunstvoll im gotischen Stil gestaltete **Baldachin-Grabmäler der Scaliger-Familie** zu sehen, ein reizvoller Friedhof mit Seltenheitswert.

Zurück auf der Piazza dei Signori gelangt man über die Via della Costa nach wenigen Schritten auf die weite Piazza delle Erbe.

Piazza delle Erbe

Betritt man den Platz, der heute täglich als **Marktplatz** genutzt wird, durch den Rundbogen **Arco della Cota** mit der dort hängenden Walrippe, einst das Aushängeschild eines ansässigen Gewürzhändlers, gelangt man auf das frühere **römische Forum.** Die lebendige und malerische Piazza diente schon fast immer als Handelsplatz. Im Mittelalter versuchten Geldwechsler, Gewürz- und Tuchhändler ein Auskommen zu finden; im südlichen Teil verkaufte man Obst, Gemüse und **Kräuter** (ital. *erbe*), was dem Platz seinen Namen gab.

An der Südseite des Platzes steht eine Art **Loggia** aus Marmor mit einem durch vier Säulen gestützten Dach. Schaut man sich das Schatten spendende Bauwerk genauer an, entdeckt man einen an einer Eisenkette befestigten **Ring,** der zu dem Schluss führen könnte, hier wären in dunklen Epochen Bösewichte an den Pranger gestellt worden. Doch weit gefehlt: Der Ring war das amtliche Messinstrument und Maßeinheit für ein zum Kauf angebotenes Reisigbündel. Außerdem wurden hier offizielle Verlautbarungen verlesen. Wenige Meter weiter plätschert der **zentrale Brunnen** mit der Madonna Verona, der 1368 erschaffen wurde.

Eines der prunkvollsten Gebäude ist der an der Nordseite Mitte des 17. Jahrhunderts im Veroneser Barockstil errichtete **Palazzo Maffei** mit der davor stehenden Marmorsäule mit dem geflügelten Markuslöwen, der das Herrschaftszeichen Venedigs darstellt. An dieser Stelle stand zuvor eine hölzerne Loggia, die als Quartier der Geldwechsler fungierte. Direkt daneben erhebt sich der 44 Meter hohe **Gardello-Turm,** der schon Anfang des 13. Jahrhunderts in Schriften Erwähnung fand.

Am anderen Ende der Piazza, auf der gegenüberliegenden Seite, dominiert das mit 84 Metern höchste Bauwerk Veronas die Silhouette. Dabei handelt es sich um den wunderschönen **Lamberti-Turm,** der aus dem 12. Jahrhundert stammen könnte und im Laufe der Zeit umgebaut und erhöht wurde und nach einer sicheren Quelle Ende des 13. Jahrhunderts zwei Glocken erhielt. Diese sollten unter anderem die Bürger vor einer drohenden Feuersbrunst warnen. Der filigrane, achteckige, in den Himmel ragende Aufbau schmückt erst seit 1464 dieses Bauwerk, dessen **Aussichtsplattform** einen grandiosen Blick ermöglicht.

[>] Straßencafé am Duomo di Santa Maria Matricolare

Besichtigung des Lamberti-Turms (Treppen und Aufzug vorhanden): Mo bis Fr 10–18 Uhr, letzter Einlass 15.15 Uhr, Sa, So 11–19 Uhr, letzter Einlass 18.15 Uhr. Eintritt: 8 €, ermäßigt 5 €, Kinder bis 7 Jahre frei, kostenlos mit Verona Card (jedoch ohne Aufzugnutzung). www.torredeilamberti.it.

Die **Case dei Mazzanti** sind mittelalterliche Bürgerhäuser, in deren Untergeschoss schon während der Epoche der Scaliger Händler ihre Geschäfte betrieben und Einwohner ihre Wohnstätten hatten. Sie befinden sich an der Ostseite des Platzes zwischen Palazzo Maffei und Lamberti-Turm. Die heute noch erkennbaren Fresken wurden von den damaligen Eigentümern, der Familie *Mazzanti*, Mitte des 16. Jahrhunderts in Auftrag gegeben. Ausführender Künstler war der heute eher unbekannte italienische Maler *Alberto Cavalli*, über dessen Werdegang wenig bekannt ist.

Casa di Giulietta

Das nächste Ziel der Tour durch Verona ist die über die Via Cappello in wenigen Minuten erreichbare Casa di Giulietta mit dem **weltberühmten Balkon,** auf dem **Julia** schmachtete, als **Romeo,** natürlich nur nach den literarischen Ausführungen von *William Shakespeare*, ihr in einer lauen, sternenklaren Nacht seine unendliche Liebe gestand. Eine romantische Liebe, die nur kurze Zeit währte, bevor durch Intrigen, tragische Umstände und fatale Fehleinschätzungen sich zunächst *Romeo* das Leben nahm und *Julia* ihm nur wenig später aus Verzweiflung freiwillig in den Tod folgte. Besucher können den kleinen, reizenden Balkon betreten und sich dabei den Liebenden ganz nahe fühlen. Im darunter liegenden Innenhof steht eine 1972 von dem Künstler *Nereo Costantini* erschaf-

garda095 ts

fene **Bronzestaue der Julia.** Streicht man ihr über die rechte Brust, sollen der Legende nach alle Träume in Liebesdingen in Erfüllung gehen. Das Haus der *Julia* kann besichtigt werden; es beherbergt Einrichtungsgegenstände des 14. Jahrhunderts und zum Thema passende Plakate, Bücher und Gemälde.

Infos: Di bis So 8.30–19.30 Uhr, Mo 13.30–19.30 Uhr. Eintritt: Erw. 6 €, Kinder 8–13 Jahre 1 €, Studenten bis 30 Jahre und Senioren über 60 Jahre 4,50 €. Kostenlos mit Verona Card. Via Cappello, 23, www.casadigiulietta.comune.verona.it.

Der Giardino Giusti ist einer der schönsten Renaissance-Gärten Italiens

Stadtviertel Veronetta

Von der Casa di Giulietta führt der Weg über die nach links abbiegende Via Stella geradeaus bis zur **Ponte Nuovo,** die man überquert, um das am anderen Ufer der Etsch liegende Viertel Veronetta (**„Kleines Verona“**) zu erreichen. Bei diesem Viertel, dessen Bezeichnung auf *Napoleon* zurückzuführen ist, handelt es sich um eine Gegend, die geprägt ist von individuellen und nicht dem Mainstream gehorchenden Geschäften, Läden und Einkehrmöglichkeiten. Außerdem finden sich hier einige durchaus sehenswerte Attraktionen wie zum Beispiel die Parkanlage Giardino Giusti und der Aussichtspunkt Colle San Pietro.

garda096 ts

Der Spaziergang durch das Viertel beginnt an der **Via Carducci** und führt zunächst zur **Chiesa San Tomaso Cantuariense,** ein im 15. Jahrhundert von den Karmelitern erbautes Gotteshaus, dessen Fassade unvollendet geblieben ist (geöffnet 8–12 und 16–19 Uhr). Im 60 Meter hohen Glockenturm hängen insgesamt zehn Glocken, die manuell bedient werden können und wie bei einigen anderen Kirchen der Stadt bei Glockenspiel-Konzerten nach „Veroneser Art“ erklingen. Eine kaum bekannte Anekdote rankt sich um die barocke Kirchenorgel. Am 27. Dezember 1769 soll der junge *Wolfgang Amadeus Mozart* den wohlklingenden Orgelpfeifen während seiner ersten Italienreise mit seinem Vater einige Töne entlockt haben.

Folgt man der Via Carducci weiter, passiert man das schöne, seit 1928 bestehende **Café Carducci** und gelangt so zur quer verlaufenden **Via Giardino Giusti,** in die man nach links einbiegt. Nach wenigen Minuten tauchen auf der rechten Seite der Palazzo Giusti und der dahinter angrenzende Giardino Giusti auf.

Giardino Giusti

Man zählt ihn zu den **schönsten italienischen Gärten der Renaissance.** Die Ideen für die durchgeplante und prächtige Anlage, deren Entstehung Ende des

16. Jahrhunderts begann, ersann *Agostino Giusti,* ein mit Ehrenauszeichnungen dekorierter Edelmann der Republik Venedig. Angrenzend an den Palazzo entstand ein außergewöhnliches Areal mit Terrassen, die einen **herrlichen Ausblick auf die Stadt** ermöglichen. Insgesamt folgt die Struktur des Gartens einer einfallsreichen und eleganten Formgebung mit der großen zentralen und von *Goethe* sehr geschätzten Zypressenallee, mit dem angrenzenden Wald im hinteren Bereich. Brunnen, marmorne Skulpturen, eine Grotte und das von *Luigi Trezza* 1786 neu gestaltete Labyrinth sind nur einige der reizvollen Elemente des Gartens. Der Palazzo und der Garten befinden sich heute in Privatbesitz.

Infos: Tägl. 10–19 Uhr. Eintritt: 10 €, ermäßigt und mit Verona Card 7 €. Via Giardino Giusti, 2.

Teatro Romano, Archäologisches Museum und Castel San Pietro

Vom Giardino Giusti geht es geradeaus nach Norden auf der Via Giardino Giusti, der Via Santa Chiara und der Via Redentore, bis man beim Teatro Romano erneut an das Ufer der Etsch gelangt. Von hier geht es über zahlreiche Treppen hinauf auf den **Colle San Pietro** mit dem **Kastell.** Das beachtliche Bauwerk aus dem 1. Jahrhundert vor Christus hat einen Durchmesser von 150 Metern und erstreckt sich hinter der Uferstraße hügelwärts. Große Teile verfielen im Laufe der Zeit, und erst der Veroneser Kaufmann *Andrea Monga* begann sich um 1830 für diese römische Konstruktion zu interessieren und mit ersten Ausgrabungen zu beginnen. Anfang des 20. Jahrhunderts führte die Gemeinde die archäologischen Untersuchungen fort, und so kam das **Teatro Romano** zum Vorschein. Heute finden dort die Veranstaltungen des geschätzten „Veroneser Theatersommers“ statt. Oberhalb des römischen Theaters ist im ehemaligen Kloster des San Girolamo aus dem 15. Jahrhundert das **Archäologische Museum** untergebracht, das unter anderem mit einer ansehnlichen Sammlung von römischen Statuen, Glaswaren und Mosaiken aufwartet.

Infos: Archäologisches Museum Di bis So 8.30–19.30 Uhr, Mo 13.30–19.30 Uhr. Eintritt: Erw. 4,50 €, Kinder 8–13 Jahre 1 €, jeden ersten So im Monat frei (von Januar bis Mai und Oktober bis Dezember), gratis mit Verona Card. Regaste Redentore, 2, www.museoarcheologico.comune.verona.it.

Der **Ausblick** vom San-Pietro-Hügel auf die Stadt ist fantastisch. Einst stand hier ein Schloss, 1368 von den *Visconti* erbaut, jedoch 1801 von den französischen Truppen unter *Napoleon* zerstört. Unter der österreichischen Herrschaft erbaute man dort dann eine Kaserne. Davor befindet sich der Vorplatz mit Panoramablick, der auch mit dem Auto erreicht werden kann.

Damit neigt sich der Stadtrundgang dem Ende zu. Wieder an der Etsch angekommen, überquert man die **Ponte Pietra,** die ursprünglich wohl aus Holz bestand und des Öfteren neu errichtet werden musste. Nun befindet man sich wieder im Zentrum und kann je nach Zeit und Lust weiter Verona erkunden oder zur Piazza Brà zurückkehren.

Praktische Tipps

Touristeninformation

■ **Piazza Brà, 1,** Tel. (045) 8077774, www.turismoverona.eu.

■ Die **Verona Card** lohnt sich, wenn man mehrere Sehenswürdigkeiten besuchen möchte. Sie ist in zwei verschiedenen Ausführungen erhältlich: gültig für 24 Std. ab der ersten Verwendung (20 €) und für 48 Std./25 €. Erhältlich an den Touristeninformationsstellen am Flughafen oder an der Piazza Brà, außerdem bei den Sehenswürdigkeiten wie der Arena oder der Casa di Giulietta. Kostenloser Eintritt u.a.: Arena, Museo Lapidario Maffeiano, Museo Castelvecchio, Chiesa Sant'Anastasia, Lamberti-Turm, Casa di Giuletta, Chiesa San Fermo Maggiore, Museo Civico di Storia Naturale, Museo Archeologico al Teatro Romano, Duomo/Kathedrale, außerdem ermäßigter Eintritt u.a. im Giardino Giusti. www.veronacard.it.

Verkehr und Transport

Pkw und Parken

Verona liegt ca. 30 km **von Peschiera del Garda** entfernt, die Anfahrt mit dem Auto dauert etwa **30 Min.** Rund um das Zentrum existieren einige ausgeschilderte **Parkplätze und -häuser.** Je nähe man an der historischen Altstadt parkt, desto höher sind die Gebühren.

■ **Parcheggio Tribunale,** knapp 1 km und 10 Min. Fußweg südlich der Piazza Brà und der Arena. Auf die Ausschilderung achten. Günstige Alternative zu den zentraleren Parkmöglichkeiten. Täglich 24 Std. geöffnet. An der Via Zappatore. Tarif 7–15 Uhr 1,50 €/Std., 15–7 Uhr die ersten 2 Std. 1,50 €, 5 Std./5 €, 16 Std./7 €.

⊡ Blick auf das Teatro Romano und das auf dem Hügel thronende Castel San Pietro

garda097 ts

garda098 ts

■ **Parcheggio Cittadella,** an der Piazza Cittadella rund 350 m von der Piazza Brà und der Arena entfernt. Täglich 24 Std. geöffnet. Tarif pro Std. 3 €, maximaler Tarif (24 Std.) 18 €.

Bus

■ **Linie 026** etwa stündlich von 6 bis 20 Uhr (Brescia – Desenzano – Sirmione – Peschiera – Verona und zurück).
■ **ATV-Linie** von Riva del Garda nach Verona und zurück. Infos unter www.atv.verona.it.

Bahn

■ Der Bahnhof liegt ca. 1,5 km südlich der Piazza Brà. Peschiera del Garda liegt wie Desenzano an der **Bahnlinie Venedig – Verona – Mailand.** Infos unter www.trenitalia.com.

Bike Verona

■ An weit über **20 automatisierten Stationen** können im Stadtgebiet Fahrräder ausgeliehen werden. Nach **Anmeldung,** zum Beispiel in der Touristeninformation an der Piazza Brà oder online (www.bikeverona.it), kann man mit seinem persönlichen Kundencode und einem Passwort ein Bike nutzen und nach Gebrauch an einer beliebigen Station wieder abgeben. Tagesabo (24 Std.) 2 €, zusätzliche Miete: erste ½ Stunde kostenlos, 2. halbe Stunde 0,50 €, 3. und 4. halbe Stunde 0,75 €, jede weitere Stunde 2 €.

Flug

■ Der **Aeroporto di Verona-Villafranca „Valerio Catullo"** befindet sich rund 10 km von der Innenstadt entfernt. Verbindungen verschiedener Fluggesellschaften nach Deutschland, Österreich und in die Schweiz. Mietwagenstationen. Es gibt einen Shuttle-Service zur Bahnstation Porta Nuova (1 km von der Piazza Brà entfernt), der täglich von frühmorgens bis spät abends alle 20 Min. operiert. Alle Infos unter www.aeroportoverona.it.

Krankenhaus

■ **Uniklinik Verona – Borgo Roma Policlinico G. Rossi,** Piazzale L. A. Scuro, 10, Tel. (045) 812 1111.

Übernachtung

17 **Bed & Breakfast Vicolo 22**②, mitten im historischen Zentrum gelegen. Die freundlichen Zimmer sind zweckmäßig mit individueller Note eingerichtet, mit oder ohne eigenem Bad, teils auch mit kleinem Balkon. Gutes Frühstücksbuffet. Vicolo Santa Caterina, 22, Tel. (348) 2719393.

20 **Hotel Milano & SPA**③, einladend eingerichtetes Hotel mit 57 zeitgemäßen, komfortablen Zimmern und Suiten. Einige bieten einen charmanten Blick auf die Arena, ebenso wie die hübsche Dachterrasse mit Whirlpool. Im Haus befindet sich ein kleiner Spa-Bereich mit Dampfbad, Sauna und Ruhezone. Hotelbar. Reichhaltiges Frühstücksbüfett. Top Preis-Leistungs-Verhältnis. Vicolo Tre Marchetti, 11, Tel. (045) 591692, www.hotelmilanoverona.com.

19 **Bed & Breakfast Quo vadis**②, in einem Gebäude aus dem 16. Jahrhundert untergebrachte, sehr liebevoll geführte Unterkunft in bester Lage an der Piazza Brà. Die zwei Zimmer sind sehr geschmackvoll gestaltet und geräumig. Gemeinschaftsbad. Sehr gutes Frühstück. Via Anfiteatro, 10, Tel. (347) 5008013.

9 **Albergo Mazzanti**③-④, zwischen Piazza dei Signori und Piazza delle Erbe gelegen, bietet die Herberge 16 Einzel-, Doppel- und Dreibettzimmer in klassisch-elegantem Stil. Aufmerksames Personal, gutes Frühstück und zentrale Lage. Via Mazzanti, 6, Tel. (045) 591690, www.albergomazzanti.it.

☒ Piazza delle Erbe mit dem 84 m hohen Lamberti-Turm

garda099 ts

12 **Hotel Aurora**③, herrliche Frühstücksterrasse mit Blick auf die Piazza delle Erbe. Charmantes Hotel mit klassisch gestalteten, sauberen Zimmern im historischen Zentrum von Verona. Sehr zuvorkommendes Personal. Piazzetta 14 Novembre, 2, Piazza Erbe, Tel. (045) 594717, www.hotelaurora.biz.

14 **Hotel Accademia**③-④, traditionsreiches Haus der Familie *Zenatello* mit 95 Zimmern und Suiten unweit von Arena und Piazza delle Erbe. Stilvolle, klassisch-elegante Einrichtung. Kostenlose Leih-Fahrräder, Fitnessraum. Der weltberühmte, in Verona und später in New York lebende Sänger *Giovanni Zenatello,* ein Spross der Familie, gilt als Entdecker von *Maria Callas,* die eine ganze Zeit im Hotel lebte. Via Scala, 12, historisches Zentrum von Verona, Tel. (045) 596222, www.hotelaccademiaverona.it.

1 **Hotel Delser**④, in absolut ruhiger, erhöhter und reizvoller Lage mit Blick ins 6 km entfernte Verona empfängt der ausnehmend freundliche und herzliche Hausherr *Alberto Delser* seine Gäste. Das mit viel Liebe zum Detail, hochwertigen Materialien und ausgesuchten Kunstwerken ausgestattete freistehende Gebäude mit großem Garten und Olivenhain war einst ein „Castellum Aquae", eine nach antikem römischen Vorbild erbaute Wasserzisterne aus dem 18. Jahrhundert, die zu den Gebäuden einer herrschaftlichen Villa gehörte. Die mit Eichenholzböden ausgestatteten Zimmer sind geräumig und mit Antiquitäten aus dem 16. Jahrhundert eingerichtet. Das reichhaltige Frühstück kann bei Sonnenschein im großzügigen Garten eingenommen werden. Mit dem eigenen Pkw ist man in ca. 15 Min. in der Innenstadt. Strada dei Monti, 14/B, Tel. (045) 801 1098, www.delserverona.com.

Essen und Trinken

Mein Tipp: 6 **Osteria a la Carega,** im Carega-Viertel, abseits der Haupttouristen-Route, lässt man sich in diesem urigen und einladenden Lokal mit klassischen Leckereien verwöhnen. Blickt man zum Ladenschild empor, erkennt man einen baumelnden Stuhl, der als Namensgeber für das Viertel gilt. Neben typischen Antipasti *(Polpette Vegetariane, Olive Ascolane),* die auf der Holztheke präsentiert werden, gibt es Lasagne, Tagliatelle und Salate. Auf dem winzigen gepflasterten Platz Corte Cadrega stehen mit Blumen dekorierte Tische. Sehr gemütlich. Gute Auswahl an Cocktails, zahlreiche Bio-Weine. Do Live-Musik, v.a. Jazz. Via Cadrega, 8, Tel. (045) 8069248, www.osterialacarega.com.

2 Caffè & Parole, kleines Cafeteria-Schmuckstück am Domplatz mit liebevoll ausgesuchter Einrichtung und ein paar Tischen vor der Tür. Tolles und leckeres Frühstücksangebot, vegetarische und vegane Speisen. Frisch gepresste Obstsäfte und gesunde Obst-/Gemüsesäfte aus dem Entsafter (u.a. Apfel, Karotte, Ingwer, Erdbeere, Zitrone). Äußerst freundliches Team. Mo bis Fr 8–19 Uhr, Sa, So 9–19 Uhr. Piazza Duomo, 1/A, Tel. (340) 3410992.

3 Restaurant Antica Torretta, feines Ristorante in einem historischen Gebäude mit begrünter Fassade zwischen Dom und Ponte Pietra. Man kann auch idyllisch draußen sitzen. Klasse Essen und gutes Personal. Etwas abseits des Trubels. Oktopus mit Edamame-Bohne und Amaranth-Sprossen 28 €, Ricotta-Gnocchi mit schwarzem Trüffel 20 €. Tägl. 12–23 Uhr. Piazza Broilo, 1, Tel. (045) 8015292, www.ristoranteanticatorretta.com.

8 Osteria Macafame, klein, ruhig und zentral nahe der Piazza delle Erbe in einer schmalen Gasse gelegen. Serviert wird gute italienische Hausmannskost. Tagliatelle, Risotto, hausgemachte Gnocchi, Fleisch- und Fischgerichte. Als Nachtisch bestellt man *Macafame,* eine Veroneser Spezialität, hergestellt vorwiegend aus Brot und Äpfeln. Di bis Sa 12–15 und 20–24 Uhr, So 12–15 Uhr, Mo geschlossen. Via delle Fogge, 6, Tel. (347) 8730150, www.osteriamacafame.it.

18 Ristorante Flora, tolles veganes Restaurant mit leckeren, fantasievollen und kreativen Gerichten. 100% gluten- und laktosefrei. Auch Nicht-Veganer werden etwas Schmackhaftes finden. Mittags wird ein buntes Büfett angerichtet, abends serviert man *Antipasti, Primi, Secondi* und *Dolce.* Tägl. 12.30–14.30 und 19–22.30 Uhr. Stradone Scipione Maffei, 8C, Nähe Piazza Brà, Tel. (045) 800 6300, www.ristoranteflora.it.

MEIN TIPP: **15 Osteria La Tradisìon,** nur wenige Schritte von der Arena entfernt. Appetitlich auf der Theke präsentierte Antipasti, die auch halten, was sie optisch versprechen. Kleiner idyllischer und begrünter Innenhof. Auch der Innenbereich mit aufgehängten Schinken, Salami, rustikalen Tischen und allerlei erwerbbaren Produkten in den Regalen lädt zum Verweilen ein. Mindestens einen Aperol Spritz sollte das Lokal schon wert sein. Di 12–22 Uhr, Mi bis Fr und So 10–22 Uhr, Sa 10–24 Uhr, Mo geschlossen. Via Oberdan, 6, Tel. (045) 594226.

22 Caffè Carducci, alteingesessenes, seit 1928 existierendes Lokal im Veronetta-Viertel. Man speist und trinkt kultiviert unter historischen Rundbögen. Die Glasvitrine am Eingang macht Appetit auf leckeren Käse aus Frankreich oder vom Monte Veronese und auf ausgewählten Schinken der Region Verona. Aus der Küche, die *Ciro Esposito* mit Hingabe leitet, kommen frische, schmackhafte italienische Gerichte, manche traditionell, andere ideenreich variiert. Di bis Sa 8–15 und 18–22 Uhr, So, Mo geschlossen. Via G. Carducci, 12, Tel. (045) 8030604, www.cafecarducci.it.

10 Ristorante Sant'Eufemia, hier isst man bei schönem Wetter in einer schmalen Gasse in der Altstadt. Uriges Ambiente und traditionelle italienische Küche mit Spezialitäten aus der Gegend wie *Cinghiale al forno con polenta.* Via Francesco Emilei, 21b, Tel. (045) 8006865, www.ristorantesanteufemia.verona.it.

23 Osteria Ai Osei, klassische Osteria mit dem kulinarischen Herz an der richtigen Stelle. Die typisch italienischen und Veroneser Speisen wie *Lasagne al Forno* oder die örtliche Spezialität „La Pearà", eine Art Pfeffersauce, schmecken deftig und authentisch. Via XX Settembre, 124, Tel. (045) 8008199, www.osteriaosei.it.

5 Gelateria Ponte Pietra, hier muss man oft Schlange stehen, aber es lohnt sich, denn das Eis schmeckt hervorragend und ist qualitativ hochwer-

< Leckereien in einer Osteria im Carega-Viertel

tig. Der Familienbetrieb wird von *Mirko* und seiner Frau *Maria* geführt, existiert schon gut 30 Jahre und wird von Einheimischen gerne besucht. Je nach Vorlieben gibt es neben den klassischen Sorten unter anderem Reis-Eis, Orange mit Zimt oder Joghurt mit Feigen. Tägl. 11–23 Uhr. Via Ponte Pietra, 13.

7 **Bar Archivio,** eine außergewöhnliche Bar mit einer riesigen Auswahl an Cocktails und Bier. Kleiner Barbereich, man steht gerne vor dem Lokal und gönnt sich eines der erfrischenden Getränke. Neue Cocktailvarianten: *Midnight Negroni, Italian Jungle, Asian Mule* oder *Mocking Bird.* Einfach vorbeischauen und überraschen lassen! Belegte Brötchen für den Hunger zwischendurch. Tägl. 16–1 Uhr. Via Rosa, 3, Tel. (345) 8169663, www.archivioverona.com.

13 **Gelateria Come una Volta,** in dieser mit Herzblut geführten Eisdiele schmeckt das 100% mit biologischen Zutaten hergestellte Eis vorzüglich. Im Angebot z.B. *Cocco, Biscottino, Fragola* (Erdbeer), *Mela* (Apfel), *Albicocca* (Aprikose). Do bis So 14.30–19.30 Uhr. Via Pellicciai, 11, Tel. (392) 7876674.

Ponte di Castelvecchio an der gleichnamigen Burg

garda100 ts

Einkaufen

16 **Hellas Store,** offizieller Fan-Artikel-Shop des Fußballvereins Hellas Verona nahe der Piazza Brà. Riesige Auswahl an Trikots und anderen gelb-blauen Devotionalien. Tägl. 9–20 Uhr. Via Carlo Cattaneo, 2, Tel. (045) 4686775, www.hellasverona.it.

11 **Enoteca Oreste Dal Zovo,** seit 1958 in Verona etabliertes Weingeschäft. Neben Weinen aus Italien und der gesamten Welt lassen sich auch leckere Öle und Spirituosen einkaufen. Vicolo San Marco in Foro, 7, Tel. (045) 8034369, www.enotecadalzovo.it.

21 **Gastronomia Stella,** Feinkostgeschäft mit typischen Produkten und Spezialitäten der Region: Käse, Salami, Schinken, Senf, gefüllte Peperoni, Gemüseauflauf und vieles mehr – einfach mal reinschauen. Im Zentrum, Via Stella, 11, Tel. (045) 800 4998, www.gastronomiastella.it.

4 **Lo Scarabocchio,** in dem Eckgeschäft nahe der Ponte Pietra lässt es sich gut shoppen. Hauptsächlich Vintage-Kleidung. Mo bis Sa 10–13 und 16–19.30 Uhr, So 16–19 Uhr. Via Ponte Pietra, 25, Tel. (045) 9298048.

7

Brescia

» Brescia ist eine traditionsreiche Stadt voller Kunst und Geschichte mit Museen und römischer Architektur – und ein lebendiger italienischer Ort zum Bummeln, Shoppen und Genießen.

‹ Stadtmuseum Santa Giulia

ÜBERBLICK

Brescia (ca. 200.000 Einwohner) ist eine oft verkannte, sogar als hässlich titulierte Stadt, die häufig insbesondere mit Industrieanlagen und unschönen Gewerbegebieten in Verbindung gebracht wird. Das trifft in keinem Fall für das hübsche und an kulturellen Sehenswürdigkeiten reiche Zentrum zu. Eindrucksvoll präsentiert sich zum Beispiel der Domplatz, das Herz der Stadt, mit seinen prachtvollen Bauwerken. Früher, zur Zeit der Römer, war Brixia, so der damalige Name der Siedlung, eine der bedeutendsten Städte Norditaliens. Bei einem Rundgang durch die Gassen sieht man einige einzigartige Zeugnisse dieser Epoche wie das Capitolium, ein Tempel aus dem 1. Jahrhundert nach Christus. Ein weiterer Glanzpunkt ist die Burg, die eine der größten und am besten erhaltenen ihrer Art in Italien ist und zwei Museen beherbergt. Nicht zuletzt herrscht in Brescia eine charmante, urbane Atmosphäre ohne Besuchermassen. Nur zum Start der legendären Oldtimer-Rallye „Mille Miglia" (siehe Exkurs S. 348) verwandelt sich das Ortszentrum in eine pulsierende Arena mit Tausenden von Motorsportfans. Kurz: Brescia, das zur Lombardei gehört, ist eine besuchenswerte Stadt mit eigener, individueller Identität.

NICHT VERPASSEN!

- **Piazza Paolo VI:** mit Altem und Neuem Dom – Geschichte pur | 346
- **Piazza della Loggia:** wohl der schönste Platz der Stadt | 347
- **Stadtmuseum Santa Giulia:** äußerst sehenswert, untergebracht in einem Kloster (Weltkulturerbe) | 352
- **Rundgang im Stadtviertel Il Carmine** | 353

Diese Tipps erkennt man an der gelben Markierung.

Geschichte

Das prachtvolle Brescia blickt auf eine lange Geschichte zurück. Erste Siedler, wahrscheinlich **Ligurer,** ließen sich gut 1000 vor Christus **auf dem Hügel Cidneo** nieder, der Ort, an dem heute das Castello und das Museum des Risorgimento zu finden sind. Dieses Volk wurde von den **Kelten** verdrängt. Einer dieser keltischen Stämme, die **Cenomanen,** gründeten ihren Hauptsiedlungsplatz im 4. Jahrhundert am Fuße des Cidneo. Ein wichtiges Handelszentrum entstand.

Der **Stadtname** geht auf das lateinische **„Brixia“** zurück, das sich vom Wort „brig“, einem keltischen oder ligurischen Ausdruck, ableitet. Unter „brig“ oder „brik“ verstand man einen Ort, der auf einer Anhöhe liegt.

Den ersten richtigen urbanen Charakter erhielt die Siedlung Brixia unter den **Römern.** Seit 89 vor Christus als römische Kolonie bestehend, lebten bis zu 6000 Menschen in dieser zur „Colonia Civica Augusta“ erhobenen römischen Stadt. Im 5. und 6. Jahrhundert kam es zu einem massiven Niedergang und Brixia verfiel zusehends.

In den darauffolgenden Jahrhunderten wurde die Stadt u.a. ein langobardisches Herzogtum und im 8./9. Jahrhundert von den Franken beherrscht. Im 11. Jahrhundert galt Brescia als freie welfische Kommune, deren Einwohner hinter der Politik des Papstes standen und damit Rivalen der nahe gelegenen kaisertreuen gibellinischen Städte Bergamo und Cremona waren. Nach chaotischen und kriegerischen Jahrzehnten kehrte Mitte des 15. Jahrhunderts für mehrere Jahrhunderte eine relative Ruhe in Brescia ein. Die Stadt wurde Teil der **Republik Venedig** und erblühte zu einem wichtigen Wirtschaftsstandort mit geschäftiger Tuch- und Waffenproduktion.

Von 1814 bis 1859 übernahmen die **Österreicher** die Macht. Doch es gab Widerstand: Im März 1849 tobte ein zehntägiger mutiger Volksaufstand gegen die Vormachtstellung der Österreicher, der blutig niedergeschlagen wurde. Dieses Ereignis im Rahmen des Risorgimento brachte Brescia den Beinamen **„Löwin von Italien“** ein. 1859 führten die **Unabhängigkeitskriege** zu ersten wichtigen Erfolgen, 1861 entstand das Königreich Italien, zu dem auch Brescia gehörte.

In den Jahren 1943 bis 1945, während des Zweiten Weltkrieges, existierte unter **Mussolini** die faschistische „Italienische Sozialrepublik“ mit Salò als Hauptstadt, unter deren Machteinfluss auch Brescia stand. In der **Nachkriegszeit** wuchs die Stadt sehr schnell, es wurde viel gebaut, auch gute städtebauliche Werke entstanden, aber genauso wurden historische Strukturen verändert oder gar zerstört. In den letzten Jahrzehnten gewann die **Erhaltung und Restaurierung der Altstadt** an Gewicht, und so kam es zur Aufwertung des Viertels von Carmine, zur Restaurierung der Burg und des Pa-

garda102 ts

☒ Ein Teil des römischen Capitoliums, das Jupiter, Juno und Minerva geweiht war

Brescia

Übernachtung
4 Hotel Vittoria
5 Albergo Orologio
9 Albergo Diffuso Capitolium
10 Bed & Breakfast Ai Musei

Essen und Trinken
2 Gelateria Il Mandorla
3 Osteria La Colonna
6 Ristorante Vasco da Gama
7 Caffetteria I Girasoli
8 Trattoria al Fontanone

Einkaufen
1 OPA Factory Art Gallery

Via Pusterla
Museo Civico
del Risorgimento
Museo Civico
delle Armi Antiche
Luigi Marzoli
Giardino d. Pusterla
Contrada S. Chiara
Teatro
S. Chiara
Galleria Tito Speri
Castello
Via del Castello
CIDNEO-HÜGEL
S. Cristo
in Oliveto
Parco
de Castello
Via del Castello
Ronchi
Via Piamarta
S. Cristo
Contrada S. Urbano
Archäologischer
Park Brixia
Piazza
Tito Speri
Capitolium
Teatro
Romano
Stadtmuseum
Santa Giulia
S. Maria
in Solario
Via Panoramica
Via dei Musei
Via dei Musei
Via Turati
Palazzo
Broletto
Via Mazzini
Via G. Rosa
Palazzo
Martinengo
Neuer
Dom
Via C. Cattaneo
Piazza
del Foro
Via Piamatra
Queriniana
Alter Dom /
Rotonda
Piazza
Labus
Piazza
T. Brusato
Via B. Avogadro
Piazza
del Duomo
Palazzo
Cigola
S. Clemente
Piazza
Vescovado
Via Trieste
Via Gambara
S. Maria
di Calchera
Via G. Rosa
Via Tosio
Piazzale
Arnaldo
Porta
Venezia
Viale
Venezia
Corso Zanardelli
S. Afra in
S. Eufemia
Gardasee
Corso Magenta
Via Mantova
Via S. Martino d. Battaglia
S. Alessandro
Giardino di
C.so Magenta
Mantua
Corso Cavour
Via G. Calini
Palazzo
Martinengo-
Colleoni
Piazza
Moretto
Pinacoteca Civica
Tosio-Martinengo
(Museum für
Moderne Kunst)
Via M. da Barco
Via F. lli Lechi
Via A. Callegari
Via Spalto S. Marco
Giardino di
Spalto S. Marco
Via Grispi
Sant'Angela
Merici
Via A. Monti
Via Vittorio Emanuele II
Via Spalti S. Marco
Via Cadorna
Piazzale
Cremona
Via XXV Aprile
Via XXV Aprile
Via Solferino
Via Inganni
Gambara
Via A. Diaz
Zima

lazzo della Giustizia. Nicht vergessen werden darf der Umbau des Klosterkomplexes von San Salvatore-Santa Giulia zu einem wundervollen **Stadtmuseum,** das heute eines der größten Museen Italiens überhaupt darstellt.

Stadtrundgang

Piazza Paolo VI

Die Tour durch Brescia beginnt man am besten am **zentral gelegenen Domplatz** mit dem Alten Dom im Süden, dem Neuen Dom im Osten und dem an der Nordseite liegenden Broletto-Palast. Der Platz ist ein schöner Ort, um in den dortigen Restaurants die architektonischen Meisterwerke in Ruhe bestaunen zu können. Offiziell heißt er Piazza Paolo VI, benannt nach dem gleichnamigen Papst, der 10 km nördlich von Brescia in Concésio geboren wurde und von 1963 bis 1978 höchster römisch-katholischer Würdenträger und Oberhaupt des Vatikanstaates war.

garda103 ts

Alter Dom

Der Ende des 11. Jahrhunderts erbaute Sakralbau wird aufgrund seiner rundlichen Form von allen einfach nur **„Rotonda"** genannt. Wenn sich Einheimische verabreden, heißt es einfach: „Wir treffen uns an der Rotonda". Errichtet wurde das mittelalterliche Gotteshaus auf den Ruinen der Kirche Santa Maria Maggiore, einer Kathedrale aus frühchristlicher Zeit. **Im Inneren** sind römische Überreste, Relikte der aus dem 8. Jahrhundert stammenden Basilika und die Krypta von *San Filastrio,* Brescianer Bischof im 4. Jahrhundert, zu sehen. Sehenswert ist außerdem der reich verzierte, aus rotem Marmor geschaffene Sarkophag von Bischof *Berardo Maggi* (gestorben 1308).

Wieder unter freiem Himmel angelangt, sollte man einen Blick auf die **Fassade** werfen. Dort entdeckt man rechts neben dem Portal eine kleine rechteckige Tafel: Sie ehrt den im Jahr 1500 geborenen und später berühmt gewordenen Mathematiker *Niccolò Tartaglia,* der als 12-jähriges Kind in dieser Kirche Schutz

< Piazza Paolo VI mit dem Neuen Dom und dem Torre del Pègol

vor Plünderern suchte, jedoch trotzdem durch ein Schwert an der Lippe verletzt wurde. Seit diesem unglücklichen Ereignis stotterte *Niccoló* und kam so zu seinem Nachnamen *Tartaglia,* was so viel wie „stottern" bedeutet.

Neuer Dom

Der direkt nach Norden hin angrenzende Neue Dom fällt besonders durch seine imposante, **aus weißem Botticino-Marmor bestehende Fassade** auf. Dieser Kalkstein wird in der Region um Brescia gewonnen, unter anderem eben in dem Ort Botticino. Bis zur Fertigstellung dieses nach den Plänen des Baumeisters *Gian Battista Lantana* errichteten Gebäudes im Jahr 1825 vergingen nach der Grundsteinlegung 1604 mehr als 200 Jahre. Dies ist der Grund dafür, dass man **barocke und klassizistische Stilelemente** ausmachen kann. Einst stand hier die antike Kirche San Pietro. Schaut man sich in der Kirche um, findet man beispielsweise Gemälde des bedeutenden Brescianer Malers *Romanino.*

Palazzo Broletto

Der seit dem Mittelalter immer wieder erweiterte Bau ist der **älteste öffentliche Palast der Stadt.** Er besteht aus einem riesigen viereckigen Gebäudekomplex mit einem großen Innenhof, dessen angrenzende Fassaden Aufschluss geben über die verschiedenen Phasen der Realisierung und Fertigstellung. So stammt der nördlich positionierte **Laubengang** mit den maskenartigen Reliefs aus dem 17. Jahrhundert, während der Palastabschnitt im Osten, genannt **Palazzo Nuovo Minore,** schon 1232 fertiggestellt und rund 200 Jahre später mit einer Loggia mit eleganten, leicht zugespitzten Rundbögen verschönert wurde. Aus der Frühphase der Entstehung stammt der über 53 Meter hohe Turm **Torre del Pègol** oder Torre del Popolo (Volksturm) mit Glockenturm und gibellinischen Zinnen, die allerdings erst seit Anfang des 19. Jahrhunderts schmückendes Beiwerk sind.

Piazza della Vittoria

Von der Piazza Paolo VI gelangt man an der Westseite zur wenige Schritte entfernten Piazza della Vittoria. Auf dem **monumentalen Siegesplatz,** der heute hin und wieder zu Marktzwecken genutzt wird, stehen der imposante **Torre della Rivoluzione** mit der Turmuhr und der **Palazzo delle Poste.** Für das in den 1930er Jahren fertiggestellte, von dem Architekten *Marcello Piacentini* geplante Areal musste das alte Handwerkerviertel „Le Pescherie" weichen. Dadurch gingen zahlreiche historische Gebäude aus der Römer- und Langobarden-Zeit für immer verloren.

Piazza della Loggia

Verlässt man den Ort nach Norden, erreicht man nach wenigen Minuten die Piazza della Loggia, wohl der **schönste Platz der Stadt.** Dominiert wird das 1433 eröffnete urbane Prunkstück vom **Palazzo della Loggia,** der im Jahre 1570 fertiggestellt wurde und überaus reich mit Skulpturen und Ornamenten im klassizistischen Stil verziert ist. Mitgestalter waren die Architekten *Jacopo Sansovino* und *Andrea Palladio.* Hier befindet sich der Sitz der Stadtverwaltung.

Mille Miglia

Ein außergewöhnliches Event findet alljährlich in Brescia statt: die Mille Miglia, ein **Straßenrennen mit Oldtimern,** bei dem in drei Tagen die Strecke **von Brescia nach Rom und zurück** (1000 Meilen) zu bewältigen ist. Bereits 1927 fand die erste Ausgabe statt. Die letzte Mille Miglia, die im Bestzeitenmodus (der Schnellste gewinnt) gefahren wurde, gab es 1957. Bis zum heutigen Tag gilt die **Bestzeit von Stirling Moss 1955:** Er siegte mit seinem Mercedes 300 SLR in 10 Std., 7 Min. und 48 Sek., was einer Durchschnittsgeschwindigkeit von unglaublichen 157,65 km/h entspricht. Um diese Leistung richtig einschätzen zu können, sollte man sich vor Augen führen, dass das Rennen auf normalen Landstraßen, Pässen und mit Ortsdurchfahrten ausgetragen wurde.

In den Siegerlisten finden sich zumeist italienische Rennfahrer und Fahrzeuge, z.B. *Tazio Nuvolari* und *Achille Varzi,* beide auf Alfa Romeo. Ausnahmen waren 1931 *Rudolph Caracciola* auf Mercedes, 1940 *Huschke von Hanstein* mit dem BMW 328 und eben 1955 *Stirling Moss* mit dem Mercedes 300 SLR (Startnummer 722).

Begründet wurde die Mille Miglia im Dezember **1926** durch die Brescianer *Maggi, Mazzotti* und *Castagneto,* die ihre Heimatstadt wieder zu einer der Topadressen des Automobilrennsports machen wollten. Anfang der 1920er Jahre hatte auf der Rennstrecke Fascia d'Oro zwischen Montechiari und Ghedi der Grand Prix von Italien stattgefunden, doch durch den Bau der Rennstrecke in Monza verlor die Region um Brescia an Bedeutung für den damals sehr populären automobilen Rennsport.

Am **26. März 1927** startete die **erste Mille Miglia,** unter den Teilnehmern befand sich der Mitbegründer *Aymo Maggi,* der, begleitet von einem der drei Maserati-Brüder, mit einem Isotta-Fraschini die Strecke in Angriff nahm. Neben

garda140 tb

Fahrzeugen von Fiat, Bianchi und Lancia waren Amilcar und Bugatti aus Frankreich angereist, um sich der besonderen Herausforderung zu stellen. Die Siegerzeit von *Minoja/Morandi* auf ihrem O.M. betrug über 21 Stunden.

In den darauffolgenden Jahren dominierte **Alfa Romeo** mit seinen kompressorgeladenen Fahrzeugen das Rennen. Besonders der unerbittliche Kampf zwischen **Tazio Nuvolari** und **Achille Varzi,** beide mit identischen Alfa Romeo 6C 1750 am Start, bleibt über viele Jahrzehnte in Erinnerung. *Nuvolari* schaltete in der Nacht die Scheinwerfer aus, um seinen Kontrahenten *Varzi* in Sicherheit zu wiegen, um ihn sodann völlig überraschend zu überholen und den Sieg in Brescia ausgiebig vor dem vor Wut tobenden *Varzi* zu feiern.

Im Jahr **1938** kommt es zu einem folgenschweren **Unfall:** In Bologna gerät ein Teilnehmer von der Strecke ab, das Fahrzeug rast in die Zuschauer, es sterben zehn Menschen, darunter sieben Kinder. Die italienische Regierung verbietet umgehend die Rennen mitten durch die Städte. Dann verhindert der Zweite Weltkrieg die Austragung der Mille Miglia, erst 1947 findet das Rennen wieder statt.

Ab 1953 zählt die Mille Miglia zur **Sportwagen-Weltmeisterschaft,** was das Starterfeld anschwellen lässt: 1955 starten 521 Fahrzeuge, nach mehreren Siegen in den vorangegangenen Jahren muss Ferrari dieses Mal den Sieg an Mercedes abtreten. Die Fahrzeuge erreichen inzwischen Höchstgeschwindigkeiten von über 300 km/h, und so passiert **1957** ein weiterer folgenschwerer **Unfall:** Als ein Ferrari bei Höchstgeschwindigkeit außer Kontrolle gerät, sterben zwölf Menschen. Die Regierung verbietet sofort sämtliche Rennen dieser Art, die 24. Mille Miglia ist die letzte Veranstaltung.

1977 wird die Mille Miglia **als Oldtimer-Rallye wiederbelebt.** Ab diesem Zeitpunkt wird die Rallye im Gleichmäßigkeitsmodus ausgetragen, die Erzielung der Höchstgeschwindigkeit steht ab jetzt nicht mehr im Vordergrund. Und so treffen sich jedes Jahr im Mai viele Liebhaber der historischen Fahrzeuge auf der Piazza della Vittoria, um der Fahrzeugabnahme beizuwohnen. Ungefähr 360 Klassiker aus den Baujahren 1927 bis 1957 fahren jedes Jahr mit, sodass den Zuschauern die besten Sport-und Rennwagen aus jener Zeit präsentiert werden können. Die Startnummer 1 wird traditionell an den O.M Superba vergeben, der das erste Rennen 1927 gewann. Ebenso Dauergast der Mille Miglia ist der oben angesprochene Mercedes 300 SLR, der mit der Startnummer 722 die Rallye 1955 gewann – die Startnummer steht für die damalige Startzeit, das Fahrzeug startete um 7 Uhr und 22 Minuten in der Früh.

Gestartet wird das Rennen traditionell donnerstags um 14.30 Uhr auf der Viale Venezia, allerdings sind die Fahrzeuge den ganzen Tag über rund um die Piazza della Vittoria zu bestaunen. Das Teilnehmerfeld passiert ab ca. 15.30 Uhr Desenzano, Sirmione und Pesciera. Wem die Innenstadt von Brescia zu überlaufen sein sollte, der setze sich an der Strecke zwischen Brescia und Verona, v.a. in Desenzano, Sirmione oder Peschiera, am Donnerstagnachmittag in ein Straßencafé, um die Rennfahrzeuge bei einem Drink in voller Fahrt zu genießen. Allerdings sollte das Café etwa eine Stunde vor dem Eintreffen der Fahrzeuge erreicht sein, da die Straßen ansonsten bereits abgesperrt sind. Die Teilnehmer kehren sonntags nach Brescia zurück, wo man dann dem Zieleinlauf beiwohnen kann.

■ Alle Infos unter **www.1000miglia.eu.**

garda104 ts

Gegenüber erfreut ein kaum weniger charmantes Gebäude das Auge des Betrachters. Dabei handelt es sich um den mit Laubengängen versehenen **Torre dell'Orologio** aus dem Jahre 1546. An höchster Stelle erblickt man eine Glocke, die von zwei männlichen Bronzestatuen, den sogenannten „Macc de le Ure", flankiert wird und die heute noch die Stunden schlagen. Am Fuße des Uhrturms steht ein meist mit frischen Blumen geschmücktes **Denkmal,** das an einen terroristischen Anschlag auf der Piazza am 28. Mai 1974 erinnert.

Auf der Südseite des Platzes befindet sich der **Monti di Pietà** aus dem 15. Jahrhundert, der ein Jahrhundert später durch den Monti di Pietà Nuovo nach einem Entwurf von *Pier Maria Bagnadore* erweitert wurde. Hier fing man schon 1480 auf Geheiß der Stadtverwaltung an, steinerne Relikte aus römischer Zeit zu sammeln – damit kann der Südteil der Piazza della Loggia als das älteste Lapidarium Italiens bezeichnet werden.

Die weitere Stadtbesichtigung führt am Nord-Ost-Ende des Loggia-Platzes auf die **Via dei Musei** bis zur Piazza del Foro und dem römischen Kapitolinischen Tempel, der zum **Archäologischen Park Brixia** gehört.

☐ An der Piazza della Loggia

Capitolium

Der vom römischen Kaiser *Vespasian* in Auftrag gegebene **Tempel** wurde **74 nach Christus fertiggestellt** und war Jupiter, Juno und Minerva geweiht: Er gehörte zur antiken Stadt Brixia und ging während eines verheerenden Brandes im 5. Jahrhundert in Flammen auf. Die Überreste des Monuments entdeckte man erst 1823 durch Zufall. Man erzählt sich, dass dort einst eine Schenke stand und einem der Gäste, die an einem marmornen „Tisch" verweilten, in den Sinn kam, bei dem „Möbelstück" könnte es sich um den Teil einer antiken Säule handeln. So begann man an dieser Stelle zu graben und zum Vorschein kamen die ersten architektonischen Zeugnisse aus römischer Zeit. Betrachtet man die Säulen, erkennt man erdfarbene und rein weiße Bereiche, wobei Letztere die gefundenen Originalstücke aus Marmor sind. Vor dem Tempel befand sich das **antike Forum (Foro romano)** von Brixia, wo Handel getrieben und der Markt abgehalten wurde. Ebenfalls in diesem Bereich präsentieren sich die Überreste eines alten Gerichtsgebäudes.

Teatro Romano

Das Römische Theater befindet sich beim Capitolium an der Via Musei, wo in antiker Zeit das Pflaster des Decumanus Maximus verlief. Erbaut hat man diesen heute wieder als **Veranstaltungsort** genutzten Bereich mit Zuschauertribüne und Galerien zwischen dem 1. Jahrhundert vor und dem 1. Jahrhundert nach Christus, Um- und Ausbauten fanden im 2. und 3. Jahrhundert nach

Christus statt. Rund **15.000 Zuschauer** konnten damals den Darbietungen beiwohnen. Das bis ins frühe 5. Jahrhundert genutzte Theater existierte bis ins 12. Jahrhundert und wurde dann wahrscheinlich durch ein Erdbeben zerstört.

■ **Archäologischer Park Brixia,** Di bis So 10–18 Uhr, zu Ferienzeiten auch Mo geöffnet. Eintritt: Erw. 8 €, ermäßigt 4,50 €, Kinder bis 5 Jahre frei. www.bresciamusei.com.

Stadtmuseum Santa Giulia

Geht man weiter auf der Via Musei nach Osten, steht man nach kurzer Zeit vor dem Stadtmuseum Santa Giulia. Für dieses exzellente Museum muss man, um es in Gänze zu erkunden, eigentlich einen ganzen Tag einplanen. Auf einer Fläche von rund **14.000 m²** gibt es unglaublich viel zu sehen. Insgesamt **12.000 Exponate aus drei Jahrtausenden** werden gezeigt. Beginnend in der vorgeschichtlichen Zeit, erfährt man im weiteren Verlauf Interessantes über das Hochmittelalter, die venezianische Epoche oder das Zeitalter der Stadtrepubliken. Wer nur über begrenzte Zeit verfügt, sollte sich auf jeden Fall den eindrucksvoll hergerichteten Museumsbereich anschauen, der die Originalreste eines römischen Wohnhauses mit wunderschönen Mosaikböden zeigt. Untergebracht ist das Museum in einem ehemaligen Klosterkomplex, der seit 2011 zum Weltkulturerbe der UNESCO gehört. Auf einem Rundgang sollte man sich ferner von den historischen und architektonischen Schönheiten des Gebäudes beeindrucken lassen. Wunderschön ist zum Beispiel das romanische Oratorium von Santa Maria mit dem reich verzierten Kreuz des Desiderius im Bereich der Via Musei.

■ **Infos:** Di bis So 10–18 Uhr, zu Ferienzeiten auch Mo geöffnet. Eintritt: Erw. 10 €, Jugendliche 14–18 Jahre und Senioren über 65 Jahre 5,50 €. Via Musei, 81/b, www.bresciamusei.com.

Piazza Tito Speri

Vom Museum geht es zurück über die Via Musei geradeaus bis zur Piazza Tito Speri, einer schönen, kleinen Oase mit Straßencafé und dem **Denkmal des in Brescia geborenen Freiheitskämpfers Tito Speri.** Er kämpfte im März 1849 während eines zehntägigen Volksaufstandes gegen die Vormachtstellung der Österreicher. Diese konnten erst mit dem Aufmarsch Abertausender Soldaten den Widerstand in Brescia niederschlagen. *Speri* wird noch heute als bedeutende Persönlichkeit und Verfechter des Risorgimento geehrt. Diese Bewegung verfolgte das Ziel eines unabhängigen italienischen Nationalstaates, das 1870 auch erreicht wurde. Am 3. März 1853 wurde *Speri* auf der Festung von Belfiore bei Mantua hingerichtet.

Burg und Museen

An der linken Seite der Piazza Tito Speri führt ein ausgewiesener Weg auf der Contrada di Sant'Urbano hinauf auf den **Cidneo-Hügel** mit dem **Castello.** Oben an der Burg angelangt, erwartet den Besucher ein herrlicher Blick über Brescia. Schon die Römer konnten sich aufgrund der Lage für diesen Ort begeistern und erbauten dort einen Tempel. Im Mittelalter begann man mit dem Bau von Befestigungsanlagen und dem des **Mirabella-Turms.** Der weithin sichtbare **Mastio-Turm** wurde im 14. Jahrhundert von den *Visconti* erbaut. Die imposanten Bastionen und das Eingangsareal zur Burg mit der Zugbrücke gehen auf die Zeit der Venezianer (Mitte 16. Jahrhundert) zurück. In diesem über Brescia thronenden Gebäudekomplex logieren das **Waffenmuseum** mit einer nahezu einzigartigen Sammlung an historischen Waffen und Rüstungen und das **Museum des Risorgimento,** das die Ereignisse dieser geschichtlichen Epoche von der Besetzung Italiens durch *Napoleon* bis zur Einheit Italiens mit der Ausstellung von Gemälden und Dokumenten illustriert (zurzeit wegen Renovierung geschlossen). Des Weiteren sind im Castello eine Sternwarte und Modelleisenbahnanlagen untergebracht.

Infos: Waffenmuseum geöffnet Di bis So 10–18 Uhr, zu Ferienzeiten auch Mo. Eintritt: Erw. 5 €, ermäßigt 3 €.

Stadtviertel Il Carmine

Vom Burgberg geht es zurück über die Via Musei zur Piazza della Loggia. Von dort gelangt man über die Via San Faustino nach Norden ins unprätentiöse Viertel Il Carmine, das sich durch **authentisch italienischen und multikulturellen Charme** auszeichnet. Das Viertel, das man ganz entspannt bei einem kurzen Bummeln kennenlernen kann, befindet sich rund um die Straße **Contrada del Carmine.** Zu sehen gibt es die **Chiesa Santa Maria del Carmine,** ein Sakralbauwerk aus dem 15. Jahrhundert, das durch ein ästhetisches Marmorportal auffällt und neben dem im 14. Jahrhundert etablierten Konvent des Karmeliter-Ordens erbaut wurde. Im Inneren kann man Gemälde der Künstler *Emanuel de Witte* und des 1629 in Brescia gestorbenen Malers *Grazio Cossali* begutachten. In unmittelbarer Nähe trifft man auf das **Museo Nazionale della Fotografia.** Das sehenswerte Museum beschäftigt sich mit der Geschichte der Fotografie und des Films, zeigt Fotoapparate aus verschiedenen Jahrhunderten, informiert über technische Aspekte und präsentiert Fotos, die aus dem mit über 60.000 Exemplaren bestückten Archiv

Piazza Tito Speri

garda105 ts

stammen. Außerdem werden Ausstellungen nationaler und internationaler Künstler auf die Beine gestellt.

■ **Museo Nazionale della Fotografia,** Di, Mi, Do 9–12 Uhr, Sa/So im Sommer 16–19 Uhr, im Winter 15–18 Uhr. Eintritt frei, kostenlose Führungen. Contrada del Carmine, 2d, www.museobrescia.net.

Praktische Tipps

Touristeninformation

■ **Via Trieste, 1/Piazza Paolo VI,** tägl. 9–13 und 13.30–17.30 Uhr, Tel. (030) 2400357, www.bresciatourism.it.

garda106 ts

Verkehr und Transport

Anreise mit dem Auto und Parken

■ Brescia ist vom rund 30 km entfernten **Desenzano del Garda** in etwa einer halben Stunde mit dem Auto zu erreichen. Parken kann man beispielsweise in der ausgeschilderten **Tiefgarage an der zentralen Piazza Vittoria.**

Bahn

■ **Von Desenzano del Garda** fährt der Zug in rund 15 Min. ungefähr alle ½ Stunde nach Brescia und dann weiter nach Mailand; es handelt sich dabei um die Strecke Mailand – Venedig. Der **Bahnhof** befindet sich 1 km südlich des Domplatzes.

Bus

■ Die Busse **aus Desenzano del Garda, Peschiera und Sirmione** halten gegenüber dem Bahnhof.

U-Bahn

■ In Brescia gibt es eine U-Bahn, die u.a. **vom Hauptbahnhof zur Piazza Vittoria und der Via San Faustino** im Viertel Il Carmine fährt. Infos unter www.bresciamobilita.it.

Übernachtung

9 **Albergo Diffuso Capitolium**②, familiäre und herzliche Atmosphäre. Tolle zentrale Lage auf der Museumsstraße. Die vier schönen, zweckmäßigen Doppel- und Einzelzimmer verfügen teils über ein eigenes Bad. Via Musei, 75, Tel. (389) 9417077, www.capitoliumad.it.

< Einkaufen im Viertel Il Carmine: OPA Factory Art Gallery

> Möglichkeiten zur Einkehr gibt es in Brescia reichlich

5 Albergo Orologio②, 16-Zimmer-Hotel in einem historischen Gebäude mitten im autofreien Herzen von Brescia, nahe der berühmten Plätze. Nettes Personal. Gutes Frühstück. Via Cesare Beccaria, 17, Tel. (030) 3755411, www.albergoorologio.it.

4 Hotel Vittoria③, elegantes Hotel der gehobenen Sterne-Kategorie mitten im Zentrum. Man wohnt gediegen in einem repräsentativen Gebäude zwischen Marmorsäulen und Antiquitäten. Reizvoller Blick auf den Neuen Dom. Große, schöne Außenterrasse, Cocktailbar und Restaurant. Via X Giornate, 20, Tel. (030) 7687200, www.hotelvittoria.com.

10 Bed & Breakfast Ai Musei②, unweit des Stadtmuseums und der Piazza del Foro befindet sich dieses B & B mit vier sauberen, nett gestalteten Zimmern verteilt auf mehrere Etagen. Via Cereto, 7A, Tel. (030) 8035728, www.aimusei.it.

Essen und Trinken

MEIN TIPP: **8 Trattoria al Fontanone,** wunderbares, überschaubares Restaurant, in dem alles stimmt: das feine Ambiente, die Freundlichkeit des Personals und die Qualität der Gerichte. Auf der Via Musei beim Capitolium. Di, Mi, Do 19.30–0.30 Uhr, Fr, Sa 12.30–15.30 und 19.30–0.30 Uhr, So 12.30–15.30 Uhr. Via Musei 47/A, Tel. (030) 40554.

6 Ristorante Vasco da Gama, rustikal mit Antiquitäten eingerichtetes, beliebtes und schönes Lokal mit umfangreicher Speisekarte. Fleisch, Fisch, Pasta und vegetarische Gerichte. Gute Küche, tolle zentrale Lage. Via Musei, 4, Tel. (030) 3754039.

3 Osteria La Colonna, schlicht, hell und mit alten Ziegelmauern gestaltetes Lokal, sehr gutes Essen und ausgezeichneter Service. Contrada del Mangano, 8, Tel. (030) 3755422.

2 Gelateria Il Mandorla, *Fabio* verkauft in seinem an einem winzigen Platz gelegenen und mit Geschmack eingerichteten Geschäft im Il-Carmine-Viertel vorzügliches Eis aus rein biologischer Produktion. Neben üblichen Sorten wie Limette, Schokolade, Erdbeere und Mango kreiert der freundliche und engagierte Besitzer Spezialitäten wie „Carmine Cream", „Il Mandorlo" oder „Carminello". Unbedingt einen Besuch wert. Via San Faustino 9/E.

7 Caffetteria I Girasoli, besonders die Sitzplätze an der idyllischen Piazza Tito Speri laden zu einer Pause mit Lasagne, Risotto oder *Caprese di Bufala* ein. Gutes Weinangebot, Bier, Cocktails, Longdrinks und Kaffee. Via Musei, 20, Tel. (030) 49374.

Einkaufen

1 OPA Factory Art Gallery, im Viertel Il Carmine. Kunsthandwerk unterschiedlichster Art: Vintage, außerdem Schallplatten, Geschirr, Lampen – einfach mal stöbern. Di bis Sa 10–12.30 und 15–19 Uhr, So, Mo geschlossen. Contrada del Carmine, 3.

garda107 ts

R I N K
CEDRATA

garda121 ts

8

Praktische Reisetipps A–Z

Erfrischend dekoriertes Schaufenster in Salò

Anreise

→ Autofahren
→ Verkehrsmittel

Den Gardasee erreicht man auf verschiedensten Wegen. Entweder mit dem eigenen Auto oder motorisierten Zweirad, mit dem Flugzeug oder natürlich mit der Bahn. Wer **vor Ort wirklich mobil** sein und auch mal einen Ausflug in entlegenere Gebiete der Region unternehmen möchte, sollte **mit einem eigenen fahrbaren Untersatz anreisen** oder sich nach der Flugreise ein Auto oder Motorrad am Zielort leihen. Letztere Variante ist besonders für Urlauber aus West-, Ost- und Norddeutschland mit überschaubarem Gepäck eine überlegenswerte Alternative. Die Preise für Flüge und Mietwagen sind, rechtzeitig gebucht, oft erschwinglich. Eine Autofahrt beispielsweise von Düsseldorf nach Riva del Garda (gut 900 km) dauert schon mal gut und gern 12 bis 13 Stunden mit Stopps. Wer von München kommt, benötigt dagegen nur 4 bis 5 Stunden für die knapp 400 km. Ein Direktflug ab Frankfurt nach Verona kommt nur auf gut eine Stunde.

Mit dem eigenen Fahrzeug

Die meisten Reisenden aus Deutschland werden **über Innsbruck und den Brenner** über die **Autobahn** anreisen. Gerade in den Sommermonaten und den Ferienzeiten sollte man sich jedoch auf **volle Straßen und Staus** einrichten und dies bei der Planung der Anreise berücksichtigen. Besonders für Familien mit Kindern, die aus entfernteren Teilen Deutschlands kommen, kann es für alle Beteiligten entspannter sein, eine Zwischenübernachtung auf halber Strecke einzulegen. Während die Straßen in Deutschland noch mautfrei zu nutzen sind, wird man in Österreich und Italien für nahezu alle Autobahnstrecken zur Kasse gebeten. Ein kleiner Trost sind die **geringeren Spritkosten in Österreich.** Wer hier den leeren Tank seines Fahrzeuges füllt, kann einige Euro im Vergleich zu einem Stopp in Deutschland und Italien sparen.

Wer mit dem Auto anreist, sollte den **nationalen Führerschein** und den **Kfz-Schein** bei sich haben. Eine grüne Versicherungskarte wird in der Regel nur bei Unfällen verlangt. Hilfreich kann der Auslandsschutzbrief eines Automobilclubs sein.

Tankstellen gibt es in Österreich und Italien bzw. am Gardasee mehr als ausreichend, ihre Öffnungszeiten variieren, an den Wochenenden und an Feiertagen sind sie oft geschlossen. Nicht immer werden Kreditkarten akzeptiert, an den Autobahntankstellen schon (an denen der Sprit wesentlich teurer ist).

Maut und Verkehrsregeln in Österreich

In Österreich erfolgt die Bezahlung der Maut über den Kauf einer **Vignette,** die gut sichtbar von innen an die Windschutzscheibe geklebt werden muss und **an Raststätten und anderen Verkaufsstellen** schon vor der österreichischen Grenze erstanden werden kann.

Autobahn-Vignette

- **10-Tages-Vignette:**
Pkw 9,60 €, Motorrad 5,60 €
- **2-Monats-Vignette:**
Pkw 28,20 €, Motorrad 14,10 €
- **Jahresvignette:**
Pkw 93,80 €, Motorrad 37,20 €

Wer von Ordnungshütern oder den automatischen Vignettenkontrollen ohne diese „Plakette" erwischt wird, muss ein nicht unerhebliches **Bußgeld** bzw. eine sogenannte **„Ersatzmaut"** bezahlen. Für Pkw und Wohnmobile beträgt diese 120 €, für Motorräder 65 €. Nach sofortiger Zahlung mit Kreditkarte oder Bargeld darf man am selben und dem darauffolgenden Tag alle österreichischen Autobahnen ohne Vignette befahren. Kann man nicht unmittelbar vor Ort das Geld entrichten, droht eine deutlich höhere Geldstrafe. Die Autobahn-Teilstrecke über den Brenner (A13) kostet nochmals pro Einzelfahrt 10,50 € extra.

Die **Verkehrsregeln** entsprechen weitestgehend den deutschen, auf Autobahnen gilt eine Höchstgeschwindigkeit von 130 km/h. In Österreich besteht für Autofahrer eine Mitführpflicht für **Warnwesten** (Warnweste EU-Norm 471). Der Fahrer muss eine Warnweste anlegen, wenn er außerorts und auf Autobahnen bei einem Unfall oder Panne, auch bei schlechter Sicht, in der Dämmerung oder Dunkelheit, das Fahrzeug verlässt.

Maut und Verkehrsregeln in Italien

In Italien benötigt man zwar keine gebührenpflichtige Vignette, jedoch fallen auf den meisten Autobahnen ebenfalls Mautgebühren an. Diese müssen an den jeweiligen **Mautstationen** bei der Abfahrt von der Autobahn entrichtet werden, nachdem man zuvor an einer anderen Kontrollstation ein Ticket gezogen hat. Hierbei wird die gefahrene Strecke berechnet. In Ballungsgebieten und auf Stadtautobahnen wird teilweise auch eine Pauschalmaut erhoben. Bezahlt werden kann mit Bargeld oder manchmal auch mit Kreditkarte. Wer das in Stoßzeiten evtl. lange Warten an der Mautstation umgehen möchte, hat die Möglichkeit, mit dem **„Telepass"**, einem elektronischen Empfänger, der an der Windschutzscheibe angebracht wird, und den dafür an den Mautstationen extra ausgewiesenen Fahrspuren schneller voranzukommen. Bei diesem System wird die gefahrene Strecke automatisch erfasst und die anfallenden Gebühren über das Konto oder die Kreditkarte abgerechnet. Registrieren kann man sich unter www.tolltickets.com.

Die Fahrt über die Autobahn vom Brenner bis nach Riva del Garda (gut 140 km) kostet beispielsweise 12,30 €. Unter **www.autostrade.it** findet man einen Mautrechner (ital./engl.).

Mit der Bahn und dem Autoreisezug

Unmittelbar am Gardasee existieren nur in **Desenzano del Garda** und **Peschiera del Garda** Bahnhöfe, die von Deutschland, Österreich und der Schweiz nur **über Verona oder Mailand** zu erreichen sind. Ab Düsseldorf nach Verona über München beträgt der sogenannte Flexpreis, der jederzeit – auch kurzfristig – erhältlich ist, um die 200 €, ab München sind es rund 80 €. Wer jedoch frühzeitig bucht – das ist teils schon bis zu sechs Monate im Voraus möglich – und die Hauptreisetage meidet, kann ganz erheblich günstiger wegkommen.

Auf der Strecke Verona – Mailand verkehren teils halbstündlich Züge. Von Verona benötigt man knapp 15 Min. nach Peschiera del Garda, nach Desenzano del Garda rund 20 Min. Eine weitere Möglichkeit ist die Anreise **über Rovereto;** der Bahnhof von Rovereto ist etwa 20 Kilometer von Riva del Garda entfernt. Die Deutsche Bahn und der ÖBB bieten täglich fünf Verbindungen von München nach Rovereto an.

Aus Hamburg gibt es allabendlich einen **Nachtzug bis Innsbruck;** von dort ist dann in kurzer Zeit (schon am Vormittag) die Zielregion erreicht.

Auf **www.urlaubs-express.de** kann man die Strecke **von Hamburg nach Verona** mit dem Autoreisezug buchen (für Pkw und Motorräder). Abreise ab Hamburg Samstagabend, Ankunft in Verona am Sonntag, Rückfahrt ab Verona Samstagabend. Liege- und Schlafwagen vorhanden.

Einen allgemeinen Überblick über alle Angebote zu geben, ist wegen der Vielzahl der Möglichkeiten kaum machbar. Der mühsamste Weg ist die Recherche von Verbindungen und Preisen auf den Webseiten der beteiligten Bahnen, denn sie alle listen nur die eigenen Angebote auf, die der anderen Bahnen meist nicht. Wer sich diese Mühe und oft viel Geld sparen will, nimmt die Beratung einer spezialisierten **Bahnagentur** in Anspruch und lässt sich die Tickets zuschicken. Eine davon ist Gleisnost in Freiburg, www.gleisnost.de.

garda142 ts

Mit dem Bus

Nachdem sich in den letzten Jahren einige Fernbusanbieter auf dem Markt etabliert haben, kann man mit dem Bus kostengünstig an den Gardasee gelangen. Beispielweise fährt **Flixbus** (www.flixbus.de) von Düsseldorf über Frankfurt (Umstieg) nach Verona (Fahrzeit 15–19 Stunden), einfache Fahrt ab ca. 40 € bei frühzeitiger Buchung. Von München nach Verona kommt man in ca. 6 Stunden ohne Umsteigen.

Über den Dächern von Malcesine

Mit dem Flugzeug

In nächster Nähe zum Gardasee existieren die **Flughäfen von Verona** (www.aeroportoverona.it) mit einer Fahrzeit zum See bei Peschiera del Garda von ca. 30 Min. und **Brescia** (www.aeroportobrescia.it) mit einer Fahrzeit zum See bei Desenzano del Garda von ca. 30 Min. Die meisten Flüge aus Deutschland, Österreich und der Schweiz gehen zum Flughafen Verona Villafranca Valerio Catullo, z.B. mit Lufthansa (www.lufthansa.com) ohne Umsteigen ab Frankfurt. Ryanair (www.ryanair.com) bietet Non-Stop-Flüge ab Berlin-Schönefeld, Hamburg und Nürnberg, mit Eurowings (www.eurowings.com) fliegt man direkt ab Köln/Bonn. Unzählige weitere Fluggesellschaften fliegen ebenfalls Verona an, jedoch muss man mindestens einmal umsteigen. Einen umfangreichen Vergleich über das Flugangebot geben **Websites** wie www.opodo.de, www.flug.idealo.de, www.kayak.de, www.momondo.de oder www.jet-travel.de.

Ein Economy-Ticket von Deutschland, Österreich oder der Schweiz hin und zurück **nach Verona** bekommt man je nach Jahreszeit bzw. Saison und Aufenthaltsdauer **ab 200 €** (inkl. aller Steuern, Gebühren und Entgelte). Preiswerter geht es bei Ryanair und Eurowings mit etwas Glück nur, wenn man sehr früh online bucht. Kinder unter zwei Jahren fliegen ohne Sitzplatzanspruch für 10% des Erwachsenenpreises, ansonsten werden für ältere Kinder die regulären Preise je nach Fluggesellschaft um 25–50% ermäßigt. Ab dem 12. Lebensjahr gilt der Erwachsenentarif.

Um **vom Flughafen Verona an den Urlaubsort am Gardasee** zu gelangen, gibt es mehrere Varianten. Zunächst besteht die Möglichkeit, direkt am Flughafen einen Mietwagen auszuleihen bzw. den im Heimatland gebuchten Pkw (dies ist oft günstiger) abzuholen.

Außerdem bieten viele Hotels und auch Campingplätze, insbesondere am südlichen Gardasee, einen **Shuttle-Service** zum Urlaubsort an, die Kosten sollte man jeweils bei der Unterkunft erfragen. Da der Flughafen von Verona keine Zuganbindung besitzt, muss man, um zum Hauptbahnhof im Citybereich zu kommen, den alle 20 Min. verkehrenden **Aerobus** nehmen.

Weitere Anreiseoptionen über den Luftweg sind die Flughäfen von Mailand (ca. 160 km nach Desenzano del Garda), Bergamo (nach Desenzano del Garda ca. 80 km) oder Bozen (nach Riva del Garda ca. 100 km).

Autofahren

→ Anreise

Die beste Möglichkeit, auf individuelle Weise den Gardasee und auch seine entlegenen Orte und Landschaften zu entdecken, stellt die Fahrt **mit dem eigenen oder gemieteten Auto oder Motorrad** dar (eine gute Mietwagenübersicht bieten u.a. www.billiger-mietwagen.de oder www.check24.de). Diese Variante wählen die meisten Urlauber. Vor Ort kann es jedoch angenehmer und stressfreier sein, einen **Tagesausflug** mit dem Bus oder dem Schiff zu unternehmen. Gerade in den Sommermonaten bzw. in den Ferienzeiten kann es auf der **Gardesana,** der um den Gardasee, meist am Seeufer, führenden Straße zu **kilometerlangen Staus** kommen, oder man bewegt sich nur im Schritttempo vorwärts. Die Gardesana ist zwar in sehr gutem Zustand, jedoch an manchen Stellen, vor allem in den Bereichen der Tunnel am Westufer, verengt, und bei entgegenkommenden Lkws oder Bussen muss hin und wieder vorsichtshalber angehalten werden. Fährt man in die angrenzenden Berge, muss man mit **teilweise sehr engen und kurvenreichen Straßen** rechnen.

Was die **Verkehrsregeln** anbelangt, ist in Italien zu berücksichtigen, dass man tagsüber auf Autobahnen und außerhalb geschlossener Ortschaften das Abblendlicht einschalten muss **(Tagfahrlicht).** Außerdem ist man verpflichtet, eine **Warnweste** zu tragen, wenn man das Fahrzeug außerhalb von geschlossenen Ortschaften verlässt und sich im Bereich der Fahrbahn aufhält, insbesondere bei Pannen und Unfällen. Innerhalb geschlossener Ortschaften darf 50 km/h, außerhalb geschlossener Ortschaften 90 km/h, auf den Autobahnen 130 km/h gefahren werden. Es drohen empfindliche Bußgelder bei Verstößen.

Die **Promillegrenze** liegt bei 0,5, für Personen, die noch keine drei Jahre im Besitz ihrer Fahrerlaubnis sind, besteht ein absolutes Alkoholverbot, das heißt 0,0 Promille.

Barrierefreies Reisen

Am Gardasee gibt es **unterschiedlichste Angebote** für Menschen mit Handicap. Bei Arco existiert eine in der Welt wohl einzigartige natürliche Kletterwand fürs Paraclimbing, zahlreiche Hotels und Ferienwohnungen sind barrierefrei konzipiert, und auch beim öffentlichen Nahverkehr sind behindertengerechte Haltestellen auf dem Vormarsch, beispielsweise auf den Linien 1 und 2 von Riva del Garda nach Arco. Das Schwimmbecken der „Piscina Enrico Meroni" in Riva del Garda ist mit einer Hebebühne ausgerüstet und damit für alle Menschen frei zugänglich.

Informationen und Tipps

- Mehr Informationen über barrierefreie Angebote am nördlichen Gardasee unter **www.gardatrentino.it/de/planen/von-a-bis-z/menschen-mit-behinderung.**
- Zur Vorbereitung erhält man aktuelle Informationen zu diesem Thema u.a. beim **Club Behinderter und ihrer Freunde e.V.** Auf der Website findet man Hinweise über das barrierefreie Reisen in Deutschland und Europa und viele weitere interessante Tipps. Elbinger Straße 2, 60487 Frankfurt am Main, Tel. (069) 970522-0, www.cebeef.com.
- Allgemeine Informationen gibt es auch beim **Bundesverband Selbsthilfe Körperbehinderter e.V. (BSK),** der sich, neben vielen anderen Aspekten, auch mit barrierefreiem Tourismus befasst. Altkrautheimer Staße 20, 74238 Krautheim, Tel. (06294) 4281-0, www.bsk-ev.org.

Camping

Camping steht bei Gardasee-Urlaubern hoch im Kurs und ist gerade für Familien mit Kindern eine tolle **Alternative zu einem Hotelaufenthalt.** Rund um den See, meist in Ufernähe, können Besucher aus Dutzenden Campingplätzen wählen, manche einfach in der Ausstattung, andere luxuriös mit Schwimmbad, Wellness-Bereich und Restaurant. Auf größeren Plätzen sind fast immer neben den Parzellen für **Zelte, Wohnwagen** und **Wohnmobile** auch **Hütten,** teils mit eigenem Bad/WC, im Angebot. Für die Übernachtung benötigt man eventuell einen **„Camping Key Europe"**, eine persönliche, für ein Kalenderjahr und europaweit gültige „Eintrittskarte", die gegebenenfalls auf dem Campingplatz erhältlich ist. Sie kostet ca. 18 € für ein Jahr und kann z.B. beim ADAC (Mitglieder zahlen 12 €) erworben werden. **Wildes Campen ist in Italien nicht erlaubt.** In den Sommermonaten und den Ferienzeiten sollte man eine Platzreservierung ins Auge fassen, da dann höchstwahrscheinlich der Wunschcampingplatz direkt am See ausgebucht ist.

Je nach Saison variieren die **Übernachtungspreise** auch auf Campingplätzen sehr deutlich. In den Ferienmonaten Juli und August zahlt man hier und da das Doppelte im Vergleich zur Nebensaison. Je näher man am Seeufer übernachten möchte, desto tiefer muss man in die Geldbörse greifen. Für einen Stellplatz inklusive zwei Personen muss man mit 25–35 € pro Nacht in der Hauptsaison rechnen.

Ein- und Ausreisebestimmungen

→ Autofahren
→ Mit Haustier unterwegs

Seit dem Beitritt Italiens zum Schengen-Abkommen entfallen die Kontrollen an der Grenze nach Italien. Einen bei der Ein- und Ausreise gültigen **Pass oder Personalausweis** (EU-Bürger) muss man dennoch parat haben. Jedes Kind benötigt seinen eigenen Identitätsnachweis: Für Kinder unter 16 Jahren genügt ein Kinderreisepass, Kinder ab dem 16. Lebensjahr müssen einen Personalausweis oder einen Reisepass mit sich führen. Weitere Infos erhält man bei der zuständigen diplomatischen Vertretung.

Diplomatische Vertretungen

Botschaften Italiens

- **In Deutschland:** Hiroshimastr. 1, 10785 Berlin, Tel. (030) 254400, www.ambberlino.esteri.it.
- **In Österreich:** Rennweg 27, 1030 Wien, Tel. (01) 71251210, www.ambvienna.esteri.it.
- **In der Schweiz:** Elfenstrasse 14, 3006 Bern, Tel. (031) 3500777, www.ambberna.esteri.it.

Konsulate in Italien

Die am nächsten zum Gardasee gelegenen Konsulate von Deutschland, Österreich und der Schweiz befinden sich **in Mailand.** Dort bekommt man Ersatzpapiere, wenn der Personalausweis gestohlen oder verloren wurde, oder man erhält Hilfe, sollte man mit der italienischen Justiz in Konflikt geraten sein.

Deutsches Konsulat: Via Solferino 40, Tel. (02) 6231101, Besucherzeiten: Mo bis Fr 8.30–11.30 Uhr, Di zusätzlich 14–16 Uhr; in dringenden Notfällen: Tel. (0039) 335 6255621, (0039) 335 6255622; www.mailand.diplo.de.

Österreichisches Konsulat: Piazza del Liberty 8/4, Tel. (02) 778078-0, Besucherzeiten: Mo bis Fr 9–12 Uhr, www.aussenministerium.at/mailandgk.

Schweizerisches Konsulat: Via Palestro 2, Tel. (02) 7779161, Besucherzeiten: Mo bis Fr 9–12 Uhr, www.eda.admin.ch/milano.

Zollbestimmungen

Deutsche und Österreicher (EU-Bürger) dürfen folgende Genusswaren zur Verwendung zu privaten Zwecken innerhalb der EU einführen:

Tabakwaren: Zigaretten 800 Stück, Zigarillos 400 Stück, Zigarren 200 Stück, Rauchtabak 1 kg.

Alkohol: Spirituosen (z.B. Weinbrand, Whisky, Rum, Wodka) 10 Liter, alkoholhaltige Süßgetränke (Alkopops) 10 Liter, Zwischenerzeugnisse (z.B. Sherry, Portwein und Marsala) 20 Liter, Schaumwein 60 Liter, Bier 110 Liter. Für Wein aus anderen EU-Mitgliedsstaaten wurde in Deutschland keine Richtmenge festgelegt. Aus verbrauchsteuerrechtlicher Sicht kann Wein in unbegrenzter Menge für eine Verwendung zu privaten Zwecken mitgebracht werden.

Kaffee: 10 kg.

Schweizer können pro Person und Tag folgende im Ausland, also auch in Italien, für den privaten Gebrauch gekaufte Waren abgabefrei einführen:

Zigaretten: 250 Stück.

Alkohol: bis 18 Vol.-% 5 Liter, über 18 Vol.-% 1 Liter.

Fleisch: 1 kg.

Einkaufen

→ Essen und Trinken

Mitbringsel sind eine ganz **persönliche Sache** – jeder hat eine andere Vorstellung davon, was ein schönes Andenken ist. Rund um den Gardasee jedenfalls kann man viele Souvenirs erstehen, die typisch für die Region sind. Manches davon ist wahrlich schön, anderes schrill bunt oder einfach nur köstlich im Geschmack.

Bei den **Weinen** sind der Bardolino, der Lugana aus dem Weinbaugebiet im Bereich südlich des Gardasees oder die Weine des Trentino zu nennen. Einige Winzer verkaufen ihre Produkte direkt vor Ort, zum Beispiel das Weingut *Selva Capuzza* bei Desenzano del Garda (www.selvacapuzza.it) oder die Weinkellerei *Mezzacorona* (www.mezzacorona.it) in Arco.

Wer ein **Bier** vom Gardasee sein Eigen nennen möchte, wird in Manerba del Garda in der dortigen Brauerei (www.manerbabrewery.it) fündig.

Sehr beliebt ist auch der süß-saure **Likör** namens **Limoncello,** den man in Limone überall kaufen kann. Man sollte jedoch darauf achten, dass für den Limoncello auch Limonen aus dem Ort verwendet wurden.

Überall am See kann man natürlich auch **Grappa** aus der Region erstehen, u.a. im *Agriturismo Al Lambic* in Tigniale, in Riva del Garda im Laden *Lega antianalcoolica* oder in der *Distilleria Angeli* in Dro. Ein einzigartiges Geschenk ist der **„Picco Rosso“,** ein Himbeer-Erdbeerschnaps mit 61 Vol.-% Alkoholgehalt aus Pieve di Ledro.

Eine antialkoholische Besonderheit verkauft *Cedral Tassoni Shop & Drink* in Salò: Dort gibt es hausgemachte **Sodas** und Tonic Water. Für Liebhaber von **Kaffee** bieten die Rösterei *Omkafè* in Riva del Garda oder die Kaffeerösterei *Caffè Roen* in Affi eine reichhaltige Auswahl an Kaffeesorten.

Weit verbreitet sind **Keramik-Produkte,** die oft mit farbenfrohen Früchten bemalt sind. In Limone stolpert man nahezu alle Minute über ein Souvenirgeschäft, das solche Schalen, Teller oder Tassen anbietet. Meist älteren Datums sind die Artikel, die man auf **Antiquitäten-Märkten** wie in Desenzano del Garda oder Lonato del Garda kaufen kann.

Käsesorten wie den „Garda" erhält man direkt beim Produzenten, beispielsweise in der Genossenschaft *Alpe del Garda* (*Caseificio Sociale Alpe del Garda,* www.alpedelgarda.it) in Tremosine. Eine andere vegetarische Spezialität kommt aus Torbole: Hier wird ein ganz besonderer **Brokkoli** angebaut. Als haltbares Souvenir sei eine aus diesem Gemüse hergestellte Paste empfohlen. Eine **exklusive Tortellini-Sorte,** die möglicherweise zu Hause für Begeisterung sorgen könnte, gibt es in Valeggio sul Mincio; es handelt sich dabei um die sogenannte „Nodo d'Amore" (Knoten der Liebe).

Olivenöle mit gesetzlich geschützter Herkunftsbezeichnung (D.O.P.) sind in der *Cooperativa Agricola* in San Felice de Benaco oder bei *Avanzi* in Manerba und in vielen anderen Orten erhältlich.

Wer **Outdoor-Bekleidung** in allen nur erdenklichen Ausführungen sucht, findet sein Lieblingsstück ganz bestimmt in einem der unzähligen Spezialgeschäfte für Wander-, Klettersport und Mountainbiking in Arco.

Elektrizität

In Italien bzw. am Gardasee läuft es mit den mitgebrachten elektronischen Geräten fast genauso wie zu Hause. In den meisten Hotels und Unterkünften wurden die auch in Deutschland verwendeten **Eurosteckdosen** verbaut. Nur noch sehr selten benötigt man einen Adapter, nämlich dann, wenn es sich um eine Steckdose vom Typ „L" handelt: Diese hat drei nebeneinander liegende runde Öffnungen, wobei die äußeren für den Stromfluss und die mittlere für die Erdung zuständig sind. Wer auf Nummer Sicher gehen möchte und vielleicht hauptsächlich in älteren Unterkünften übernachtet, kauft sich einen entsprechenden **Adapter** (auch in Italien leicht zu bekommen). Die Netzspannung liegt bei 230 V wie in Deutschland.

Essen und Trinken

→ Sprachhilfe Italienisch im Anhang

Freunde guten Essens kommen bei einer Reise an den Gardasee in jedem Fall auf ihre Kosten. Drei Provinzen liegen im Bereich des Sees: Trentino, Lombardei und Venetien, die für einen **kulinarischen Mikrokosmos der gesamten italienischen Küche** sorgen. Viele Restaurants legen großen Wert auf die **Verwendung lokaler Produkte mit hoher Qualität.** Auf den Teller kommen selbstverständlich viele Fischarten, wie die Gardaseeforelle mit ihrem sehr zarten und äußerst schmackhaften Fleisch, die Sardine, der Aal, der Döbel oder der Hecht.

Gekocht und verfeinert werden die unzähligen Gerichte oft mit regionalen Produkten wie dem Öl aus den Oliven von den Hügeln rund um den Monte Baldo, den Kastanien von San Zeno Montaña, dem Brokkoli von Torbole oder den Pflaumen von Dro. Aufgrund der regionalen geografischen Gegebenheiten und kulturellen Besonderheiten unterscheidet sich die Küche der drei Provinzen teils deutlich.

In vielen Lokalen werden auch **vegetarische und vegane Gerichte** angeboten. In den größeren Orten findet man auch immer mehr Restaurants, die sich ganz der vegetarischen und veganen Ernährung verschrieben haben.

Das **Preisniveau** in den Restaurants ist vergleichbar mit dem in Deutschland. Wer in exponierter Lage mit herrlichem Blick auf den See oder in den Touristenhochburgen wie Malcesine, Sirmione oder Limone speisen und trinken möchte, zahlt natürlich den ein oder anderen Euro mehr.

Die Spezialitäten Venetiens

Im südöstlichen Teil des Gardasees breitet sich die Region Veneto oder Venetien aus, eine Landschaft mit weiten Ebenen, sanften Hügeln und dem Monte Baldo. Dazwischen, besonders im Süden, immer wieder Reisfelder und ausgedehnte Weinanbauflächen. Auf den Tisch kommen neben den traditionellen Nudelgerichten, wie in ganz Italien, vor allem **zahllose Varianten von Reisgerichten und Risotto.** Probiert werden kann beispielsweise „Risi e bisi“ (Reis mit Erbsen), „Risotto alla Tinca“ (mit Schleie) oder Risotto mit *Radicchio trevisano.*

Unter den **Fleischgerichten** gilt „Fegato alla Veneziana“ (Kalbsleber mit Zwiebeln, Salbei und Weißweinsud) als Besonderheit, aber auch die „Veroneser sopressa“, eine Art Schweinewurst, steht bei Liebhabern deftiger Kost hoch im Kurs. Bei einem Besuch des Ortsteils Borghetto in Valeggio sul Mincio sollte man die **„Valeggio tortellino“** ordern, eine als „Liebesknoten“ bekannte Spezialität, oder sich die **„Tortelli di zucca“,** mit Kürbis gefüllte Teigtaschen, auf der Zunge zergehen lassen. Die Bergregion rund um San Zeno besuchen Gourmets vor allem im Herbst, um die vielfältigen **Kastanienspeisen** nicht zu verpassen.

Als **Weißwein** serviert man einen vor Ort produzierten und gut gekühlten **Costuza** oder den bekannten roten **Bardolino.**

Feines aus der Lombardei

Lombardische Köstlichkeiten sind am Süd- und vor allem am Westufer mit den Hochebenen von Tignale und Tremosine an der Tagesordnung. Der **Risotto** ist auch in der Lombardei sehr beliebt und kann fast als Grundnahrungsmittel bezeichnet werden. Die Variationen sind vielfältig, beispielsweise wird er verfeinert mit Safran aus Pozzolengo, der als einer der besten in ganz Italien gilt und im Süden des Gardasees angebaut wird. Nichts für Vegetarier ist das bekannte **„Ossobuco“,** eine in Wein oder Brühe geschmorte Kalbshaxe. Für Fleischliebhaber gibt es in den Restaurants außerdem das **„Costoletta alla Milanese“,** eine Art Wiener Schnitzel, dessen Panade oft mit Parmesan verfeinert wird. Des Weiteren sollte man auf jeden Fall **„Spie-**

do" probieren. Dabei handelt es sich, wie der Name schon vermuten lässt, um einen Spieß, jedoch einen besonderen. Normalerweise verwendet man Fleischstücke vom Schwein, Huhn oder Kaninchen, die abwechselnd mit Kartoffeln und Salbei aufgespießt werden. Anschließend verbringt man die langen Spieße in ein als „Tamburo" bezeichnetes Gestell und grillt sie mehrere Stunden langsam über offener Glut.

Auf eine andere Köstlichkeit stößt man an Trockenmauern beispielsweise in Limone oder Gargnano. Wer diese Standorte genauer inspiziert, entdeckt zur richtigen Jahreszeit eine kleine, an einem urigen Strauch wachsende Frucht, nämlich die **Kaper,** die manch einem Gericht ihre besondere Note verleiht.

Fruchtiger und farbenfroher präsentiert sich eine ganz besondere und weltberühmte Delikatesse, die früher in großen Mengen nach Europa exportiert wurde und heute in Limone, Tignale oder Gardone Riviera in kleinen Zitrusplantagen angebaut wird. Gemeint ist die **Zitrone.** Das saure Stück wird u.a. zur Herstellung des Limoncino bzw. Limoncello verwendet, einem Likör auf Grappa-Basis mit einem Aufguss von Zitronenschalen. Nachtischfans entscheiden sich möglicherweise eher für die süße und alkoholfreie **„Crema di Limone"** oder für ein Stück traditionellen Käse der Sorte **„Formaggella di Tremosine".**

Die Weinbegleitung besteht oft aus dem **Lugana-Weißwein,** einem edlen Tropfen, der in der ganzen Welt bekannt und geschätzt wird, oder dem zwischen Padenghe und Salò angebauten **Valtenesi,** einem Rot- oder Rosé-Wein.

Appetitliches Teigwaren-Angebot in Valeggio sul Mincio

garda114 ts

Leckereien aus dem Trentino

In der nördlichen, von Bergen geprägten Gardaseeregion des Trentino schmecken den Menschen vor allem herzhafte und deftige Speisen. Unzweifelhaft eine schmackhafte Sache ist **„Carne Salada“**, hauchdünne Scheiben von gepökeltem Rindfleisch, klassisch warm angerichtet und mit extra-nativem Olivenöl serviert. Ebenfalls sehr geschätzt wird die **Polenta,** eine Art fester Maisbrei, der in unzähligen Varianten zubereitet wird.

Typisch für Dro sind die dort angebauten veilchenblauen **Pflaumen** mit ihrem festen Fruchtfleisch, die für die Zubereitung von Zwetschgenknödel unerlässlich sind. Ebenso lecker und gesund ist der wegen seines süßen und feinen Geschmacks bekannte **Brokkoli von Torbole,** den man gerne zu Wild, Rind, Schwein und Fisch reicht.

Den Nachtisch verfeinern aus der Region stammende **Feigen, Erdbeeren, Brombeeren oder Johannisbeeren,** die auch zu Marmeladen oder Saft verarbeitet werden. Eine besondere alkoholische Spezialität ist der hochprozentige **„Picco Rosso“** aus dem Ledrotal, der aus Erdbeeren und Himbeeren hergestellt wird und eine lange Tradition besitzt.

Restaurants und ihre Bezeichnungen

Bummelt man durch die Gassen und Straßen der Ortschaften, trifft man auf verschiedenste Gastro-Betriebe mit den unterschiedlichsten Bezeichnungen. Die nachfolgende Auflistung soll zum besseren Verständnis die jeweiligen Besonderheiten aufzeigen.

- **Bar:** Hier trifft man sich auf einen Kaffee oder einen Drink an der Theke. Dazu gibt es ein paar Tische, an denen man mit Snacks wie Toast und Panini oder einem Frühstück versorgt wird.
- **Birreria:** Der Name ist Programm. Man trinkt hauptsächlich Bier und isst je nach Angebot Burger, Pommes oder andere eher einfache Gerichte.
- **Café:** Wie in der Bar serviert man Getränke aller Art, dazu oft ein paar deftige Kleinigkeiten und meist Kuchen, Torten oder andere süße Backwaren.
- **Enoteca:** Weinliebhaber kommen in diesem Lokal auf ihre Kosten. Zur Auswahl stehen unzählige Weinsorten aus aller Welt, das Essensangebot dagegen ist eher übersichtlich.
- **Gelateria:** Eigentlich eine reine Eisdiele. Hin und wieder kann man sich dort auch einen Toast oder ein Stück Kuchen schmecken lassen.
- **Osteria:** Kleines Lokal mit Schwerpunkt auf regionalen Weinen. Natürlich bietet die Getränkekarte noch viel mehr. Zur Stärkung gibt es typische italienische Antipasti.
- **Paninoteca:** Im Angebot sind Toasts und sogenannte „panini caldi“, also heiße Sandwiches belegt mit Käse, Wurst oder Fisch.
- **Pasticceria:** Die Konditorei versorgt ihre Gäste mit Kuchen, Torten und Heißgetränken wie Kaffee, Tee und Schokolade.
- **Piadineria:** Kulinarisch steht das *Piadine,* ein italienisches Fladenbrot, im Vordergrund. Gefüllt wird es mit verschiedensten Zutaten, dann zugeklappt und auf der Hand gegessen. Eine tolle, aber eher unbekanntere Alternative zur Pizza.
- **Pizzeria:** Aus der Küche kommen Pizzen, was sonst. Fast immer stehen weitere Gerichte zur Auswahl.
- **Risotteria:** Auf der Speisekarte eines solchen Restaurants stehen vor allem allerlei Risotto-Varianten.
- **Ristorante:** Im klassischen italienischen Restaurant wird, je nach Appetit des Gastes, die gesamte typische Menüfolge serviert: *antipasti* (kalte oder warme Vorspeisen), *primo piatto* (erster Hauptgang, meist ein Nudelgericht), *secondo piatto* (zweiter

Hauptgang, vor allem Fisch- oder Fleischgerichte), zum Schluss kommen *dolci* (Desserts) auf den Tisch.

- **Trattoria:** Ein einfacheres Lokal im Vergleich zu einem Restaurant, oft in ländlicher Umgebung. Die Köchin oder der Koch brutzeln regionale Spezialitäten zu moderaten Preisen. Bestellt werden können *antipasti, primo* und *secondo piatto* und *dolci.*

Feiertage, Feste und Events

→ Zu jeder Zeit

Feiertage (offiziell)

- **Neujahr:** *Capodanno,* 1.1.
- **Heilige Drei Könige:** *Epifania* oder *Befana,* 6.1.
- **Ostermontag:** *Lunedì dell'Angelo* oder *Pasquetta*
- **Tag der Befreiung Italiens:** *Anniversario della Liberazione,* 25.4.
- **Tag der Arbeit:** *Festa del Lavoro,* 1.5.
- **Tag der Republik:** *Festa della Repubblica,* 2.6.
- **Mariä Himmelfahrt:** *Assunzione di Maria Vergine* oder *Ferragosto,* 15.8.
- **Allerheiligen:** *Ognissanti* oder *Tutti i Santi,* 1.11.
- **Mariä Empfängnis:** *Immacolata Concezione,* 8.12.
- **1. Weihnachtsfeiertag:** *Natale,* 25.12.
- **2. Weihnachtsfeiertag:** *Santo Stefano,* 26.12.

Feste und Events

An dieser Stelle seien nur die wichtigtsen Veranstaltungen genannt. Weitere Informationen bei den Tourist-Infos und in den Ortskapiteln in diesem Buch.

Märchenfest „La notte di fiaba"

Das viertägige Fest in **Riva del Garda** begeht man jährlich am letzten Augustwochenende. Kinder wie Erwachsene lassen sich von Veranstaltungen zu einem speziellen Märchen verzaubern.

- **www.nottedifiaba.it**

Chocomusik

An Ostern zelebriertes mehrtägiges Festival in **Riva del Garda.** Lokale Könner präsentieren die Kunst der Schokoladen- und Pralinenherstellung.

Bike Festival Garda Trentino

Alljährlich im Frühjahr (Ende April, Anfang Mai) in **Riva del Garda** stattfindendes mehrtägiges Mega-Event für Europas Mountainbiker.

- **http://riva.bike-festival.de**

Gourmetfestival „Garda Con Gusto"

Mehrtägiges Food-Event ganz im Zeichen von Genuss und regionalen Spezialitäten. Im November in **Riva del Garda.**

Rockmaster Festival

Zwischen Ende Juli und Anfang September trifft sich in **Arco** für drei Tage jedes Jahr die internationale Elite des Klettersports.

- **www.rockmasterfestival.com**

Weihnachtsmarkt

Von Mitte Dezember bis Anfang Januar schmückt sich **Arco** weihnachtlich. Rund 40 Marktstände verkaufen traditionelles Kunsthandwerk und Produkte aus der Region. Konzerte sorgen für die passende romantische Stimmung.

Centomiglia
In **Gargnano,** im Ortsteil Bogliaco, findet diese wohl berühmteste auf einem See abgehaltene Segelregatta der Welt statt. Jedes Jahr Anfang September.

- **www.centomiglia.it**

Festival Violinistico „Gasparo da Salò"
Das mehrwöchige Violinenfestival findet alljährlich im Sommer in **Salò** statt und lockt hochkarätige Musiker, Künstler und Tausende Besucher an.

„Italia in Rosa"
Anfang Juni dreht sich in **Moniga del Garda** mehrere Tage lang alles um Chiaretto-Weine, andere Roséweine und Roséseksorten.

- **www.italiainrosa.it**

Padenghe Medievale
Das zweitägige traditionelle Fest „Mittelalterliches Padenghe" sorgt in **Padenghe sul Garda** mit Straßenkünstlern, Jongleuren, Trommlern, Falknern und historischen Umzügen für gute Stimmung. Höhepunkt ist das sonntägliche Feuerwerk auf der Burg. Meist Ende August.

Festa del Nodo d'Amore
Immer im Juni kommen Gäste auf der Visconti-Brücke in **Valeggio sul Mincio** zum traditionsreichen Tortellini-Fest zusammen. Die Teilnahme ist nur mit Voranmeldung möglich.

Historische Nachstellung der Schlacht von San Martino und Solferino
Jedes Jahr im Juni begeht man bei **Desenzano del Garda** zum Jahrestag der Schlacht vom 24. Juni 1859 eine mehrtägige Gedenkveranstaltung. Die Protagonisten kämpfen in originalgetreuen historischen Kostümen. Dazu gibt es Fackelzüge, Konzerte, Messen zu Ehren der Gefallenen und Tanzvorführungen.

- **www.solferinoesanmartino.it**

„Ciottolando con Gusto"
Rund ums Essen dreht sich dieses Fest in **Malcesine** jedes Jahr im Herbst. In der Altstadt kann man leckere kulinarische Raffinessen verkosten und musikalischen Veranstaltungen beiwohnen.

Choco Malcesine
Mitte September feiert man in **Malcesine** für einige Tage dieses Festival mit Verkostungen handgemachter Schokolade. Das Programm richtet sich sowohl an Erwachsene als auch Kinder.

Lake Garda Mountain Race
Alljährlich im Oktober messen sich beim Lake Garda Mountain Race zahlreiche Sportler. Das Bergrennen verläuft von **Malcesine** hinauf zum Monte Baldo.

Malcesine Blues Festival
Schon seit 2008 können Besucher bei den alljährlich im August stattfindenden, mehrtägigen Musikveranstaltungen die Welt des Blues erleben.

- **www.malcesinebluesfestival.com**

Festa delle Castagne und Festa del Marrone
An drei Wochenenden von Ende Oktober bis Anfang November reihen sich in **San Zeno di Montagna** Verkaufsstände mit regionalen Produkten entlang der Hauptstraße auf. In einem großen Fest-

zelt spielt die Musik, und es werden Kastanien und Maronen verkauft.

■ **www.marronedisanzeno.it**

Geld

Die Region rund um den Gardasee gehört zu Italien und somit zur europäischen Währungsunion; es wird daher mit dem **Euro** bezahlt.

In nahezu jedem Ort findet man ausreichend **Geldautomaten,** an denen man mit einer **Debitkarte** (EC-/Maestro- bzw. Cirrus-Logo sowie V PAY) oder mit der **Kreditkarte** Geld abheben kann. Dazu benötigt man jeweils die persönliche PIN-Nummer. Die gängigen Kreditkarten wie MasterCard oder VISA werden in Banken, an Automaten und zum Bezahlen in den meisten Fällen anstandslos akzeptiert.

Ob und in welcher Höhe **Kosten für die Barabhebung** anfallen, variiert je nach Bank, die die Karte ausstellt, und je nach Bank, bei der die Abhebung erfolgt. Man sollte daher vor der Reise bei seiner Hausbank nachfragen, mit welcher Bank sie vor Ort kooperiert und auch bei www.geld-abheben-im-ausland.de die Konditionen für die Kreditkarten vergleichen, mit denen man im Ausland gebührenfrei Bargeld abheben kann.

Grundsätzlich vorteilhafter als eine Barabhebung ist das **bargeldlose Zahlen** im Geschäft mit der Bank- oder Kreditkarte. Dafür darf die Hausbank innerhalb der Euro-Länder keine Gebühr für den Auslandseinsatz veranschlagen (für Schweizer wird ein Entgelt von 1–2% des Umsatzes berechnet).

Bei **Verlust oder Diebstahl der Kredit- oder Debitkarte** sollte man diese sofort sperren lassen. Tipp: Die Notrufnummer mit IBAN bzw. Kreditkartennummer im Mobiltelefon speichern.

■ **Deutscher Sperr-Notruf** für alle Debit- und Kreditkarten: Tel. 0049 116116, aus dem Ausland Tel. 0049 30 40504050. Sperr-Notruf bietet auch eine kostenlose SperrApp für iOS und Android an.
■ **Österreichischer Sperr-Notruf** für Bankomat-Karten: Tel. 0043 1 204 8800.
■ **Schweizerischer Kartensperrservice** des TCS (Touring Club Schweiz): Tel. 0041 844 888 111.

Ansonsten gelten für österreichische und schweizerische Kreditkarten von MasterCard, VISA, American Express und Diners Club, dass man sich vor der Reise die Rufnummer der kartenausstellenden Bank notiert haben sollte.

Geldnot

Wer dringend eine größere Summe Bargeld im Ausland benötigt und seine Debitkarte nicht (mehr) hat, kann dies über **www.westernunion.de** regeln und das Geld bei der entsprechenden Vertretung von Western Union vor Ort auszahlen lassen. Egal ob 500 oder 5000 €, eine solche Bargeldauszahlung in Italien kostet 5 € Gebühr, wenn man das Geld per Sofort-Überweisung von seinem deutschen Konto anweisen lässt. Solche Überweisungen kann man per App von Western Union erledigen, über Online-Banking von seiner eigenen Bank oder durch eine dritte Person von Deutschland aus.

Gesundheit

→ Versicherungen

Bei einem medizinischen Notfall erreicht man den **Notarzt** und den Krankenwagen unter der **Rufnummer 118.** Ansonsten hat man verschiedene Möglichkeiten, sich am Gardasee medizinische Versorgung angedeihen zu lassen.

In der Hochsaison von Mitte Juni bis Mitte September wird am Gardasee in vielen Orten ein **„Guardia Medica Turistica"** genannter ärztlicher Notdienst für Urlauber angeboten, der die gesundheitliche Grundversorgung abdeckt.

In privaten **Arztpraxen** stehen, teils rund um die Uhr, auch deutschsprachige Ärzte und Zahnärzte zur Verfügung. Die Kosten für die Behandlung dort werden von den gesetzlichen Krankenkassen nicht übernommen. Daher kann der Abschluss einer **Auslandskrankenversicherung** sinnvoll sein (Jahresbeitrag ab etwa 10 €).

Benötigt man ein Medikament, stehen in nahezu jedem größeren Ort eine oder gleich mehrere **Apotheken (farmacia)** zur Verfügung. Da die italienischen Medikamente oft andere Namen als die in Deutschland, der Schweiz oder Österreich geläufigen Produkte besitzen, ist es von Vorteil, den benötigten Wirkstoff zu wissen. Das Mitnehmen eines Beipackzettels kann dabei gute Dienste leisten. Die Preise sind oft deutlich geringer. Die Öffnungszeiten variieren sehr stark; manch eine Apotheke hat bis in die späten Abendstunden oder gar am Wochenende geöffnet.

Mit Haustier unterwegs

Haustiere wie Hunde oder Katzen müssen zur Einreise nach Italien über einen Mikrochip oder eine klar lesbare Tätowierung identifizierbar sein. Seit 2011 ist für neu gekennzeichnete Tiere nur noch eine **Kennzeichnung mit einem elektronischen Transponder** zulässig. Außerdem muss ein gültiger **EU-Heimtierausweis** (Pet Passport, Kosten rund 20 €) vorliegen, in dem die erfolgte Tollwut-Impfung eingetragen ist. Man bekommt diesen Pass bei behördlich ermächtigten Tierärzten. Tiere aus der Schweiz müssen die Richtlinien der EU bezüglich Impfung und Kennzeichnung erfüllen. Hunde und Katzen, die jünger als drei Monate sind und keine Tollwut-Impfung erhalten haben, dürfen nicht mit nach Italien gebracht werden.

An öffentlichen Orten, in den Städten am Gardasee und in Restaurants besteht grundsätzlich **Leinenpflicht.** Auf den meisten Campingplätzen sind Hunde gern gesehene Gäste, für die allerdings Extrakosten anfallen. In einigen Orten gibt es ausgeschilderte **Hundestrände,** wo Vierbeiner sich frei bewegen und auch „baden" dürfen.

Information

Tourist-Infos geben in vielen Orten ausführliche Auskünfte und halten Prospekte zu Unterkünften, Outdoor-Aktivitäten, Schiffsverbindungen oder Restaurants bereit. Oft kann Kartenmaterial für Wanderungen oder Bike-Touren erworben werden. Meist wird – mehr oder weniger gut – Deutsch gesprochen.

Viele Informationen über Veranstaltungen, Restaurants, Bus- und Schiffsverkehr, Hotels und manch andere interessante Neuigkeit erhält man in der vor Ort kostenlos ausliegenden **„Neue Gardasee Zeitung"**, die jeden Monat erscheint (www.gardaseezeitung.it).

Auch auf **deutschsprachige Zeitungen und Magazine** aus dem Heimatland muss der Urlauber nicht verzichten. In vielen Orten kann man diese in Zeitschriften- und Tabakläden zu leicht erhöhten Preisen kaufen.

Da nahezu jedes Hotel, viele Restaurants und Cafés kostenloses **WLAN** anbieten, besteht die Möglichkeit, über **Internet-Radio** Nachrichten in deutscher Sprache zu hören. **Radio-Apps** (meist gratis) wie „Internetradio Deutschland", „radio.de", „Internet Radio Box", „XiiaLive" oder „Tuneln Radio" findet man in den geläufigen App-Stores.

Online gibt es umfangreiche Informationen in Deutsch auf den **Websites der einzelnen Gardasee-Provinzen** (s.u.). Zusätzlich kann man sich auf der offiziellen Website des Gardasees kundig machen: **www.visitgarda.com.**

- **Lago di Garda Trentino:** www.gardatrentino.it
- **Lago di Garda Lombardia:** www.gardalombardia.de
- **Lago di Garda Veneto:** www.lagodigardaveneto.com

Italienische Zentrale für Tourismus ENIT

Allgemeine Informationen zu Italien und natürlich zum Gardasee erhält man auf der Website des Italienischen Fremdenverkehrsamtes ENIT **(www.enit.de)** oder in den Infostellen in Deutschland.

- **Deutschland:** Direktion für die deutschsprachigen Länder, Benelux, Mitteleuropa; Barckhausstr. 10, 60325 Frankfurt a.M., Tel. 0049 (0)69 237434, frankfurt@enit.it; Öffnungszeiten: Mo bis Fr 9.15–17 Uhr, Sa geschlossen, telefonisch: Mo bis Fr 9.15–13 Uhr, Sa nicht besetzt.
- **In Österreich und der Schweiz existieren aktuell keine ENIT-Tourismusämter.**

Mit Kindern unterwegs

Dieses Symbol kennzeichnet in diesem Reiseführer Sehenswürdigkeiten und Aktivitäten, an denen gerade auch kleine Gardasee-Urlauber ihre Freude haben.

Der Gardasee ist eine riesige „Spielwiese" für Kinder jeden Alters, die **nahezu überall ganz herzlich willkommen** sind. Die meisten Hotels und Restaurants sind auf Familien mit Kindern eingestellt. Unterkünfte sorgen mit Kindertarifen und **Familienzimmern** für Ersparnisse und entspanntes Zusammen-

Praktische Reisetipps A–Z
8

garda117 ts

wohnen, in Restaurants sind auch „lebendige“ Sprösslinge nicht sofort ein Ärgernis. Insbesondere die vielen großzügig angelegten **Campingplätze** mit ihren abwechslungsreichen Kinderprogrammen empfehlen sich für einen Familienurlaub. Eine weitere tolle Option sind die **Bauernhöfe** (u.a. www.agriturismo.it) am Gardasee, die allen Neugierigen das Landleben mit seinen Tieren und Pflanzen näherbringen. Toben und Planschen können die Kleinen an den zahllosen **Stränden,** vor allem im Süden, beispielsweise am breiten Sandstrand von Lazise. Überall findet man **Spielplätze,** wie im Norden bei Riva del Garda in Strandnähe, oder leicht erreichbare Badeinseln mit Rutschen. In den Sommermonaten sorgen in vielen Uferbereichen Bademeister und Rettungsschwimmer für größtmögliche Sicherheit.

Sportlichen Familien werden zahllose Angebote offeriert, um gemeinsam zu klettern (u.a. Adventure- und Kletterpark in Torbole sul Garda, www.busatte adventure.it), mit dem Mountainbike zu radeln oder zu segeln, dies vor allem im nördlichen Gardaseebereich.

Im Süden rund um Peschiera del Garda, Castelnuovo del Garda und Pastrengo locken **Vergnügungsparks** wie Gardaland (www.gardaland.it) oder der Safaripark Parco Natura Viva (www.parco naturaviva.it) mit seinen über 1500 Tieren Kinder und Eltern gleichermaßen.

Kunstinteressierte Eltern, die mit ihrem Nachwuchs hin und wieder ein **Museum** besuchen wollen, können auf kinderpädagogische Programme hoffen. Ganz auf Kinder und Familien zugeschnitten ist der „INvento“-Bereich im MAG in Riva del Garda.

Rifugio Monte Carlo „San Pietro“ oberhalb von Canale di Tenno – hier fühlen sich auch Kinder wohl

Klima und Reisezeit

→ Reisegepäck und Ausrüstung

Eine optimale Reisezeit zu nennen, ist schwierig. Nahezu jede Jahreszeit hat ihre Vor- und Nachteile. Natürlich entfalten sich die ganze Schönheit und das italienische Lebensgefühl der Region vor allem an warmen und sonnigen Tagen.

Im **Sommer** herrschen teils hohe Temperaturen. In den Monaten **Juli** und **August** kann die Quecksilbersäule auf über 30°C ansteigen. Zusammen mit Wassertemperaturen von über 20°C ergibt sich somit die beste Zeit für einen Badeurlaub. Während man im Sommer am Seeufer schwitzt, sind die klimatischen Bedingungen in den Bergen rund um Tremosine, Tignale, den Ledrosee und den Monte Baldo gemäßigter und ermöglichen Wandern oder Mountainbiken. Es herrscht allerdings **Hochsaison,** die Preise für Unterkünfte steigen, die Strände und Promenaden sind gut gefüllt, und auf der Gardesana steht man oft im Stau.

Sehr gute Bedingungen für ein breit gefächertes Aktivprogramm und Stadtbesichtigungen bestehen im **September** und **Oktober,** wenn die Wetterlage oft stabil und es noch moderat warm ist. Im September endet die Badesaison.

Ab **November** schließen viele Hotels und Restaurants, der Gardasee und seine Bewohner machen Pause von einer langen Saison. Es ist eine Zeit, in der man als Urlauber die Region ungestört genießen kann, jedoch mit gehäuften Regentagen rechnen muss bei noch milden 10 bis 15°C. Bei Sonnenschein lässt es sich dann an einem windgeschützten Platz noch wunderbar draußen frühstücken oder einen Aperitif trinken.

Um die **Adventszeit** können zahlreiche Weihnachtsmärkte erkundet und eine besinnliche Atmosphäre ganz ohne Schnee genossen werden. Im **Januar** wird es am kältesten, vieles ist geschlossen, und in den Bergen liegt womöglich Schnee, vielleicht zusammen mit dem **Februar** die ungünstigste Reisezeit. Temperaturen unter dem Gefrierpunkt kommen am Seeufer jedoch fast nie vor.

Der **Frühling** erwacht im **März,** im **April** erreichen oder übersteigen die Temperaturen schon wieder die 20°C-Marke, es ist aber auch der Monat mit den meisten Regentagen. Ab Mai beginnt langsam die Badesaison, es wird wärmer und wärmer, sommerliches Wetter setzt sich immer mehr durch.

Kommunikation unterwegs

Wie auch in Deutschland gibt es nur noch äußerst wenige **Telefonzellen** in Italien bzw. am Gardasee, die mit Münzen funktionieren. Will man von dieser Möglichkeit Gebrauch machen, ist also eine Telefonkarte *(carta telefonica)* erforderlich, die es in Bars, Tabakgeschäften, Postämtern und Zeitungskiosken gibt.

Wer **nach Italien** telefoniert, wählt die **0039** plus die entsprechende Vorwahl (beginnend mit der 0) und danach die Teilnehmernummer. Die Vorwahlen innerhalb Italiens sind fester Bestandteil der Telefonnummern und daher auch bei Ortsgesprächen mitzuwählen. Mobilnummern beginnen in Italien ohne 0.

Wer vom Gardasee **nach Deutschland** telefonieren möchte, nutzt die Vorwahl **0049** plus die Ortsvorwahlkennziffer ohne 0 und persönliche Teilnehmernummer. In die **Schweiz** lautet die Vorwahl **0041** und nach **Österreich 0043.**

Wer im europäischen Ausland das **Mobiltelefon** benutzt – für Schweizer gelten diese Regeln noch nicht –, zahlt seit 2017 keine zusätzlichen Roaminggebühren mehr, sondern es gelten die gleichen Tarife wie im eigenen EU-Land, sofern es sich um eine zeitweilige Nutzung der SIM-Karte im Ausland handelt. Der Empfang von SMS ist in der Regel kostenfrei. Insbesondere bei Internetnutzung fährt man dennoch mit kostenlosen **WLAN-Verbindungen** zum Schreiben von E-Mails (vor allem mit Anhang), (Video-)Telefonieren über Skype bzw. Facetime oder auch zum Teilen von Fotos/Dateien etc. über WhatsApp und andere kostenlose Apps am günstigsten. Darüber hinaus kann man z.B. über WhatsApp kostenlos Berichte austauschen oder telefonieren.

LGBT+

In den letzten Jahren diskutierte man das Thema LGBT+ in Italien sehr **kontrovers.** Im Gegensatz zu anderen europäischen Ländern verabschiedete das italienische Parlament erst 2016 und damit relativ spät die Einführung eingetragener Lebenspartnerschaften für Homosexuelle, wobei ein Adoptionsrecht bisher nicht existiert. Ein Anti-Diskriminierungsgesetz gegen Homo- und Transphobie scheiterte 2021. Insgesamt aber ist in der Gesellschaft ein deutlicher **Trend zu mehr Toleranz** gegenüber Schwulen, Lesben und anderen Menschen, die nicht heteronormativen Vorstellungen entsprechen, erkennbar. Die meisten LGBT-Lokale und -Kneipen gibt es in den größeren Städten am Gardasee, beispielsweise in Desenzano del Garda (u.a. Splash-Club, Artclub-Disco, Bar Sisi Drinkery) oder in Verona und Brescia. In Verona findet alljährlich die **LGBT+ Pride** statt.

Notfälle

→ Geld

Die **118** wählt man bei einem **medizinischen Notfall,** die **113** ist die einheitliche nationale Rufnummer der **Polizei** (www.poliziadistato.it) für Notfälle aller Art, ob Diebstahl, tätliche Übergriffe oder Verkehrsunfall. Die **Feuerwehr** erreicht man unter **115.**

Bei einer **Bootspanne** oder einer Notfallsituation auf einem Gewässer lautet die Rufnummer **1530.**

Automobilclubs/Pannenhilfe

Die **Pannenhilfe** des italienischen Automobilclubs ACI *(Automobile Club d'Italia)* ist in Italien unter der kostenfreien Rufnummer **803 116** zu erreichen.

- **Deutsche Automobilclubs: ADAC**-Mitglieder (www.adac.de) bekommen unter der Telefonnummer 0049 (0)89 222222 Hilfe bei einem Fahrzeugschaden, Mitglieder des **AvD** (www.avd.de) wählen 0049 (0)69 6606-600, Mitglieder des **ACE** (www.ace.de) erhalten Unterstützung unter Tel. 0049 (0)711 530343536. Vor Reisebeginn sollte man prüfen, welche Leistungen bei Mitgliedschaft oder im abgeschlossenen Schutzbrief enthalten sind.
- **Österreichischer Automobilclub ÖAMTC** (www.oeamtc.at): Notrufnummer für Mitglieder 0043 (0)1 2512000.
- **Schweizer Automobil-Club Touring Club Schweiz TCS** (www.tcs.ch): Inhaber des TCS-ETI-Schutzbriefes wählen 0041 (0) 58 8272220.

Öffnungszeiten

Die Mehrheit der **Geschäfte** legt eine **längere Mittagspause** ein, und auch die morgendlichen Öffnungszeiten variieren des Öfteren. Die folgenden Zeiten mögen daher eine grobe Orientierung sein: **Mo bis Sa ca. 9–12.30/13 und ca. 15.30–19.30 Uhr.** In größeren Städten oder touristisch gut frequentierten Ortschaften haben viele Geschäfte auch länger auf oder verzichten ganz auf eine Siesta. Große Einkaufszentren bieten ihren Service oft durchgehend Mo bis Sa von 9 bis 22 Uhr an.

Die **Postfilialen** öffnen Mo bis Fr von 8.30 bis 14 Uhr und Sa von 8.30 bis 13 Uhr. **Banken** stehen Mo bis Fr von 8.30 bis 13.30 Uhr zur Verfügung, **Museen** haben meistens Di bis So von 9 bis 17 Uhr geöffnet und Mo geschlossen.

Orientierung und Landkarte

Die **Ausschilderung** vor Ort zu Städten, Stränden und anderen Sehenswürdigkeiten ist in der Regel sehr gut und die Orientierung damit sehr einfach. Rund um den Gardasee verläuft eine durchgehende Straße, die sogenannte **Gardesana.** Eine empfehlenswerte **Landkarte** zu Nord-Italien stammt aus dem „world mapping projekt" des Reise Know-How Verlages im Maßstab 1:400.000.

Post

Postämter **(www.poste.it)** gibt es in fast allen Orten (die Öffnungszeiten stehen weiter oben). Ein **Brief** bis 20 g oder eine **Postkarte** kostet nach Deutschland, Österreich oder in die Schweiz 1,15 € *(Zona 1).* **Briefmarken** erhält man natürlich im Postamt, aber auch in den Tabakgeschäften *(tabaccheria).*

Rauchen

In Italien ist seit 2005 das Rauchen **in allen öffentlichen und öffentlich zugänglichen Gebäuden sowie Gaststätten und Büros verboten.** In sogenannten Raucherzonen und im Freien ist das Rauchen erlaubt. Jedoch existieren im wahren Leben äußerst selten extra abgetrennte Raucherbereiche in Lokalen und

Restaurants, da strenge Auflagen ihre Einrichtung für Betreiber aus wirtschaftlicher Sicht nicht rentabel machen. Bei Verstößen drohen Geldstrafen bis 250 € (Raucherzone = *zone per fumatori*, Rauchverbot = *divieto di fumare*). Seit 2015 ist außerdem das Rauchen im Auto untersagt, wenn Kinder oder Schwangere im Fahrzeug sitzen.

Tabak und Zigaretten dürfen nur an Personen ab 18 Jahren verkauft werden. Kaufen kann man Tabakwaren nicht im Supermarkt, sondern nur in speziellen Geschäften, den Tabacchi-Läden.

Reisegepäck und Ausrüstung

→ Elektrizität
→ Klima und Reisezeit
→ Orientierung und Landkarte

Was man in den Koffer, die Tasche oder den Rucksack für eine Reise zum Gardasee packt, **hängt stark von der Jahreszeit und der Region ab,** die man als Ziel ausgewählt hat. Im Sommer kann es am Gardasee sehr warm werden, dann dürfen luftige und lockere Kleidungsstücke wie T-Shirts, kurze Hose oder Rock nicht fehlen. Für den Abend sind ein leichter Fleece-Pullover oder eine leichte Jacke ab und an nützlich. Grundsätzlich kleidet man sich **eher leger und sportlich** am Gardasee, vor allem in den touristischen Hochburgen. Allerdings sollte man gerade in Kirchen dezente und angemessene Kleidung wählen und nicht im knappen Badeoutfit heilige Stätten besuchen. Wer wandern möchte, sollte vor allem **geeignetes Schuhwerk** nicht vergessen. Möchte man sich länger in den Bergen aufhalten, beispielsweise im Ledro- oder Tenno-Tal, sollte man auch im Sommer an winddichte und wärmende Bekleidung denken. Im Winter kann in den Bergregionen, insbesondere rund um den 2218 m hohen Monte Baldo, auch Schnee fallen.

Sicherheit

→ Notfälle

Der Gardasee mit seinen Ortschaften, Städten und Stränden ist ein **sicheres Reiseziel,** wenn man die üblichen Vorsichtsmaßnahmen beachtet, die man in nahezu jeder Region dieser Welt berücksichtigen sollte. In geparkten bzw. abgestellten Autos sollten keine Wertsachen sichtbar liegen bleiben. Besonders bei Gedränge in belebten Einkaufsstraßen sollte man auf die Handtasche und Geldbörse achten. Auch am Strand ist es ratsam, sein Hab und Gut im Auge zu behalten, denn wie heißt es so schön: Gelegenheit macht Diebe. Ansonsten steht einem unbeschwerten Urlaub nichts im Wege.

[>] Das Ufer bei Riva del Garda ist ein beliebtes Refugium bei Surfern

Sport und Aktivitäten

→ Camping

Sportliche Urlauber finden vor allem im Norden ein **breites Spektrum an Möglichkeiten.** Die Berge, die Winde, der See sind Garanten für eindrucksvolle Wanderungen, Biketouren, Kletterausflüge oder Surfabenteuer. Doch natürlich findet man auch rund um den Monte Baldo, die Hochebenen von Tremosine und Tignale oder den Ledrosee großzügige Areale, um sich ausgiebig zu bewegen und die Natur zu genießen. Empfehlenswert sind auch Touren zu Fuß im Süden durch Weinberge und ausgedehnte Hügellandschaften. In den Ortskapiteln wird unter der Rubrik „Sport und Aktivitäten" näher auf die jeweiligen Möglichkeiten eingegangen, auf Strände und Bademöglichkeiten wird ebenfalls an Ort und Stelle verwiesen.

Baden

Der Gardasee ist kein Reiseziel für Gäste, die sich einen perfekten Badeurlaub erträumen. Statt kilometerlanger, feinsandiger und palmengesäumter Strände gibt es rund um den See **unzählige Uferabschnitte,** die sich zum Sonnen und Relaxen und für ein anschließendes abkühlendes Bad im sauberen Wasser anbieten. Viele sind ausgestattet mit Bars, Restaurants und Toiletten, und des Öfteren werden auch Liegestühle und Schirme vermietet. An nahezu jedem ufernahen Ort lässt sich ein frei zugänglicher Strand finden, der mal mit größeren, mal mit kleineren Kieseln daherkommt. Wer **Badeschuhe** im Gepäck hat, ist auf jeden Fall für alle steinigen Eventualitäten gerüstet.

Familienfreundlich sind die lang gezogenen, kieseligen Strände von **Riva del Garda** mit Liegewiese, Sanitäranlagen, Spielplätzen, Badeinseln und Rettungsaufsicht in den Sommermonaten. Wo kein wirklicher Strand zu finden ist, ver-

garda120 ts

fügen Hotels oder Campingplätze oft über Stege und Leitern, die den Zugang zum See erleichtern, wie in **Gardone Riviera** oder **Sirmione.** Ebenfalls für Familien mit Kindern gut geeignet sind die flach in den See abfallenden Strände bei **Lazise** oder **San Felice del Benaco.** Auch der Süden verfügt mit **Desenzano del Garda** und **Peschiera del Garda** über ausgezeichnete Möglichkeiten zum Schwimmen und Baden. Nicht unterschlagen sollte man auch die groß dimensionierten und schönen Strände bei **Garda** und **Bardolino,** in deren Nähe sich zahlreiche Campingplätze angesiedelt haben. Neben den frei zugänglichen Uferbereichen hat sich hier und da manch hippe Strandbar etabliert, die mit abendlicher DJ-Musik und Liegen unter Palmen punktet, jedoch auch meist Eintritt verlangt, z.B. am **Lido di Lonato.**

Die **Wasserqualität** des Gardasees hat sich den letzten Jahrzehnten deutlich verbessert und wird heute mit **gut bis sehr gut** bewertet. Die Untersuchungen durch die zuständigen Behörden erfolgen regelmäßig und nach strengen europäisch einheitlichen Richtlinien. 2016 wurde Gardone Riviera mit der anerkannten Auszeichnung „Blaue Flagge" bedacht.

Gut zum Baden eignen sich auch die **Seen im Hinterland** wie der kleine Tennosee oder der deutliche größere Ledrosee, an dessen Ufer Liegewiesen, Spielplätze und Restaurants/Bars für einen angenehmen Aufenthalt sorgen.

Wandern/Trekking

Unzählige markierte und gut gepflegte **Wanderwege** findet man vorwiegend im Norden und in den Bergregionen im Westen und Osten. In der Region Garda Trentino existieren rund 600 km Wegstrecke vom Strand bis auf über 2000 m

☐ Tolle Ausblicke gewährt die Wanderung auf dem Panorama-Weg bei Torbole

garda119 ts

Höhe. Der Süden des Sees, im Hinterland von Peschiera und Sirmione, ist noch weitgehend von wandernden Touristen unberührt. Einige ausgewählte Touren sind im **Kapitel „Wanderungen"** ausführlich beschrieben.

Was die **Ausrüstung** betrifft, sollte man grundsätzlich mit gutem Schuhwerk, der richtigen Kleidung und ausreichend Getränken und Essen unterwegs sein. Eine detaillierte Karte, ein Handy und ein wenig Orientierungssinn können bei längeren Ausflügen und unübersichtlichen Gelände hilfreich sein. Am besten geht man **nicht alleine in die Berge** und informiert vor dem Start zu einer größeren Tour Freunde, Bekannte oder die Hotelrezeption über das Vorhaben. Und dann nicht die Meldung der Rückkehr vergessen!

Biken

Zu den **besten Bike-Gebieten Europas** zählen der gesamte **nördliche Gardasee und sein nahes Hinterland.** Ein rund 1000 km langes ausgewiesenes Wegenetz spannt sich in Garda Trentino von den alpinen Hängen bis zu den Ufern des Sees. Für jeden Anspruch ist etwas dabei. Im Norden kommen vor allem Mountainbiker auf ihre Kosten, ob am Monte Baldo, auf der alten Ponale-Straße oder am Ledrosee. In Torbole macht die zum Bike Park Garda Trentino Gravity gehörende atemberaubende Mountain-Bike-Down-Hill-Strecke „601" *(seicentouno)* von sich reden. Viele **Hotels** sind auf die sportiven Radfahrer vorzüglich eingestellt. Sie bieten Kartenmaterial an, stellen gesicherte Abstellmöglichkeiten für die Räder und Werkzeug für Reparaturen zur Verfügung, veranstalten geführte Touren oder vermieten Mountainbikes, Rennräder oder auch vermehrt E-Bikes.

Alljährlich im Frühjahr (Ende April, Anfang Mai) ist in Riva del Garda das **Bike Festival Garda Trentino** ein mehrtägiges Mega-Event für Mountainbiker.

Informationen rund ums Thema Fahrradfahren bekommt man in den Tourismusbüros beispielsweise in Riva del Garda oder Torbole.

Im **Süden** lässt es sich aufgrund der geografischen Gegebenheiten deutlich entspannter durch die nur leicht hügelige Natur radeln. Herrlich ist zum Beispiel die rund 15 km lange Tour von Peschiera del Garda bis nach Valeggio sul Mincio den Fluss Mincio entlang.

Wind- und Kitesurfen

Der **nördliche Abschnitt des Gardasees** ist ein **weltweit bekannter und geschätzter Surfspot.** Grund hierfür sind die mehr oder weniger jeden Tag auftretenden Winde. In den Morgenstunden bis etwa mittags sorgt der aus Norden wehende **„Vent"** oder **„Pelér"** für ordentlichen Wind. Dieses insbesondere im Sommer kräftig auftretende Phänomen kann für Windstärken von über 10 m/s und erstaunlichen Wellengang sorgen. Ab den Mittagstunden freuen sich die Wassersportenthusiasten auf die **„Ora"**, eine aus Süden bis zum Sonnenuntergang wehende Windströmung, die ebenfalls im Sommer ihre größte Kraft entwickelt und ähnliche Windstärken erreicht wie der „Pelér". Hauptsächlich im Winter tritt in Riva del Garda der vom trentinischen, 755 m hohen Ballino-Pass herunterwehende **„Balinot“** auf, der deutlich höhere Windgeschwindigkeiten wie „Ora“ und „Pelér“ erreichen kann.

In Riva del Garda, Torbole, im Bereich des Westufers rund um Campione und am nördlichen Ostufer bieten zahlreiche **Surfschulen** Kurse fürs Kiten, Windsurfen und auch Stand-Up-Paddling an.

Kitesurfer kommen rund um Riva und Torbole trotz windiger Verhältnisse nicht auf ihre Kosten, denn das Kiten am Nordufer und an den angrenzenden West- und Ostufern ist nicht erlaubt. Erst einige Kilometer weiter südlich können Freunde dieser Sportart ihrer Passion nachgehen.

Klettern

Seit vielen Jahren wird rund um Riva del Garda, Torbole und Arco geklettert. Aus einem Geheimtipp für einige wenige Tollkühne hat sich ein internationaler Treffpunkt für die Elite des Klettersports entwickelt. Doch auch Anfänger finden genügend Routen, um ihr Können auszubauen und diesen Sport lieben zu lernen. Bei **Arco** am **Colodri-Berg** kann man Dutzende von Klettertouren unterschiedlichster Schwierigkeitsgrade, von einfach (3c) bis anspruchsvoll (7c), unternehmen, beispielsweise im Klettergarten **Falesia Muro dell'Asino** mit 45 Routen oder im **Massi di Prabi** mit 52 Routen. Für Familien mit Kindern ist der Klettergarten **Family San Martino** mit seinen 17 Touren mit Schwierigkeitsgraden von 3a bis 6b eine wunderbare Anlaufstelle. Auch bei **Nago** sind einige Infotafeln aufgestellt, die auf Kletterwände in der Nähe hinweisen, beispielsweise Belvedere mit 46 Routen oder Segrom mit 123 Routen.

Ein besonderes Spektakel stellt das **Rockmaster Festival** zwischen Ende Juli und Anfang September dar. Dann treffen sich in Arco alljährlich für drei Tage die weltbesten Kletterer. Es ist sehr beeindruckend, den Athleten bei den Welt-Cup-Wettbewerben in Disziplinen wie *Lead Climbing* (Vorstieg) oder *Speed* zuzusehen. Den Rest des Jahres dürfen im Rockmaster Climbing Stadium kletteraffine Frauen und Männer an den künstlichen Kletterwänden ihre Kräfte und ihr Geschick messen.

Segeln

Der Gardasee wird auch von Seglern sehr geschätzt. In vielen Ortschaften existieren **Segelclubs,** manche wurden schon vor über 100 Jahren gegründet. Einer der ältesten ist die seit 1891 bestehende **Società Canottieri Garda** in Salò. Die dort ausgebildeten Wettkampfmannschaften konnten auf Regatten schon große Erfolge für sich verbuchen, u.a. auf der weltberühmte **Segelregatta „Centomiglia“** von Bogliaco, die jährlich im September veranstaltet wird.

Auch am Ufer von Riva del Garda sieht man immer wieder Teilnehmer an **Segelkursen,** darunter viele Kinder und Jugendliche, die mit viel Spaß und Engagement bei der Sache sind.

Bekannt ist auch das **Segelzentrum Fraglia Vela Malcesine** mit Sitz in Navene (siehe dort), das schon seit über 60 Jahren den Fokus auf das Segeln legt (www.fragliavela.org).

Tauchen

Für Taucher stehen im Uferbereich in Riva del Garda und im Westen und Osten mehrere **offizielle Tauchspots** zur Verfügung. Beispielsweise am Westufer das bis zu 30 Meter tiefe und mittelschwere „Sperone"-Gebiet oder das Hafenareal von San Nicolò, wo man in 15 Metern Tiefe die Statue „Cristo Silente" („Schweigender Christus") entdecken kann, ein Werk des Künstlers *Germano Alberti* aus Riva del Garda. Weitere ausgeschriebene Tauchareale gibt es in Tempesta und Navene, hier kann man u.a. bis in eine Tiefe von 40 Metern abtauchen (Cippo di Confine in Navene).

Tennis

Rund um den Gardasee finden sich **Hotelanlagen mit Tennisplätzen,** vermehrt jedoch auf der Hochebene von Tremosine sul Garda aufgrund der auch im Sommer vorherrschenden kühleren Temperaturen. Dort stehen sportlich Aktiven beispielsweise im Ortsteil Bazzanega einige Tennisplätze und eine Tennisschule zur Verfügung. Infos u.a. unter www.tennis-am-gardasee.de.

Golfen

Am Gardasee befindet sich **rund ein Dutzend Golfplätze,** die sich vorwiegend im Süden ausbreiten. Unter den gut gepflegten Anlagen sind 27-Loch-, 18-Loch- und 9-Loch-Plätze vertreten. Golfspieler können beispielsweise bei Toscolano-Maderno (Bogliaco Golf Resort, www.golfbogliaco.com), bei Pozzolengo (Chervò Golf San Vigilio, www.chervogolfsanvigilio.it), bei Peschiera del Garda (Golf Club Paradiso del Garda, www.golfclubparadiso.it) oder bei Salò (Golf Club Il Colombaro, www.villenparksanghen.com) ihrer Leidenschaft nachgehen. Allgemeine Infos u.a. unter www.golfplatz-gardasee.de.

Paragliden

Einer der besten Startpunkte, um einen Gleitschirmflug zu absolvieren, ist der **Monte Baldo.** Auf dem Flug genießt man eine einzigartige Perspektive auf den See und das Ostufer. Ein offizieller Landeplatz befindet sich zwei Kilometer südlich von Malcesine. Auch **Tandemflüge** sind eine Option (Infos z.B. unter www.tandem-paragliding.com oder www.yetiextreme.it).

Wintersport

Im Winter vergnügt man sich bei einer **Schneeschuhwanderung,** beim **Eisklettern** oder beim **Skifahren.** An der Bergstation „Tratto Spino" der Seilbahn Malcesine – Monte Baldo ist es möglich – genügend Schnee vorausgesetzt –, auf einigen Pisten, die sich für Anfänger und Fortgeschrittene eignen, Abfahrten zu absolvieren. Veranstalter bieten Ski- und Snowboardkurse an. Infos u.a. unter www.scuolascimontebaldo.it.

Sprache

→ Land und Leute
→ Sprachhilfe Italienisch

Wer an den Gardasee reist, muss nicht unbedingt perfekt **italienisch** sprechen. Viele Mitarbeiterinnen und Mitarbeiter in Hotels und Restaurants können teils sehr gut Deutsch. Beherrscht man allerdings einige „Brocken" Italienisch, zeigt man Respekt den Einheimischen und ihrer Kultur gegenüber, die dies durchaus zu schätzen wissen und sehr freundlich darauf reagieren, auch wenn sie schnell merken, dass man nur die einfachsten Redewendungen zustande bringt. Wird kein Deutsch gesprochen, kommt man oft mit Englisch weiter.

Kauderwelsch-Sprachführer

- **Italienisch – Wort für Wort,** Bd. 22
- **Italienisch Slang – das andere Italienisch,** Bd. 97

Beide auf den Alltag ausgerichtet, leicht verständlich und auch digital und z.T. als Audio-CD erhältlich (beide Bände Reise Know-How Verlag).

Preiskategorien der Unterkünfte

Die Preise gelten jeweils für ein **Doppelzimmer, teils mit Frühstück** (in der Hauptsaison).

① untere Preisklasse: bis 80 €
② mittlere Preisklasse: 80–120 €
③ obere Preisklasse: 120–200 €
④ gehobene Preisklasse/Luxus: über 200 €

Unterkunft

→ Camping

Das **Angebot** an Unterkünften ist **riesig und breit gefächert.** Das Portfolio reicht von einfachen, **idyllischen Refugios** in den Bergen über unzählige **Mittelklassehotels** bis hin zu **luxuriösen Herbergen** mit direktem Zugang zum See. Dazu kommen viele **Pensionen, Campingplätze und Ferienwohnungen.** Zudem findet man immer mehr sehr ansprechende und modern eingerichtete **Bed & Breakfast,** die nur über wenige Betten verfügen, aber persönlichen Service und individuellen Charme zu bieten haben (z.B. unter www.bed-and-breakfast.it).

Eine weitere Alternative zur klassischen Hotelübernachtung ist die Einquartierung auf einem **„Agriturismo"**, einem Betrieb, der neben der Produktion landwirtschaftlicher Güter auch einige, meist eher einfache Zimmer anbietet. Insbesondere für Familien ergibt sich so die Möglichkeit, mit Einheimischen und dem bäuerlichen Leben in Kontakt zu kommen und beim Frühstück oder Abendessen regionale, frisch erzeugte Produkte wie Marmeladen, Wurst, Käse oder Olivenöl kosten zu können (Infos z.B. unter www.agriturismo.it).

Je nach Saison variieren die Übernachtungspreise sehr deutlich. In den Ferienmonaten Juli und August zahlt man hier und da den doppelten Preis im Vergleich zur Nebensaison. Mit etwas Geduld und Gespür findet man jedoch eine Unterkunft zu einem angemessenen Preis im Rahmen der eigenen Ansprüche und Wünsche. Je näher man am Seeufer übernachten möchte, desto tiefer muss man in die Geldbörse greifen. In den Bergen lässt es sich häufig deutlich günstiger und ruhiger wohnen, dafür ist immer ein weiterer Anfahrtsweg auch in die größeren Ortschaften einzuplanen.

Die meisten Hotels stellen spätestens Anfang November ihren Betrieb ein, öffnen manchmal wieder um die Adventszeit und über Silvester, um dann wieder bis Mitte März, Anfang April zu schließen. In den größeren Orten wie Desenzano, Salò, Riva del Garda und vor allem im touristisch sehr beliebten Sirmione im Süden des Sees bieten zahlreiche Hotels und Restaurants oft das ganze Jahr über ihre Dienste an.

Verkehrsmittel

Mit dem Bus

Rund um den Gardasee sowie in Verona und Brescia verkehren **zahlreiche Buslinien.** Die Haltestellen befinden sich meist an der Gardesana und in den Ortszentren. In der Hauptsaison fahren die Busse an der Uferstraße regelmäßig und oft halbstündlich, jedoch meist nicht in den späten Abendstunden. Der öffentliche Nahverkehr in den bergigen Regionen ist deutlich eingeschränkter. Auf manchen Linien, wie der ATV-Buslinie zwischen Verona und Riva del Garda, ist es möglich, sein Fahrrad mitzunehmen.

■ **Fahrpläne, Strecken und Tarife** finden sich auf den offiziellen Internetseiten der Busunternehmen der Region Verona (www.atv.verona.it), der Region Brescia (www.bresciamobilita.it) und der Region Trentino (www.ttesercizio.it).

Überblick Buchungsportale

Als **Ergänzung** zu den sorgfältig zusammengetragenen Unterkunftsempfehlungen in diesem Buch können Buchungsportale wie Booking.com, hrs.de, Agoda.com oder AirBnB.de bei der Wahl des Hotels oder Apartments helfen.

Die Plattformen arbeiten mit Unterkünften aller Art zusammen und machen diese für Reisende leicht auffindbar. **Bewertungen, Fotos und Filtermöglichkeiten** nach zahlreichen Details helfen bei der Auswahl. Auch der Kontakt zwischen Vermietenden und Unterkunftssuchenden sowie die Bezahlung können über die Plattformen abgewickelt werden.

Eine gewisse **Vorsicht** ist bei der Benutzung dennoch geboten. Wann immer möglich, sollten die Angaben mit zusätzlichen Quellen überprüft werden. Sind die Bewertungen wirklich auf allen Plattformen und Suchmaschinen so gut? Sind sie so zahlreich, dass ein Missbrauch unwahrscheinlich ist? Weshalb genau fanden die Bewertenden die Unterkunft gut und stimmt das mit meinen Interessen überein? Häufig hilft die jeweils eigene Internetseite der Unterkunft, Google Street View oder ein Anruf, um genauere Informationen zu bekommen.

Wem **einzelne Aspekte** besonders wichtig sind, der sollte auf jeden Fall genau prüfen – z.B. ob der versprochene „geschlossene Parkplatz" wirklich so beschaffen ist, dass man das vollgepackte Auto dort stehenlassen möchte. Auch der angepriesene „Bestpreis" und die durch die Plattformen suggerierte knappe Verfügbarkeit lösen sich bei einem Anruf vielleicht in Luft auf, weil die Vermietenden einen eigenen günstigen Preis bieten, um sich die teure Vermittlungsprovision an die Plattform zu sparen.

Fazit: Die Plattformen können eine praktische Hilfe bei der Reiseplanung sein, doch empfiehlt sich häufig ein **kritischer zweiter Blick!**

Mit dem Schiff

Eine herrliche Möglichkeit, den Gardasee mal aus einer anderen Perspektive zu erkunden, ist die Fahrt mit dem Schiff. Von den Orten direkt am Seeufer besteht fast immer die Möglichkeit, eine Tour über den See zu unternehmen. Insgesamt **27 Anlegestellen** existieren rund um den Lago di Garda. An einigen wenigen Punkten lässt sich der See auch überqueren, so schippert beispielsweise eine Fähre von Moderno am Westufer nach Torri del Benaco am Ostufer oder von Limone am Westufer nach Malcesine am Ostufer. Teilweise sind die Schiffe für den Transport von Pkw konzipiert. Es verkehren auch schnellere Katamarane und Tragflächenboote. Meistens können Fahrräder mitgenommen werden.

■ Mehr **Informationen,** die **Tarife** und den **Fahrplan** erhält man auf www.navigazionelaghi.it (ital./engl.). Oder man lädt im App Store oder bei Google play die folgende App kostenlos herunter: Gestione Navigazione Laghi.

Versicherungen

Zunächst ein Tipp: Für alle abgeschlossenen Versicherungen sollte man die **Notfallnummern notieren** und mit der Policenummer gut aufheben! Bei Eintreten eines Notfalles sollte die Versicherungsgesellschaft sofort verständigt werden! Dies gilt auch bei einem Schadensfall im Urlaub, der durch die reguläre Haftpflicht- sowie Unfallversicherung daheim abgedeckt wird, wenn man den Schaden direkt vom Urlaubsort meldet.

Grundsätzlich gilt, dass **Versicherungspakete** oft teuer sind und Versicherungen enthalten, die man nicht benötigt. Man sollte aber existenzielle Risiken absichern, und dazu gehört an erster Stelle die Auslandskrankenversicherung.

Auslandskrankenversicherung

Wer in Deutschland Mitglied einer gesetzlichen Krankenkasse ist, muss vor Reiseantritt nicht extra eine **europäische Auslandskrankenversicherungskarte** (*European Health Insurence Card,* EHIC) beantragen, da diese auf der Rückseite der Gesundheitskarte bereits abgedruckt ist. Mit der EHIC kann man sich bei Unfall und akuten Beschwerden bei einem italienischen Kassenarzt kostenlos beraten und ambulant oder stationär behandeln lassen. Die kostenlose medizinische Versorgung deckt jedoch nur unmittelbar erforderliche Maßnahmen ab. Ferner werden die Leistungen nach den gesetzlichen Vorschriften in Italien abgerechnet, sodass man unter Umständen zunächst die Kosten der Behandlung selbst tragen muss, die wiederum nicht immer komplett erstattet werden. Ein Teil der finanziellen Belastung bleibt beim Patienten und führt evtl. zu kaum vorhersagbaren Kosten. Deshalb ist der Abschluss einer privaten Auslandskrankenversicherung sehr ratsam. Privatversicherte (u.a. Schweizer) sollten prüfen, ob ihre private Krankenversicherungsgesellschaft die vollständige Auslandsdeckung auch in Italien garantiert.

Bei Abschluss einer privaten Auslandskrankenversicherung – die es mit bis zu einem Jahr Gültigkeit gibt – **sollte auf einige Punkte geachtet werden:**

- Vergütung der Arzt-, Zahnarzt- und Krankenhauskosten ohne Summenbeschränkung;
- Deckung bei Krankheit und Unfall;
- Vergütung von Krankentransporten, Rettungskosten und Krankenrücktransport;
- Abdeckung der gesamten Aufenthaltsdauer mit automatischer Verlängerung über die festgelegte Zeit hinaus, wenn die Rückreise nicht möglich ist;
- evtl. auch Abdeckung der Reise- und Unterkunftskosten von Familienangehörigen, wenn diese zur Betreuung anreisen;
- bei Jahresverträgen sollte man darauf achten, dass der Versicherungsschutz meist für eine bestimmte Anzahl von Tagen pro Reise gilt;
- die Versicherung als Familie ist i.d.R. günstiger, als sich als Einzelpersonen zu versichern, aber man sollte die Definition von „Familie" genau prüfen.

Zur **Erstattung der Kosten** benötigt man ausführliche Quittungen (mit Datum, Namen, Bericht über Art und Umfang der Behandlung, Kosten der Behandlung und Medikamente).

Europaschutzbrief

Ist man mit einem **Fahrzeug** unterwegs, ist der Europaschutzbrief eines Automobilclubs eine Überlegung wert, vielleicht gleich mit der Zusatzversicherung für evtl. notwendige Krankenrücktransporte (Helikopter, Flugzeug). Wird man erst in der Notsituation Mitglied, gilt diese Mitgliedschaft nur für dieses Land und ist unverhältnismäßig teuer.

Zusatz-Kfz-Haftpflichtversicherung

Für einen **Mietwagen** kann eine zusätzliche Kfz-Haftpflichtversicherung sinnvoll sein. Die Deckungssummen der normalen Kfz-Haftpflicht im Ausland sind in der Regel sehr gering; für die **Mehrkosten bei einem Unfall** haftet der Urlauber mit seinem eigenen Geld. Interessant ist daher auch die Erweiterung der Deckungssumme der Kfz-Haftpflichtversicherung, die für einen Mietwagen abgeschlossen wurde, auf die in Deutschland gesetzlich geforderte Versicherungssumme von mindestens 2,5 Millionen € pro Person und Unfall bzw. 500.000 € Sachschaden pro Unfall.

Andere Versicherungen

Ob sich eine Reiserücktritts-, Reiseabbruch-, Reisegepäck-, Reisehaftpflicht- oder Reiseunfallversicherung lohnt, ist **individuell abzuklären.** Sie enthalten sehr viele Ausschlussklauseln, sodass sie nicht immer sinnvoll sind.

- Eine **Privathaftpflichtversicherung** hat man in der Regel schon. Hat man eine **Unfallversicherung,** sollte man prüfen, ob diese im Falle plötzlicher Arbeitsunfähigkeit aufgrund eines Unfalls im Urlaub zahlt.
- Durch manche **Kreditkarten** oder **Automobilclubmitgliedschaft** ist man für bestimmte Fälle schon versichert. Die Versicherung über die Kreditkarte gilt jedoch meist nur für den Karteninhaber.

Zeit

Es gilt wie in den deutschsprachigen Ländern die **mitteleuropäische Zeit (MEZ)** mit Sommer- und Winterzeit.

garda-021 ts

9
Land und Leute

< Im alten Hafen von Riva del Garda

Geografie und Regionen

Geografie

Erdgeschichtlich geht der Ursprung des Gardasees auf das **Pleistozän** zurück, ein Zeitalter, das vor ca. 2,3 Millionen Jahren begann und vor 10.000 Jahren mit dem Abschluss der letzten Eiszeit endete. In dieser nach menschlichen Maßstäben fast unendlich langen Epoche wechselten sich kältere und wärmere Klimaabschnitte ab, und nur während einiger ausgeprägter Eiszeiten waren die Alpen und große Teile des Umlandes durch riesige Gletscher vereist. Durch die unbändige Kraft der **mächtigen Gletscher,** die sich durch das Gebirge auch Richtung Süden schoben, wurden Täler wie das Etschtal und das Sarcatal auf breiter Front abgehobelt. Die abgeschliffenen Gesteinsmassen wurden im Süden abgelagert und bildeten die leicht hügelige **Moränenlandschaft** im Hinterland der Region um Peschiera del Garda und Desenzano del Garda. Nach Ende der letzten Eiszeit verschwanden die Gletscher und Unmengen an Schmelzwasser überschwemmten die Region, sodass sich die freien Mulden und weitflächigen Vertiefungen, deren Ränder von Moränenwällen und Bergflanken begrenzt waren, in **Seenlandschaften** verwandelten. Der heute zwischen den Alpen im Norden und der Po-Ebene im Süden auf 65 Meter über dem Meeresspiegel liegende Gardasee war geboren.

Seine Fläche beträgt knapp 370 km², er ist **51,6 Kilometer lang,** im Süden 17,2 Kilometer und am Nordufer nur vier Kilometer breit. Wer den See umrunden möchte, muss eine Strecke von rund 158 Kilometern einplanen. Die maximale Tiefe wird mit 346 Metern angegeben. Der **größte Zufluss** ist der **Sarca,** der bei Torbole in den Lago di Garda mündet. Den einzigen **Abfluss** stellt der **Mincio** dar, der nach Süden in die Po-Ebene fließt.

Regionen

Der Gardasee und sein Umland zählen zu drei von insgesamt 20 italienischen Regionen. Da ist zum einen die **Lombardei** mit der Regionalhauptstadt Mailand, zu der die Provinz Brescia und Städte wie Limone, Salò und Sirmione gehören. Die Ostküste und ein Teil des südlichen Gardasees zählen zur Region **Venetien** mit der Regionalhauptstadt Venedig, der Provinz Verona und Ortschaften wie Malcesine, Lazise, Garda und Peschiera del Garda. Am nördlichsten Punkt Italiens breitet sich die Region **Trentino-Südtirol** mit der Regionalhauptstadt Bozen aus. In dieser Gardaseeregion liegen unter anderem Riva del Garda, Torbole, Nago, Arco, Dro, Drena und Tenno.

☒ Ansicht von Simone sul Garda

Der Reiz des Gardasees

Der Gardasee ist **seit vielen Jahrzehnten ein hochgeschätztes Urlaubsziel,** nicht zuletzt **dank seiner großartigen kulturellen und landschaftlichen Facetten.** Wohltuende italienische Lebensart, charmante Orte mit einer ordentlichen Prise Historie, Strände zum Sonnen und Baden und ein prall gefülltes Portfolio an Outdooraktivitäten für Anfänger und Könner treffen am größten See Italiens gekonnt aufeinander. Auf einer Reise offenbaren sich die liebenswerten Unterschiede zwischen dem bergigen, eher rauen Norden mit Riva del Garda, Torbole sowie Arco, dem Mekka für Kletterer, und dem flachen, mit Weingütern und sandigen Stränden verwöhnten Süden mit Sirmione, Peschiera und Desenzano. Bewegt man sich am Westufer, präsentieren sich schöne Orte und reizvolle Naturschönheiten mit Limone, Gargnano und der Hochebene von Tremosine. Nicht nur beim Blick hinüber zum Ostufer mit dem über 2000 Meter hohen Monte Baldo und den malerischen Altstädten von Lazise und Malcésine erkennt man, warum der Gardasee ein reizvoller Anziehungspunkt und Inspirationsquelle für Künstler, Schriftsteller und Politiker wie *Johann Wolfgang von Goethe, Winston Churchill* oder *Gustav Klimt* war und heute noch ist.

Unbedingt einen Ausflug wert sind die Städte **Verona und Brescia** südlich des Gardasees. Während das romantische Verona als Stadt von *Romeo* und *Julia* weltweit einen hohen Bekanntheitsgrad genießt, tritt das Zentrum von Brescia eher mit provinziellem Flair auf der Weltenbühne auf.

Lokale **Festivitäten** wie das Kastanienfest in San Zeno di Montagna, das Violinenfestival in Salò, das Mittelalterfest in Padenghe oder das Rosé-Weinfest in Moniga del Garda sorgen für ein Eintauchen in die kulturellen Schätze der Region. Ergänzt wird das breit gefächerte Land-und-Leute-Programm durch viele **sehenswerte Museen,** regionale Produzenten und manch individuellen Laden, der sich angenehm vom ortsüblichen Souvenirgeschäft abhebt.

Der Gardasee bietet für jeden etwas. Man findet ruhige, abgeschiedene Ecken, einsame Dörfer, tolle Natur, aber auch Trubel und lebendige Städte.

garda0 ts

Flora und Fauna

Flora

Die Flora am Gardasee ist wie die gesamte Landschaft der Region außerordentlich **vielfältig.** Zum einen besiedeln Pflanzen die flache Uferzone, zum anderen gedeiht manches Gewächs auf bis zu 2000 m Höhe, wie am Monte Baldo, dem höchsten Berg der Region, und wieder andere Pflanzen lieben das von der Sonne verwöhnte Mauerwerk eines jahrhundertealten Gebäudes. Von der Mittelmeerpflanze bis hin zur alpinen Blume ist alles im Angebot: Duftende **Zitronen- und Orangenbäume** im Nordwesten, vermehrt **Olivenbäume und Weinreben** im Süden und Osten. Schmucke **Palmen** wachsen rund um den ganzen See und verleihen Promenaden und Ortschaften ein exotisches Aussehen, wobei die kälteresistente Chinesische Hanfpalme *(Trachycarpus fortunei)* sehr oft anzutreffen ist. Eine weitere häufig vorkommende und leicht erkennbare Pflanze stellt die **Zypresse** dar, die den Kulturraum und das Landschaftsbild in weiten Teilen prägt.

In Limone beispielsweise findet sich in Mauerritzen u.a. der **Kapernstrauch** *(Capparis spinosa),* dessen Blüten weißviolett sind. Die in der Küche verwendete, allgemein als Kaper bekannte Zutat

garda135 ts

ist die Blütenknospe des Gewächses. Eine weitere, die Wärme und die Sonne liebende und ebenfalls den Mittelmeerraum bevölkernde Pflanze ist die für den Gardasee typische **Steineiche** *(Quercus ilex)*. Der immergrüne Laubbaum kann sich sehr gut an extreme klimatische Bedingungen anpassen.

In schattigen Bereichen auf dem Monte Baldo fühlt sich die **Pracht-Primel** pudelwohl. Die unter Schutz stehende mehrjährige Staude ist gut an ihren großen, rosa bis zartvioletten fünfblättrigen Blüten zu erkennen.

An den Hängen hinab zum Gardasee finden sich zwischen den Felsen verschiedene **Blaugrasarten** *(Sesleria varia),* die starke Temperaturschwankungen ertragen können. Deutlich schöner zum Anschauen sind die ebenfalls am See wachsenden **Orchideenarten** mit ihren farbenprächtigen und oft einzigartig geformten Kelch- und Blütenblättern. Beispielsweise gedeiht in lichten Laubwäldern die Spinnen-Ragwurz *(Ophrys sphegodes)* oder die Bertolonis-Ragwurz *(Ophrys bertolonii).*

Fauna

Einst durchstreiften Wolfsrudel und Großsäugetiere die Bergwälder des Monte Baldo und die Hochtäler des Hinterlandes. Lange Zeit waren diese Tiere in der Region nicht mehr gesichtet worden. Doch heute besuchen wieder vereinzelt **Wolf, Bär** und **Luchs** den Gardasee. Aber auch **Fuchs, Reh, Steinbock** und vor allem das **Murmeltier** fühlen sich wohl und bevölkern teils in Scharen Wald, Wiese und Fels. Etwas genauer hinschauen muss man, um beispielsweise Reptilien wie die ungiftige **Würfel- oder Ringelnatter** zu entdecken. Vorsicht ist geboten bei der giftigen, nur gut einen halben Meter langen **Aspisviper** und der nicht selten vorkommenden **Kreuzotter.**

Vogelfreunde können mit ein wenig Glück **Schwarzmilane,** die ihre Nester oft in Bäumen erbauen, am See bei der Jagd nach Fischen beobachten. Auch **Mäusebussarde** und der **Turmfalke** mit seinem typischen Rüttelflug bevölkern die Gardaseeregion. Zierlicher und mit harmonischerer Gesangsstimme kommt die **Bartgrasmücke** daher, ein kleiner Singvogel, der den Winter in Afrika verbringt, und auch der prächtig aussehende **Eichelhäher** lässt oft von sich hören.

Im Gardasee und den angrenzenden Flüssen tummeln sich zahlreiche **Fischarten,** die der Restaurantbesucher des Öfteren auf der Speisekarte unter der Rubrik „Pesce“ wiederfindet. Im Nordteil des Sees fühlt sich die nur im Gardasee vorkommende (= endemische) **Gardaseeforelle** wohl. Dagegen schwimmt die **Bachforelle,** wie der Name schon sagt, fast ausschließlich in Bächen herum. Weitere typische Seebewohner sind der zur Karpfenfamilie gehörende **Döbel, Hechte, Flussbarsche** und **Zander.**

[<] Die Gardaseeregion lädt ein zur Erkundung der herrlichen Natur

Geschichte und Kultur

Von den Anfängen bis zum Mittelalter

Die Gardaseeregion mit Verona und Brescia ist ein **altes Siedlungsgebiet.** Funde von Pfahlbauten, wie die am Ledrosee, zeugen davon, dass dort schon vor 4000 Jahren Menschen lebten. Zu dieser Zeit **(Bronzezeit)** hatte sich schon ein gewisser kultureller Standard entwickelt. So fand man reich verzierte Dolche und mehrere bronzene Kronen und andere Schmuckstücke. Im Pfahlbautendorf wurde gewebt, Keramik hergestellt, Viehzucht betrieben und manch anderes Handwerk ausgeübt, wie die Ausstellungen vor Ort informativ aufzeigen.

■ Wer noch tiefer in die prähistorische Kultur eintauchen möchte, findet zahlreiche anthropogene Fundstücke im **Museo Alto Garda (MAG) in Riva del Garda.**

In den weiteren Jahrhunderten besiedelten **verschiedenste Völker** wie die Ligurier und Veneter (um 1000 v. Chr.), die Etrusker (6. Jh. v. Chr.) und die Kelten (5./6. Jh. v. Chr.) die Gebiete rund um den See.

Im 2. Jahrhundert vor Christus übernahmen die **Römer** die Herrschaft über ganz Oberitalien und hatten so auch das Sagen am **Lacus Benacus,** wie der Gardasee zu römischer Zeit für einige Jahrhunderte hieß. Der Name „Benaco" soll keltischen Ursprungs sein. Zahlreiche Funde verweisen auf die Anwesenheit der Römer und ihre **kulturellen und zivilisatorischen Errungenschaften.** Besonders eindrucksvoll sind zum Beispiel die „Grotten des Catull", die wohl größte römische Villa Norditaliens, oder der Jupiter, Juno und Minerva geweihte Tempel in Brescia mit dem angrenzenden Teatro Romano und nicht zu vergessen die Arena in Verona, eines der besterhaltenen antiken Amphitheater der Welt.

garda-13 ts

Im Laufe der Jahrhunderte kam es am Gardasee immer wieder zu **kriegerischen Handlungen** zwischen Römern und anderen Völkern. Eine der größten Schlachten fand im Jahre 268 nach Christus zwischen den Alemannen und den Römern unter **Kaiser Claudius Gothicus** statt; die aus Norden über die Alpen eingedrungenen Alemannen wurden vernichtend geschlagen.

Vertiefen kann man diese Thematik z.B. im **Archäologischen Museum in Verona,** wo sich eine bedeutsame Sammlung römischer Statuen, Glaswaren und Mosaiken befindet.

Am Gardasee stehen viele sehenswerte Kirchen – im Bild die Chiesa San Carlo Borromeo in Castelletto mit angrenzendem Kloster

garda112 ts

Nach dem Untergang des Weströmischen Reiches im 5. und 6. Jahrhundert übernahmen zunächst die **Langobarden** die Macht und erste christliche Gemeinden entstanden, wie einige der ältesten Kirchen und Burgreste am See bezeugen. Ein Beispiel ist die Kirche San Pietro in Mavino in Sirmione, deren Ursprung langobardischer Baukunst entsprang, oder die Mitte des ersten Jahrtausends von den Langobarden in Malcesine erbaute Burg, an deren Stelle heute das Castello Scaligero thront.

Im Jahr 774 eroberten die **Franken** unter **Karl dem Großen** das Langobardische Königreich und erhielten damit die Gardaseeregion. Dadurch vergrößerte sich das Fränkische Reich, einer der bedeutendsten Nachfolgestaaten des Weströmischen Reiches, weiter nach Süden bis zum Mittelmeer und erlangte zu dieser Zeit seine größte Ausdehnung. *Karl der Große* setzte seinen Sohn **Pippin** als **König von Italien** ein, welcher 781 durch Papst *Hadrian I.* gekrönt wurde. Im 9. Jahrhundert zerfiel das Reich, und man teilte es auf in das mittelalterliche Deutsche Reich und in das spätere Frankreich.

In den nächsten, oft unruhigen Jahrhunderten herrschte unter anderem **Otto I.** aus dem Geschlecht der Liudolfinger ab 951 als König von Italien über die Region, bevor er 962 zum römisch-deutschen Kaiser ernannt wurde. In dieser Epoche gehörte der Gardasee und auch Verona zeitweise zum Herzogtum Bayern. Während der Regentschaft von **Otto II.** entstanden um das Jahr 1000 einige unabhängige lombardische Stadtstaaten, die sich aus der Unterdrückung der Fürsten befreien wollen. Mitte des 12. Jahrhunderts eroberte Kaiser **Friedrich Barbarossa** weite Teile des Gardasees samt den inzwischen zu einiger Macht gekommenen lombardischen Städten. Um sich gegen den mächtigen Kaiser aufzulehnen, gründeten die Stadtstaaten kurze Zeit später die **Veroneser Liga** und die **Lombardische Liga** und errangen 1176 den Sieg über *Barbarossa.* 1183 erhielten die genannten Städtezusammenschlüsse beim **Friedensabschluss von Konstanz** das Recht zur Selbstverwaltung.

Ende des 13. Jahrhunderts übernahmen die **Scaliger** die Macht am Gardasee und errichteten manch imposantes Bauwerk wie beispielsweise die noch heute zu besichtigenden Burgen von Malcesine, Sirmione und Torri del Benaco. Rund 100 Jahre später kämpften unter anderem die **Visconti** von Mailand und die **Venezianer** um die Vorherrschaft in der Region; die Republik Venedig behielt die Oberhand. Als einer der spektakulärsten Kämpfe während des fast 30 Jahre andauernden Krieges zwischen Mailand und Venedig ging die **Seeschlacht von Torbole** in die Geschichtsbücher ein. Zuvor hatten die Venezianer rund ein halbes Dutzend Galeeren und weit über 20 Kriegsbarken flussaufwärts bis nach Mori geschifft, um sie dann weiter auf dem Landweg über den Monte Baldo zum Gardasee zu transportieren. Die Mailänder Kriegsherren, kein bisschen blind auf den Augen, beobachteten das Manöver aus der Ferne, bereiteten sich vor und besiegten die venezianische Flotte am 30. November 1439. Doch Venedig gab nicht auf, zog sich nach Torbole zurück, erbaute dort neue Kriegsschiffe und überraschte die Mailänder Flotte im Frühjahr 1440 – der Gardasee war nun wieder unter venezianischer Kontrolle.

Neuzeit und italienische Einigung

1703 kam es dann in vielen Orten am Gardasee durch die Truppen unter dem französischen **General Vendôme** zu verheerenden Verwüstungen. Ende des 18. Jahrhunderts besetzten **Napoleon** und seine Soldaten die Lombardei und Veneder Anfang vom Ende der Republik Venedig. Beim **Frieden von Campo Formio** im Jahre 1797 wurde der westliche Teil des Gardasees *Napoleon* zugesprochen, das Ostufer und Verona gehörten fortan zu Österreich. Nur knapp 20 Jahre später änderten sich erneut die Machtstrukturen: *Napoleon* war gestürzt, und auf dem 1814 stattfindenden **Wiener Kongress** beschloss man, dass die Lombardei und Venetien an Österreich gehen. Bis 1848 stellte sich eine kurze, fast schon beschauliche geschichtliche Phase ein, die jedoch mit der aufkommenden italienischen Einigungsbewegung, als **Risorgimento** bekannt, und den damit eskalierenden kriegerischen Auseinandersetzungen zwischen Italien und Österreich ein blutiges Ende nahm. Die schrecklichsten und verlustreichsten Gemetzel dieser Zeit fanden im Jahr 1859 (Schlacht von Solferino) und 1866 (Schlacht von Custoza) im Süden des Gardasees statt. Bei diesen **Italienischen**

◁ Verona – Fassaden an der Piazza delle Erbe mit dem Gardello-Turm

Unabhängigkeitskriegen, die 1870 mit der Einigung ganz Italiens endeten, kämpfte das Kaiserreich Österreich gegen die Staaten Italiens, wobei insbesondere Sardinien eine vorherrschende Rolle einnahm. Mit der **Neugründung des Königreiches Italien** wurden die Lombardei und das Veneto italienisch, während das Trentino mit Riva del Garda unter österreichischem Einfluss blieb. Ein architektonisches Zeugnis dieser Zeit ist beispielsweise die von den Österreichern an der Grenze zum damaligen Italien erbaute Befestigungsanlage San Nicolò in Riva del Garda.

■ Diese geschichtliche Epoche mit ihren einschneidenden Ereignissen von der Besetzung durch *Napoleon* bis zur Einheit Italiens lässt das **Museo Risorgimento in Brescia** auf interessante Weise aufleben.

Vom 20. Jahrhundert bis in die Gegenwart

Von 1914 bis 1918 tobte der **Erste Weltkrieg,** Österreich und Italien bekämpften sich unerbittlich mit allen zur Verfügung stehenden Mitteln. Nach der Niederlage der Mittelmächte musste Österreich 1919 im Rahmen des **Staatsvertrages von Saint-Germain-en-Laye** das Trentino, damals noch als Welschtirol bekannt, an Italien abtreten. Somit war der gesamte Gardasee unter italienischer Herrschaft.

Anfang der 1920er Jahre setzten sich in Italien die **Faschisten** und ihre Ideologie durch. An die Macht kam **Benito Mussolini,** der als sogenannter *Duce del Fascismo* von 1922 bis 1943 als Ministerpräsident das Königreich Italien diktatorisch regierte. Während des Zweiten Weltkrieges stand und kämpfte *Mussolini* ab 1940 an der Seite von *Hitler* und den Nationalsozialisten. 1943 wurde der Duce in Rom gestürzt und gründete daraufhin im September 1943 die faschistische „Italienische Sozialrepublik“ **(Repubblica Sociale Italiana),** als deren Hauptstadt er Salò bestimmte. Als von *Hitler* eingesetzte politische Marionette bekleidete *Mussolini* bis April 1945 den Posten des „Staatschefs“. Auf der nachfolgenden Flucht wurde er von kommunistischen Partisanen gestellt und erschossen.

■ Im **Museum MuSa in Salò** wird neben vielen anderen Aspekten der Stadtgeschichte auch die Zeit der „Repubblica Sociale Italiana“ ausführlich thematisiert.

Nach dem Zweiten Weltkrieg wurde Italien 1946 nach einer Volksabstimmung zur Republik erklärt und die Regionen Trentino und Südtirol eigenständige Provinzen. 1955 kommt es zur Gründung der **Comunità del Garda,** welche zum Ziel hat, die gesamte Gardaseeregion wirtschaftlich zu fördern. Das noch zarte Pflänzchen namens „Tourismus“ beginnt langsam, aber unaufhaltsam zu wachsen und ist bald einer der wichtigsten Wirtschaftszweige für die Menschen am Seeufer.

1970 kam es in Italien zu einer radikalen **Verwaltungsreform:** Das Land wurde in **20 Regionen** unterteilt, die sich wiederum in **Provinzen** gliedern. Der Gardasee gehörte nun zu den drei Regionen **Lombardei** (Regionalhauptstadt Mailand), **Venetien** (Regionalhauptstadt Venedig) und **Trentino-Südtirol** mit der Regionalhauptstadt Bozen.

In den Jahrzehnten **nach 1970** stiegen die Übernachtungszahlen stetig und bisweilen rasant an – der Gardasee wurde **eines der beliebtesten europäischen Reiseziele.** Doch die wachsende Zahl an Gästebetten und touristischen Einrichtungen korrelierte nicht zwangsläufig mit einer ebenso raschen Steigerung beispielsweise der Qualität der Hotelleriebetriebe, was Beschwerden und schließlich das Fernbleiben mancher Gäste nach sich zog. So besann man sich darauf, mehr auf Qualität als auf Quantität zu setzen. Ein kluger Schachzug, der heute weiterhin beherzigt wird und schon unzählige, bestens und modern ausgestattete und den heutigen Bedürfnissen der Touristen angepasste Hotels, Restaurants, Museen und andere Einrichtungen für Urlauber entstehen ließ.

Einen bunten und informativen Überblick über die Entwicklung des Tourismus am Gardasee gibt das **Tourismus-Museum in Limone.**

Die **innenpolitische Lage** in Italien prägten bis in die 1990er Jahre wechselnde Regierungskoalitionen und Korruptionsskandale. Berühmt-berüchtigt wurde der Begriff **„Tangentopoli"**, der 1992 geprägt wurde, als in der Stadt Mailand weitreichende, systematisch geplante illegale Parteienfinanzierungen und andere kriminelle Machenschaften der politischen Elite ans Tageslicht kamen. Übersetzt heißt „Tangentopoli" so viel wie „Stadt der Schmiergeldzahlungen". Nicht nur aufgrund dieser Enthüllungen reformierte man 1993 die Parteienlandschaft von Grund auf.

1994 betrat der Politiker und Unternehmer **Silvio Berlusconi** mit seiner neu gegründeten Partei „Forza Italia" die große Bühne der Politik. Bis 2011 stellte er mit wechselnden Bündnispartnern und nur wenigen zeitlichen Unterbrechungen die Weichen der italienischen Politik. *Berlusconi* war zwischen 1994 und 2011 insgesamt viermal Ministerpräsident. In den Fokus der Medien gelangte *Berlusconi* nicht nur aufgrund seines politischen Wirkens, sondern auch infolge seiner rechtsgültigen Verurteilung wegen Steuerhinterziehung im Jahr 2013, zahlreichen weiteren Gerichtsverhandlungen und seinen ihm nachgesagten Affären. Zunächst wollte *Berlusconi* bei der Parlamentswahl 2013 erneut anzutreten, doch es kam nicht mehr dazu. Im selben Jahr erging ein gerichtliches Urteil und verbot ihm für zwei Jahre die Ausübung aller öffentlichen Ämter.

Zwischenzeitlich gesellte sich das seit 1958 der EU zugehörige Italien 1999 zum Euro-Währungsgebiet; damit war der Weg frei für die **Einführung des Euro,** der die alte Währung Lira 2002 verdrängte. Ein wichtiges Ereignis auf kultureller Ebene war die Deklarierung der Altstadt von Verona zum UNESCO-Weltkulturerbe im Jahr 2000.

Nach dem Rücktritt *Berlusconis* wurde im Jahr 2011 der Wirtschaftswissenschaftler und ehemalige EU Kommissar **Mario Monti** italienischer Ministerpräsident. Er hatte das Amt bis 2013 inne, bevor ihn der Politiker *Enrico Letta* als Mitglied der *Partito Democratico* ablöste. Auch er blieb nur kurze Zeit Ministerpräsident und gab im Februar 2014 die Macht an seinen Parteikollegen **Matteo Renzi** ab, der einige Reformen durchsetzen konnte, wie zum Beispiel die Verabschiedung eines Gesetzes zur Einführung der gleichgeschlechtlichen Partnerschaft. Als eine von *Renzi* angestrebte

Verfassungsänderung am 4. Dezember 2016 durch das Volk in einem Referendum abgelehnt wurde, trat der Ministerpräsident zurück; sein Nachfolger wurde *Paolo Gentiloni.* Nach einer Regierungskrise wurde **Mario Draghi** am 13. Februar 2021 Ministerpräsident Italiens, Staatspräsident ist seit Februar 2015 und der Wiederwahl im Februar 2022 **Sergio Mattarella.**

Bei den Parlamentswahlen am 25. September 2022 wurde die rechtsradikale Partei *Fratelli d'Italia* (Brüder Italiens) von **Giorgia Meloni** stärkste Partei. Zum rechten Regierungsbündnis mit seiner absoluten Mehrheit gehören neben der Partei *Fratelli d'Italia* auch die rechtspopulistische Lega von **Matteo Salvini** und die konservative *Forza Italia* von Ex-Ministerpräsident **Silvio Berlusconi. Giorgia Meloni** wurde Mitte Oktober 2022 als erste Frau in der Geschichte Italiens als Ministerpräsidentin vereidigt.

Eindrucksvolle Landschaft im Papiertal bei Toscolano-Maderno

garda110 ts

Traditionen und Bräuche

Der Gardasee ist reich an Traditionen und Bräuchen. Insbesondere die **speziellen Charakterzüge der** am See sich ausbreitenden **Regionen** wie Trentino-Südtirol (Norden), Lombardei (Süden und Westen) und Venetien (Osten und Süden) mit ihren sehr unterschiedlichen landschaftlichen Ausprägungen und Anbauprodukten wie Wein und Oliven spiegeln sich in den seit Jahrzehnten oder gar Jahrhunderten begangenen Festen wider.

So feiert man seit rund 90 Jahren in Bardolino das berühmte Trauben- und Weinfest **Festa dell'Uva e del Vino.** Auf eine noch längere Geschichte blickt zum Beispiel das Weingut Zeni zurück, ebenfalls in Bardolino, das sich seit 1870 in Familienbesitz befindet. Der **Weinanbau** rund um den Gardasee kann allerdings auf eine weit längere Tradition zurückschauen, denn schon die Römer bauten hier wohl Weinreben an.

Der **Olivenanbau** am Gardasee hat ebenfalls eine lange Tradition, schon in der Antike und im Mittelalter pflanzte man in der Region Olivenbäume an und produzierte Öl. Heute ist insbesondere das *Olio Extravergine d'Oliva del Garda* mit der Gütebezeichnung D.O.P. wegen seiner Qualität äußerst begehrt. D.O.P. steht für *Denominazione di origine protetta* und ist eine geschützte Ursprungsbezeichnung für italienische Spezialitäten. Gefeiert wird üblicherweise zur Olivenernte im Oktober/November beispielsweise seit gut 100 Jahren in Castelletto di Brenzone oder auch in Malcesine oder Limone.

Ebenfalls im Herbst spielen anderorts die **Kastanie** und die **Marone** eine wichtige Rolle. Seit über 40 Jahren kommen die Menschen im Bergort San Zeno di Montagna an der Südseite des Monte Baldo zusammen, um an mehreren Wochenenden im Oktober und November die **Festa delle Castagne** und die **Festa del Marrone** zu zelebrieren. Im Festzelt spielt Musik, es werden Kastanien geröstet und verkauft, und Verkaufsstände mit regionalen Produkten säumen die Durchgangsstraße. Die Maronen von San Zeno di Montagna und der Kastanienanbau haben eine lange Tradition in der Region. Erste Aufzeichnungen beweisen den Anbau von Kastanienbäumen schon ab dem 13. Jahrhundert. Lange Zeit stellte die Kastanie ein Grundnahrungsmittel in den Bergen dar, und so wurde und wird aus ihr Mehl zur Brot- und Polenta-Herstellung gewonnen.

Ein weiterer alter Brauch rund um den Gardasee sind die bunten und regional sehr unterschiedlichen **Karnevalsumzüge** im Februar/März. Das wohl eindrucksvollste Faschingsfest in der Garda-Trentino-Region feiert man mit durch die Straßen ziehenden farbenfrohen Wagen und viel Musik in den Gassen der Altstadt von Arco. Ein sehr ursprüngliches und traditionelles Ritual erlebt man kurz nach der Karnevalszeit in Varignano, einer zur Gemeinde Arco gehörende Ortschaft: Immer am ersten Sonntag nach Aschermittwoch ziehen die Menschen mit traditionellen Kostümen und bunten Verkleidungen zwischen typischen Karnevalswagen durch das Dorf. Zwischendrin erkennt man sogenannte **„Carnevali"**, die auf eine mehrere Jahrhunderte alte bäuerliche und kirchliche Tradition zurückgehen. Dabei handelt es sich um meterhohe pyramidenförmige Gebilde aus Bambus, die mit Lorbeer, Eierschalen und bunten Bändern geschmückt werden und am Ende der Prozession auf einem Feld allesamt in Brand gesteckt werden. Die reinigende Kraft des Feuers symbolisiert die Verbrennung aller Sünden und soll für eine gute Ernte sorgen.

Auf sportlichem Terrain gehört das **Rudern** zu den traditionellen Aktivitäten mit historischen Wurzeln. Gefahren wird noch heute mit den sogenannten Bisse-Booten, die über Platz für vier stehende Ruderer (venezianischer Stil) verfügen und einen schmalen, flachen Rumpf besitzen. Die erste **Regatta delle Bisse** am Gardasee soll nach Aufzeichnungen Mitte des 16. Jahrhunderts stattgefunden haben. Heute starten die Teams regelmäßig zu Wettbewerben der *Lega Bisse del Garda*. Eine der ältesten Rudergesellschaften ist die seit 1891 in Salò bestehende *Società Canottieri Garda Salò*, die sich die Förderung des Segel-, Schwimm- und Rudersports auf die Fahne geschrieben hat.

Impressum

Thilo Scheu
Reise Know-How Gardasee mit Verona und Brescia

erschienen im Reise Know-How Verlag Peter Rump GmbH,
Osnabrücker Str. 79, 33649 Bielefeld

3., neu bearbeitete und aktualisierte Auflage 2023

ISBN 978-3-8317-3614-0

Gestaltung und Bearbeitung
Umschlag: P. Rump, der Verlag
Inhalt: G. Pawlak, W. Rump, der Verlag (Layout); M. Luck (Realisierung)
Fotonachweis: der Autor (ts); C. Scheu (cs);
© Lago di Garda Veneto (tou) S. 98, 101, 133;
© Author Emiliano Rovina (er) per Associazione Ristoratori Valeggio S. 177;
© Bardolino Top (bt) – Gianluigi Gelmetti S. 144;
© Gardaland (ga) S. 172;
© Turismo Brescia (tb) S. 348
Kartografie: C. Raisin
Lektorat: M. Luck

Printed in Germany

Druck und Bindung
Hinckel-Druck GmbH, Wertheim

Bibliografische Information der Deutschen Nationalbibliothek
Die Deutsche Nationalbibliothek verzeichnet diese Publikation in der Deutschen Nationalbibliografie; detaillierte bibliografische Daten sind im Internet über http://dnb.dnb.de abrufbar.

Reise Know-How Bücher finden Sie in allen gut sortierten Buchhandlungen. Falls nicht, kann Ihre Buchhandlung unsere Bücher hier bestellen:
D: Prolit, prolit.de und alle Barsortimente
A: Freytag-Berndt und Artaria KG, freytagberndt.com
CH: AVA Verlagsauslieferung AG, ava.ch
B, LUX, NL: Willems Adventure, willemsadventure.nl
oder direkt über den Verlag: **www.reise-know-how.de**

Bildlegende Umschlag und Vorspann
(alle Bilder vom Autor)
Titelbild: Die Gardesana verläuft am See entlang
Vordere Umschlagklappe: Am Strand von Riva del Garda
S. 1: Der Hafen von Portese
S. 2/3: Blick von Tremosine Richtung Norden und Limone

Wir freuen uns über Kritik, Kommentare und Verbesserungsvorschläge, gern per E-Mail an info@reise-know-how.de.

Da die längerfristigen Folgen der Corona-Pandemie gerade für kleine und mittlere Betriebe im Tourismus- und Kulturbereich kaum abzuschätzen sind, bitten wir um Nachsicht, wenn sich in dieser Ausgabe des Buches Informationen finden, die nicht mehr den Gegebenheiten vor Ort entsprechen.

Alle Informationen in diesem Buch sind vom Autor mit größter Sorgfalt gesammelt und vom Lektorat des Verlages gewissenhaft bearbeitet und überprüft worden.

Da inhaltliche und sachliche Fehler nicht ausgeschlossen werden können, erklärt der Verlag, dass alle Angaben im Sinne der Produkthaftung ohne Garantie erfolgen und dass Verlag wie Autor keinerlei Verantwortung und Haftung für inhaltliche und sachliche Fehler übernehmen.

Die Nennung von Firmen und ihren Produkten und ihre Reihenfolge sind als Beispiel ohne Wertung gegenüber anderen anzusehen. Qualitäts- und Quantitätsangaben sind rein subjektive Einschätzungen des Autors und dienen keinesfalls der Bewerbung von Firmen oder Produkten.

Thilo Scheu

Gardasee mit Verona und Brescia

» Das ist das Angenehme auf Reisen, dass auch das Gewöhnliche durch Neuheit und Überraschung das Ansehen eines Abenteuers gewinnt. «

Johann Wolfgang von Goethe

Schreiben Sie uns!

Wir hoffen, dass Ihnen dieser Reiseführer gefällt und er Ihnen ein guter Begleiter auf einer außergewöhnlichen und spannenden Reise ist.

Weil ein Reiseführer von Erfahrungen lebt, sind wir an Ihren Erlebnissen interessiert: Haben Sie in unserem Buch ein Restaurant entdeckt, das es nicht mehr gibt, eine Sehenswürdigkeit, die wir noch nicht aufgeführt haben, oder eine falsche Adresse? Dann schreiben Sie uns! **Wir nehmen jeden Hinweis und jede Kritik ernst und arbeiten kontinuierlich daran, die Bücher aktuell zu halten und immer weiter zu verbessern.** Jede Mail wird gelesen und beantwortet. Auch wenn wir nicht jeden Wunsch erfüllen können, machen wir uns immer Gedanken über Ihre Anmerkungen.

Schreiben Sie uns:
per Mail an info@reise-know-how.de oder an
Reise Know-How Verlag Peter Rump GmbH, Postfach 140666, 33626 Bielefeld

Wenn sich Ihre Infos direkt auf das Buch beziehen, würde uns die Angabe der Seitenzahl und der Auflagenzahl bzw. des Erscheinungsjahres Ihrer Ausgabe die Arbeit sehr erleichtern. Besonders hilfreiche Beiträge und Ergänzungen zu den Büchern belohnen wir mit einem Sprachführer Ihrer Wahl aus der über 240 Bände umfassenden „Kauderwelsch"-Reihe.

Herzlichen Dank und gute Reisen
Ihr Reise Know-How Verlag

Der Autor

Thilo Scheu entdeckte schon früh seine Leidenschaft fürs Reisen und Erkunden fremder Länder. Zwischen so mancher langweiliger Erdkundestunde und bestandener Abiturprüfung trampte oder fuhr er mit dem Zug und wenig Gepäck durch Europa, immer wieder fasziniert von Menschen und Kulturen. Auch vor, während und nach dem Studium der Geografie in Köln führte ihn das Fernweh in viele Länder der Welt. Nach ein paar Jahren als Autor für Quizsendungen von ZDF und RTL erfüllte sich der mit seiner Familie in Düsseldorf lebende Rheinländer einen lang gehegten Traum und machte sich als Reisejournalist und Buchautor selbstständig. Seitdem reist er erneut mit Begeisterung und offenen Augen durch die Welt, vom nahen Sauerland bis ins ferne Papua-Neuguinea. Seine Geschichten und Fotos erscheinen in Tageszeitungen, Magazinen und Onlineportalen und seine Bücher in verschiedenen Verlagen, bei Reise Know-How neben diesem Titel auch zu Portugal, zur Nord- und zur Ostseeküste Dänemarks.

www.reisejournalist-weltweit.de

garda-14 cs

garda126 ts

10
Anhang

◁ Florale Schönheiten in Sirmione

Literaturtipps

„Italienische Reise“ von *Johann Wolfgang von Goethe. Goethe* unterwegs u.a. in Torbole und Malcesine. Div. Verlage.

„Der Jäger Gracchus“ von *Franz Kafka.* Eine Erzählung. Riva aus Sicht eines Literaten. Aktuell als E-Book erhältlich.

„Vino Rosso“. Ein Gardasee-Krimi von *Roswitha Wildgans.* Als Taschenbuch im Emons Verlag, 2016.

„Novellen und Erzählungen“ von *Gabriele D'Annunzio.* Taschenbuch. Europäischer Literaturverlag, 2013.

„Romeo und Julia“ von *William Shakespeare.* Die tragische Liebesgeschichte spielt in Verona. Div. Verlage.

„Sämtliche Gedichte: Latein/Deutsch“ von *Catull.* Der Poet soll öfters in Sirmione gewesen sein. Taschenbuch. Reclams Universal-Bibliothek, 1995.

„Italienische Dämmerung“ von *D. H. Lawrence.* Der englische Schriftsteller verbrachte u.a. einige Zeit in Gargnano. Diogenes Verlag, 2007.

„Morgenröthe“ von *Friedrich Wilhelm Nietzsche.* Taschenbuch. Der Philosoph wohnte Anfang 1880 am Gardasee. Tredition Verlag, 2011.

„Novellen vom Gardasee“ von *Paul Heyse.* Der Literaturnobelpreisträger verbrachte viel Zeit in Gardone Riviera. Taschenbuch. U.a. Edition Holzinger, 2015.

Büste des 1868 in Brescia geborenen Soziologen und Kriminologen Scipio Sighele in Nago

garda125 ts

Sprachhilfe Italienisch

Ausspracheregeln

- **ie, ai, eu** werden getrennt ausgesprochen, z.B. *chi-esa.*
- **c vor a, o und u** klingt wie k, z.B. *camera* (kamera).
- **c vor e und i** klingt wie tsch, z.B. *cielo* (tschelo).
- **ch wird wie k gesprochen,** z.B. *chiesa* (kjesa);
- **g vor a, o und u wie g,** z.B. *pagare* (pagare);
- **g vor e und i wie dsch,** z.B. *leggero* (led-dschero)
- **gh wie g,** z.B. *laghi* (lagi);
- **gli wie lj,** z.B. *maglia* (mal-lja);
- **gn wie nj,** z.B. *sogno* (ßon-njo);
- **h bleibt stumm,** z.B. *hanno* (an-no);
- **r wird gerollt,** z.B. *rapido* (rrapido);
- **s klingt zwischen Vokalen wie in Rose,** z.B. *rosa* (rrosa);
- **s am Wortanfang klingt wie in Straße,** z.B. *sole* (ßole);
- **sp klingt wie ßp,** z.B. *specchio* (ßpek-kjo);
- **st klingt wie ßt,** z.B. *strano* (ßtrano);
- **v klingt wie w,** z.B. *vado* (wado);
- **z klingt** je nach Zusammenhang **wie tß oder ds,** etwa *zio* (tßio) oder *zero* (dsero).

Zahlen

0	*zero*
1	*uno*
2	*due*
3	*tre*
4	*quattro*
5	*cinque*
6	*sei*
7	*sette*
8	*otto*
9	*nove*
10	*dieci*
11	*undici*
12	*dodici*
13	*tredici*
14	*quattordici*
15	*quindici*
16	*sedici*
17	*diciassette*
18	*diciotto*
19	*diciannove*
20	*venti*
21	*ventuno*
22	*ventidue*
23	*ventitré*
30	*trenta*
40	*quaranta*
50	*cinquanta*
60	*sessanta*
70	*settanta*
80	*ottanta*
90	*novanta*
100	*cento*
200	*duecento*
1000	*mille*
2000	*duemila*
100.000	*centomila*
1.000.000	*un milione*

Wichtige Fragen und Floskeln

ja/nein	*sì/no*
bitte (um etwas bitten)	*per favore*
Bitte schön! (etwas anbieten)	*Prego!*
Danke.	*Grazie.*

Guten Tag!	*Buongiorno!*
Guten Abend!	*Buona sera!*
Auf Wiedersehen!	*Arrivederci!*
Hallo! bzw. Tschüß!	*Ciao!*
Herzlich willkommen!	*Benvenuto!*
Einverstanden.	*Va bene.*
Entschuldige.	*Scusa.*
Entschuldigen Sie.	*Scusi.*
Tut mir leid.	*Mi dispiace.*
Ich heiße …	*Mi chiamo …*
Ich komme aus …	*Sono di …*
… Deutschland.	*… Germania.*
… Österreich.	*… Austria.*
… der Schweiz.	*… Svizzera.*

Sprechen Sie Deutsch, Englisch?
Parla tedesco, inglese?
Ich habe nicht verstanden.
Non ho capito!
Wiederholen Sie bitte.
Ripeta, per favore?
Sprechen Sie bitte langsamer.
Può parlare più lentamente, per favore?

Haben Sie …?	*Ha …?*
Wann?	*Quando?*
Wo ist …?	*Dove è …?*
Wie?	*Come?*
Wie bitte?	*Prego, come?*
Wie viel kostet …?	*Quanto costa …?*
Ich suche …	*Cerco …*

Wochentage und Zeitangaben

Montag	*lunedì*
Dienstag	*martedì*
Mittwoch	*mercoledì*
Donnerstag	*giovedì*
Freitag	*venerdì*
Samstag	*sabato*
Sonntag	*domencia*
Feiertag	*il giorno festivo*
Minute	*minuto*
Stunde	*ora*
gestern	*ieri*
heute	*oggi*
morgen	*domani*
morgens	*di mattina*
mittags	*a mezzogiorno*
nachmittags	*di pomeriggio*
abends	*di sera*
nachts	*di notte*
jetzt	*adesso*
täglich	*giornalmente*
früher	*più presto*
später	*più tardi*

Unterwegs

Straße	*via*
Kreuzung	*incrocio*
Platz	*piazza*
Fluss	*fiume*
Brücke	*ponte*
Marktplatz	*piazza del mercato*
Altstadt	*città vecchia*
Kathedrale	*cattedrale*
Kirche	*chiesa*
Museum	*museo*
Rathaus	*municipio*
Taxi	*taxi*
Bus	*autobus*
Straßenbahn	*tram*
Haltestelle	*fermata*
Ampel	*semaforo*
nah	*vicino*
weit bzw. fern	*lontano*
geradeaus	*diritto*
gegenüber	*di fronte*
(nach) rechts	*(a) destra*
(nach) links	*(a) sinistra*
nebenan	*accanto*
zurück	*indietro*
Parkplatz	*parcheggio*

(un)bewachter Parkplatz	*parcheggio (in)custodito*
Tankstelle	*stazione di servizio*
Flughafen	*aeroporto*
Bahnhof	*stazione*
Zug	*treno*
Fähre	*traghetto*
Boot	*barca*
Hafen	*porto*
Fahrkarte	*biglietto*
Fahrplan	*orario*
Toilette	*gabinetto*
besetzt	*occupato*

Einkaufen

Lebensmittelladen	*negozio di alimentari*
Kaufhaus	*grande magazzino, emporio*
Bäckerei	*panetteria, panificio*
Konditorei	*pasticceria*
Markt	*mercato*
Supermarkt	*supermercato*
Postamt	*posta, ufficio postale*
Tabakladen	*tabaccaio*
Briefmarke	*francobollo*
Briefkasten	*cassetta delle lettere*
Telefon	*telefono*
Kreditkarte	*carta di credito*
Geldautomat	*bancomat*
offen	*aperto*
geschlossen	*chiuso*
Angebot	*offerta*
zahlen	*pagare*
fester Preis	*prezzo fisso*
Rabatt	*sconto*
zu viel	*troppo*
weniger	*meno*

Essen

Restaurant	*ristorante*
Gaststätte	*trattoria, osteria*
Stehcafé	*bar*
Frühstück	*colazione*
Mittagessen	*pranzo*
Abendessen	*cena*
Suppe	*zuppa, minestra*
Fisch	*pesce*
Thunfisch	*tonno*
Lachs	*salmone*
Garnelen	*gamberi*
Muscheln	*vongole*
Fleisch	*carne*
Lamm	*agnello*
Schwein	*maiale*
Rind	*manzo*
Huhn	*pollo*
Kalb	*vitello*
Gemüse	*verdura*
Karotten	*carote*
Zwiebel	*cipolla*
Pilze	*funghi*
Kartoffeln	*patate*
Tomaten	*pomodori*
Spinat	*spinaci*
Auberginen	*malanzane*
Zucchini	*zucchini*
Obst	*frutta*
Aprikose	*albicocca*
Orangen	*arancia*
Erdbeeren	*fragole*
Himbeeren	*lamponi*
Melone	*melone*
Apfel	*mela*
Pfirsich	*pesca*
Vorspeise	*antipasto*
Erster Gang	*primo (piatto)*
Zweiter Gang	*secondo (piatto)*
Nachtisch	*dessert*
Nudeln	*pasta*
Reis	*riso*

Getränke	*bibita, bevanda*
Saft	*succo, sugo*
Kaffee	*caffè*
Bier	*birra*
Wein	*vino*
Brot	*pane*
Brötchen	*panino*
Käse	*formaggio*
Marmelade	*marmellata*
Honig	*miele*
Schinken	*prosciutto*
roh	*crudo*
gekocht	*cotto*
Salami	*salame*
Eis	*gelato*
stilles Wasser	*acqua naturale*
Mineralwasser	*acqua minerale*
Zucker	*zucchero*
Pfeffer	*pepe*
Salz	*sale*
Knoblauch	*aglio*
Basilikum	*basilico*
Senf	*senape*
vegan	*vegano*
vegetarisch	*vegetariano*
heiß	*caldo*
kalt	*freddo*
Speisekarte	*menu, lista*
Die Rechnung bitte! *Il conto, per favore!*	
Guten Appetit!	*Buon appetito!*
Zum Wohl! Prost!	*Salute! Cincin!*
Danke, das reicht.	*Basta, grazie.*

Unterkunft

Hotel	*hotel, albergo*
Pension	*pensione*
Jugendherberge	*ostello della gioventù*
Einzelzimmer	*camera singola*
Doppelzimmer	*camera doppia*
Schlüssel	*chiave*
Bad	*bagno*
Dusche	*doccia*
frei	*libero*
Vollpension	*pensione completa*
zu vermieten	*affittasi*
Zimmervermietung	*affittacamere*

Notfall

Hilfe!	*Aiuto!*
Polizei	*polizia*
Arzt	*medico, dottore*
Zahnarzt	*dentista*
Krankenwagen bzw. Ambulanz	*ambulanza*
Krankenhaus	*ospedale, clinica*
Apotheke	*farmacia*
Schmerzen	*dolori*

Sprachführer

Ausführlichere Informationen und viele praktische Beispiele für den Reisealltag enthält der Kauderwelsch-Sprachführer **„Italienisch – Wort für Wort“** (Bd. 22) aus dem Reise Know-How Verlag. Begleitend ist zu diesem Buch ein AusspracheTrainer auf Audio-CD erhältlich.

Wer tiefer in die Sprache einsteigen möchte, findet weitere Vokabeln in **„Italienisch Slang – das andere Italienisch“** (Bd. 97), ebenfalls aus dem Reise Know-How Verlag. Der Kauderwelsch-Jubiläumsband **„Italienisch 3 in 1“** enthält beide Titel plus **„Italienisch kulinarisch – Wort für Wort“** (Bd. 144) in einem Buch.

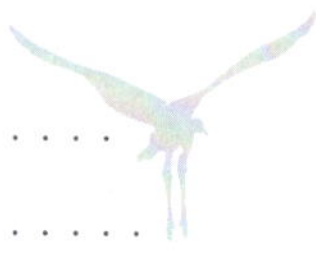

Register

H

I

J/K

L

T

L'ORIENTE